王船山氣化生命論

—— 康自強—著

儒家氣學道教內丹學及
佛教唯識學的跨界域激盪

五南圖書出版公司 印行

自序

　　一本博士論文的誕生，既是知識疆界的探勘，也是個人生命的修鍊。從動筆寫下第一個字，到現在靜坐電腦桌前敲打鍵盤，此中苦樂，唯有親身經歷者得以知之。

　　我找到這個論文題目似屬偶然，但冥冥之中又有某種帶領，說起來似乎找了很久，卻又是一瞬間的決定。2016年，我經歷人生中的重大難關，選擇暫時離開熟悉的高中教學工作，準備用一年時間完成拖延已久的博士論文。然而當時心中並無明確題目，只有一個籠統的方向，至於是否能在一年內完成，其實也沒有多大把握。再加上離開學界好幾年的時間，對後來的學術動態懵然無知，等於一切都要從頭開始。

　　我一開始的方向，是想研究宋明儒學與道教內丹學的跨界關係，這跟我過去幾年選修好幾門道教研究課程有關，一方面維繫了一直以來的研究興趣，一方面也可觀照既往宋明儒學研究的空白區域。因此，我決定延伸碩士論文的研究主題——清初大儒王船山，當作我的研究對象。但在實際進行之後，才深感碩士階段的所知所學畢竟太過淺薄，當時學力實不足以擔此重任，最後只好改變原本的計畫，先從閱讀原典開始，逐步累積讀書筆記。一開始的閱讀經驗相當掙扎，船山博綜深奧的行文風格常令我感到困擾，有時連寫筆記都不知該如何著手，即使碩士階段讀過的原文也變得十分陌生，才明白自己的狀況退步許多。

　　勉強渡過準備階段後，對船山思想的理解日漸增加，這中間也不斷閱讀近人的相關研究，給我不少助力。即便如此，我還是找不到適合的論文題目，仍舊停留在寫讀書筆記的階段。時光荏苒，從太陽跨進窗戶開始讀原典、寫筆記，直到陽光抽離斗室而渾然不覺。半年過去，論文題目仍在五里霧中，但留職停薪的時間只剩一半，心中的焦慮與日俱增。

　　在與船山的巨著徒手搏鬥七個月後，一日搭電梯時偶然靈光乍現，「生命」兩字從腦海中一躍而上，燦若晨曦。我忽然明白自己該寫些什

麼，半年多來累積的拼圖終於找到了第一片，論文整體的輪廓亦隱然浮現。在這個過程中，幾次與指導教授鄭燦山老師談及論文方向及範圍，鄭老師均覺範圍太窄，不應將論文範圍局限在儒家領域，除內丹學之外，建議我留意船山的莊子學及唯識學，表示若能如此，很有可能看見既往學者的遺漏之處。要踏足這些陌生的思想領域，一度令我頗感躊躇，但又深覺老師所言甚是，最後只好擴大原本筆記範圍，補作《莊子解》及《相宗絡索》。如是者數月，逐漸發現船山生命論述的範圍遠比之前設想的廣大，而且深不見底，但我好像已經掌握了某種關鍵。

　　2017年年初，我終於開始撰寫博士論文的第一部分，即本文第參章，距離回去復職僅餘五個月左右。在這不到半年的時間裡，我明白無論如何，必須把最困難的參、肆、伍章一口氣完成，否則復職之後，能否有如此完整的時間與心力大有問題。後來，好不容易在復職之前勉強完成了這三章，但是已有氣力放盡之感。重回熟悉的高中教學現場，帶班教學與論文寫作兩頭拉扯，雖然時常分身乏術，但奇怪的是，我只覺得辛苦卻不痛苦，與撰寫碩士論文時心中一度頗感晦暗截然不同。

　　後面半年，我在實際撰寫論文的過程中，逐漸發現船山的生命思維，不純然是人文學領域的問題，有些觀念或說問題意識，反而比較接近當代自然科學。若用一張白紙為喻，一篇研究論文可劃記一枚黑點，那麼將會看到一個十分奇異的現象。白紙中間好像有一條線，在船山生命哲學那半張紙上，落下了密密麻麻的黑點，看起來彷彿是張黑紙；但在生命科學這一半，只是零星散布幾枚黑點，遺留大塊的空白。而在高中教學的好處是，我很容易找到各個學科的專家，無論生物學、天文學、物理學、地理學或化學皆然。

　　復職後的這一年五個月，陸續有不同領域的同事給予寶貴意見，幫助我完成這篇論文。依序感謝生物科盧嬿伊小姐在「分子生物學」方面的專業諮詢，感謝化學科黃宇薪先生在「鉛汞加熱反應」方面的專業諮詢，感謝地科邱淑慧小姐在「天文學」方面的專業諮詢，感謝地理科蕭郁慧小姐在「區域地理學」方面的專業諮詢，感謝物理科吳政勳先生在「量

子力學」方面的專業諮詢。此外，也感謝政大中文所博士方諾（Francis Charles Falzarano）先生對論文題目的英文翻譯提供寶貴意見，也感謝英文科沈郁汝小姐校閱英文版的論文提要。當然，必須感謝指導教授鄭燦山老師的細心指點，若無鄭老師之助，我的論文絕對不是今天的樣貌。同時，感謝兩位書面審查委員，分別是臺師大國文系劉滄龍老師，以及臺大中文系徐聖心老師，兩位前輩的指正與鼓勵，讓我銘感五內。同時也感謝論文口考當天，口試委員清大哲學系楊儒賓老師，以及臺大哲學系林明照老師提出的中肯意見。

　　最後，我要感謝天上的先父，也感謝一直以來支持我的母親。耗費一年九個月的工夫，成此三十八萬餘字，多年來之心血盡瘁於斯矣！如今承蒙五南圖書賞識，論文即將付梓，實為預料之外。由於某些問題，這個版本移除且刪改了部分章節，濃縮為三十萬字，在內容上當更為緊湊，對《老子衍》或《禮記章句》有興趣的讀者，可另外參酌我的論文。

　　一切榮耀歸給在黑暗中帶領我的神。

主後2019年5月15日序於桃園龜山

提要

　　王船山的氣化生命論，是從氣的角度詮釋生命本質，若與現代分子生物學的微觀立場相較，氣化生命論則為一種巨觀立場，它是從宇宙整體的尺度來界定何謂生命。這種生命論述是晚明儒、道、佛三教交流之下的產物，它以儒家氣學為根柢，汲取道教內丹學的修鍊功法，以及佛教唯識學的生死流轉。因此，氣化生命論除了關懷宋明儒者熱衷的心性問題外，也看重人體生理的因素，甚至進而探索生命的終極歸宿。這些嶄新的議題，構成了氣化生命論的獨特內容。

　　氣化生命論有兩大基本原則：一是整體性原則，一是二象性原則。就前者來說，整體性原則乃相對當代宋明儒學研究中的主體性原則，氣學思維不僅重視主體，更重主客共構的整體。就後者而言，氣可兼含各種對立的兩端，使矛盾得以互補，此一特徵類似量子力學的「二象性」，透過二象性原則，天人、物我、身心、群己、生死等對立均可渾融一氣之中。

　　從第貳章開始進入本文核心，筆者申論船山對人類生命的特殊見解。船山首先分析人類與動物、植物的差異，從生命構造的優越性界定人類的道德性能，隱含生物學之旨趣。就人類生命構造而言，船山以為身體有某種獨特機能，可決定心性的品質，故提出建構心性的身體觀（以身輔心）。至於人類的心性，乃整個身體協調運作的結果，心靈明覺源自所有臟器及生理組織，故提出築基身體的心性論。由於這部分涉及人體因素，船山嘗引述醫家之說闡釋其旨，代表其中隱含生理學之義。此外，船山結合唯識學的八識結構，表示新陳代謝不限於生理，心性內容亦可因能量交換與身心活動而不斷更新，其中人類對取物用物的「自主權衡」能力，則決定了品德的提升與墮落。這種由生命構造界定生命性能的獨特思路，船山在笛子之喻中有相當精彩的發揮。

　　在第參章中，筆者將焦點放在船山的修養觀，申論人類應該如何使用自己有限的生命，以及如何調理內在的身心狀態。就前者而言，涉及儒者

歷來重視的道德實踐；就後者而言，則關乎內丹家的身心修鍊。其中道教內丹學所提供的各種修鍊功法，構成了船山生命論述的底盤，成為註解群經時的基礎。若就單一著作而言，船山〈遠遊〉註中的功法指導最為詳盡，而《張子正蒙注》中的工夫論最複雜。簡言之，船山的內丹思想承自南宗，但去除了其中某些糟粕，獨取「鍊氣化神」。而在《張子正蒙注》中，船山為了維繫儒者的立場，規劃了一套靜坐存神、博學窮理和居仁行義並存的三軌系統，而將身心修鍊視為道德實踐的輔助原則，強調「存神」可以「盡性」。

在第肆章中，筆者討論船山的生命倫理觀，試圖釐清身心活動與生命訊息的關聯。簡言之，人類一切的善惡言行都會轉化為生命訊息，寫入個體所稟受的生命之氣，從而影響生氣的清濁品質，人死氣散之後，便轉存於太虛整體。這種奇特的理論背後，吸收了唯識學的種子熏習說，但在實際論述的過程中，船山卻時常以唯識學為假想敵，批判其說之謬，反襯氣學合乎正道。為了說明主題，筆者挑選船山的三部專著作為代表，分別是《周易外傳》、《張子正蒙注》以及《莊子解》，以見其梗概。

在第伍章中，筆者討論船山的生命政治觀，闡釋人死氣散之後，回歸太虛的生命訊息如何透過氣化循環，影響未來世界的生態環境與政治局勢。對此，筆者挑選船山的《周易外傳》、《張子正蒙注》及《莊子解》為代表，討論書中涉及的相關議題，其中「代堯國桀」、「兼體不累」、「能移相天」諸說，均為本章關鍵所在，闡述人類生命與宇宙整體的互動關係。

總之，船山的「氣化生命論」共分三大領域：「修養觀」強調身心經驗決定生命訊息的品質，「倫理觀」聚焦生命訊息可以恆存不滅，而「政治觀」則重視生命訊息對宇宙整體的影響。合言之，「氣化生命論」的「生命」，並未局限在心理層面，反而跨足了生理層面，不僅是人文學意義的生命，也是生物學意義的生命，兼具生命哲學與生命科學雙重內涵。甚至可以說，「氣化生命論」乃是一種以氣為核心的儒門宗教。

A Study of Wang Fuzhi's Treatise on the Transformation of Qi and Life: A Transdisciplinarity Inspired by the Melding of the Confucian School on Qi, Daoist Inner Alchemy and the Buddhist Yogochara

Abstract

The Wang Fuzhi's treatise on the transformation of qi and life interprets the nature of life from the point of view of qi. The treatise is different from modern molecular biology, the former derives from the macroscopic scale of life and defines life from the aspect of the entire universe, but the latter derives from the microscopic scale and defines from the DNA. The treatise is formed with the melding of the neo-Confucianism, Daoism and Buddhism. It is based on the Confucian school on qi and absorbs the exercise techniques of inner alchemy and the reincarnation concepts of Yogochara. Therefore, besides emphasizing the theory of mind that neo-Confucianists focus on, the treatise also puts emphasis on the human physiology and the ultimate destination of human beings. These new elements compose the unique content of the treatise.

The treatise contains two fundamental principles: one is the principle of entirety and the other is duality. The former principle is distinct from the principle of subject that most of the modern neo-Confucianism researchers adopt as the basis of their studying. The treatise not only accepts the principle of subject, but also pays more attention to the entirety that is constructed from subjectivity and objectivity. The latter principle originally comes from quantum mechanics; the author borrows the term from it to describe the characteristics of qi, two poles of everything is compatible to each other; therefore, the dichotomy can support each other. The principle believes qi meld heaven with human, subject with object, body with mind, individual with community, and birth with death.

The second chapter explains the Wang Fuzhi's particular insights into human life. At first, he analyses the divergence among human, plants and animals, and recognizes human's moral ability deriving from the superior structure of human body and mind. To some extent, the concept is related to biology. He thinks that there is interaction between body and mind, so the behavior of a body can influence the quality of its mind. In other words, he puts forward a unique body theory that human body can cultivate its mind. Furthermore, the ability of mind is the result that comes from the collaboration of every single part of a body and the perception of mind originates from all the physiological organs and tissues. According to these concepts, he proposes a mind theory that is rooted in body. Because the theory partly involves physical concepts, he quotes the notions from traditional Chinese medicine to formulate his thoughts. This means that his thoughts contain physiology to some degree. At last, he integrates the mind theory of neo-Confucianism with the Eight Consciousnesses(a□□a vijñānakāyā□) of Yogochara; thus, the content and quality of mind can be consistently renovated by energy exchange or activities of body and mind, so the metabolism not only works in body. Which food should be assimilated and what things should be done both depend on the ability of autonomy and measurement, and they can determine whether the moral stature is good or evil. This interpretation of the life abilities developed by life structure is depicted by Wang's splendid metaphor of dizi(笛子).

The third chapter focuses on the cultivation techniques of human life which is both physiological and psychological. The author tries to discuss

Wang's practical theory of how to live a finite life and how to adjust one's physical and mental conditions. In terms of the former, it is the essential question in relation to moral practice that all Confucianists emphasize. In terms of the latter, the question is related to the techniques of purification and transmutation on that Daoist scholars of inner alchemy concentrate. The various exercise techniques of inner alchemy form the infrastructure of life discourse and have become the interpretative foothold when he makes notes for many classics. As far as a single classic is concerned, his notes to *Far-off Journey*(遠遊) are the most detailed ones about exercise techniques, while the notes to *Zheng Meng*(正蒙注) is the most complicated. Briefly speaking, his theory of inner alchemy derives from the South school(南宗), but he eliminates some dross of it, and just reserves 'the metamorphosis of qi into spirit' (鍊氣化神). In the notes to *Zheng Meng*, he creates a new theorical system which consists of meditation, the investigation of things, and moral practice to protect the Confucianists' standpoint. Because he regards the techniques of purification and transmutation as the auxiliary principle of moral practice, the meditation called 'preserving spirit'(存神) is able to 'fulfill the human ability'(盡性).

In the fourth chapter, the author discusses the Wang's ethics of life messagess and tries to clarify the relation between activities of body and mind and life messages. In short, human behavior, whether good or evil, will transform into life messages, and these life messages will be written in the qi of life, influence the quality of qi, and then be stored up in the dispersing qi that comes from the dead in Taixu(太虛). The peculiar theory has absorbed the seed and perfumation(b ja and v san) doctrines of Yogochara although he always thinks of it as an opposing force. When he refers to it, he strictly criticizes its fallacies to prove that the neo-Confucianism theory of qi is more reasonable. In order to dissertate the theme, the author chooses Wang's four writings as examples, including the notes to *the Book of Rites*(禮記章句), the creative notes to *the book of changes*(周易外傳), the notes to *Zheng Meng*, and the notes to *Zhuangzi*(莊子解).

In the fifth chapter, the author discusses the Wang's politics of the transition of qi and interprets the life messages influence the transition of qi within the cosmos after a dead person transforms into the qi that records the personal messages. To put it differently, this kind of qi is able to determine the eco-environment and the political situation in the future. On this matter, the author selects the creative notes to *the book of changes*, the notes to *Zheng Meng*, and the notes to *Zhuangzi* as the instances to investigate the questions in the politics of transition. Among them, 'the permanent effect of Emperor Yao and Jie's life messages'(代堯國桀), 'crossing the dichotomy without boundary'(兼體不累) , and 'the auxiliary effect of qi of life on the cosmos'(能移相天), they are crucial to the Wang's theory about the interaction of human life and the whole cosmos.

In a word, there are three different aspects in the Wang Fuzhi's treatise on the transformation of qi and life: the cultivation techniques of human life, the ethics of life messages, and the politics of the transition of qi. The first emphasizes the experience of body and mind can determine the quality of qi of life. The second focuses on the life messages within qi, which last forever. The third pays attention to the effect of life messages on the whole cosmos. As mentioned above, the life in Wang's treatise is not only psychological but also physiological. This means that this kind of life contains the meaning of humanities and biology; hence, it is both the philosophy of life and the science of life. The author even regards the treatise as a religion of Confucianism which is centered on qi.[1]

---

[1] 英文題目徵詢國立政治大學中文研究所博士方諾（Francis Charles Falzarano）意見修改，英文提要由國立政治大學英語教學碩士在職專班沈郁汝校閱，特此致謝。

王船山氣化生命論

(10)

CONTENTS
目　錄

第壹章
序 論

在序論中，一開始筆者簡單介紹船山的身世與生命經驗，其中特別留意與生命議題相關的資料。其次，追溯宋明儒學的初期發展史，並探究當代宋明儒學研究的論述模式如何形成，概略評論此一研究方式的利弊得失，最後歸納1980年代中期以後，迄今的學界趨勢。其三，整理近三百年船山研究的部分成果，以重要學者為分野，撮述其要，大致可分五期。由於過去專門研究船山生命思維的論文甚少，所以在整理過程中，筆者刻意搜尋與本文主題相關的材料，並提出筆者的評價。其四，交代本文的研究方法，說明相關論述背後之預設觀點，並嘗試從不同的學科分類，重新詮釋船山學說之深旨。

第一節　船山身世簡述

王夫之（1619-1692，下文簡稱船山），字而農，湖南衡陽人。一生所使用之別號甚夥，譬如薑齋、一壺道人、一瓠道人、雙髻外史和夕堂先生等；晚歲因隱居湘西之石船山，故又自號船山先生、船山老農和船山遺老等。後人將船山、黃宗羲（1610-1695）和顧炎武（1613-1682）合稱「清初三儒」。

船山自幼聰慧，1632年考中秀才時年僅十四歲。[1] 然而，青春期的船山因為生命氣性暢旺，個性衝撞，常須父兄長輩管教，尤令母親譚氏擔憂，甚至「夏楚無虛旬」。[2] 1642年，二十四歲的船山與長兄王介之

1　王敔〈大行府君行述〉：「崇禎十五年壬午，以《春秋》魁與伯父石崖先生同登鄉榜。」見《船山全書第十六冊‧傳記》（長沙：嶽麓書社，1988年），頁70。

2　〈顯妣譚太孺人行狀〉：「伊蒿伊蔚，終為枯槁，則不孝弟之負吾母，尤甚於負吾父也。如是者不孝兄弟胥有之，而不肖夫之早歲之破轅毀軏也為彌甚，勞吾母之憂也為彌篤。」見《船山全書第十五冊‧薑齋文集》（長沙：嶽麓書社，1988年），頁116。或見〈石崖先生傳略〉：「若夫之之狂娛無度，而檠括弛弓，閑勒逸馬，夏楚無虛旬，面命無虛日者，又不待言。」見《船山全書第十五

（1606-1686）同時中舉，但因明朝內憂外患齊至，江山已朝不保夕，崇禎帝下詔會試延期，兄弟兩人只能半道返鄉。隔年流寇張獻忠（1606-1647）攻陷衡州，聞船山父子有賢名，欲納為幕僚。事後其父王朝聘（1568-1647）為張氏所擒，張氏遂以此威脅船山兄弟就範。船山聞知此事，先藏匿兄長，再以利刃自刺肢體，敷以毒藥，讓人抬去張氏軍隊的駐地換回父親，之後再乘隙脫逃。[3] 由以上紀錄可知，船山稟性剛烈，生命強度實異於常人，其畢生守節著述，堅持不薙髮，遁跡荒山野嶺數十載而不畏困苦，殆憑此力以致耳。

1644年，闖王李自成（1606-1645）攻陷北京，崇禎帝出走煤山，最後自縊殉國。船山聞訊，數日不食，作〈悲憤〉詩一百韻，「吟已輒哭」。[4] 年末與友人在雙髻峰下共築「續夢庵」，[5] 或許亡國之臣，猶抱復國之夢也。筆者以為值得注意的是，船山一生幾度營構居室，居室名稱大多寄寓彼一時期之心志，充滿生命意象，對理解船山之襟懷頗有裨益。

1646年，兩廣的南明勢力在廣西肇慶擁立桂王為永曆帝，替明朝的延續留下一線生機。1647年，船山叔父王廷聘（1576-1647）、父親王朝聘及二兄王參之（？-1647）相繼逝世，[6] 國破而後家亡。1648年，船山與摯友管嗣裘、南嶽僧人性翰等，在衡山舉兵抗清，但旋即失敗。[7] 1650年，船山在梧州出任永曆朝廷的行人司行人，卻被捲入王化澄（？-1652）與陳邦傳（1610-1652）等人的黨派鬥爭，幾乎殞命。[8] 心灰意

冊・薑齋文集》（長沙：嶽麓書社，1988年），頁101。〈牧石先生暨吳太恭人合祔墓表〉云：「夫之早歲披猖，不若庭訓，先生時招置坐隅，酌酒勸戒，教以遠利蹈義，懲傲撝謙，撫慰叮嚀，至於泣下。」見《船山全書第十五冊・薑齋文集》（長沙：嶽麓書社，1988年），頁126。

3　王敔〈大行府君行述〉：「明年癸未張獻忠陷武昌。逮陷衡州，紳士多反面輸款；其不降者，賊投之湘水，亡考匿南嶽雙髻峰，大父為吏所得，挾質以召伯父與亡考。大父迫欲自裁，亡考哀窘，匿伯父，自刺身作重創，傅以毒藥，舁至賊所。賊不能屈，得脫於難。」見《船山全書第十六冊・傳記》（長沙：嶽麓書社，1988年），頁70-71。

4　王敔〈薑齋公行述〉，見《船山全書第十六冊・傳記》（長沙：嶽麓書社，1988年），頁79。

5　事見王之春〈船山公年譜〉，見《船山全書第十六冊・年譜》（長沙：嶽麓書社，1988年），頁303。

6　事載劉毓崧《王船山先生年譜》與王之春《船山公年譜》，見《船山全書第十六冊・年譜》（長沙：嶽麓書社，1988年），頁171-173、311-312。

7　見《船山全書第十六冊・傳記》（長沙：嶽麓書社，1988年），頁117。

8　王敔〈大行府君行述〉：「亡考抗疏指內閣王化澄結奸誤國，疏凡三上。化澄恚甚，嗾私人吳貞

冷的船山辭官歸養，輾轉返回衡陽。1651年，船山摯友瞿式耜（1590-
1651）與嚴起恆（？-1651）接連遇害，船山心知天下大勢已無可為，從
此過著隱居著述的生活。[9]

　　從1652年至1655年，這幾年間船山的故鄉衡陽，淪為南明政權與清
朝政權兩方拉鋸的戰場，船山為避兵禍，改名換姓，化身傜民，四處躲
藏，生活極其艱辛。[10] 然而，也正是在此顛沛流離之際，船山開始撰寫最
早的兩部學術著作《周易外傳》與《老子衍》。[11] 這些困頓的生命經驗，
轉化為鑽研經典的動力，船山似乎找到了亡國遺民的生命出路。

　　1657年，清朝與南明的戰場西移，船山結束流亡生活，重歸故
里。[12] 1660年，船山在湘西茱萸塘植木編籬，另築小室「敗葉廬」。[13] 誠
如前文所述，船山居室的名稱多具生命意義，「敗葉」兩字充滿死亡意
象，或許正是歷年戰亂與親故相繼謝世帶給船山的生命感受；又或許是哀
莫大於心死，孤臣無力回天，反清復國之夢破碎難圓。弔詭的是，船山在
敗葉之中產生旺盛的創造力，十稔之間陸續完成批判明朝政治的《尚書引
義》、論衡宋明儒學的《讀四書大全說》、蘊含政治見解的《春秋》學論
著三種，以及循明朝修史慣例而成之《永曆實錄》。[14]

　　1669年，「敗葉廬」已不堪使用，逐漸破敗腐朽，船山遂在舊廬之
後另築新室，名曰「觀生居」。[15] 從敗葉到觀生，船山的心境似亦由死之
生，在主客觀因素的交叉影響下，船山或許也於此時開始探索生命的奧祕
與技術。若據王敔〈大行府君行述〉所載，船山卜居「觀生居」的幾年

　　毓、萬翱、許玉鳳韲交攻亡考，將構不測。亡考憤激喀血，因求解職。」見《船山全書第十六冊‧
　　傳記》（長沙：嶽麓書社，1988年），頁72。
[9]　見《船山全書第十六冊‧傳記》（長沙：嶽麓書社，1988年），頁72。
[10]　見《船山全書第十六冊‧傳記》（長沙：嶽麓書社，1988年），頁120。
[11]　見《船山全書第十六冊‧年譜》（長沙：嶽麓書社，1988年），頁324。
[12]　王之春《船山公年譜》：「夏四月，徙歸衡陽蓮花峰下續夢庵。」見《船山全書第十六冊‧年譜》
　　（長沙：嶽麓書社，1988年），頁326。
[13]　見《船山全書第十六冊‧年譜》（長沙：嶽麓書社，1988年），頁327。
[14]　見《船山全書第十六冊‧傳記》（長沙：嶽麓書社，1988年），頁121-123。
[15]　劉毓崧《王船山先生年譜》：「冬十月，築土室於茱萸塘。曲晉茅屋，開南窗，名觀生居。」見
　　《船山全書第十六冊‧年譜》（長沙：嶽麓書社，1988年），頁224。

間，完成《夕堂戲墨》七種，[16] 其中包括以宋詞形式表述內丹修鍊經驗的〈愚鼓詞〉二十六闋，文中自云這些丹道詞與「篤生翁」劉培泰有關，[17] 可見船山的養生之道亦不乏師友之間的交流切磋。當然，這並不代表船山五十歲以後才開始接觸內丹，[18] 但比較完整的丹道論述，誠然自〈愚鼓詞〉開始。眾所周知，內丹學對如何轉化人類生命狀態有一套縝密的實踐功法，其轉化範圍涉及身心兩端，不僅探討人類的心理層面，並且關注生理問題。相較之下，宋明儒學對前者的論述極富，對後者卻相對貧乏。船山既然強調「觀生」（觀察生命之道），勢必不能只談心性，人體生理亦當在觀察範圍之內。

　　1671年，船山因摯友方以智（1611-1671，字密之）之邀，面臨另一生命抉擇。密之為明清之際重要的思想家兼科學家，亦為明末少數深入西學堂奧的學者之一，尤長質測曆算之學，對船山留心天文頗有影響。[19] 密之晚年篤信佛法，離別妻子遁入禪門，是年致書船山，勸與之共逃禪，遭船山拒絕。[20] 這件事也呈現了船山堅定的生命態度，雖然研究佛教，但其精神並未歸宗於此也。

　　1675年，船山再築「湘西草堂」，[21] 這也是他生命中最終的居所。

16　王敔原文作：「又效時體成《夕堂戲墨》之九，皆局志抽思以曠寫其情，而后詞渺寄者也。」筆者按：今觀《船山全書》，《夕堂戲墨》僅〈愚鼓詞〉、〈雁字詩〉、〈落花詩〉、〈和梅花百詠〉、〈洞庭秋〉、〈仿體〉、〈南窗漫記〉七種，王敔九種之說似將〈愚鼓詞〉中的三種〈前愚鼓樂〉、〈後愚鼓樂〉、〈十二時歌和青原藥地大師〉分開計算，實即七種也。

17　見《船山全書第十三冊‧愚鼓詞》（長沙：嶽麓書社，1988年），頁613。

18　船山何時開始接觸內丹，迄今尚無定論，研究者之間也有不同見解，但大多認為在四十歲以後。相關整理可見鄭富春：〈安死自靖，貞魂恆存——從《楚辭通釋》看王船山的生死觀〉，《鵝湖》月刊第33卷第8期（2008年2月），頁23。

19　張西堂說：「明萬曆後，利瑪竇、湯若望、南懷仁、龐迪我、龍華民、熊三拔、艾儒略、金尼閣諸人相繼來華，輸入曆算諸學……先生之友方以智亦崇信泰西天文之學，以為『補開闢所未有』，先生亦長於曆算之學。」見氏著《明王船山先生夫之年譜》（臺北：臺灣商務印書館，1978年），頁29。

20　劉毓崧《王船山先生年譜》引《南窗漫記》云：「方密之閣學，逃禪潔己，授覺浪記前，主青原，屢招余，將有所授。誦〈人各有心〉之詩以答之，意乃愈迫，書示吉水劉安禮詩，以寓從輿之至，余終不能從。」見《船山全書第十六冊‧年譜》（長沙：嶽麓書社，1988年），頁230。

21　劉毓崧《王船山先生年譜》：「築湘西草堂於石船山。」見《船山全書第十六冊‧年譜》（長沙：嶽麓書社，1988年），頁238。

1681年應釋先開之請，撰寫《相宗絡索》，闡述法相宗的術語二十九條，至1683年完成。[22]若與前述〈愚鼓詞〉合觀，船山雖然在一些著作中嚴厲批判異端之學，但對佛、道兩家義理卻都有相當深入的研究，甚至與方外人士互相往來。[23]筆者在此想提的問題是：船山為何要做這些看似矛盾的事情？如果說內丹學的長處，是提供一套轉化人類身心狀態的理論與技術，那麼唯識學的勝場，則在討論各期生死的流轉與生命的終極歸宿。前者重視如何養生，後者關心如何就死。換言之，兩者雖然途徑有別，但均深入人類生命的本質。生與死本來就是任何一種生命形態所不能逃避的問題，但衛生（本文之「衛生」皆取其養生古義）技術與死後的過渡，並非既往宋明儒者的理論熱區，甚至也不是傳統儒家的精華所在。但是在天崩地裂的時代，船山的生命經驗非常掙扎，無論生死進退都是艱難萬分的抉擇。船山嘗云：「六經責我開生面，七尺從天乞活埋。」[24]這兩句話或許正是船山內心掙扎的寫照，他既向經典求生，又向上天求死，在生死矛盾之中，生命的意義究竟何在，船山理當有深刻的體悟。而佛、道兩教豐富的生命論述，則為船山思考生命問題時，斷然不可忽視的他者，也是船山建構氣化生命論時不可或缺的養分。

　　1685年，船山完成了《楚辭通釋》與《張子正蒙注》。[25]若檢視前書

22　楊堅在〈《相宗絡索》編校後記〉據晚近發現之船山佚詩，考證出《相宗絡索》的確切寫作時間，謂：「始知船山於辛酉（康熙二十年）訂此書，然至癸亥（康熙二十二年）始成，手書以付先開。」見《船山全書第十三冊‧相宗絡索》（長沙：嶽麓書社，1988年），頁603。

23　王敔〈大行府君行述〉：「亡考慨明統之墜也，自正、嘉以降（筆者按：此指正德、嘉靖，約為十六世紀前半），世教早衰，因以發明正學為己事，效設難作折。尤其於二氏之書，入其藏而探之，所著有《老子衍》、《相宗》、《論贊》，以為如彼之說，而彼之非自見也。山中時著道冠，歌愚鼓。又時藉浮屠往來，以與澹歸大師（前金黃門堡）、補山堂行者（前司馬郭公都賢）、藥地極丸老人（前大學士方公以智）、茹蘗和尚（壬午雲南同榜，俗姓張），相為唱和。」見《船山全書第十六冊‧傳記》（長沙：嶽麓書社，1988年），頁73。

24　見《船山全書第十六冊‧傳記》（長沙：嶽麓書社，1988年），頁73。

25　《楚辭通釋‧序例》云：「歲在乙丑秋社日，南嶽王夫之釋。」可知是書成於1685年秋。見《船山全書第十四冊‧楚辭通釋》（長沙：嶽麓書社，1988年），頁209。《張子正蒙注》本不詳其著作年月，直到1980年代由《船山全書》編輯委員於船山後人家中找到船山手鈔本，其末頁有小字一行，謂此書初成於1685年正月，1690年重訂。見《船山全書第十二冊‧張子正蒙注》（長沙：嶽麓書社，1988年），頁390。

的〈遠遊〉註，可知船山對內丹思想已有自成一家的見解；在後書〈太和篇〉中，船山對太虛之內人類神氣的終極歸宿，亦有與橫渠截然不同的詮釋方式。簡言之，船山以儒家氣論爲基礎，融合了道教內丹學的功法和佛教唯識學的觀念，從跨界域的角度，重新界定了人類生命的終極意義，而他自己似乎也透過這套嶄新的生命論述，解開了亡國遺民的生死兩難。

　　1691年多末，船山「久病咳嗽」，病中仍吟誦不輟。[26] 至1692年正月初二清晨，船山起床後神色不悅，心知壽命將盡，趕緊召來王敔交代後事，遺命中有一條是「禁用僧道」，展現了畢生堅持的儒者本懷。上午七點左右，船山依傳統習俗整衾就簀，剛整理完畢便與世長辭，神氣散歸太虛。[27]

　　綜上所述，如果說所有的歷史都是生命史——生命掙扎奮鬥的歷史，那麼人類應該如何看待生命、如何使用生命、生命的來源與去處何在、有限生命的永恆意義是什麼、現世生命與未來生命又有何關聯。這些問題都是船山在生命經驗中遇到的困惑，而氣化生命論或許就是船山最後的答案吧！

第二節　船山學研究述要

　　自船山「氣散太虛」，迄今已逾三百年矣，船山學術之研究則由十八世紀初期編撰傳記年譜等基礎文獻工作開始，至十九世紀末已能略窺其思想底蘊。此後之研究範圍逐漸加廣，程度亦逐漸加深，今日已成爲世界各地治宋明儒學者之關注焦點。截至2018年2月，僅據臺灣國家圖書館之館藏資料，學界研究船山之學位論文超過八十篇，已發表之單篇論文近四百篇，不難察見船山學術在今日研究之盛況。

　　下文則將船山學術之研究發展分爲五期，挑選每個時期幾位重要學者，概述其研究成果，略窺近三百年來的發展軌跡。此外，由於本文重點

26　見《船山全書第十六冊・傳記》（長沙：嶽麓書社，1988年），頁76。

27　王敔〈大行府君君述〉：「良久，命整衾。時方辰，遂就簀，正衾甫畢而逝，享壽七十有四。遺命禁用僧道。」見《船山全書第十六冊・傳記》（長沙：嶽麓書社，1988年），頁76。

放在船山的生命論述，故下列各期中涉及此一議題的部分，筆者會花比較多的篇幅說明。

一、咸同奠基期（18世紀初期至19世紀中葉）

第一期從十八世紀初至1865年曾國藩刊刻《船山遺書》止。一開始以編撰傳記年譜與蒐羅遺著為工作重點，其後因清儒主流偏好漢儒解經之學，故船山著作中之諸經稗疏、《說文廣義》或《禮記章句》等，特別受到關注，甚至有人認為船山學宗漢儒而兼採宋儒之說，代表時人是把船山當作經學家。本期重要的研究者有船山子王敔（1656-1731）、潘宗絡（1657-1716）、鄧顯鶴（1777-1851）、曾國藩（1811-1872）、劉毓崧（1818-1867）等。

船山之子王敔是史上第一位研究船山學術的學者，也是極少數曾「親炙」船山者。後人對於船山生平的認識，皆賴其所撰述之第一手史料，而許多船山著作亦賴其保存、整理而傳世。[28]

潘宗絡是第一期中少數籍貫不是湖南的學者。十八世紀初期，潘氏任湖廣學政，嘗延王敔入幕，故有機會接觸船山著作，後來不但讀其書，更撰〈船山先生傳〉交付史館，為史上第一篇官方傳記。其後王敔順利取得親友之資助，刊行船山遺著十餘種，此即「湘西草堂本」。

鄧顯鶴立志保存湖南地方文獻，欲藉此表彰鄉土先賢，後得船山子孫所提供之家藏遺書，遂於1842年刊刻至今可見最早之《船山遺書》，此即「守遺經書屋本」。此外，鄧氏嘗撰〈船山著述目錄〉，亦為今日可見最早、最完整之目錄。

曾國藩為咸同間之名臣，在政治上的影響力自不待言，在文教上的貢獻則是校閱並刊刻《船山遺書》。曾氏有計畫、有規模地刊刻船山的經、史、子、集四部著作，共五十六種，兩百八十八卷，為史上第一套「船山全集」，一般又稱作「金陵本」。除了基礎的文獻工作外，曾氏對船山學

---

28 例如《老子衍》即王敔收藏之乙未舊本（1655年），這是因為成於1672年的壬子新本後焚於火，船山亦無副本，若非王敔保留舊本，今日已無是書；又如《莊子解》與《張子正蒙注》，兩書內文皆有王敔之增註，似經王敔整理，不完全是原書舊貌。

術也有一定程度的了解，以爲船山兼治漢宋，於宋學專宗洛閩，故表面看來雖有近於漢學之著作，然其學問底蘊仍不脫宋學。[29]

劉毓崧負責主持「金陵本」的校勘工作，除了提出校勘凡例之外，他對船山的《尙書引義》與《永曆實錄》有獨到見解：以爲前書發揮之經義，多與明朝歷史有關，有借古喻今之意；後書則雖有諸多缺失，但亦記載其他史書罕見之人事物，不無史料價值。[30] 而史上第一部《王船山先生年譜》，亦出劉氏之手。

總之，第一期的研究成果集中在船山的經史小學，而非其義理思想。

二、光宣政論期（19世紀後期至20世紀初期）

第二期從1870年代至1911年滿清覆亡止。基本上，這個時期的研究焦點與當時的政治局勢有關，無論維新改革派或排滿革命派，皆有領袖人物研究或宣揚船山思想。當時改革派與革命派針對於是否推翻滿清，見解截然不同，而船山立場鮮明的「華夷之辨」，則爲當時革命派人士抨擊對方的武器，藉以爭取政治正當性，所以當時最熱門的船山著作是強調華夏族群優位性的《黃書》。此外，改革派亦須支持維新的相關論述，船山在《周易外傳》與《周易內傳》中反覆強調的器質優先論，也可以從政治改革的角度進行發揮。本期重要的研究者有王闓運（1833-1916）、譚嗣同（1865-1898）、章炳麟（1869-1936）等人。

王闓運爲晚清經學家，嘗主講船山書院二十餘年，政治立場偏向保守，雖然講授船山學術，但言詞之間頗多譏評。王氏的貢獻主要有以下三點：

王船山氣化生命論

---

[29] 曾氏在致潘黻庭的信文中嘗云：「來示稱王船山先生之學以漢儒爲門戶，以宋儒爲堂奧，誠表微之定論。觀其生平指趣，專宗洛閩；而其考《禮》疏《詩》，辨別名物，乃適與漢學諸大家若合符契。」見《船山全書第十六冊・雜錄》（長沙：嶽麓書社，1988年），頁560。

[30] 劉氏在〈尚書引義跋〉謂：「此書就《尚書》每篇之義引而申之，其體裁近於《韓詩外傳》、《春秋繁露》，雖不盡與經義比附，而多與明事有關。」見《船山全書第二冊・尚書引義》（長沙：嶽麓書社，1988年），頁439。在〈永曆實錄跋〉又謂：「唯是先生筮仕於肇慶在己丑之夏，辭官於梧州在庚寅之秋，首尾僅踰一載，其後高蹈遠引，罕接時流，耳目見聞，限於方域，裒集容有未周。……至若此書之大槩可寶者，非止一端。有他書罕見之人，……他書罕載之事。」見《船山全書第十一冊・永曆實錄》（長沙：嶽麓書社，1988年），頁561-564。

1. 於船山經史遺著中特別重視《禮記章句》，認爲其中頗有可採之處，且獨撰宋儒未有之禮學專著。[31]

2. 由於政治立場保守，王氏偏向支持滿清，故輕詆船山《黃書》，然亦正視此書之政治影響力，謂其下開近代中國之種族論述，乃革命「亂黨」假借之口實。[32]

3. 王氏在1872年即斷定船山〈愚鼓詞〉蘊藏道教內丹之旨，並非一般之詩詞著作，可謂深中肯綮。[33]

　　譚嗣同或許是史上第一位船山專家，雖然論述的深度頗爲有限，但廣度相當全面，掘發許多船山思想中向來乏人深究的獨特論點，可謂孤明先發，與前人之泛論截然不同。以下就其所言，歸納數點如後：

1. 船山易學中的十二位半隱半現之說，實際上與古代天文學有關，此說似爲船山學者討論「乾坤並建」之濫觴。[34]

2. 譚氏發現船山易學中有所謂「道依於器」之說，強調器先於道，與古來諸家論易，皆不相侔，而此一獨到見解實可作爲變法的理論基礎。[35]

---

[31] 王氏在〈題薑齋手稿禮記檀弓兩葉跋〉謂：「自漢以來，注《禮記》存者，唯有鄭君一家。明專攻宋學，求宋人註《禮記》者無有，乃用元陳澔《集說》，全不成書，卒無以易也。明末王薑齋以開六經生面自命，乃作《禮記章句》，以配朱子《四書》。」見《船山全書第十六冊·雜錄》（長沙：嶽麓書社，1988年），頁665。在《湘綺樓日記》又云：「繙王夫之《禮記》注，亦有可朵者，而大段不可觀，乃知著作之難。」見《船山全書第十六冊·雜錄》（長沙：嶽麓書社，1988年），頁668。

[32] 王氏〈邗江王氏族譜敘〉：「凡論種族者皆依託船山。……獨感其故國之思，不咎君相，而但恨代者，以致二百年為亂黨藉口。有王芝祥、劉人熙讎視故君，而亦藉口云船山之學。」見《船山全書第十六冊·雜錄》（長沙：嶽麓書社，1988年），頁663。在《湘綺樓日記》又曰：「作志傳，閱船山《黃書》，其見未卓。」見《船山全書第十六冊·雜錄》（長沙：嶽麓書社，1988年），頁667。

[33] 王氏《湘綺樓日記》：「繙船山〈愚鼓詞〉，定為神仙金丹家言，非詩詞之類也。」見《船山全書第十六冊·雜錄》（長沙：嶽麓書社，1988年），頁668。

[34] 譚氏《石菊影廬筆識·思篇》：「易卦六爻，說者謂上三爻天，下三爻地。又謂上二爻天，下二爻地，中二爻人。……然此特就所處之地球上半面而論，其實面面皆然，與吾相對之下半面，亦有六爻。合之則十二爻半隱半現，即衡陽王子十二位之說也。」見蔡尚思等編：《譚嗣同全集（增訂本）》（北京：中華書局，1981年），頁126。

[35] 譚氏《興算學議·上歐陽中鵠書》：「竊疑今人所謂道，不依於器，特遁於空虛而已矣。故衡陽王子有『道不離器』之說。……信如此言，則道必依於器而後有實用，果非空漠無物之中有所謂道矣。今天下亦一器也，所以馭是器之道安在耶？……故變法者，器既變矣，道之且無者不能終無，道之可有者自須亟有也。」見蔡尚思等編：《譚嗣同全集（增訂本）》（北京：中華書局，1981

3. 船山論宋明儒學的理欲問題時，不言「存理滅欲」，反持「理欲合一」，謂天理與人欲並不對立，而天理即在人欲之中發見。[36]

4. 在船山的生命論述中有極特殊之生死循環說，乃綜合三教理論而有之產物，謂人身雖滅而不死，故烈士捨身取義，實無須心懷畏懼。[37]

5. 船山有人類道德修養不隨死亡消滅之說，故聖賢之貢獻不僅在其生前，並且及於死後，可再造未來中等以上之人類。[38]

6. 譚氏斷定船山學說宗旨，多有汲取佛教思想之處。[39] 其中後三點，與筆者的問題意識有直接關聯，涉及船山之生命思維，譚氏獨標新義，似亦為史上首見。

　　章炳麟自言幼時嘗從外祖父處聽聞船山、亭林之著述大旨，頗受船山學說啓發。[40] 章氏擅長經史考證之學，對船山義理之學所論不多，唯契《黃書》與《永曆實錄》，尤以前者宣揚之華夷觀念，為畢生堅持之政治立場。以下即就此二書簡述其研究成果：

年），頁160-161。

36 譚氏《仁學・仁學一》云：「世俗小儒，以天理為善，以人欲為惡，不知無人欲，尚安得有天理？吾故悲夫世之妄生分別也。天理，善也；人欲，亦善也。王船山有言曰：『天理即在人欲之中；無人欲，則天理亦無從發見。』適合乎佛說佛即眾生，無明即真如矣。」見蔡尚思等編：《譚嗣同全集（增訂本）》（北京：中華書局，1981年），頁301。

37 譚氏《仁學・仁學一》曰：「好生而惡死也，可謂大惑不解者矣！蓋於『不生不滅』瞢焉。……生固非生，滅亦非滅。又況體魄中之精靈，固無從覩其生滅乎！莊曰：『善吾生者，乃所以善吾死也。』此言最為學道入聖之始基。由是張橫渠有『太和』之說，王船山有『一聖人死，其氣分為眾賢人』之說；其在耶則曰『靈魂』，曰『永生』；在佛則曰『輪迴』，曰『死此生彼』。或疑孔子教無此，夫〈繫易〉固曰：『原始反終，故知死生之說；精氣為物，遊魂為變，是故知鬼神之情狀。』何為不言乎？……知身為不死之物，雖殺之亦不死，則成仁取義，必無怛怖於其衷。」見蔡尚思等編：《譚嗣同全集（增訂本）》（北京：中華書局，1981年），頁308-309。

38 譚氏〈上歐陽中鵠〉：「『達則兼善天下』，不知窮亦能兼善天下，且比達官之力量更大。王船山先生曰（不能舉其詞，概括其意）：『聖人之所養，死後可化為百十賢人，賢人可化為百十庸眾，故善吾生者，乃所以善無死也。』亦尊詩所謂『薪火猶傳死後功也』。」見蔡尚思等編：《譚嗣同全集（增訂本）》（北京：中華書局，1981年），頁461-462。

39 譚氏〈上歐陽中鵠〉：「偶觀佛書，見其不可為典要，唯變所適，往往與船山之學宗旨密合，知必得力於此。若夫諸儒所闢之佛，乃佛家之末流之失，非其真也。」見蔡尚思等編：《譚嗣同全集（增訂本）》（北京：中華書局，1981年），頁464。

40 章氏《太炎先生自定年譜》：「外王父海鹽朱左卿先生諱有虔來課讀經。時雖童稚（筆者按：此指1876年，章氏九歲），而授音必審，粗為講解。課讀四年，稍知經訓。暇亦時以明清遺事及王而農、顧寧人著述大旨相曉，雖未讀其書，聞之啓發。」見《船山全書第十六冊・雜錄》（長沙：嶽麓書社，1988年），頁803。

1. 對於《永曆實錄》，章氏每每檢驗書中李闖之史料，然後逐條批駁，謂船山之說多不可從，但仍肯定船山之史才，讚其為「作史者」，而非徒務「考史者」。[41]

2. 至於《黃書》，則是章氏從事政治鬥爭之利器，與康有為一派針鋒相對。晚清政局動盪，以康氏為首之維新派，企圖藉由君主立憲的方式改革政體，如此則滿人之皇室可留；然章氏等革命派則力主攘夷排滿，民權固然要爭，滿清皇帝亦不得不去。當時因為兩派政治立場迥異，所以各自擁護不同的政治論述，維新派宣傳梨洲之《明夷待訪錄》，章氏則力持《黃書》，謂不驅逐滿清，其餘改革盡屬虛語。[42]章氏對滿清政權深惡痛絕，不知是否與其籍貫有關。[43]總之此一政治立場恰好與船山相符，所以一時之間，《黃書》成為當時政壇的熱門話題，也間接促成了船山族群思想的宣傳契機。

　　總之，第二期的研究焦點是船山的族群論述，實受晚清政局刺激而有之歷史產物，唯譚嗣同為罕見之例外，能於時風之外留心其生命論述。

三、民國哲學期（1910年代至1950年代）

　　民國時期最明顯的特徵是學者的表述形式進入一種「哲學化語境」，亦即在論述過程中或多或少地使用各種西方哲學術語，藉以詮釋船山思

---

41 章氏〈覆支偉成書〉：「『作史』『考史』二者才本不同。今宜將『作史』『考史』分列，不必以『浙派』『別派』。『作史』者，如萬斯同（筆者按：章氏小註略）、溫睿臨（《南疆繹史》）、王夫之（《永曆實錄》），皆端然自成一書。……史有三長，謂才學識。『作史』者必兼具三事，『考史』者祇須一『學』字耳，其難易不同。」見《船山全書第十六冊·雜錄》（長沙：嶽麓書社，1988年），頁802。

42 章氏《太炎先生自定年譜》：「時新學初興（筆者按：此指1897年），為政論者輒以算數物理與政事並為一談。余每立異，謂技與政非一術。……余所持論不出《通典》、《通考》、《資治通鑑》諸書，歸宿則在孫卿、韓非。康氏之門，又多持《明夷待訪錄》，余常持船山《黃書》相角，以為不去滿州，則改政變法為虛語，宗旨漸分。」見《船山全書第十六冊·雜錄》（長沙：嶽麓書社，1988年），頁803-804。

43 章氏《演說錄》：「兄弟少小的時候，因讀蔣氏《東華錄》，其中有戴名世、曾靜、查嗣庭諸人的案件，便就胸中發憤，覺得異種亂華是我們心裡第一恨事。後來讀鄭所南、王船山兩先生的書，全是那些保衛漢種的話，族群思想漸漸發達。」見《船山全書第十六冊·雜錄》（長沙：嶽麓書社，1988年），頁801。

想的底蘊，因此建構了一種嶄新的論述模式。此後，學者追究的問題除了船山與宋明儒者的淵源之外，還要反省船山思想應該歸類爲哪一種哲學，或說船山思想涉及了那些哲學領域。若依筆者之見，這個時期比較重要的學者有梁啓超（1873-1929）、熊十力（1885-1968）、錢穆（1895-1990）、嵇文甫（1895-1963）、侯外廬（1903-1987）等，下文略述其旨。

梁啓超因爲譚嗣同的引介與撰寫清代學術史的需要，開始接觸船山。據筆者整理，梁氏認爲船山思想宗旨有如下兩點：

1. 學說內容：梁氏早在1920年代初期，即開始運用西方哲學術語分析船山學說內容，此乃筆者首見。梁氏以爲船山重視「認識論」的問題，遂以主體心靈爲認識實體，區分「見聞之知」及「德性之知」；並極度排斥「唯覺主義」和「虛無主義」，而力持「實有主義」。[44]

2. 理論根源：梁氏不僅發現船山重視「認識論」，更以此作爲船山思想超出宋明哲學的原因，謂其能自覺地追討「知識本質」與「知識來源」。根據這些特徵，梁氏提出一說，謂船山「治哲學的方法」很可能受到法相宗的影響。[45] 筆者以爲此說誠有所見，他是早期少數能看出船山受唯識學影響的學者，代表他對船山學術有相當程度的認識。

熊十力爲當代新儒家的奠基者，雖然對船山學說不無微詞，但仍以船山學說爲自身哲學體系的根柢，提出許多重要論點，下文簡述其旨：

1. 熊氏在1916年的〈船山學自記〉中，嘗以「道器一元」、「幽明一物」、「天人合一」等語，概括船山學問宗旨。文中也說船山晚年對佛教唯識學有所認識，與梁啓超差不多同一時期指出船山與法相宗的關係，在筆者所見資料中，兩人皆爲最早關注此一面向的學者。[46]

王船山氣化生命論

---

44 見氏著：《中國近三百年學術史》（臺北：華正書局，1994年），頁83-87。

45 梁氏云：「依我粗淺的窺測，船山哲學要點大略如此，若所測不甚錯，那麼，我敢說他是爲宋明哲學闢一新路，因爲知識本質、知識來源的審查，宋明人是沒有注意到的。船山的知識論對不對，另一問題，他這種治哲學的方法，不能不說比前人建實多了。他著作中有關於法相宗的書兩種（筆者按：此指《相宗絡索》及《八識規矩頌論贊》），或者他的思想受法相一點兒影響，也未可知。」見氏著：《中國近三百年學術史》（臺北：華正書局，1994年），頁87。

46 見《船山全書第十六冊‧雜錄》（長沙：嶽麓書社，1988年），頁981。

2. 在《新唯識論》（語體文本）中，熊氏指出船山易學對萬物生命的觀察（觀生），非僅論其本體自性，而是兼重其形質，熊氏似覺船山所謂「分疏停勻」，乃是就生物學的角度談論生命內部之「計畫」（條理），故有機物（包含動植）的發展總是由簡單趨向複雜，其生理組織亦互相協調。熊氏甚至進一步推衍船山之意，認爲連無機物中也當有其「計畫」，只因缺乏明顯的生命徵象，所以隱微難知罷了。[47]

3. 在1950年代的《原儒》中，熊氏提出自己對傳統氣論究竟「唯物」或「唯心」的見解，反駁侯外廬所謂橫渠、船山一派皆屬「唯物論」之說，[48]熊氏以爲中國哲學歷來沒有像西方唯心、唯物徹底分裂的情形，且橫渠是以太虛爲本體，氣僅爲本體之功用，唯其虛氣兩端未能融貫，導致宗法橫渠的船山也一樣「未徹本源」。即便如此，橫渠、船山一派也絕非西方式的「唯物論」。[49]合言之，當時學者對船山學術是否隸屬「唯氣論」固然有所爭議，然皆以氣爲物質性的存在。

4. 熊氏以爲船山易學雖有殊勝，但亦有其弊病。1940年代出版的《十力語要》（收錄1920年代至1940年代的論著）中，他十分質疑船山「乾坤並建」所言之陰陽全體十二位之說，以爲此說僅憑臆測，便在每卦之外，另增陰陽相反之六爻，「恐非大易本義」（〈與劉生〉）。[50]姑且不論熊氏之評斷是否合理，僅就筆者所見，這似乎是最早討論

---

[47] 見氏著：《新唯識論》（臺北：明文書局，1991年），頁406-408。依筆者之見，熊氏所言出自船山《周易稗疏》，原文作：「今觀萬物之生，其肢體、筋脈、府藏、官骸，與夫根莖、枝葉、華實，雖極於無痕，而曲盡其妙，皆天之聰明，從未有之先，分疏停勻，以用地之形質而成之。」見《船山全書第一冊》（長沙：嶽麓書社，1988年），頁782。其中無論動物之「肢體、筋脈、府藏、官骸」，或植物之「根莖、枝葉、華實」，皆就其生理組織而言，故熊氏之說似亦偏於生物學領域。若筆者的理解無誤，代表熊氏早在1940年代以前，已知船山學術有此面向，是早期接觸此一研究面向的學者之一。

[48] 侯氏在1980年代重新出版的《船山學案》序文中表示，自從他將船山定位爲「唯物主義哲學家」後，嘗引起正反兩種「反響」。而反對意見中，和他爭論最多者莫過於熊十力。他說：「他不同意說王船山是唯物論者，主張他是理學家。」兩人曾爲此互相詰難，書信往返多次，可惜當時保留的書信皆在文革時洗劫殆盡，似已不在世間。見氏著：《船山學案》（長沙：嶽麓書社，1982年），頁1。

[49] 見氏著：《原儒》（北京：中國人民大學出版社，2006年），頁229-230。

[50] 見氏著：《十力語要》（瀋陽：遼寧教育出版社，1997年），頁69-70。

「乾坤並建」者。

　　錢穆對船山的研究，主要見於1930年代撰成之《中國近三百年學術史》，雖然書中的篇幅不長，但涉及的面向極廣，徵引的原文尤精，且每據學術史之巨觀視野立論，嘗以船山論學宗旨對比同時之顏習齋（1635-1704）和稍晚之戴東原（1724-1777），可謂獨樹一格，自有卓識。唯部分按語過於簡略，分類亦過於細碎，似可再做調整。下文即就其成果，擇要略述一二：

1. 錢氏發現船山易學中的「人性」具有生物學的意義，故其闡釋之「道」近於演化，「善」為演化擇汰中的適應性，而「性」則為生物在演化過程中所產生之生命法則。[51] 姑且不論錢氏的解說是否將船山思想過度現代化，至少他已明確意識到船山論「性」，似乎不是純由心靈意識立論，而是兼顧生理構造，此與筆者立場相近。而錢氏早在1930年代已經注意到船山思想中有近乎生物學的思路，亦為筆者首見。

2. 船山尤擅論心，主張「心物合一」對治異端之拒物立心，主張「動靜合一」對治異端之致虛守靜，主「身心合一」對治學者之蹈虛落空，主「內外交養」對治異端之養內遺外。整體而言，船山論學宗旨可概括為「體用兼賅」。[52]

　　嵇文甫是這個時期相當重要的學者，他最主要的研究成果是《王船山學術論叢》。此書收入了1930年代出版的《船山哲學》，以及之後到1960年代初期的相關論文，後期作品基本上是前期說法的補充。嵇氏最特別的地方是對船山原文有相當細緻的分析，與前人略加按語的做法不同；同時他也摻入了馬列主義的意識形態，強調船山的唯物傾向與階級立場。若擇其要，可歸納為數點。

---

[51] 錢氏曰：「船山此論（筆者按：指船山對繫辭傳『繼善成性』的詮釋），以今意譯之，道為天演之現象，善則天演淘汰中繼續生存之適應，而性則僅是生物於適應中所得之幾種生理也。」見氏著：《中國近三百年學術史》（臺北：臺灣商務印書館，2009年），頁110。

[52] 見氏著：《中國近三百年學術史》（臺北：臺灣商務印書館，2009年），頁105-133。

014

王船山氣化生命論

1. 在史學方面：嵇氏認為船山的史論背後有一套獨特的歷史觀——「新天理史觀」。所謂「新」自然是相對「舊」而言，在宋明諸儒中，晦庵的史觀亦重天理，但過於超絕現實，船山的史觀則是天理與現實互相結合，而有「理勢合一」之說，遂將天理與人情世勢打成一片，以現實歷史充實天理的內容。船山「理勢」問題的另外一種表述方式是「貞一之理」與「相乘之機」，而「貞一之理」就在各種「相乘之機」（歷史條件）中步步實現。在此，嵇氏引介了德國黑格爾（G. W. F. Hegel, 1770-1831）的「絕對精神」（absoluten Geist），以為船山的「貞一之理」與之相似，都是必然通過偶然而實現。就筆者所見資料，嵇氏似乎是最早借用「黑格爾哲學」來詮釋「船山思想」的學者，這種論述模式對日後的船山研究有甚為深遠的影響。[53]

2. 關於學術淵源方面：嵇氏認為值得注意者有四：其一是繼承橫渠，發揮橫渠論述天、道、心、性「俱必在氣上說」的宗旨，且能剔剝其特殊之處，斷然與程朱劃開界線。其二是繼承東林派反陽明學的主張，故謂船山與前人顧涇陽（1550-1612）、高景逸（1562-1626）相同，皆嚴詞抨擊陽明之「無善無惡」。其三是指出船山與佛道異端既對抗而又取法的特殊關係，其中批判一面，力道與深度皆非泛泛，而是真的下了苦工鑽研，「摸清了對方的家當，看透了它的底」，故能針砭佛家「消所入能」與莊子「逃之空虛」的病痛。其四是嵇氏發現船山應曾受到方密之（1611-1671）「質測之學」（自然科學）的影響，故尤精於曆算，以為當時的科學新知，影響了船山的哲學方向，使他從唯心主義的學術氛圍中轉向唯物主義。[54]

3. 在船山思想的分判上，嵇氏定調為唯物主義中混入唯心主義雜質，故心物兩端皆有所論，而未獨重唯物一面。筆者以為嵇氏雖受馬列主義影響，但其說卻能不失公允，相當不容易。申言之，嵇氏發現船山所謂的氣，並不能完全等同現代所說的物質，而夾雜了「非物質的

53　見氏著：《王船山學術論叢》（北縣：谷風出版社，1987年），頁1-32。
54　見氏著：《王船山學術論叢》（北縣：谷風出版社，1987年），頁33-46。

因素，帶有神祕氣味」，所以人類的「辛勤歲月之積」乃至「善惡治亂」，都會在廓然太虛中，「留下不可磨滅的印記」。針對這點，嵇氏明確地給予負評，謂船山論氣有時混淆人事現象與自然現象，故儘管足以打破迷信，卻尚未達到「無神論」的程度。[55]

　　侯外廬的研究成果主要是1940年代出版的《船山學案》，其後大部分內容收入1950年代出版的《中國早期啓蒙思想史》（即《中國思想通史第五卷》），唯字句與內容皆有所調整，更強化了「唯物論」的意識形態。至1980年代《船山學案》再版，前書中討論船山的章節又重新單行。整體而言，侯氏之論雖然不無高見，但書中線索較爲混亂，前後條理不甚連貫，似由讀書筆記雜集而成。依筆者整理，侯氏的見解約略可分爲以下數點。

1. 船山雖然痛詆佛老二氏的世界觀，但卻吸收二氏的方法論，其中尤其是莊子的相對觀念，以及法相宗對內在思維過程的分析（認識論的問題）。即此而論，侯氏能看出船山對佛、道兩家並非一味排斥而無所揀擇，實已遠勝一般學者之泛論，唯去取之分未必安當耳。

2. 在「唯心論」與「唯物論」的戰線上，船山是站在「唯物論」，批判老、莊、釋的「唯心論」。

3. 彰顯船山人性論的價值，侯氏云：「他（筆者按：指船山）把宋明儒以來所高談的性命，重新規定了活生生的發展內容。」[56] 又從《尚書引義·太甲二》中發現了心性發展的生理因素，他說：「既然肯定實在的氣，日生的氣，又肯定由氣日日充實的質，即因實踐改變了人類官能而生化的質，則性在氣質之中也就日新而富有，並不是一降生就命定了的。」[57] 其中所謂「人類官能」雖然稍嫌籠統，但其中不乏生理意涵，代表侯氏也曾留意船山心性論中的身體因素。

4. 侯氏警覺到船山的認識論與唯識學有關，指出船山論儒學的「小體之

---

55 見氏著：《王船山學術論叢》（北縣：谷風出版社，1987年），頁47-57。
56 見《船山全書第十六冊·雜錄》（長沙：嶽麓書社，1988年），頁1179。
57 見《船山全書第十六冊·雜錄》（長沙：嶽麓書社，1988年），頁1180。

官」、「慮」、「志」、「量」時，嘗逐一比配八識結構，此為筆者
所見最早關注此一比配關係的學者，只是侯氏對這些觀念的解釋並不
恰當。

　　總上所述，這個時期最鮮明的特色就是研究者的論述語境哲學化，而
最大的歧異則在於判斷船山思想到底唯心或唯物，然而不論支持唯心論或
唯物論，這時期的學者其實都將氣解釋成物質層面的東西。

四、通論式研究深化期（1950年代至1980年代）

　　這個時期延續之前「哲學化」的研究進路，大體仍以通論式研究為
主，但更深入地分析船山著作的內容，關注的範圍亦大為拓展，甚至不
乏通讀船山全體著作的學者。假如分區域比較，大陸地區的論述模式比較
固定，意識形態亦前後一貫；臺港地區則多有新見，且彼此之間對相同文
獻的看法也頗多歧異，乃學術自由發展所必有之現象。至於本期的重要學
者，則取牟宗三（1909-1995）、唐君毅（1909-1978）、勞思光（1927-
2012）、曾昭旭（1943-）等人為代表，以下依序闡述其旨。

　　牟宗三為當代大儒，但奇怪的是他對船山思想討論不多，不知是否與
其偏重心體的立場有關。就筆者所見資料而言，專文似僅有1950年代寫
成的〈黑格爾與王船山〉，且該篇一半以上在討論黑格爾的哲學體系；至
於船山思想，則像在此論述脈絡中順帶提及者。當時取黑格爾與船山相較
的學者並不乏人，但這篇的價值在於它能深入地分析兩者學說之異同，就
這一點而言，牟氏遠出但論其同的嵇文甫之上。本文要旨可以歸納如下：

1. 牟文主要是綜觀船山整體學術的特徵，故引文極少，全篇只有一條。
   但這並未影響牟氏對船山思想的介紹，仍有許多相當精準的判斷。
2. 牟文將船山定調為「好的歷史哲學家」，而非「好的哲學家」。
3. 黑格爾與王船山兩人的學問皆重視「辯證的綜合」（相對於「超越的
   分解」），故形成一種「天羅地網式的大系統」。然而不同之處在
   於，黑格爾的綜合是「無眉目無異質的混沌」在不斷重複，但船山的
   綜合則繼承了張橫渠的規模，「心、性、理、氣、才、情，貫通在一

起講」，有明確的理論輪廓，而無黑格爾之弊病。

4. 兩人的「具體解悟力」（相對於「抽象解悟力」）皆強，這種能力正好適合研究歷史文化方面的問題。

5. 兩人討論歷史文化皆能兼顧「道德判斷」與「歷史判斷」，故能穿透歷史事象，直見其後貫徹一切之精神實體。只不過，黑格爾是就「上帝」角度說的「神統記」，而船山是從「天道」角度說的「道統記」。

6. 牟氏與熊十力相同，皆反對將船山往下說成「唯氣論」者。換言之，牟氏對船山的分判雖與唯物論者不同，但亦將氣視為物質。[58]

唐君毅乃此一研究分期中相當重要之船山學者，在其《中國哲學原論‧原教篇》中，有六章專論船山，無論篇幅分量、關照面向或論述深度，直至1970年代末期，皆罕有其匹。唐氏自言嘗兩度全讀船山遺書，其學術洞見殆源於此。下文即就其相關論述，撮述其要。

1. 唐氏以為船山學之總綱有以下十二點：其一是在學術淵源上，船山力斥陽明，彈正程朱，獨契橫渠，與嵇文甫在1930年代所下之斷語相當（宗師橫渠，修正程朱，反對陸王）。[59] 其二是船山著作多為注疏體裁，思想精義，隨文散見，難以歸約，且同類之語，疊見諸書，徵引之時尤難選擇。其三是船山著作雖多，但應以《周易外傳》、《周易內傳》、《讀四書大全說》、《詩廣傳》、《尚書引義》、《思問錄》、《正蒙注》、《讀通鑑論》、《宋論》為根柢。其四是船山的哲學立場取客觀現實的宇宙論進路，而非心性論進路，故取橫渠之氣，而去其太虛（此點容易引起爭議，與其師熊十力之說亦不同）。其五是重氣似漢儒，兼重氣理似宋儒，而以理為氣之法則似明儒。其六船山言氣不言一氣，而言二氣之化，以此講《易》，則謂乾坤並建、太極即陰陽之渾合。其七是論性「特重人物之性之差別，而嚴辨人、禽之異」。其八是據性以正心治情。其九是氣質無不善，甚至據

58 見氏著：《生命的學問》（臺北：三民書局，2015年），頁190-202。
59 見氏著：《王船山學術論叢》（北縣：谷風出版社，1987年），頁109。

氣以確立性善，故情之不善不源於氣質，而源於氣質與外物相感應之際，與宋儒多將惡歸於氣質大異。其十是強調「養氣踐形」的修養工夫。其十一是批判宋儒「捨氣言性」及明儒末流「即情言性」，謂二者皆流入佛家，故嚴辨儒佛兩家之壁壘；其十二是從氣泛論歷史文化，其說尤見精彩，非宋明諸儒所及（牟宗三之說或亦本此）。[60]

2. 在天道論部分，唐氏之說可分為如下數點：其一是在道器問題上，唐氏以為船山言道「以形器之概念為首出，而以道為形器之道」，故必先肯定現實中一切存在之真實性。然而，道與器其實本無先後可言，只是從日常生活中「器之真實」一面肯定其存在，而後肯定其中有「道之真實」，故曰「器中之道」。換言之，道與器實則一物之兩面。若取唐說與前述唯物論一派相較，當更符合船山思想之原貌。其二是動靜繫屬陰陽，而非動靜之理先於陰陽之氣。其三是道不在陰陽二氣之上之外，而存於陰陽二氣之中，即主持分劑陰陽相繼續或相轉易之條理。其三是太極即陰陽二氣之渾合，內在於氣化所成之天地萬物之中。其四是陰陽乾坤自始即相待而有，故有所謂「乾坤並建」之說，與漢儒獨尊一乾元或宋儒一氣化二氣皆不相同。其五是整個宇宙為一絕對之動（流行不息），相對之動靜皆涵於此絕對之動中，乃至闔闢、往來、聚散、虛實咸無不然。唐氏以為船山之學偏於言動言實，是其從客觀宇宙方向思考所必有之結論，若改由主體心靈方向思考，則可言靜言虛，中和船山之偏頗。其六是乾坤知能易簡之義，唐氏以為船山易學論此極為精詳，乃前人所未有。[61]

3. 在人性論部分，唐氏之說重點如下：其一是人之性即氣中之理，故性善而氣無不善。其二是闡釋性命日生日降之說，船山所論之氣化流行既然無時或息，則人之氣質亦無時不與其所接觸之天地萬物互相感應，故在此「感應關係」中，即涵人類之「自動自發之自化自新」，亦即性之日生日成。其中所謂「感應關係」頗富意趣，其感應方式似

---

60 見氏著：《中國哲學原論・原教篇》（臺北：臺灣學生書局，2004年），頁515-517。
61 見氏著：《中國哲學原論・原教篇》（臺北：臺灣學生書局，2004年），頁517-540。

乎是偏向生理層面的交換行為，可惜唐氏並未多加解釋。其三是由於性命隨氣質日生，故盡性並非復初，而與禪宗見性所強調的「思父母未生前面目」大異。其四是船山在《讀四書大全說》中特別發揮了孔子「性相近，習相遠」之論，故以善習御氣，氣化為質，質以成性，代表氣質之偏頗可由善習改造。其五是論人之不善，源自主觀氣稟與客觀外物相感應時所產生之偏差（主客往來關係之不當），亦即主體未能自發性地感應外物，並非氣稟或外物本身有何不善，唐氏以為這是船山的特殊見解。[62]

4. 在人道論部分，唐氏之論亦可分為數點：其一是船山所謂的「人道之尊」，乃是與所有生物的構造比較而來，瓦石不如草木，草木不如禽獸，禽獸不能凝善為性，而唯人類獨能，故人類之價值高於萬物。其二是船山論《大學》之「正心誠意」，與晦庵或陽明大異，而稍近於蕺山，謂其以「持志」（心思始終定向於道的工夫）為根本，人能「持志」，則所知所行一循於理，而無非理之念干擾其心，此即「正心」；又「持志」能對心所發之不善之意皆有所矯正，而使之一於善，此即「誠意」。其三是論孟子養氣，唐氏以為船山之養氣唯在持志集義（心思向道，則自能知此當然之理而行之），而非靜坐、存夜氣或調息伏氣。唐氏之言大體不謬，但似未發覺其所徵引之「勿忘勿助」一段，[63] 船山即使駁斥黃仲元（1231-1312）借內丹修鍊的「文火溫養」詮釋孟子養氣，卻仍取用丹道中「武火」的觀念，闡發孟子的「集義」和「浩然之氣」。換言之，船山在討論孟子養氣工夫時，似融入某種內丹修鍊經驗，然唐氏未能深究此義，殊為可惜。其四是重身貴才，船山既然重氣，故亦不輕視由氣聚合而成之身體，更反對孤持一心而賤身之說，已略見船山身體觀之主旨。其五是船山對「聖賢不朽」的特殊詮釋，按儒家古說，「聖賢不朽」當為品德典範之不朽，然船山之「聖賢不朽」，則由氣之循環不朽，證立聖賢之

---

62 見氏著：《中國哲學原論・原教篇》（臺北：臺灣學生書局，2004年），頁557-580。
63 見《船山全書第六冊・讀四書大全說》（長沙：嶽麓書社，1988年），頁923-935。

身心清氣散而不亡，可以長留兩間。唐氏以爲船山之氣化循環論，強調「萬物」與「一氣」不斷交替，似與佛家「輪迴」相近，但實際上兩者內涵並不相同。在佛家，往者爲此人，來者復爲此人，此即「個體流轉」；但在船山，人物之個體性依其形質而存，形質消亡則個體性亦不復存，此即「個體無輪迴」。個體雖無輪迴，但個體之氣卻不喪失，尤其是人的「精神內容」及「精神能力」，不隨死亡而消失，故聖賢之清氣可不斷往來宇宙，延於後人，移易爲彼等之清氣。[64] 自十九世紀末譚嗣同論及此義後，唐氏是極少數能留意船山生死觀念的學者，而且比譚氏的分析更爲細緻。

5. 在人文化成論部分，唐氏論述的面向極廣，牽涉的議題極多，本文不能一一詳述。概略言之，約有以下數點。

其一是唐氏明確分辨道德與歷史文化之異，歷史文化重視「客觀社會」、「形色世界」、「藝術文學」、「宗教意識」、「政治道理」、「經濟道理」、「結果影響」等諸多面向，皆非徒重道德善惡者所須知須論之義。

其二是唐氏對傳統思想中的「氣」下了一個定義，即「流行的存在，存在的流行」，且能超越唯心唯物之爭，直指「非只物質生命之氣是氣，精神上之氣亦是氣」。[65]

其三是船山由重氣而重歷史文化，則可安立「客觀存在」、「崇敬宇宙之宗教意識」、「禮之分量」、「情之詩樂」、「歷史哲學」、「華夏夷狄」等觀念，[66] 故與既往宋明儒者分道旁行，而關照中華傳統學術之全體。

其四是闡明何以重氣即重歷史文化，唐氏以爲宋明儒者所謂之氣，乃一切存在流行之特殊化原則；而所謂理，則爲一切存在流行之普遍性原則。晦庵、陽明重視此理或此心，則見人物之同；船山強調個別人物具體

---

64 見氏著：《中國哲學原論・原教篇》（臺北：臺灣學生書局，2004年），頁581-622。
65 見氏著：《中國哲學原論・原教篇》（臺北：臺灣學生書局，2004年），頁628。
66 見氏著：《中國哲學原論・原教篇》（臺北：臺灣學生書局，2004年），頁629。

之氣，故不能不見人物之異。畢竟，吾人一身之氣不能全備六合之氣，在個體有限的氣量之外，復有萬物之氣，他人之氣，父母祖先之氣，古聖先賢之氣等，代表個體身心之氣乃涵育於古往今來所有的生命之氣當中，方得以胎息滋生。由此生命之氣的「具體之普遍」，遂可暢言社會客觀之精神，亦即客觀之歷史文化。

其五是唐氏嘗申論筆者所關懷之「宗教意識」，謂歷史文化之中，當有位置可以安頓「宗教意識」，因為這是橫渠、船山重氣哲學的必然結果。畢竟由氣的觀點審視人類，則人身所得之氣與天地萬物之氣相較，吾人不得不生一「藐然之感」。即此「藐然之感」，自然產生自卑自罪之情；反之，由宇宙宏壯之感，則可視為一全知全能之人格神或宇宙大精神。船山思想雖未發展為此一宗教形態，但其崇敬天地知能之義，與宗教家敬拜之上帝亦不甚遠。唯西方宗教敬上帝過於敬父母，而船山敬天地之精神，恆由敬父母之精神透入。再者，由於乾坤健順全具於心性之中，則區區人類不盡然是「藐然之感」，唐氏遂謂「天地固大而吾亦不小」，強調船山之宗教意識，終究仍與儒家之道德意識合而為一。最後，船山重視宗教祭祀與其論人死氣存之義有關，晦庵謂人死氣散，是無鬼神而言祭祀；至於船山則言氣散而不亡，是有鬼神而言祭祀。既然鬼神之氣非虛屬實，則人之祭祀活動，當可與先祖之鬼神互相感格。

以上五大點，唐氏非常有系統且非常全面地探討了船山學術的整體架構，又能深入詮釋其中蘊含的特殊理路與其重氣立場的關聯，所鈔引文當中，更有許多關鍵章節為前人所忽略。凡此諸端皆證唐氏心量恢弘，識見超卓，已將船山研究推上了另一個高度。其中若干段落涉及船山的生命思維，甚至已知其有生物學層面的旨趣；但或許是憂心此義容易與唯物論相濫相混，故未能盡抉其藏。[67]即便如此，唐氏之論仍頗富參考價值。

---

67 唐氏在船山一段的後論中，嘗言中國哲學之氣兼攝自然之物質、生命、人之精神存在，然清儒以降，捨棄禮樂文化歷史，而言生存、物質、功利，乃徒依人之生物本能立說，實為清儒之弊病。近人承清儒之風，將船山下比於西方唯物論者，可謂凌辱先哲。又謂：「言存在與氣，則易與人之生物本能所肯定之存在與氣之觀念相濫，亦勢之所難免，理之所難免也。」見氏著：《中國哲學原論‧原教篇》（臺北：臺灣學生書局，2004年），頁669。由引文中不難看出唐氏雖然發現船山氣學

相較於前述諸家，勞思光的研究態度比較特別，如果說前述諸家主要是發揚船山思想的長處，勞氏的論述則以批判其短處爲主。雖然勞氏的批判未必盡符實情，但是文中若干論點仍具一定之參考價值，再加上其專著《中國哲學史》在華人學界有相當影響力，故筆者仍將勞氏納入討論範圍。

今觀勞氏之說，其研究成果當以成於1980年的《中國哲學史》爲代表，此書關於船山的部分，大體以船山的形上學與宇宙論爲討論基礎，並據此檢視其中涉及的道德價值論，再略述其政治思想，最後以船山的史觀史論作結。下文即就書中提出的若干論點，略作介紹。

1. 勞氏對船山的哲學立場有兩大分判：一者是實在論立場；一者是發展觀。就前者而言，勞氏以爲船山學說首先肯認特殊存在之實在性，並且以「器」爲最基本的實有，「道」只是它的功能、性質或關係。然而船山之論述並非依照嚴格的思辨過程而建立，對勞氏而言，「器先於道」有非常嚴重的理論困難。以此爲例，勞氏遂謂船山之說往往只能按其論述脈絡「順講」，而不能「反求」其理論基礎，以爲船山之長在理論後果，而短於理論基礎，所以對唐君毅偏重船山之理論後果表示不以爲然。再者，勞氏以爲既往船山研究中喜歡取德國黑格爾相較，其實只是「輕率比附」，並無嚴格的知識意義。[68]

2. 勞氏以爲船山這種強調動有，反對虛靜的觀念，其實正是一種「發展觀」。而這種「發展觀」，也影響他的天人關係論，遂有「命日受」、「性日生」之說。勞氏舉《讀四書大全說》中船山解釋孟子「平旦之氣」一段爲例，以爲船山藉此提出一外在之天，不斷將「健順之氣」注入人心，實與孟子強調價值意識或道德自覺的本義「相去極遠」，故批判船山全昧主體自由之義，而將道德價值語言全化爲存有論語言。換言之，勞氏其實是採用康德哲學的立場，依主體性原則

涉及生物學領域，但他對這個部分畢竟心懷戒懼，故在行文中每每點到爲止，而沒有進一步深究其旨，其實相當可惜。
68 見氏著：《新編中國哲學史（三下）》（臺北：三民書局，2001年），頁684-685。

衡量船山思想之高下。[69]

3. 指出船山重視「習與性成」之義，但不知何故，勞氏並未說明此語典出《尚書·太甲》，亦不取船山之《尚書引義》，而另取《讀四書大全說》中的相關論述。勞氏以為「習與性成」是船山在道德實踐層面的核心論述，並以此說詮釋孔子「習相遠」之義。特別的是，勞氏發現船山論「習」有「熏染以成固有」的說法，故謂船山之見顯然取自佛教唯識學的「種子受熏」說，實可與《相宗絡索》中的相關內容合觀，故曰：「船山自己之習觀念實大受此種佛教理論之影響也。」[70] 勞氏能明確指出船山論「習」與唯識「熏習」的關聯，足證其對船山的了解絕非泛泛，在筆者所見資料中亦屬罕見。比較可惜的是，勞氏本可據此追索船山所謂「人性」與相宗「阿賴耶識」的跨界域關係，但最後並未深究。[71]

總地來說，勞氏在討論船山時力求揭弊，加上哲學立場相左，導致諸多評論有失公允。但若撇開勞氏對船山的評價，專就其研究廣度及統整能力而言，勞書仍具參考價值，也確實指出了某些關鍵，甚至見人所未見。

曾昭旭在1983年出版的《王船山哲學》是史上第一部全面評論船山所有著作的專書，底本為曾氏1977年完成的博士論文，書中除了採用一般的主題式討論之外，復能就單一著作進行析論，故既往學者相對忽略的春秋學論著、《禮記章句》與《詩廣傳》等，都有比較深入的討論。總之，曾氏研究的深度與廣度似與唐君毅相當，而篇幅尤有過之。該書共分三編，依序討論船山生平、船山單一著作及船山思想綜論，下文僅介紹單一著作部分。

曾氏按四部分類法，依序討論船山之經學、諸子學和史學等相關專著。由於曾書關懷面向甚廣，篇幅亦長，精義隨文散見，難以盡述，故下文僅擇其要，略見其書梗概。

---

69 見氏著：《新編中國哲學史（三下）》（臺北：三民書局，2001年），頁686-704。
70 見氏著：《新編中國哲學史（三下）》（臺北：三民書局，2001年），頁719。
71 見氏著：《新編中國哲學史（三下）》（臺北：三民書局，2001年），頁719-724。

一論《周易》。曾氏指出船山的易學思想源自其飽經憂患的生命經驗，遂由受揜於群陰之憂患，歸向以陽剛提攜群陰，而求陰陽共轉爲一文明美盛之人類世界，故船山說易必立足於人道，以闡發其中所隱含的道德實踐之義。若就內容而言，曾氏以爲船山易學的根本精神在於「乾坤並建」，但「乾坤並建」並非熊十力所言之「二元論」，因爲乾坤二者皆可抽象爲君子心中之純理或純德，單就心體而言，仍舊是「一元論」。論點既定，曾氏即由此暢論乾坤二純德在現實中必凝合爲一，故有十二位陰陽半隱半現之說，雖然陰陽十二位有卦內卦外的隱顯之分，但當前顯現之一幾，莫不蘊含宇宙全體，所以一切現象之變易皆因據此實體（太極）而不妄。總之，曾氏認爲貌似客觀之乾坤，必歸於道德層面之知能，可見船山易學之宗旨，不在於建構一客觀之宇宙論也。[72] 筆者以爲曾氏之說能從隱現角度討論「乾坤並建」，實有進於前人，但其解釋仍偏向人文學層面，所以針對引文中出現的天文學知識，只能輕輕帶過，諸如「大鈞」（可能是《莊子》的「天鈞」）、「渾天」、「大圓」等古天文術語，均未進一步申論，於是「乾坤並建」的意義僅開展其半耳。再者，曾氏純就主體心性立說，與唐君毅以客觀宇宙論判定船山恰好相反，導致乾坤的客觀意義全由主體收攝，似亦矯枉過正矣。

二論《尚書》。曾氏以爲船山尚書學繼承了易學「全體實存」的宇宙觀，故《尚書引義》之要義可歸結爲「天地一誠，萬有皆實」。析言之，船山之旨可分五點：一是五行所成之物，爲人類生命與社會倫常之根本，故謂人之成德，必須依待天地之產，取外物之精以養形，形色健旺則心性因之凝成；而禮樂刑政等社會體制，亦莫不奠基天地之產，慎用之即成人倫日用之諸般法則。二是船山論性必合良知與形色，不僅重視義理之性，並能珍惜氣質之性，故其論性非從本質上說性，而是從性之發現處或凝成處說起。即此而論，船山勢必肯定身體形色之獨立意義，與前儒重心輕身大異（此說實已觸及船山之身體觀）。三是船山引申詮釋〈大禹謨〉中

<hr>

72 見氏著：《王船山哲學》（臺北：里仁書局，2008年），頁43-67。

「人心」與「道心」的內涵，這段十六字心傳本為宋明儒學的樞紐議題之一，船山另有獨到見解，以為佛道陸王諸輩只知「人心」，而不識傳統儒學「道心」之義。至於船山從本段引申的長篇大論，曾氏以為詰詘難讀，故僅摘抄原文，略加按語。四是《尚書引義》中最特殊的人性日成之論，曾氏以為船山的人性論不同於宋明諸儒，而是博採各家集其大成。[73] 簡言之，船山並未局限在純一不變的先天領域，而是兼論內容豐富的後天實存，故人日受天地之精，日備萬物之理，以更新日生日成的人性內容。在此，曾氏根據最具代表性的〈太甲二〉，暢論船山的發展人性論，以為船山雖以生理說性，但不同於告子，並未停留在「初生之頃」的生理層次，而是兼含乾陽道心的自主創闢。換言之，曾氏以為船山論性固然包含「坤陰身體」的問題，但重點其實是放在「乾陽心體」的道德實踐，故對文中觸及的生理因素均點到為止，僅闡發道德創造之義。[74]

　　三論《禮記》。曾氏首先介紹船山唯一禮學著作《禮記章句》的概況，謂依經立傳之體在船山著作中並不多見，而通篇訓釋章句者，實僅此書以及《楚辭通釋》。若論體例之整飭，此書更在其他著作之上，頗為罕見。不過，由於曾氏成書年代較早，介紹此書斷代時略有差誤。[75]

　　曾氏整理船山對《禮記》諸篇的評騭，謂船山重視〈禮運〉，與其主動不主靜、重實不重虛的根本精神有關。在〈禮器〉中，則寄託其本末相貫，互為體用之義；在〈表記〉中，則發揮由本貫末，本大末亦不小之理；在〈經解〉中，則指出《禮記》與其餘諸經的體用關係，諸經為體而《禮記》為用；在〈玉藻〉、〈深衣〉中，討論衣服足以分辨人禽。至於

---

[73] 曾氏云：「於是船山之說性，遂不同於陽明一派之單即心以說性，程朱一派之單即理以說性，或告子以下道家一派之即存在之氣質以說性，而是合創造之心、奉持之理、存在之氣質為一之說性也。於是船山之性，遂有即心說性之高明而無其單薄，有即理說性之嚴肅而無其固蔽，有即氣質說性之厚實而無其無明。」見氏著：《王船山哲學》（臺北：里仁書局，2008年），頁84。筆者以為此說甚佳，對宋明儒學內部的分判亦頗精詳，相當有啓發性。但曾氏之說畢竟欠缺了跨界域的視野，故未能就晚明三教交流的文化背景，進一步追溯船山人性論與佛教唯識學的關聯。

[74] 見氏著：《王船山哲學》（臺北：里仁書局，2008年），頁68-88。

[75] 曾氏根據張西堂與王孝漁的年譜之作，謂此書始於船山五十七歲以前，而成於五十九歲。然按船山後人王嘉愷之《禮記章句》鈔本所記，此書應成於癸丑歲，亦即康熙十二年（1673），船山此時是五十五歲。見《船山全書第四冊‧禮記章句》（長沙：嶽麓書社，1988年），頁1565。

批評方面，船山深惡〈月令〉雜揉戰國遊士之浮談，力斥「明堂十二室」之說。曾氏分析其故，認爲這代表船山重視禮之本源，故強調人道必須紹天成能，發揮人的主體性，而非委屈人道，徒隨陰陽寒暑之遷化。值得留意的是在本段討論中，曾氏曾徵引船山在〈玉藻〉中的衣裳論述，其背後實已觸及船山獨特的身體觀與生命論，雖然曾氏並未深究，但仍具一定參考價值。

四論四書，筆者僅取其論《孟子》部分以爲代表。曾氏以爲船山藉《孟子》的〈盡心〉、〈告子〉、〈公孫丑〉諸篇，暢論自己對心、性、氣等觀念的見解，實爲船山著作中最具理論色彩的部分。而曾氏對船山整體理論架構的理解，亦多取自船山之孟子學，最後形成綜論部分的骨幹。因此，爲了避免重複，曾氏在專書部分僅討論「形色即天性」的問題。曾氏以爲船山整體思想，可舉「由本貫末」爲代表，故言理必下貫於氣，言天性道心必皆下貫至具體之情才形色。由於言及人體形色，勢必觸及人類的生理層面，故在本段中，曾氏討論耳目感官及形質機括等問題，而以人體結構爲「粗浮小體」，內在心性爲「密藏大體」，謂小體原與大體合一而不成大體之累。換言之，曾氏已然洞見船山之心性論，其實不能脫離他的身體觀。[76] 然而，曾氏以心爲本、以身爲末的論述基調，筆者則抱持不同意見，以爲其中仍有商榷的餘地。

曾氏主旨已見上述，其關懷面向之廣，論述篇幅之長，觀念細節之多，在既往研究中均屬罕見。若僅擇一觀念爲其核心，當屬縱貫全書之「以本貫末，本末互藏」。簡言之，天理凝成之人性，下貫氣質、外物和群體生活，成就人文世界之豐美篤實，最終構成此一族群之歷史文化，反過來改寫個體心性之內容。

綜觀第四期的研究成果，實已清理出一個頗爲完整的學術輪廓，船山所有的研究課題幾乎都有相關論述，唯深淺不一耳。大體而言，這個時期的研究主軸集中在船山的儒學成就，對船山的異端之學比較忽略，且多半

---

[76] 見氏著：《王船山哲學》（臺北：里仁書局，2008年），頁190-195。

止於船山對佛老的批判。事實上，船山不僅批判異端，同時也汲取異端，其中特別是佛教唯識學與道教內丹學，對船山生命論述之走向具有關鍵的影響力。此外，對船山的天文質測之學，也多站在一種科學進化論的立場，以為其說淺陋過時，而未能正視其特殊價值。這些遺留下來的問題，都將在下一個學術分期中成為研究熱區。

五、主題式研究分流期（1980年代後期迄今）

從這個時期開始，通論式研究已非主流，較有成績的學術著作大多有一明確的研究主題。例如林安梧（1957-）研究船山的歷史哲學、吳立民（1927-2009）研究其佛道思想、嚴壽澂（1946-）研究其宗教信仰與生死論述、陳來（1952-）研究其四書學、徐聖心（1965-）和楊儒賓（1956-）則研究其莊子學。下文擇要簡述上列學者之成果。

林安梧的船山學專著《王船山人性史哲學之研究》，底本為林氏於1985年完成之碩士論文，後於1987年出版。林氏的研究主題為「人性史」，他先從人性的角度論述船山的道德哲學，再以此為基礎，延伸至船山的天道論與歷史哲學。就形式而言，林氏其實自創了不少術語，並據之建構一套獨特的論述模式，頗具個人特色。林氏嘗自云創造術語之目的，是為了避開當時習見的觀點，諸如「實在論」、「唯氣論」或「唯物論」等，希望藉此釐清時人對船山學術的種種誤解。以下略述其要。

第一，船山學的整體架構，林氏以為可分成三個面向：一是「自然史哲學」（即天道論），二是「歷史人性學」（即人性論），三是「人性史哲學」（即歷史哲學）。林氏表示，一般見解是認為船山從「自然史哲學」導出「歷史人性學」和「人性史哲學」，但他認為船山其實是以人性為根基，上通「自然史哲學」並下及「人性史哲學」。換言之，人類本身才是船山學的詮釋起點。[77]

第二，船山在天地自然中選擇人類為詮釋起點，建構了「人禽之辨」，復由此分別說明社會歷史層面的族群性（華夷之辨）與類階性（君

王船山氣化生命論

---

[77] 見氏著：《王船山人性史哲學之研究》（臺北：東大圖書公司，1991年），頁19。

子小人之辨），這是因爲人類存在於世間，必有一共通的族群而可自別於他族，而此族群之中又各有不同的社會階層。換言之，「人性史哲學」的發展隱含一套演進原則，此即「從禽獸而植立之獸而夷狄而華夏，由華夏而有華夏之歷史」。[78]

第三，論「人性史哲學」中的「人性」問題。林氏以爲「道」是船山理論的最高預設，從「道」出發，道開展於自然而爲「自然史」，開展於人間而爲「人性史」。即此自我開展而言，「道」具有歷史性，故由「道」所造的「人」亦因此具有歷史性。

所謂人之歷史性，是指船山思想中人性日生日成的觀念，這個觀念涉及「習與性成」、「繼善成性」、「竭天成能」等議題。其中值得注意的是，林氏雖已看出船山頗重「即生言性」，但仍極力切割船山與告子，遂將船山生命思維中涉及生物學意義的「生」排除在外，僅保留純粹人文學意義的「生」，因此強調船山所謂的「生」是存有論意義的「生」和歷史發生學意義的「生」。[79]

由人之歷史性開展爲人之族群性與類階性，代表人性本身亦兼含社會性，此即船山在《黃書》和《讀通鑑論》中所說的「三維」——天維、地維及人維。在「三維」論中最易引起爭議的則是「君子小人之辨」，持「階級論」者認爲這是船山在爲地主階級說話，持儒家「心性論」者則認爲船山混淆價值判斷與職業分層。林氏以爲這些說法都缺乏同情的理解，也未能關照夷夏之辨與君子小人之辨的根本，仍在儒家的義利之辨。[80]

第四，論船山「人性史哲學」的基本思維模式。這部分是林氏研究中相當具有特色之處，他依據船山在《老子衍·第二章》的註解，提出充滿辯證性的「兩端一致」論，作爲船山學術的基本精神。大陸地區的學者固不乏以「辯證法」詮釋船山思想者，但受限於政治意識形態，每每將船山歸類爲「唯物論」。相較之下，林氏的視野便開闊許多，轉從「道」（存

---

78 見氏著：《王船山人性史哲學之研究》（臺北：東大圖書公司，1991年），頁21。
79 見氏著：《王船山人性史哲學之研究》（臺北：東大圖書公司，1991年），頁62。
80 見氏著：《王船山人性史哲學之研究》（臺北：東大圖書公司，1991年），頁45-70。

有學）的角度詮釋其義，以爲「兩端而一致」的對比辯證思維模式，不但是「道」開展的韻律，也是歷史進展的韻律，亦是具有人性與詮釋能力的人類展開詮釋活動時的思維模式。換言之，這種思維模式將存有學、歷史學和詮釋學通貫爲一。[81]

第五，論船山「人性史哲學」的三大議題——「理氣合一」、「理欲合一」以及「理勢合一」，林氏頗多精彩之論。

總之，林氏的「人性史哲學」以船山的「兩端而一致」爲理解基礎，將氣定義爲「對比於心、物、理、氣兩端而成的一個辯證性概念」，並從人的歷史性談到「三維論」，從道的辯證性展開各種「合一論」，最後肯定人類在歷史世界中的主體能動性。

吳立民與徐蓀銘合著的《船山佛道思想研究》於1992年出版，書中雖云下編論船山唯識學部分爲兩人合著，但似乎是以吳氏之說爲主幹。此書的價值在於它把一般船山研究著作中附帶論及的佛道思想，當作全書主題，並在佛教部分有相當深入的論述，在道教部分也有草創之功。[82]此外，本書似乎是第一本專門探討船山佛道思想的專著，也是目前唯一的一本。

由於吳氏爲佛教學者，這個背景與一般研究宋明儒學的學者不同，故對一般學者僅能籠統言之的佛教義理，有非常深入而細膩的詮釋。尤其是對人莫能讀的《相宗絡索》，有非常專業的全文通釋，令筆者受益良多。相較之下，本書雖名爲「佛道研究」，在道家道教的部分則頗爲簡略，特別是兩人在《船山學報》發表的多篇有關船山內丹學的論文，[83]並未完整收錄進來。因此，下文將以書中的船山佛教思想爲主，道教部分僅擇要介紹。

---

81 見氏著：《王船山人性史哲學之研究》（臺北：東大圖書公司，1991年），頁87-95。

82 吳氏自言其註釋船山愚鼓詞，乃「參照王老研討意見，草完注釋」。見氏著：《船山佛道思想研究》（長沙：湖南出版社，1992年），頁276。

83 例如吳明：〈〈愚鼓詞〉注釋（一）〉，《船山學報》總第5期（1986年4月），頁47-56；〈〈愚鼓詞〉注釋（二）〉，《船山學報》總第6期（1986年9月），頁17-29。徐蓀銘，〈王船山〈愚鼓詞〉中的哲學思想〉，《船山學報》總第5期（1986年4月），頁18-24。

㈠佛教部分

第一，就前人業績而言，1921年由黃駿寫的《相宗絡索·序》及1960年由王恩洋所撰〈《相宗絡索》內容提要〉，乃吳氏最重要之參考資料。黃、王二氏的共通點在於評價船山《相宗絡索》的得失：就其缺失來說，船山於晚明可得之相宗經論有限，故與相宗原義多有出入；就其貢獻來說，船山能在明末經論散佚的條件下關注唯識，留下簡明論著，實非易事。王氏甚至認為此書不僅對傳播唯識義理有所裨益，更重要的是它擴大了宋明理學家的眼界，補充儒學領域比較缺乏的生死流轉理論。吳氏則認為船山的《相宗絡索》，固然有許多見解乖違相宗原義，但這種「乖違」卻也形成「自己獨到的見解和思想體系」。換言之，吳氏以為這些「乖違」不能單純視為謬誤，而是另外開創了新意。[84]

第二，就基本觀念錯誤而言，船山的解釋不合相宗本義者散見全書，難以盡陳。又所謂「錯誤」者，有時是指船山不合於護法（Dharmapāla, 530-561）、戒賢（Śīlabhadra, 529-645）、玄奘（602-664）一系之說，所以到底是船山不明本義而犯錯，抑或有意改造，還是另有師承，皆因資料有限而難以判斷。略言之，船山之誤約有如下數端：其一是第七識見分執第八識相分為自我，與相宗第七識見分執第八識見分為自我不同，此說初見於「四緣」章，船山云「第七以八識相分有所光明之體為所緣之境量」，爾後全書皆持此見。其二是「資糧位」與「加行位」順序顛倒，反將加行置於資糧之前，王氏謂此說與相宗「由資糧起加行，由加行入見道」不同，吳氏亦贊同王說。其三是「九緣」章謂六、七、八三識不緣「根緣」，與相宗第六以第七為「根緣」，第七與第八互為「根緣」之說相異。其四是「十二支」章釋「無明」為第七識之「有覆性」，而「行」乃第七別境中由「慧」生起之種種煩惱（四惑）。然而相宗本義是以「無明」為過去世無始之煩惱（吳氏），或說發起行業的愚痴（王氏）；「行」則是依過去世煩惱而造作的善惡諸業，並非煩惱本身。此外，相宗

84　見氏著：《船山佛道思想研究》（長沙：湖南出版社，1992年），頁191-196。

之「無明」與「行」都放在第六識，與第七識無關，船山之說均不合相宗本義。其五是「五位唯識」章與「迷悟二門」章謂眞如生出阿賴耶識，阿賴耶識又生出前七識，王、吳都認爲就相宗本義來說，眞如乃諸法空性，並非生因，且一切法均從自種生，第八識只能受熏和持種，並不能親自產生諸法。換言之，眞如不能轉成第八識，第八識也不能轉成第七識，第七識更不能轉成前六識，所以八識之間並不存在船山所謂的生發關係。[85]

第三，就個人創造而言，吳氏歸納船山獨特之見爲四點：一曰顯標漸教，密示頓宗；二曰博採第九，八九一體；三曰阿賴耶識開迷悟二門；四曰六、七、八識另創新解。以下概述其要。

就其一而言，船山的創說見於「八識轉四智次第」章，謂「八識」轉成「四智」是就漸教來說，相宗另有「徑滅七識，餘七一齊俱轉」的捷徑，故曰「顯標漸教，密示頓宗」。吳氏以爲唯識宗的修行，向來以漸修成佛爲其特色，若據眞諦（Paramārtha, 499-569）所譯之《攝大乘論》，由初心修行直到證立佛果，須經三大劫（約四十億年），《解深密經》中亦有類似說法。但船山卻將染污根本鎖定在第七識，只要「一刀斬斷」末那即得解脫，可見船山有意泯除漸頓之分，將禪宗的頓悟思想，融入法相宗的體系。[86]

就其二而言，同樣是「八識轉四智次第」章，船山謂修行者至等覺位時，七識轉盡，第八識已毫無熏染，與眞如相契不二，因此改名爲「無垢識」或「白淨識」，實即《解深密經》所謂第九識，八、九兩者同體異名耳。吳氏以爲船山撰《相宗絡索》，基本上遵循玄奘之說，但也吸收了眞諦的思想。畢竟，所謂第九識雖云出自《解深密經》，其實是眞諦在翻譯

王船山氣化生命論

032

---

85 見氏著：《船山佛道思想研究》（長沙：湖南出版社，1992年），頁223、253、215、229-230以及237。筆者以爲其中第五點饒富意趣，裡頭涉及許多問題值得探討，不過吳氏並未深究。若從相宗本義說，船山之論固然是「錯誤」；但由跨界域思維來看，此論或許也是一種另類的「創造」。簡言之，儒學歷來有天道心性相貫通之說，在船山的理論系統中，太和之氣聚合成人，氣中蘊含之天理即轉化爲人性，由人性而生大體心官與小體耳目口鼻。換言之，船山提出眞如與八識間的生成關係固然違背相宗本義，但或許不是不熟悉名相，而是有意改造相宗之說，使之契合儒學。其背後的洞見，則來自橫跨儒佛界域所產生的特殊創造力。

86 見氏著：《船山佛道思想研究》（長沙：湖南出版社，1992年），頁31-32。

本經時另據《決定藏論》所立的觀念。此外，在《妙法蓮華經玄義》與《楞伽經》中也有第九識的說法，船山或許有所參酌。由此可知，船山鑽研相宗，並不拘泥一家之說，而是博採眾家，強調融會貫通。[87]

就其三而言，主要見於「迷悟二門」章，此章跟前述「五位唯識」章及「八識轉四智次第」章的關係密切，吳氏以為本章乃全書核心所在。簡言之，船山表示人皆有阿賴耶識，迷者順其習氣瀑流而墮五趣生死，此即「流轉門」；悟者則逆其順流之波而前七染污盡滅，此即「還滅門」。王恩洋以為此說乃船山受〈大乘起信論〉影響而有之說法。[88]再者，船山又於還滅之後，詳論八識內容何去何留，其中細節甚多，吳氏則簡單歸納為三類，謂第七識功用即滅，第六識半還半滅，前五識與第八識只還無滅。由前文可知，如果按照相宗本義，八識之間並無生成關係，但吳氏仍能正視船山之說的獨特性，故在看待本章的「二門人形圖」時，與王恩洋見解相左。王氏以為此人形圖全然看不出意義，可刪去不論；但吳氏卻認為是《相宗絡索》的綱宗所在，揭示船山思想中唯識轉依的理論脈絡，所以絕不可刪。[89]若從跨界域的角度言之，筆者以為當從吳說。

就其四而言，船山的唯識學論述不僅限於《相宗絡索》，在其他著作中亦嘗論及六、七、八三識，且另有特殊觀點。吳氏注意到船山在《思問錄‧外篇》和《張子正蒙注‧神化篇》中，都有橫跨儒佛界域的混合論述，而以儒家之「意」詮釋第六識，儒家之「志」詮釋第七識，又以「量」詮釋第八識。吳氏能找到這些關鍵章句並且重視其價值，不得不謂之卓識，但在分析其義蘊時，卻僅能以常識闡述這些饒富儒學底蘊的觀念，而解作「意氣」、「志向」與「度量」，而未能闡發船山橫跨儒佛界域之特殊立場。[90]此外，吳氏雖然點出船山借相宗第八識說儒家人性，並從唯識的種子熏習說中開創人性日生日成的觀念，但他對這些問題均點到

87　見氏著：《船山佛道思想研究》（長沙：湖南出版社，1992年），頁32-33。
88　轉引自《船山佛道思想研究》（長沙：湖南出版社，1992年），頁190。
89　見氏著：《船山佛道思想研究》（長沙：湖南出版社，1992年），頁250-251。
90　見氏著：《船山佛道思想研究》（長沙：湖南出版社，1992年），頁34-35。

為止，未能進一步挖掘其中的理論意義。[91]

(二)道教部分

　　吳氏以為道教修鍊不外乎內丹、存思、服食、燒鍊、房中、行蹻（乘蹻）之類，謂船山獨取內丹受用，而深斥外丹、符籙、房中等術，並留下《楚辭》注和〈愚鼓詞〉等丹道著作，表述特殊的生死觀與人生觀。下文略述其旨。

　　其一是丹道源流問題，根據《楚辭通釋・遠遊》之說，船山以為內丹學出自周末，本古仙王喬之遺教，後經魏伯陽、張伯端、白玉蟾等人而發揚光大。其二是引王沐之說，以為船山之內丹知識不僅來自書面（例如《周易參同契》或《悟真篇》），並且有師傳與實踐之心得，故斷定其〈前愚鼓樂〉雖云「夢授」，實另有傳承。其三是分判〈前愚鼓樂〉和〈後愚鼓樂〉的內涵不同，吳氏以為〈前愚鼓樂〉十闋〈鷓鴣天〉乃傳述師說之丹道基本功，而〈後愚鼓樂〉十六闋〈漁家傲〉則是闡釋並驗證師授之內丹理論。其四是歸納船山內丹論述中的精華為三點：第一點是「與天分伯季」的主體能動性，強調我命由我不由天，謂丹道修鍊可以改變壽命的自然極限；第二點是在技術層面上，船山關注神意精氣的鍛鍊，強調呼吸訓練之法，又重意識的引導作用；第三點是養生報國的生死觀，吳氏以為船山畢竟不是追求長生的道士，而是忠君愛國的君子，故鍊性保命的根本目的，其實是為了以身報國。其五是對內丹學的批評，吳氏以為船山雖然肯定內丹學的價值，但並非全盤接受，故嘗於《周易外傳》批評內丹對人體生理的宰制，在《讀四書大全說》中則將孟子養氣與丹道鍊氣劃清界線，表示孟子養氣其實是養心，在《莊子解》中又再度貶抑羼雜在內丹學中的房中思想。其六是整理船山對道教史上知名人物的評論，吳氏擇取魏伯陽、陶弘景、陳摶、邵雍四人為例，其中邵雍雖非嚴格意義之道士，但其「先天之學」其實源自鍾呂道派。[92]

　　綜上所述，吳氏對既往研究中比較忽略的船山佛道思想研究，有非常

91　見氏著：《船山佛道思想研究》（長沙：湖南出版社，1992年），頁10。
92　見氏著：《船山佛道思想研究》（長沙：湖南出版社，1992年），頁65-87。

重要的貢獻。尤其是在佛教方面，不僅逐章爬梳《相宗絡索》的義理內涵，同時詳細地說明它們與相宗本義的依違關係，並能在前人視為「錯誤」的內容當中，揀別船山之「創說」，另從不同角度給予正面評價，甚至追溯這些觀念與其他佛教宗派的淵源。相形之下，吳氏對於道家道教的研究，固然也整理許多具參考價值的資料，也談到了不少關鍵，但畢竟深入程度有限，亦未能進一步分判船山的內丹流派及其理論特徵，諸多問題依舊懸而未解。儘管如此，吳氏早在1980年代就開始耕耘這個領域，其開創之功自不可搖。

　　新加坡學者嚴壽澂從思想史的角度出發，研究船山思想中的三教問題，有相當深入的詮釋。嚴氏的學術興趣廣泛，並非專門研究船山的學者，但仍有三篇重要論文值得參考，依時間排列，分別為〈《思問錄》與船山思想〉、〈莊子、重玄與相天──王船山宗教信仰述論〉及〈以內丹術為功於天地──儒宗王船山與道士閔一得〉。其中以〈莊子、重玄與相天──王船山宗教信仰述論〉與本文關係最為密切，下文略述其要。

　　嚴氏此文的重點放在船山的宗教信仰，指出船山信仰的根基在於重氣，因重氣而有甚深之「宇宙情懷」（此一論述模式似亦參酌唐君毅之說）。其中最重要的觀念，則為神氣不滅，輔助造化的「相天」之道。嚴氏以為船山的「相天」之道背後，其實有一套完整的氣的形上學，但卻為近人忽略。根據嚴氏的整理，近人研究船山氣論的途徑，大致可分為三類：一者以「物質」觀念釋氣，主要指大陸地區的學者；一者貴心賤氣，視氣為現實層面上事，與德性無關，此指港臺地區的新儒家學者；一者以傳統方法治義理之學，欠缺現代的學術話語，無法做清晰的說明。因此，嚴氏將本文的主軸設定在討論船山的「相天」思想，以及它跟道教內丹學與佛教唯識學之間的關聯，試圖從晚明理學「三教合一」的角度，重新檢視相關議題。下文分點略述其要。

　　第一是討論儒家的宗教性與船山氣論的關係，嚴氏首先追溯「宗教」一詞的來源，謂其本為日人翻譯西方religion而創造的新詞（彼等將佛教之「教」與佛教諸宗之「宗」予以疊合）。儒家不屬於religion，是

因為religion的定義是以基督教形態為準，但近來西方學界因比較宗教學的勃興，已不再以基督教作為判斷宗教的唯一標準。在此，嚴氏徵引Rodney L. Taylor之說，表示儒家雖無西方宗教傳統中的「超越性」，亦無佛、道兩教的「教典」，但有「絕對」（Absolute）的觀念（此即儒家之「天」），並且有一套使人向「絕對」轉化過渡的方法。即此而論，儒家稱為「儒教」亦無不可。嚴氏又引牟宗三之說，謂「如何體現天道」實為儒家立教之重心，而體現天道的具體方法就是「工夫」，此與Mary Evelyn Tucker所謂宗教是人類在宇宙論脈絡內從事特殊實踐的轉化方法，有異曲同工之妙。嚴氏以為「宇宙論脈絡」其實是一種「宇宙情懷」，儒家中越重視氣者此情懷越強（同於唐君毅之說），亦越具宗教性，船山即其明證。[93]

　　第二是重新界定什麼是「氣」，嚴氏表示傳統思想中的「氣」與西方唯物論的「物質」大相逕庭，「氣」比較接近能量，而非物質。換言之，嚴氏以為氣的初義當如U. Libbrecht（1928-2017）所言，指人的生命力與宇宙的動力因。[94]

　　第三論神、氣、質三者的糾結，嚴氏以簡潔扼要的方式，闡述船山思想中頗易造成混淆的幾個觀念。首先，嚴氏明白指出船山的基本哲學觀是「氣化的一元論」，氣分陰陽，陽為「神」為「道」，陰為「體」為「質」，然而陰陽畢竟同是一氣，此即船山「一體二分」的宇宙觀。在此，嚴氏有一特殊見解，以為船山這種宇宙間唯是一氣，氣以神為主的世界觀，其實源自道家莊子，故其宗教情懷乃順此莊子思路以深化儒家義理的結果。氣有聚散而無生滅，此即生死之本，人若率性修道，必先明白是理。船山以為氣中之「神」即氣中之「理」，亦即四端五常之「性」，但已聚之氣受個體形質之礙，神理雖在而失其固有作用，故萬物雖具此神此

---

[93] 見氏著：〈莊子、重玄與相天——王船山宗教信仰述論〉，《中國文哲研究集刊》第15期（1999年9月），頁391-394

[94] 見氏著：〈莊子、重玄與相天——王船山宗教信仰述論〉，《中國文哲研究集刊》第15期（1999年9月），頁394-395。

理，卻無法運用此神此理。不過，人類與萬物不同，有「大體」與「小體」之別：心中涵神，是為「大體」；耳目口體礙而不相通，故為「小體」。換言之，人有「兩重性」，既可上同太虛之清通，亦可下同萬物之濁礙。此外，嚴氏主張在神與質之間，還有第三因素——「一般的氣」，其義與前文〈《思問錄》與船山思想〉所言相符，唯復據此詮釋船山「氣質之性」中的「氣質」，而「本然之性」即涵融於氣質中的性，亦即「一般的氣」中所蘊含之神理。由於儒者率性修道不能不有賴「治氣」，而「一般之氣」又涉及人體生理因素，故「治氣」方法遂與道教「命功」相通。[95]

第四論神氣能移不滅，嚴氏先指出宋儒程朱一系以為天地之氣生生不窮，故批駁橫渠的氣有往來之說，甚至譏為佛教的「大輪迴」。針對此一爭議，船山堅決維護橫渠的一氣循環論，反而認為程朱生生說近於佛教的生滅觀。接著，嚴氏徵引《張子正蒙注》、《尚書引義》、《周易外傳》等書的相關論述，表示儒家的道德修養可寄託神氣之中，隨神氣之聚散永留天地（能移），但此神氣並非亙古恆屬一人所有，而是聽憑造化重新分配，故在輪迴過程中屬於不分畛域的「渾融輪迴」，與佛教的「個體輪迴」相異。換言之，人雖不能控制神氣如何聚散，卻能決定神氣本身是清是濁，因為清濁實乃個人作為的結果。嚴氏敏銳地察覺船山此一觀念與佛教唯識學的關聯，然船山的神氣是公諸群生（相天），佛、道兩家的果報則出於私心利己。[96]

第五論神氣能移論與道家道教的關係，這裡也是全文篇幅最長的段落，其中涉及的問題頗多，以下擇要闡述其旨。其一是嚴氏統整船山對《莊子》中〈齊物論〉、〈達生〉、〈庚桑楚〉等篇重大觀念的解說，而聚焦於〈齊物論〉「休之以天均」、〈達生〉「形精不虧，是謂能移；精

95　見氏著：〈莊子、重玄與相天——王船山宗教信仰述論〉，《中國文哲研究集刊》第15期（1999年9月），頁396-402。

96　見氏著：〈莊子、重玄與相天——王船山宗教信仰述論〉，《中國文哲研究集刊》第15期（1999年9月），頁402-406。

而又精，反以相天」、〈庚桑楚〉的「有生，黬也」。合言之，「天均」圜轉能移，故生死、彼我、天人等種種分別恆在氣的變化過程中失去意義，人類既然身處「天均」之中，其最關鍵的義務是不虧損其「形精」，並在身死氣散之後，將此畢生保守的清醇之氣還歸造化，重新進入「天均」圜轉之中。換言之，現世的生命形態只是白練上的「黬」，即所謂點綴也，經久而必消。在此，船山將氣與萬物的關係比喻爲土與甕缶，或甕或缶雖無必然性，但形壞之後必歸於土。最後，嚴氏徵引船山《莊子解‧達生》中的一段論述作結，謂此不虧之「形精」，終將回歸「天均」造化，而個人修養將決定宇宙之氣的清濁比例，影響世界的治亂。即此而論，嚴氏以爲船山其實改造了莊子原意（若郭象與成玄英的註解可代表莊子原意），使道家的「自然之道」儒家化——把儒家的道德觀融入了莊子的氣化宇宙論。[97] 其二是嚴氏以爲船山所謂修養形精的工夫，實有取於道教之內丹術，故以《楚辭通釋‧遠遊》爲例，詳細闡釋其中的「眞鉛」、「重玄」、「先天氣」、「後天氣」等丹道觀念，他表示內丹術的要訣，即在採取人身中的「先天氣」，使其與「後天氣」合而爲一，以鍊成金丹大藥。若「先天氣」代表「無」，「後天氣」代表「有」，這些內丹工夫就是使人既不「執有」，亦不「墮無」，有無雙遣，謂之「重玄」。大體而言，嚴氏在討論船山的內丹思想時，似乎有意將內丹學與重玄學等同爲一，但船山是否有此觀念卻不無疑問。再者，嚴氏的推論過程也過於簡略，其意不外乎唐時出現內丹取代外丹的風潮，而重玄學亦爲唐代興起之學說，故重玄學即是內丹學的產物。至於嚴氏所理解之「重玄」（內丹學），基本上是一種實踐功法，實即定慧雙修的「調心術」。[98] 其三是根據船山的〈愚鼓詞〉二十六首，嚴氏推測船山應有實際的修證經驗。然而根據《思問錄》中有關內丹的評論，船山似乎一邊修鍊內丹，一邊又批判

王船山氣化生命論

97　見氏著：〈莊子、重玄與相天——王船山宗教信仰述論〉，《中國文哲研究集刊》第15期（1999年9月），頁406-410。

98　見氏著：〈莊子、重玄與相天——王船山宗教信仰述論〉，《中國文哲研究集刊》第15期（1999年9月），頁410-413。

內丹。針對這個矛盾現象，嚴氏以爲是船山僅取內丹之功法，但另有其終極目標，若以公私利益區分，船山的宗教信仰是將「清醇之氣」還歸造化，使兩間之氣返濁爲清，裨益天下萬世，與一般內丹道士「善盜天地以自養」的終極目標大相逕庭。[99]

第六論「相天」思想與佛教唯識學的關係，嚴氏以爲船山的「相天」思想集中在晚年著作《莊子解》和《張子正蒙注》中，此與船山晚年研習之唯識學不無關係。又謂人之「才性」不滅，但非不變，人在世間的一切所行所思，都將融入「才性」之中，不因生死而消失。即此而論，船山雖批判釋氏的「心忘罪滅」之說，但其思路實可與唯識學的種子現行相熏之說互證。然不同之處在於：唯識宗的種子習氣不滅，是針對個體轉生而言；船山的善惡恆存於神氣，卻必須渾融於太虛之中。故《莊子解·達生》云：人死後若「雜氣」散於兩間，將衍生「攻戰殺戮」，害延後世，嚴氏以爲此說實可看作種子現行相熏說之「氣化」、「實化」與「渾融化」（非個體化），可見船山氣學也改變了唯識學。[100]

綜上所述，嚴氏從思想史的角度出發，發現船山的「相天」思想其實是以儒家氣論爲基礎，汲取內丹術的治氣工夫與唯識學的種子現行互熏，最終融合爲一己清醇之氣長留兩間，裨益天下萬世的宗教信仰。

陳來對於船山學術的研究成果，主要見於2004年出版的《詮釋與重建——王船山的哲學精神》。全書大略可分導論、概論與專論三部分，對諸多議題和船山原文均有相當深入的分析，以下擇要闡述其旨。

1. 船山研究回顧，他從清末民初譚嗣同與梁啓超等人的研究開始，歷述1930年代的嵇文甫、1940年代的侯外廬與熊十力、1950至1960年代之間陳榮捷（1901-1994）等人的學術成果，最終止於1960年代，不知爲何沒有繼續向下追索。陳氏坦言影響自己最大者爲嵇文甫，但是他也

---

99 見氏著：〈莊子、重玄與相天——王船山宗教信仰述論〉，《中國文哲研究集刊》第15期（1999年9月），頁413-415。

100 見氏著：〈莊子、重玄與相天——王船山宗教信仰述論〉，《中國文哲研究集刊》第15期（1999年9月），頁415-421。

指出對大陸學界最具影響力者其實是侯外廬，例如其基本論點：船山爲「唯物論者」或「啓蒙思想家」，後來均成大陸學界的主流見解，且一直延續至1990年代爲止。[101]

2. 淵源與定位。先說淵源問題，陳氏以爲船山的學術淵源可自其父王朝聘開始談起，謂其父早年受學於江右王學鄒東廓（1491-1562）一派，中年以後歸宗晦庵，遂與當時風行天下的陽明心學有所區隔。這種家學背景，似乎多少影響了船山，船山亦深厭陸王之說，但對晦庵的態度則比較複雜，中期的《讀四書大全說》對晦庵及其後學頗多苛評，而晚期的《禮記章句》與《四書訓義》則推崇備至。再說定位問題，陳氏認爲船山具有「承前」與「啓後」兩面，與宋明理學關係密切，故不可視爲「反理學」，而應稱作「清初道學」，例如船山思想中對明代學術的反省與重建正統的企圖，均爲清初道學的特徵。最後，陳氏表明撰寫此書的目的有二：一是探討船山四書學與朱子學派的關係；二是研究船山張子學中有關道學的理論議題。而這兩點也正是陳氏的學術專長。[102]

3. 概論部分，陳氏將船山哲學分爲十八個重點，以鳥瞰方式介紹全書內容，堪稱全書摘要，頗具參考價值。但因與後文介紹有所重疊，此處從略。

4. 專書部分，陳氏依序討論《大學》、《中庸》、《論語》、《孟子》、《思問錄·內篇》，最後以《張子正蒙注》作結。這種依著作而非依論點展開的書寫手法，除前述之曾昭旭外，在研究船山的學術著作中比較少見，實爲陳氏有意選擇的討論方式。[103] 由於全書篇幅

---

[101] 見氏著：《詮釋與重建——王船山的哲學精神》（北京：北京大學出版社，2004年），頁5-10。

[102] 見氏著：《詮釋與重建——王船山的哲學精神》（北京：北京大學出版社，2004年），頁14-18。

[103] 陳氏：「本書著眼於詮釋，故因詮釋對象的不同而在結構上分成六個部分……，這與一般著作以問題爲焦點在全書分章有所不同……，其實，考慮到《讀書說》和《思問錄》、《正蒙注》著作時間有前期和後期的不同，分別處理亦有其好處。尤其是目前的船山研究通行全書以問題分章的結構方式，本書的結構則對那些對於船山《讀書說》、《思問錄》、《正蒙注》有單獨興趣的讀者比較便利。」見氏著：《詮釋與重建——王船山的哲學精神》（北京：北京大學出版社，2004年），頁17-18。

甚長，且其中重點多已見於概論部分，筆者無法也無須逐一介紹，故下文將以《張子正蒙注》中的生命論述爲主，其他章節的內容僅擷取一、二爲例。

其一是《大學》，陳氏以爲船山對於《大學》的詮釋主要接續程朱之說，但在細部分析仍有諸多歧異，若依陳氏之見，則船山之《大學》詮釋似無特殊之理論格局，無論中年的《讀四書大全說》或晚年的《四書訓義》皆然。不過，仍有以下兩點可見其立場：一者是船山採用晦庵之《集注》、《或問》，而不取古本《大學》，足證其贊同晦庵而反對陽明；一者是船山結合伊川的「持志」之說，強調「正心」與「誠意」，而非晦庵所重之「格物」。若就「正心」而言，船山明確區分「明德之心」與「正心之心」，對「心」的意義有頗爲複雜的分析，謂「明德之心」是有善無惡、有明無昏的本心，而「正心之心」則爲或善或惡、或明或昏的經驗心。申言之，「明德之心」也有人性的意思，故「明」指人性的清明，異於動物性的蒙昧，「德」指人性得自上天，爲人類有別於萬物的本質屬性。但船山又說「明德之心」不純然是性，而是兼統性情之心。至於「正心之心」，船山有頗爲特殊之主張，以爲等同孟子所云之「志」。「志」是存在於人類心胸的主宰作用，比意欲念慮更爲根本，陳氏謂之「志心」，然此「志心」固爲視聽言動之主宰，但其可正可不正，可受「意」的影響，所以「正心」的工夫就是正此「志心」，以它爲準則來檢驗「意」、轉化「意」。至於所謂「誠意」，則是在意念未接外物而主動作用時，用「志心」去覆蓋意念，使一切意念都在「志心」的主宰下流出。換言之，「誠意」即「以誠灌意」，實際上是以「志心」灌注於意念。[104]

其二是《孟子》，陳氏將論述範圍集中在《讀四書大全說》的〈告

---

104 見氏著：《詮釋與重建——王船山的哲學精神》（北京：北京大學出版社，2004年），頁48-59。在本節中，陳氏對船山《大學》詮釋中「心」與「意」的問題有頗爲細膩的分析，筆者以爲陳氏之論固然不錯，但他似未發現其中隱含唯識學的觀念，例如船山論「意」強調「意無恆體」、「意或無感而生」，分辨「心」、「意」之異則彰顯兩者有「取境」、「受境」之別，這些內容可能都跟唯識學有關，而非陳氏所謂的「現象學分析」。

041

子〉，分析其中氣論所涉及之觀念，歸納爲五點，依序討論了「氣善論」、「氣體論」、「氣幾論」、「氣化論」、「氣理論」。在「氣善論」中，陳氏說明船山的氣體本善，謂氣本身無有不善，善與不善來自氣的變化組合。「氣體論」則謂船山以「誠」或固有之「撰」解釋氣，意指氣乃宇宙中之本然實體也。「氣幾論」申說氣之本體爲「誠」，本體的發動變合就是「幾」，本體超越善惡，發動則有善有惡。至於「氣化論」，陳氏則改以〈盡心〉篇的觀念爲論述主軸，闡述「氣」由宇宙本源分化爲天地萬物的創生過程，而駁斥程朱以「理」爲根本的思路，強調理乃氣化過程中所顯現之規律也。換言之，無論言「太極」、言「天」、言「誠」，俱必就氣上說，方能得其實義。「氣理論」部分則爲陳氏對船山理氣觀之整理，並將「理勢問題」放在理氣問題下討論。

筆者以爲，陳氏的創見在於將船山「氣善論」置入元明理學對理的「去實體化轉向」中，以爲在此趨勢之下，理既然已非首出實體，則人性之善與理本身之善必須另外尋求新的終極保證，「氣善論」即順此時代需要所產生之結果，其背後有一相當深遠之歷史縱深。[105]

其三是《張子正蒙注》。陳氏對此書用力甚深，乃全書中篇幅最長者。根據陳氏之見，《張子正蒙注》乃船山晚年思想的代表作，並非純粹闡釋橫渠原書之義而已。大體而言，陳氏將《張子正蒙注》的全書主題精煉爲三句話：「原始終以立中道」，「貞生死以明善惡」，「存神盡性以全歸本體」。而其中最關鍵者，即生死與善惡的關係。簡言之，船山的「人道」是從陰陽屈伸中引申而出者，所以人生的一切言行都在氣化聚散之中且永不消滅，生前的品格影響死後的世界。陳氏以爲這種奇特的思路或當歸類爲「終極關懷」，但在過去的船山研究中卻完全被忽視了。[106]下文即以相關論述爲線索，簡單介紹陳氏的見解。

---

[105] 見氏著：《詮釋與重建——王船山的哲學精神》（北京：北京大學出版社，2004年），頁164-194。
[106] 筆者以爲陳氏之言並非完全允當，所謂「忽視」云云，未必盡符事實。至少就遠處說，百餘年前的譚嗣同已首見此義；就近處說，二十世紀末的嚴壽澂也有相當深刻獨到的見解。若此處之「忽視」作「非主流」解，或許比較恰當。又觀陳氏後文之論，亦嘗追溯歷來研究此一主題的學者，而在唐君毅與嵇文甫的著作中找到零星線索，可見此處「忽視」並非沒有之義。

一者是陳氏認為船山所謂「全歸」很有講究，與橫渠的自然主義生死觀截然不同，人並非死亡之後自然「全歸」本體，而是實踐「存神」修養的結果，假如欠缺「存神」工夫，則不能回歸本體。換言之，人死氣散以後，氣的品質並不一致，有善、惡、治、亂種種區別，「全歸」只是其中一種，這是因為人的行為善惡隨時會成為一種氣，或說與氣一起游散於天地之間。更奇特的是，這些善惡之氣會結為一定的天象氣候，影響人類的社會生活，在天地之間重新聚結為祥瑞或災害。陳氏以為這種思想既非純粹之自然主義，更非純粹的人文主義，而是帶有某種宗教或神祕色彩的氣學世界觀，充分表達了船山自己的「終極關懷」，具有深刻的宇宙責任意識。然而這種思想到底是怎麼來的，陳氏說法頗為蕪雜，舉凡明末的善惡報應論、民間宗教的死後觀念、漢代的災異感應、佛教的業力說、明末的社會動亂經驗、宋明道學內部的發展等，最後只能籠統地歸納為民間宗教的影響。[107] 若僅就溯源而論，筆者以為陳氏之見實不及嚴壽澂。

二者是聚焦在船山的「存神盡性」，陳氏以為這個問題在船山張子學中具有非常重要的意義。根據陳氏之見，「神」是心神，「性」是人性，「存」和「盡」都是工夫。換言之，「存神盡性」背後涉及船山心性論的基本觀念，可以略分為「存神」與「盡性」兩部分。不過，兩者並非等重，陳氏的討論主要集中在分析「存神」問題，著墨「盡性」的篇幅較少，這實際上也反映了船山在《張子正蒙注》中的論述偏向。陳氏以為所謂「存神」，即透過「合氣於神，合神於性」的工夫，使自己的身心狀態如同絪縕之氣般渾然合一，兼含仁義禮智諸德。而具體的實踐方法則有兩種：一種是「澄心攝氣」，亦即啟發認識能力；一種是涵養義理，代表存養道德本心。就前者而言，「神」居於大體心官，而非小體耳目口鼻之官，若「神」不能安處於心，向外追求外物，「神」就失去了主宰作用。反言之，「神」應該用於窮理，了解富有廣大的宇宙，所以「存神」包含理性推理（認識能力）的意義。由此可見，陳氏是從類似哲學認識論的角

107 見氏著：《詮釋與重建──王船山的哲學精神》（北京：北京大學出版社，2004年），頁307-328。

度，去詮釋船山所謂的「存神」，而非把它放在身心修鍊或冥想靜坐的領域。[108] 就後者而言，學者必須在日常生活中熟習義理，反覆實踐仁德，最後達到無私欲的境界。至於船山所謂「盡性」，本來在原典的討論就少，故陳氏只說「盡性」偏向存養一邊，與「存神」偏向窮理一邊相對，而實踐「盡性」的工夫，則落在《大學》的「正心」和「誠意」。總之，陳氏以為船山的「存神盡性」雖然貫串全書，但其內容並非十分清楚，僅能大致點出一理論方向耳。[109]

三者是「絪縕神化」的問題，這部分主要是闡述船山的宇宙論，陳氏對原文的分析相當細膩而精準，諸如釋「陰陽之撰」為「陰陽之實」、釋「渾淪」為「混合均勻」、釋「太極」為「天地萬物的通理」、釋「太和」為「太虛之中的渾淪之氣」、釋「太虛」為「可供和氣絪縕其中的太空空間」等，均可看出陳氏對原典的用力甚深。此外，陳氏注意到「神」的重要性，以為船山之說可分四義，與筆者見解相近。不過，陳氏所謂精神意義的「神」，畢竟不脫理性主義的框架，故將其界定為「人的精神理智」（神知）。[110]

綜上所述，筆者以為陳氏最大的優點在於從宋明儒學的內部發展脈絡，觀察船山思想的繼承與發展，尤其是程朱學派的影響和晚明以降的道學趨勢，都有相當深刻的闡釋。而陳氏所論諸書，似乎以《張子正蒙注》最為精到，無論對全書體系之掌握，還是觀念細節之辯析，均屬罕見。然而，一旦脫離了宋明儒學的範圍，尤其是面對原典中涉及道教或佛教的部分，陳氏之論就顯得相當簡略，甚至語焉不詳；有些地方則囿於西方哲學的論述框架，在關鍵之處點到為止。無論如何，陳氏書中的內容與筆者的

---

[108] 陳氏對此一領域並非毫無所知，他在註解中曾說：「雖然道教也有『存神』之說，但船山對存神的重視應是受張載的影響。」見氏著：《詮釋與重建──王船山的哲學精神》（北京：北京大學出版社，2004年），頁359。誠然，船山所謂「存神」不能跟道教「存神」畫上等號，但其中某些實踐技術不乏相通之處，假如將「存神」問題完全放在理性認識的層面，難免有所局限，亦未能關照船山本身的內丹實踐經驗。

[109] 見氏著：《詮釋與重建──王船山的哲學精神》（北京：北京大學出版社，2004年），頁331-354。

[110] 見氏著：《詮釋與重建──王船山的哲學精神》（北京：北京大學出版社，2004年），頁361-389。

問題意識有部分重疊，其中不少寶貴的見解對筆者的研究多所啓發。

最後，筆者想要介紹徐聖心與楊儒賓兩人對船山莊學的研究成果，特別是其中的「天均」問題。

徐氏討論「天均」最具代表性的論文，應該是〈渾天、天均與《易》《莊》會通〉，[111] 徐文前半部檢討目前學界通行的幾種對船山莊學相反的見解，整理前人研究成果，重點在於釐清其中涉及的方法論問題，並透過引文的佐證，導出船山莊學的「樞軸」——「渾天與天均」。根據徐氏詮釋，所謂「天均」即「樞運宇宙的持衡勢用」，其中的「樞運持衡」指「天均」取消二元對立，而「勢用」指「天均」即體即用的特殊性格。總之，船山的「天均」思維乃衡量《莊子》諸篇見解高下的判準。

在討論過程中，徐氏提了一個後設性的問題：船山爲何選用一外於莊子思想體系的「渾天」作爲莊學源頭，而非承襲舊說「其學本於老子」？又爲何以《莊子》中只出現幾次的「天均」作爲解莊樞軸，而非過去習見的「道」？徐氏以爲問題的答案在於船山企圖證立「《易》《莊》同源」，故以獨立於兩經之外的第三方（渾天理論）統攝易學之「乾坤並建」與莊學之「天均圓轉」，而這麼做的好處在於既不偏袒任何一方，又可據公共模型消弭兩者之歧異。不過，徐氏所謂的「《易》《莊》同源」，其實並未見於船山原文，頂多只能說船山或有此意耳。

至於「渾天理論」本身的內容爲何，徐氏僅說根源於傳統天文學，本質上屬於宇宙論，但未解釋其中涉及的天體運行知識與原則，便轉而討論「天均」的哲學意義，謂「天均」代表宇宙整體的先在性，並由其圓轉律動對照人類感官之有限性，以及世間一切畛域之虛設。徐氏據此推論：船山莊學乃取象於「渾天」而發展爲「天均」，因爲動態迴環的「天均」比靜態描述的「渾天」更具思想上的優越性。對於此說，筆者以爲仍有商榷餘地，畢竟「渾天理論」是爲了解釋動態的天體運行而產生的宇宙論，故「渾天」與「天均」是否能用動靜來區分已成問題，甚至「天均」很可能

---

111 見氏著：《青天無處不同霞——明末清初三教會通管窺（增訂版）》（臺北：臺大出版中心，2016年），頁113-163。

只是「渾天」的同義詞。

至於「天均」哲學的實際內容為何，徐氏將其分為四點：一是「天均」與萬物的關係；二是「天均」與時空的關係；三是「天均」與語言、理論的關係；四是「天均」與人文世界的關係。合言之，徐氏對「天均」的詮釋偏向主體修養的精神境界，比較忽略船山借用萬物形精之聚散不息，去論述天地萬物的生死循環歷程，遂將「天均」思維置入主體哲學的語境，講成一套「天均」哲學。

另外一個值得深思的問題是，莊子學對船山整體學術有何影響。徐氏分從三方面來看：第一是形上學，船山的道器論和體用論也各為一組對立概念，故其二元性亦可藉「天均」消弭。換言之，源自《莊子解》的「天均」哲學，實乃船山形上學的基本理論與方法。第二是儒道判教，徐氏以為船山有意分辨莊子與老子之異，所以突顯莊子與儒家之同，最後更將莊子收編至儒家陣營。第三是歷史哲學，根據《俟解》中船山由《莊子》「參萬歲而一成純」所引申的常變思維，似乎暗示「天均」又是船山歷史哲學的源頭。總之，船山莊學中的「天均」思想足以涵攝其晚年之整體學術。[112]

楊氏討論「天均」問題最具代表性之著作，或許可選《儒門內的莊子》為代表，但此書與嚴壽澂或徐聖心的寫法不同，並無專論船山莊學之單篇文章，而是在全書各處借用船山之說，導致相關論述散見全書，難以統整。因此，筆者僅擇取其中幾點為例，略述楊氏之見。

第一是莊子儒家說，楊氏以為明末知識界，包括船山在內，有一種將莊子劃歸儒家的時代風潮，基本上他們認為莊子因見戰國諸儒迷失孔子本旨，卻無人深入孔子堂廡，所以才以反抗者的姿態出現，以批判方式喚回孔子之魂。[113]在原文中，楊氏雖未註明此說典出船山何書，但筆者推測這很可能是《莊子解・天下》的「則其非毀堯舜，抑揚仲尼者，亦後世浮

---

[112] 見氏著：《青天無處不同霞——明末清初三教會通管窺（增訂版）》（臺北：臺大出版中心，2016年），頁113-163。然而，《莊子解》及「天均」是否足以統攝船山晚年學術，不無商榷餘地。

[113] 見氏著：《儒門內的莊子》（臺北：聯經出版社，2016年），頁139。

屠訶佛罵祖之意」。[114]

第二是「渾天」問題，在〈厄──道的隱喻〉中，楊氏對船山解莊之說有比較集中的闡述，例如借用《莊子解》〈天下〉與〈則陽〉兩篇的相關內容，說明自己對莊子學中「渾天」問題的看法。但跟徐聖心不同的是，楊氏不認為「渾天」或「天均」是船山「自外引入」的天文知識，而是莊子學本有的思想底蘊，故提出《莊子》之「四海」、「搖光」、「道樞」、「天門」、佚文之「地動」、「元天」作為佐證，強調《莊子》本來就有「神話天文學」。換言之，船山從《莊子》中解出「渾天」隱喻並非附會，而是有其實據。若與徐文相較，楊文對「渾天」說的知識細節有比較完整的敘述，不只是討論其哲學意義而已。但楊文重點畢竟落在莊子，而非研究船山之專文，所以文中提及船山的天文知識（例如論「九重天」部分），都只能簡略帶過。[115]

第三是「《易》《莊》同源」問題，楊氏在〈儒門內的莊子〉中除了表示贊同之外，甚至透過方以智所云莊子是「《易》之風而《中庸》之魂」一語，將這個問題擴大為「《易》《庸》《莊》同源」。在此，筆者必須略作分辨，即楊氏雖云此說承自密之、船山，但船山著作中似乎找不到相關說法，像前引密之所言，如此明白地將同源問題顯題化，頂多只有莊子出於子張門下之說。[116]換言之，楊氏始終沒有說明船山何書有類似「《易》《莊》同源」的講法。[117]

綜上所述，徐聖心與楊儒賓的論點雖然不無差異，但兩人皆關注船山《莊子解》中的「渾天」或「天均」，對其哲學意義的闡發也頗為接近，但或許是受限於主題莊子，而忽略了更足以代表船山天文學造詣的《思問錄‧外篇》和《張子正蒙注‧參兩篇》，筆者以為這些遺留的空白猶待來者的努力。

---

114 見《船山全書第十三冊‧莊子解》（長沙：嶽麓書社，1988年），頁466。
115 見氏著：《儒門內的莊子》（臺北：聯經出版社，2016年），頁275-286。
116 見《船山全書第六冊‧讀四書大全說》（長沙：嶽麓書社，1988年），頁609。
117 見氏著：《儒門內的莊子》（臺北：聯經出版社，2016年），頁150-171。

第五期的主題式做法，確立了晚近船山學研究的主要方向。學者不再寬泛地總論船山學術之整體精神，而是把論述焦點匯聚在某些議題或某幾部專著，自然引領學者之研究分流，拓展不同的學術領域。這樣做的優點在於，船山同一觀念在不同著作中，往往有微妙的調整或特殊的論述，這些內容均非過去通論式研究所能勝任。此外，既往以哲學史研究法爲主流的做法，也在本期出現變化，例如晚近的思想史研究法，已將觸角延伸至傳統哲學史所忽略的知識領域，也同時帶來了一些新的學術養分。

第三節　研究方法

本文所有論述背後，皆有筆者預設之理論立場，也是撐起全篇之骨幹。大致上，可分爲以下三點：一、跨界域激盪的生命論述；二、整體性原則與二象性原則；三、生命論述的跨科際現象。在第一點中，筆者以爲船山的生命論述不全然是儒家氣學舊有之規模，而是在跟道教內丹學及佛教唯識學的相激相盪中，逐漸消化異端之特殊觀念，融入儒學原本的討論範圍。在第二點中，筆者以爲氣學的理論樞紐與現代哲學的主體性原則有所區隔，更強調主客共構的整體性原則。所謂整體，展開來說即對立的兩種狀態互補爲一體，故對立只是直觀的表象，在更深層的內在關係上則可彼此轉化。對此，筆者挪借量子力學的術語，稱爲二象性原則，取代以往習見的辯證法。在第三點中，筆者意識到船山所言「生命」，不全然是人類的精神生命，或廣義地說人文學意義的生命，反而涉及了物種分類及人體生理等議題，在現代學術分類中屬於生物學或生理學的領域。此外，生命的聚散循環則碰觸了由死到生的歷程，溢出儒學主要的關懷範圍（由生到死），而進入了宗教學的領域。凡此諸端，皆非哲學化語境適合處理的問題，而必須要有一種跨科際的視野及考古學的方法。下文即就相關問題簡述其要。

一、跨界域激盪的生命論述

船山的氣化生命論是一種探索生命本質的論述模式。從思想史的角度

說，這種論述模式是在晚明儒、道、佛三教頻繁交流的風氣底下所產生的結晶。大體而言，船山的氣化生命論是以儒家的易學與張子學為根柢，汲取道教內丹學和佛教唯識學的某些觀念予以改造，最後用一種嶄新的方式詮釋什麼是生命，筆者以為這是透過「跨界域激盪」而產生的論述模式。

「跨界域激盪」的靈感源自何乏筆的「跨文化碰撞」，[118] 本文以為船山思想中也存在類似「跨文化」的現象，只是他所使用的術語並非來自不同語言，而是來自不同思想界域，其中包括宋明理學本身的術語、佛教唯識學的漢化術語及道教內丹學的術語，這些各有淵源的術語主要集中在船山的儒學論述中，因交雜使用而產生獨特的創造性。本文以為船山思想之所以「別開生面」，時出前儒未發之論，其原因可能即在混用術語，乃至模仿異端言論再造論述模式，改用相對應的儒家術語進行不完整複製，最後形成各種「跨界域」論述。例如船山之「發展人性論」，很可能是嫁接唯識學觀念而創造出來的產物。

至於本文何以必須另創「跨界域激盪」，而不用現成的「跨文化碰撞」，其原因有三：一來本文所處理的材料與何氏不同，船山學說涉及的對象是傳統的漢語經典，基本上沒有不同語言的翻譯問題，畢竟佛教經典雖然由梵文或其他中亞語言翻譯而來，但到明代早已中國化了，而道家道教本來即用漢語寫成，更與翻譯工作無關。二來船山思想所涉及的三教交流問題，也不只是混用術語而已，在許多情況下，其實是透過術語代換激盪出嶄新的論述模式。代表船山有時採用的材料不只是術語，而是把異端的論述模式「改頭換面」，用儒學既有的術語重新表述，創造奇特的理論變體。三來何氏非常強調「哲學」一詞（跨文化哲學、漢語哲學、比較哲學），但這在本文卻非關鍵所在，因為船山學術的內容時常逾越哲學的領

---

118 本文「跨界域激盪」的構想受何乏筆所提「跨文化哲學」的啓發。然何氏之「跨文化哲學」（transcultural philosophy）乃至所謂「漢語哲學」，是從中國哲學與西方哲學的當代碰撞中產生的想法，而不同於既往具有文化本質主義傾向的「比較哲學」（comparative philosophy），它以術語的交雜應用為手段（這些術語來自兩種或多種語言的翻譯），取某一語言為思維載體，不去追究這些術語在原本語境或哲學脈絡中的本義，而是重視它們在單一語言中使用時的新創意義。見氏著〈前言：何謂「當代漢語哲學」？〉，《中國文哲研究通訊》第15卷第3期（2005年9月），頁1-4。

域，很難用「哲學」兩字概括其旨。

此處必須說明的是，船山雖有取於佛、道兩教之理論，但非無所擇汰，全盤接受。就道教內丹學而言，船山獨取內丹家的「鍊氣化神」，補充儒學原本相對缺乏的身體技術，並且吸收內丹修鍊中頗為豐富的生理知識，但對長生不死的宗教目的，船山則有所汰除。就佛教唯識學而言，船山吸收相宗的「受熏持種」，重新反思儒學中的天人關係，補充儒學比較不去討論的生死循環，以及生命內容如何更新，但果報自受的觀念，則被船山扭轉為果報太虛。

透過與佛、道兩教生命論述的「跨界域激盪」，船山的氣化生命論固然是「生命的學問」，[119] 但何謂「生命」，則有大異於前儒的見解。為求輪廓清晰，以下分為幾點概述其旨。

第一點，氣化生命論所謂的生命其實逾越了哲學的領域，甚至也無法用廣義的人文學概括，反而具有類似自然科學的問題意識（當然其論述內容並非現代意義的自然科學，畢竟兩者之間有截然不同的科學典範）。析言之，船山所謂「生命之氣」不僅指內在精神，也指身體構造；不僅是心理學的生命，還有生理學的生命；除了人文學意義的生命以外，也包括生物學意義的生命（甚至是人類學意義的生命）。換言之，氣化生命論不僅是一套生命哲學，也是一套生命科學。但為了避免誤會，筆者在此必須聲明，此處所謂「科學」並非建構在物理學或化學之上的現代科學（用數學

---

[119] 此為牟宗三語。牟氏之說固然不錯，但他對生命的定義與筆者所謂生命畢竟有所不同。牟氏所謂生命，基本上是指人類的「精神生命」，具有本體宇宙論的意義，他說：「生命總是縱貫的，立體的。專注意於科技之平面橫剖的意識總是走向腐蝕生命而成為『人』之自我否定。中國文化的核心是生命的學問。由真實生命之覺醒，向外開出建立事業與追求知識之理想，向內滲透此等理想之真實本源，以使理想真成其為理想，此是生命的學問之全體大用。」見氏著：《生命的學問》（臺北：三民書局，2015年），頁1-2。又謂：「生命的學問，可以從兩方面講：一是個人主觀方面的，一是客觀的集團方面的。前者是個人修養之事，個人精神生活升進之事，如一切宗教之所講。後者是一切人文世界的事，如國家、政治、法律、經濟等方面的事，此也是生命上的事，生命之客觀表現方面的事。」見氏著：《生命的學問》（臺北：三民書局，2015年），頁43。若據此衡量船山整體學術，亦雖可說明船山生命論述的部分面向，但筆者以為船山所謂的生命，其實在一定程度上逾越了傳統儒家所重視的精神生命，另外拓展人體生理的面向，甚至是從一種類似生物學的角度，重新反省人類的道德問題。筆者懷疑這跟船山的重氣立場以及內丹修鍊經驗有關。

語言敘述的原子論），而是科學史意義的科學。

第二點，如果從現代科學對生命本質的認識來說，船山的生命思維，其實是一種迥異於現代科學的論述模式。簡言之，現代科學大體是通過「分子生物學」（molecular biology）來理解生命的本質，船山則是藉由氣化生命論反思生命的意義，代表兩者探索生命的角度，恰好相反。簡言之，分子生物學是從分子層次的微觀角度解釋生命，氣化生命論則從宇宙整體的巨觀角度詮釋生命，各自創造了截然不同的論述模式。就前者說，分子生物學從大分子DNA（去氧核醣核酸）規劃的生命藍圖開始，先轉錄（transcript）為各種RNA（核糖核酸），其中mRNA（信使RNA）再轉譯（translate）為各種蛋白質（protein），最後蛋白質反過來協助DNA的自我複製。換言之，此一論述模式完全在分子層次解釋生命現象，本質上是化學。就後者說，氣化生命論則由太虛整體中瀰漫的太和之氣開始，此氣記錄了古往今來所有人類的生命訊息，並且根據隨機偶然的原則，摶聚為各種生命形態，生物藉由能量交換活動發展生命構造，在生命構造發展至自然極限後死亡，解散還原為氣，回歸原本的太虛整體，形成一種永不止息的循環過程。換言之，此一論述模式完全從宇宙整體詮釋生命現象，本質上是氣學。不過，筆者以為兩者的術語群組與論述模式，固然是南轅北轍，但卻具備了相當接近的問題意識。簡言之，兩者皆欲闡釋生命現象的本質及其演變機制。

第三點，氣化生命論規劃了一套人類生命的使用方式，建構儒家道德實踐與道教身心修鍊並存的工夫體系。由於生命本身並非主體永遠的私產，最後必須以氣的形態還歸天地，所以生命的品質非常重要，清氣可以贊助太虛，濁氣亦可污染太虛。即此而論，勢必衍生如何使用有限生命的問題，所謂實踐工夫就是追求生命優化，避免生命劣化。然而必須釐清的是，本來儒家的道德實踐與道教的身心修鍊各有不同的關懷面向，畢竟在人際關係中成聖，和在身心質變中成仙，本為判然兩途的理論形態。可是在氣化生命論中，船山卻在一定程度上揉合了兩者的實踐工夫，另從改變生命性質的角度，統合儒家道德與道教修鍊，遂使身心修鍊收編為道

德實踐的輔助原則。簡言之，凝神靜坐不但不會削減從事道德實踐的動力，反而可以借用這種收斂的身心狀態輔助道德實踐。此一獨特的思路，或許跟明儒豐富的身心實踐經驗有關，有巨大的思想史背景（三教跨界激盪）。[120] 若就文獻角度而言，儒學中討論靜坐的相關材料本已相當豐富，現代學者對儒家靜坐論亦不乏深入的研究。但對於為什麼靜坐有助於成德的問題，現代學者在人文學範圍內所提出的解釋，似乎難以完整說明兩者之間的關聯。筆者以為這個問題如果不從人文學的角度尋求解答，是否還有其他的可能。簡言之，如果從腦部神經學（neurology）的角度出發，冥想靜坐真正改變的對象除了意識之外，很可能是腦部的結構與功能，腦部狀態的變化，理論上可導致主體行為模式的轉換，而所謂的道德實踐是否亦可視為主體的「利他行為模式」。如果這個可能性是存在的，那麼氣化生命論中，船山提出身心修鍊可做道德實踐的輔助原則，其背後真正的原因可能不在人文學的範圍，而是進入了腦部神經學的領域。[121]

---

[120] 嚴格說來，重視靜坐實踐經驗自宋代開始，就與儒者結下不解之緣，並非明代儒者的專利。楊儒賓：「北宋五子的邵、周、張皆靜坐有成，但這三人似乎未曾廣為宣揚靜坐之功。二程崛起洛中，從遊門生如織，他們才將靜坐視為一種教法，而且將它統編到儒家的重要教義裡去。」見氏著：〈宋儒的靜坐說〉，《臺灣哲學研究》第4期（2004年3月），頁54。除了二程，楊氏認為晦庵也對靜坐問題用力極深，甚至可以視為集靜坐法大成的儒者。他說：「朱子絕對是理學史上最重要的靜坐理論大家，他的靜坐法不但成為後來書院生活的日課，它還東傳日韓，成為東儒（筆者按：此應指東亞儒者）生活中重要的成分。」見氏著：〈宋儒的靜坐說〉，《臺灣哲學研究》第4期（2004年3月），頁68。雖然不乏特例，但普遍說來宋儒對身心實踐的興趣與成就，甚至是留下來的相關論述，還是不及明儒。例如馬淵昌也就注意到在明代後半期開始，原本在宋代道學中不大明顯的儒家靜坐形式，開始出現「規範化」與「手冊化」的傾向，馬淵氏云：「儘管自宋到元、明前期，對『靜坐』的言論從未停止，可是關於具體實踐的形式，仍然沒有充分明白的揭示。但到了明代後半期，士大夫們中間對『靜坐』具體的方法，開始有小規模的明示。」詳見氏著，史甄陶譯：〈宋明時期儒學對靜坐的看法以及三教合一思想的興起〉，《東亞的靜坐傳統》（臺北：臺灣大學出版中心，2013年），頁91。因此，在楊儒賓等人對東亞靜坐議題發表的序言中遂謂：「在儒家思想史上，明代的實踐論是戛戛突出的。就靜坐的普及與深化而言，明儒的成就遠超過歷朝儒者。」見氏等編：《東亞的靜坐傳統》（臺北：臺灣大學出版中心，2013年），頁x。

[121] 筆者此處之觀點受到腦部神經科醫生朱迺欣的啟發。朱氏說：「西方科學已嚴肅看待靜坐對腦的影響。這是目前神經科學（neuroscience）最蓬勃的研究之一。西方科學認為，靜坐是一種心的訓練，以及腦的鍛鍊。」他根據日本產業大學的松岡成明、科羅拉多大學的奧斯汀（James H. Austin）、哈佛大學的本森（Herbert Benson）等人的研究成果，嘗試從人體生理的角度解釋靜坐的功效。簡言之，朱氏認為靜坐影響自主神經系統與內分泌系統，可以促進人體的「副交感神經活化」（parasympathetic nervous system activation）以及分泌「催情素」（oxytocin），表示在人類一切行為中，學習與靜坐兩事會改變腦的功能或結構（半日靜坐，半日讀書？）。析言之，靜坐實際

第四點，在氣化生命論中，人類不只是身體組織進行新陳代謝，其心性內容亦可不斷更新。這一點與唯識學中阿賴耶識（ālaya-vijñāna）可以持藏由經驗熏習而成的種子（bīja），不斷改變深層意識中儲存的內容，在論述模式上有一定程度的近似性，因此也很可能是跨界域激盪下的結晶。如果這個可能性存在，那麼必須追問的是氣化生命論與佛教唯識學，究竟是在什麼樣的理論環節上，產生了彼此接榫的空間。筆者以為問題的答案，在於船山整合儒家所論之「人性」與唯識學之「阿賴耶識」，使兩者互相詮釋，同時導致雙方的質變。[122] 不過，由於本文並非研究船山佛學的專論，所以儒家人性論如何影響佛教唯識學的部分，並非筆者關注所在，筆者關注的是佛教唯識學如何影響儒家心性論。換言之，船山如何在儒家的心性論中，搜尋可與相宗八識結構接榫的觀念，而這種接榫又如何拓展儒家原本的心性論。簡言之，唯識學對船山人性論最大的影響，是將原本封閉的自足系統改造為開放的交換系統，使人性在長期的身心活動

影響的腦部區域包括前額葉皮質（PFC）、前扣帶回（ACC）、海馬回（hippocampus）、杏仁核（amygdala）、島腦（insula）、邊緣系統（limbic system）、下視丘（hypothalamus）等，涉及腦部運作的諸多層面，理論上足以使實踐者的身心狀態完全改變。見氏著：《靜坐：當東方靜坐遇上西方腦科學》（新北：立緒文化事業有限公司，2014年），頁70-87。筆者以為根據現階段腦部神經學對靜坐的研究成果，其實是在傳統人文學所重視的心理層面之外，提供一種生理層面的另類解釋，而這個說法似乎亦可說明船山為何視靜坐為修德的輔助原則。簡言之，存神靜坐影響的不只是心靈意識（心理素質），其實還包括人體生理（生理素質），如果人類行為是大腦信號輸出的結果，那麼大腦的改變理論上會導致行為的轉換。即此而論，道德實踐如果不只是心理層面的自由意志的實現，似乎也可以從生理層面的腦部狀態尋求解答。因此，船山整合儒家道德實踐與道教身心修鍊的說法，或許不只是一種主觀的牽合，而是另有其客觀的依據。當然，船山所處的時代不可能有這些腦部神經學的知識，所以筆者推測船山「靜坐輔德」的洞見，或許是來本身長期的內丹實踐經驗，是由實修所得之知識結晶。

[122] 筆者此處說法乃參酌吳立民之論。吳氏：「船山深入佛道之藏，採擷其精華，為己所用，……他從佛家法相唯識學中，以『八識』說『性』，解決了『性』的問題，又以禪悟說相宗，解決了『心』的問題。……他從唯識種子熏習說中，提出『性日生日成』的命題。」見氏著：《船山佛道思想研究》（長沙：湖南出版社，1992年），頁10。引文中，吳氏已經察覺船山所論人性與第八識的關聯，同時指出船山對唯識學的改造，為筆者所見最早且最有系統地研究船山佛教思想的說法，誠然有其高識。不過，吳氏之說仍有一些討論空間：第一，船山對相宗的改造似乎不僅參酌禪宗而已，筆者以為儒家觀念實亦隱藏於相關論述當中，尤其是第八識轉淨七識後即復其真如本體，無垢白淨，不合相宗「無記」（中性）本義，反而接近儒家「性善」之旨。第二，雖然吳氏點出了相宗第八識和儒家人性論之間的對應關係，但筆者檢閱全書，卻沒有找到完整的論述過程。即便吳氏注意到船山嘗比相宗八識和儒家大體小體，但詮釋過於仍嫌籠統，其實無法看出六、七、八三識究竟對應儒學中的哪些觀念，代表其中仍有若干環節尚待進一步的釐清。

中，可以不斷地發展演化。析言之，在船山的氣化生命論中，人性的發展演化可分兩大面向：其一是人類的心性築基於身體，身體的狀態變化推動心性的內容更新；其二是人類一切身心活動皆可藉訊息形式寫入個體的生命之氣，最終決定生命本身的品質。前者是生理影響心理，關鍵在於人體變化；後者是經驗影響心理，重點在於身心活動。然而無論前者或後者，都不難看出船山所謂人性乃一開放之交換系統，而非純粹先天的超越根據。若僅就論述模式而言，熏習種子對應言行化氣，阿賴耶識持藏種子對應太虛整體瀰漫生氣，阿賴耶識流轉生死對應造化之氣循環聚散。總之，氣化生命論中的人性問題，其實也是跨界域激盪的結晶。

第五點，氣化生命論雖然重視生命的生理層面，但卻不完全受熱力學第二定律支配，代表生命並非純粹的生理現象而已。換言之，船山雖然非常強調個體與整體之間的能量交換活動，以及生命構造本身的新陳代謝，但是生命不僅是能量逐漸從有序走向失序的耗散過程，而是可以聚散循環、重複使用的造化之氣。從循環的角度說，沒有永恆存在的主體，也沒有嚴格意義的死亡，甚至人類在世間所做的一切善惡言行，都將以氣的形式記錄下來，永留天地之間，不斷發揮其趨近無窮的影響力。即此而論，這當中其實也蘊含了某種宗教精神，與唯識學中阿賴耶識流轉各期生死的論述模式，存在某種對應關係。然而必須辨明的是，生氣聚散循環比較類似公共資產，而阿賴耶識流轉生死卻像私人資產，前者回歸太虛整體，後者仍係屬生命主體。總之，氣化生命論是從生物學的立場出發，探索倫理學的意義，最終歸向宗教學與政治學的領域。而其中蘊含的跨界域思維，則貫徹了船山的整體學術脈絡。

根據以上五點，可以看出船山雖然畢生力闢佛老，但仍受到晚明思想界三教交流的影響，並在跨界域激盪的過程中產生驚人的理論創造力。換言之，氣化生命論即此三教激盪下的結晶，它在論述模式上，與道教內丹學或佛教唯識學多有相似之處，筆者以為這些現象恐怕不是偶然，而是船山刻意汲取儒學相對缺乏的身體技術和相對忽略的生死議題，大大豐富了儒學原本的生命論述。

二、整體性原則與二象性原則

　　本文的研究方法主要是藉由「氣化生命論」的框架，理解並詮釋船山生命論述的複雜面貌，試圖跳脫既往宋明儒學研究的主體性原則與哲學化語境。藉由本文提出的詮釋框架，不僅可以說明船山生命論述的義蘊所在，而且可以重新檢視儒、道、佛三教在晚明時期的「跨界域激盪」。

　　何以「氣化生命論」足堪此任？其根本原因在於船山的關懷對象是「生命整體」。所謂「生命整體」，代表一種巨觀的整體性原則，它是從氣的角度思考生命的本質，其規模包括整個宇宙。船山這種巨觀的生命思維模式，對當代儒學研究而言，其實具有莫大的啓迪作用。因為既往研究所強調的主體性原則固然推動宋明儒學的「現代化」（或「哲學化」），並發展出體系恢弘、結構縝密、術語完備的一套論述模式。但是高揚主體性（心）與過度哲學化的結果亦非毫無代價，畢竟這種研究法在無形中限縮了儒學原本的多元面貌，甚至成為「是否見道」的窄門。筆者的「氣化生命論」不取既往之主流理路，故「心體」所對應的「主體自由」和儒學中可以「哲學化」的部分，只是整部儒學的一個面向。換言之，筆者真正想做的事情，是尋找一個適合的研究視角，並藉此重新反思生命主體和宇宙整體的關係。

　　就研究視角而言，由「生命整體」所隱含的「整體性原則」，其實可以解決「主體性原則」所衍生的遮蔽。「整體性原則」能放寬現代儒學研究的視野，建構一個充滿彈性的理論框架，從而肯認理、心、氣三系皆有其意義，而不是按照心學典範的「主體性原則」論衡三系的偏全高下。如此一來，「心即理」與「性即理」到底孰是孰非，其實無關宏旨；氣是「唯心」還是「唯物」，也不是必須追究的問題。或說，上述問題到底是儒學研究中非解決不可的關鍵？還是因為站在不大恰當的立場，而衍生了一些未必恰當的問題？簡言之，「整體性原則」不存在「學不見道，枉費精神」的問題，只是氣學見道的方式有所不同而已。[123]

---

[123] 大體而言，宋明儒學三大派：理學、心學、氣學，雖皆為儒學，但其理論內涵與成德工夫各有其特

就研究面向而言,「氣化生命論」的關注焦點是「生命整體」,代表它的關懷面向非常廣泛。簡言之,生命既有抽象無形的心靈層面,亦有血肉交織的身體層面;生命既有從主體開出的工夫,也有由工夫發展的主體;生命固然有生存的追求,但是死亡也有死亡的作用;生命固然暫時繫屬主體,但終將回歸整體;生命可以是理性思維的對象,也可以開闢宗教信仰的道路。若過度強調「心性」、「主體」、「自由」、「理性」或「生前」,其實無法關照全幅生命的輪廓。換言之,生命本身的豐富內容,需要更寬廣、更有彈性的詮釋框架。

由上文可知,船山「氣化生命論」關注的是「生命整體」,其中蘊含了「整體性原則」,那麼接下來的問題是,到底什麼是生命。析言之,這個問題其實在問生命的本質,從氣化生命論的角度而言,生命的本質毫無疑問是氣。如果要用學術語言界定船山思想中氣的意義,或許可分從兩方面來說:一者是就氣的規模而言,氣彌綸充塞全宇宙,代表氣隱含了「整體性」;一者由氣的變化來說,氣是超越對立而兼容兩端的連續流體,這跟量子力學中的「二象性」(duality)不無類似之處。前者論之已詳,此不贅述;後者仍有若干問題,尚待釐清。

簡言之,氣的循環變化隱藏了一種類似「二象性」的思維模式,[124]

王船山氣化生命論

色。就心學而言,既然良知本心的活動即是萬事萬物的法則準據,那麼成德工夫便十分簡易直截,僅須「逆覺體證」(此為牟宗三語,指逆向追索超越根據,清楚地把握自身主體的存在事實。換言之,此為頓悟工夫,並無漸修可言),再從主體展開所有實踐活動。理學則強調「性即理」,它對人性的詮釋偏重「根據義」,而真正的成德工夫則落在心知之靈明,以為透過格物窮理的歷程,即可由外而內地認識自身的人性內容。最後,氣學的立場相對理、心而言,則顯得十分游移。游移的意思是,氣學可以從主體心性展開,也可從客觀宇宙立論,這是因為「氣」本身乃是一種連續性流體,它真正的重點在於主客共構的「整體」。

124 筆者此處的「二象性」是參酌量子力學(quantum mechanics)的論述模式,其靈感源自「光的波粒二象性」。根據量子力學的觀點,光同時兼具粒子性與波動性兩種截然對立卻又同時存在的性質,故謂之「二象性」。這個奇特現象違背了一般的物理常識,突顯出既往理論從單一面向解釋光的本質時的局限。簡言之,十八世紀時,牛頓(Isaac Newton, 1643-1727)根據光可觀察到的物理現象,將光界定為粒子;但到十九世紀時,楊氏(Thomas Young, 1773-1829)根據雙狹縫干涉實驗,卻發現光具有波的性質。由於粒子與波是截然不同的能量傳導方式,楊氏光波之說遂代牛頓舊說。至二十世紀初,愛因斯坦(Albert Einstein, 1879-1955)為解釋光電效應而提出光子論,謂光既有粒子性,也具有波動性,最後歸結為「波粒二象性」。即此而論,所謂氣的二象性取徑光的二象性,意指各種直觀上對立的性質,其實在氣的思維方式中是兼容一體的。不過,筆者在此實無意誇大兩者的共通點,畢竟古典氣論與量子力學代表截然不同的世界觀。因此,筆者只是借用量子力學的術

亦即在氣的變化過程中，它其實具有不斷交換狀態的奇特性質，是往來對立兩端的連續性流體，而由氣聚合而成的宇宙萬物，只是氣化過程中的偶然片段。換言之，就氣自身而言，氣是兼具各種對立二象的連續性流體；若就宇宙萬物而言，則是氣暫時處在對立二象的其中一象。換言之，氣在聚散翕闢之間不斷循環，構成一種獨特的思維模式，其中包括「身心二象性」、「主客二象性」、「質能二象性」、「天人二象性」、「心物二象性」或「生死二象性」等幾個大類。總之，氣是兼容各種對立狀態的連續性流體（兩端生於一致），或說直觀的對立二態其實隱含深層的內在連繫。[125] 另外，透過引介「二象性」，筆者試圖以此取代船山研究中已熟極欲爛的「辯證法」（dialectic），或許可以開展不同的思考空間。

　　概略地講，上述之「身心二象性」指出人類身體源自濁滯之陰氣，而心靈源自清明之陽氣，人類為陰陽二氣的複合體，代表氣既是身體也是心靈。「主客二象性」指出主體由氣構成，而客體亦由氣所構成，代表氣既是主體也是客體，或說既是人類也是萬物。「質能二象性」意謂天地萬物不僅生命構造源自於氣，其中流動的生命能量同樣源自於氣，所以氣既是質料也是能量。「天人二象性」代表天體為氣之凝結，人體亦由氣所摶造，所以氣既是天體也是人體。「心物二象性」說明精神的本質是氣，物質的本質亦然，所以氣既是精神也是物質。「生死二象性」說明生命是氣的凝聚，死亡是氣的散發，散發之氣可以凝聚生命，已聚之生命亦可復散

語，描述自己在閱讀船山原典時觀察到的特殊觀點，絕非借用量子力學的實質內容。事實上，氣化生命論與量子力學根本南轅北轍，兩者的出發點完全不同：前者是從整體宇宙的巨觀層次詮釋生命；後者則從量子世界的微觀層次討論微觀事物。本段文字經國立臺灣師範大學物理研究所碩士吳政勳校閱，特此致謝。

[125]「兩端生於一致」見於《老子衍·第二章》，堪稱船山整體學術的基本思維模式。在現代學者的研究中每多以西方哲學術語「辯證法」（dialectic）詮釋其旨，然筆者不取此極度成熟之說，而另採量子力學的理論術語，試圖重新闡述船山這種思維模式的特徵。在此必須說明的是，筆者無意獨標新義，推倒既往的研究觀點，亦非暗示「二象性」比「辯證法」更適切，只是希望藉此這種另類的論述模式，重新反思現代宋明儒學研究中「語境哲學化」的問題。簡言之，現代研究者在面對宋明儒者遺留的著作時，「語境哲學化」若非唯一合法的選擇，那麼還有什麼其他的詮釋角度可以嘗試。因此，筆者真正想說的是，船山的「氣化生命論」並非純粹的意識哲學，它有很多的內容與面向其實逾越了哲學（或廣義地說人文學）的範圍，甚至進入哲學術語鞭長莫及的理論盲區。

為氣，所以氣既是生存也是死亡。換言之，現在的生命其實是過去各種生物的無數死亡，現在的死亡則是未來各種生物的無數生命。

由上文說明可知，氣化生命論中的整體性原則與二象性原則，堪稱船山整套生命論述的兩大基石，但兩者其實是同一回事。析言之，兩者都是氣的性質，只是從不同角度闡釋什麼是氣，整體性是從規模而言，二象性是就變化而言，整體性的展開就是二象性，二象性的統合即為整體性。兩端一致，兼體不累，這應當是從氣學角度思考一切問題時的必有之義。

總之，在船山的氣化生命論中，生命來自於宇宙整體，乃連續流體的暫時聚合，最終亦將散歸來處，回歸太虛，代表氣與生命二象一體，共構氣的循環。

三、生命論述的跨科際現象

船山的氣化生命論是一個奇異的知識綜合體，有許多材料甚難置入「哲學化語境」，反而與其他的學科領域有所重疊。析言之，在當代宋明儒學研究的主流論述模式中，許多廣泛應用的西方哲學術語，在船山的氣化生命論中幾乎沒有用武之地，這是因為「生命」所涉及的議題，有些或許根本不適合放在哲學的領域（甚至是人文學的領域）。這一點可從「研究內容」與「研究角度」來說。

就研究內容而言，船山所謂的「生命」，似乎並不是從既往認定的心靈意識層面展開論述，反而是從人體生理層面切入主題，再延伸至其他不同的學科。簡言之，船山的生命論述彷彿逐層擴大的波紋結構：或從生物學到倫理學，或從倫理學到人類學，或從人類學到宗教學，或從宗教學到政治學，一切的論述自氣而始，亦至氣而終，形成各種學科互相連結的關係網絡。[126]

---

[126] 這一整套論述模式的銜接環節如下：人類之所以具有實踐道德的性能，在於其身心結構與其他生物不同，此即「從生物學到倫理學」。然而道德性能發揮的程度，端視所屬族群的社會文化體制是否完善，故由此論定華夏何以優於夷狄，此即「從倫理學到人類學」。人類在所屬族群建構之社會文化體制中，其畢生成就之道德品格，並不會隨著死亡消失，而是永遠記錄在他的生命之氣當中，當生命之氣回歸太虛整體，復為造化機能之原料，此即「從人類學到宗教學」。當此一持藏道德善惡

由是觀之，船山生命論述的基礎其實是生理學或生物學（甚至是醫學），而非心性論或意識哲學。當然，船山的生命論述並非無關心性論或意識哲學，只是有許多非常關鍵的理論內容，以今日的眼光來看，似乎亦可放在生物學或生命科學的領域。如果直接從心性論或意識哲學的角度出發，那些跟人體生理有關的材料早在一開始就被排除在研究視野之外，畢竟這些材料大多沒辦法置入「哲學化語境」，頂多只有「理欲問題」可以進入學術討論的殿堂。然而，這種做法的局限又不僅出現在人體生理層面，就連既往研究擅長的心性分析亦不完整，這是因爲在船山的生命論述中，生理與心理之間有非常密切的互動關係，缺乏完整身體觀的心性論，如何去談身體對心性的影響。進一步說，即使少數學者有心討論身心交流的問題，在缺乏身體知識的情況下，也很難深入問題的核心。根據以上種種原因，現代研究者如欲追溯船山生命論述的底蘊，勢必需要一種跨科際的整合視野，畢竟除了人體生理之外，還有其他學科的知識內容，例如族群文化升降的問題、生命終極歸宿的問題與政治治亂循環的問題，這些知識所涉及的內容已經延伸至人類學、宗教學與政治學（甚至是地理學）的範圍。當然，筆者並不是說船山的生命論述不重視倫理道德，畢竟，對倫理學的興趣乃儒者之本懷，只是試圖強調船山的倫理學是放在由生物學、人類學、宗教學和政治學共構而成的關係網絡之中，彼此之間互相連結，牽一髮則動全身。

　　就研究角度而言，筆者想大膽地提出一個問題：爲什麼現代研究的主流論述模式要用西方哲學詮釋氣，而非參酌分子生物學、文化人類學、量子力學、天文物理學、區域地理學或腦部神經學？必先說明的是，筆者並不是說這些學科所提供的專業術語或論述模式，一定比西方哲學更適合詮釋氣的意義，更無意宣揚某種「反哲學」的言論，而是船山氣論所涉及的知識領域，恐怕遠遠超過哲學的範圍，或者更寬泛地說，逾越了人文學的

之生氣，透過隨機偶然的造化機制反覆地分化聚散，逐由一人逐漸分化為無數人（或其他生物），由一時代逐漸延續至無窮世代，形成某一時空範圍內或治或亂的政治局勢，此即「從宗教學到政治學」。

領域。

　　換言之，筆者真正想問的問題是，用西方哲學術語或論述模式研究船山思想的合法性與權威性，是否真的鐵板一塊而牢不可破？如果「跨文化」、「跨界域」皆可視為合理的研究方法，那麼「跨科際」是否也能如此看待？進一步說，人文學研究者是否只能研究船山的生命哲學，而不可不安於室，斗膽進入生命科學的領域，提出一些根本「不專業」的論述？即使「不專業」，這又是否可以成為不可碰觸某些研究材料的關鍵理由？如果這種禁忌確實存在，那麼這種禁忌的壓力是來自何處？如果研究者改變材料歸類的方式，是否可應用考古學的分類法，重新界定材料的屬性？[127]

　　總之，筆者以為船山的氣化生命論為宋明儒學打開了不同視野，不同的視野自然觀察到不同面向，或許這也是船山得以「別開生面」的原因之一。然而，生命論述在現代船山學研究中，畢竟是研究者相對忽略的地方，尤其是當它涉及生理學、生物學或生命科學等面向（不屬於生命哲學的部分）時。因此，如果現代研究者想要探索這塊相對模糊的學術盲區，跨科際的知識與考古學的分類法，恐怕都是不可或缺的研究工具。

王船山氣化生命論

---

[127] 張光直在介紹考古學研究法時，相當注重分類方式的多樣性，且應盡量避免只用單一方式分類，他說：「通過語言所做分類，只是考古學分類的目標之一，我們還需要根據研究目的，提出其他標準，從多方面對古代遺物進行分類，盡可能地多擠出各種資料。……我相信在任何個別的考古情況下都不是僅有一個唯一的、自然的分類標準；分類的角度及繁、簡的程度都取決於分類的目的。」此外，張氏也特別指出，即使分類確立之後，亦應對此分類本身保持敏銳的警覺，千萬不能拿它來自我設限，他說：「我們把它們（筆者按：此指器物）命名之後，千萬不要受其拘束，不要把『名稱』當做『事物』自身，不要把我們自己所擬定的標籤代替了客觀的、具體的歷史現象。當我們把分類的命名規範化、體系化時，最容易犯這種錯誤。」見氏著：《考古學專題六講》（新北：稻鄉出版社，1999年），頁73。筆者以為若將引文中之「古代遺物」、「考古情況」、「事物自身」代換為「古人思想」，而「哲學」只是分類方式的一種，那麼是否亦可進一步反觀現代儒學研究中的某些問題？

第貳章
氣化生命論的人類圖像

本章重點在於闡釋船山如何看待「人類」，他由氣學的立場出發，從物種分類的角度討論生命構造的歧異，乃至生命性能的優劣，藉以說明人類爲何獨有實踐道德的能力及創造文化的能力。在釐清人類與其他物種的分野之後，船山則進一步申論人類的身心結構。就身體而言，身體的形象完整度和活動自由度，可以改變心性的品質，進而造成道德的升降。這種奇特的思路迥異於儒學主流的「以心控身」，另闢「以身輔心」的向度。就心性而言，這種靈明知覺不能脫離人體生理所提供的生命基礎，而是所有組織協調運作的結果。簡言之，心性能力是築基身體之上的特殊性能，故心性必須與身體共在，不能抽離身體而獨立。其中構成心性的清氣固可散歸太虛而不滅，但已轉化爲天理，不再隸屬個體。此外，由於心性與身體共在，身體的能量交換活動同時也會造成心性的新陳代謝，代表心性內容可以透過飲食與經驗不斷更新，故船山極重積習，強調性命日成。

第一節 三大物種的生命內容

在船山的氣化生命論中，人類的生命特質往往和其餘萬物綜合比較，而後得到人之所以爲人的理由。所謂萬物，主要分成三大物種，按生命形態從低等到高等排列，依序爲植物、動物及人類，形成一種生物學式的論述模式。

然而，氣化生命論中的生物學並非一般的生物學，而是隱含倫理學向度的特殊生物學，船山根據氣的「身心二象性」，整合人類的生理組織和心理機制，導出心性與身體共在的基本認知。換言之，船山雖然從生物學出發，最終卻未停留在人體生理的層次，而是趨向儒者關懷的倫理議題。

以下則就船山生命論述所涉及之相關議題，擇要說明其中旨趣。

一、人類生命的優異性

　　從氣化生命論的角度而言，船山認為人類之所以為萬物之靈，在於具有最為優異的身心結構。不過，人類的先天條件固然優異，卻無法否定人類同時也是動物的事實。換言之，所有生物可先略分為植物與動物兩大類，其中動物的種類雖然千差萬別，亦可略分為人類與非人類兩種。若以現代生物學觀點視之，這種分類法確實掛一漏萬，但對船山界定人類生命特質的目的來說已然足夠。下文先論《張子正蒙注》中植物與動物的差別：

　　　　動物皆出地上，而受五行未成形之氣以生。氣之往來在呼吸：自稚至壯，呼吸盛而日聚；自壯至老，呼吸衰而日散。形以神而成，故各含其性。……植物根於地，而受五行已成形之氣以長。陽降而陰升，則聚而榮；陽升而陰降，則散而槁。以形而受氣，故但有質而無性。（動物篇）[1]

　　首先，引文指出無論動物或植物，都是二氣五行聚散變化的產物，差別在於動物由五行尚未分化的清氣（五行未成形之氣）摶造，故具移動力；但植物則由五行已經分化的濁氣（五行已成形之氣）摶造，故須依附土地。生命能量不同，生命構造與生命性能也隨之有異。就動物而言，交換能量的方式是「呼吸」，即透過氣的出入，推動生理的新陳代謝。動物的身體（形）中持藏精神（神），故每種動物皆具特殊之生命性能（性）。就植物而言，交換能量的方式則是「升降」，即藉由陰陽濁氣之升降，推動生理的新舊交替。植物的形體中缺乏清氣，故無知覺意識（神），當然也就談不上生命性能的問題。簡言之，植物與動物皆由形氣聚合而成，但因形氣的清濁性質不同，造成了萬物在生命性能上的差異。總之，植物徒有濁滯之形氣，動物則因形氣清通而兼具心性。

1　見《船山全書第十二冊・張子正蒙注》（長沙：嶽麓書社，1988年），頁101。

如果將人類也視爲動物的一種，則其獨特的身心結構，足以彰顯自身與其他動物之間的分別，故曰：

> 息，呼吸也，動物（有息者）受天氣之動幾。……植物（不息者）受地氣之靜化。……（根於天者）視聽持行可以多所爲──天氣載神，故靈。……（根於地者）離土則槁矣──地氣化形，故頑。……人者動物，得天之最秀者也，其體愈靈，其用愈廣。（動物篇）[2]

本段引文與前段引文一樣，同出《張子正蒙注・動物篇》，兩段論述討論的議題相近，都是從物種分類的生物學角度，解釋兩大物種的生命本質，唯本段引文又從動物之中，另外獨立出人類，應可視爲對前段引文的補充說明。合言之，「五行未成形之氣」即「天氣」（清氣），「五行已成形之氣」即「地氣」（濁氣），植物有「地氣」而無「天氣」，動物則兼含「天氣」與「地氣」，並因「天氣」而產生內在知覺與運動能力。換言之，動物生命構造中的「天氣」越精純，生命性能也就越複雜，其中人類具有最精純的氣稟條件，故有最優異的結構與性能，可以稱爲動物的終極生命形態。

此外，船山在《張子正蒙注》中，針對橫渠的「德者，得也，凡有性質而可有者也」，也提出了類似的觀點，認爲生物的生命構造，決定其生命性能：

> 「得」，謂得之於天也。凡物皆太和絪縕之氣所成，有「質」則有「性」，有性則有「德」，草木鳥獸非無性無德，而質與人殊，則性亦殊，德亦殊爾。若均是人也，所得者皆一陰一陽繼善之

2　括號內文字依船山前文註解增補，以便讀者理解。見《船山全書第十二冊・張子正蒙注》（長沙：嶽麓書社，1988年），頁103-104。

理氣，才雖或偏而德必同，故曰「人無有不善」。（至當篇）[3]

所謂「性質」，可以解釋為因生理條件（質）而產生的生命性能（性），故不同物種因為組織構造的差異，導致各具迥異之內在性能。就物種相同處說，一切生物皆由宇宙中的「太和絪縕之氣」所造；就物種相異處說，摶造生物的氣因清濁比例不同，聚合為各具特色的生理構造，並因此產生彼此殊異的生物性能。換句話說，植物與動物（草木鳥獸）並非沒有各自的「性質」，只是「質」殊而「性」異，所以產生了自然界中千差萬別的生命形態。不過，此處所謂「草木鳥獸非無性無德」，似與前文植物「有質無性」衝突，然觀船山之意，此處「草木」應該是與「鳥獸」連言而有者，乃泛指不同生物，故不必過度追究字句。若僅就單一生物種類而論，不同個體固然彼此之間各有細部殊異，但不能因此否定同一種類所具備之共同特質。船山以人類為例，表示只要是人，皆具二氣五行中函理之清氣（繼善之理氣），雖然先天才具（才）有所殊異，而有強柔昏明等天賦條件的優劣，但若僅論其物種特質，則人類咸具實踐道德之生命性能，故孟子曰「人無有不善」（告子），直指人類共通之道德性能。[4]

由是觀之，船山認為一切物種的個體多樣性，其實是生理組織的差異所衍生的結果，所以人類具有迥異於其他動物的生命性能，在於氣稟的品質不同：

人之所以異於禽獸者：禽獸有其體性而不全；人則戴髮列眉而盡其文，手持足行而盡其用，耳聰目明而盡其才，性含仁義而達其

3　見《船山全書第十二冊・張子正蒙注》（長沙：嶽麓書社，1988年），頁195。
4　船山所謂人類皆稟「理氣」（神氣）而生，其實尚有但書，此處之「人類」乃指生命發展完整的人類，這裡的完整不僅是生理層面的問題，還具有一定之文化意義。因此，船山所謂人類除了生理發展完整之外，亦須文化發展完整。而在諸多族群的不同文化中，唯有華夏族群的文化發展完整，夷狄雖有文化，但並不完整，所以夷狄並非生命完整的人類。即此而論，船山所謂的人類皆稟「理氣」，實排除夷狄而言，可知船山所論之生命不只具有生物學的意義，甚至還包括人類學的意義。與此相關的論述甚多，然非本節主旨，筆者不能深究。相關例證可見《船山全書第十冊・讀通鑑論》（長沙：嶽麓書社，1988年），頁154-155、502。

理，健順五常之實全矣。（祭義）[5]

引文表示人類與其他動物最根本的分別，爲生命構造（體性）的整全程度，人類的生理素質（健順五常之實）比動物完整，所以產生了最複雜的生命行爲。此理既明，船山逐條列式地舉出人類行爲的特殊性：第一，人類的鬚髮眉毛可因文化的不同而產生複雜的樣式變化（盡其文）；第二，人類的手足四肢則因分工合作而演化出特別靈巧的雙手和直立的雙足（盡其用）；第三，人類的感官知覺因爲相對靈敏而能接收多元的外界訊息（盡其才）；第四，人類的內在心性則因能夠實踐仁義而產生倫理道德（盡其理）。最後，船山表示上述這些人類擁有的特殊行爲，其實皆源自人類特殊的生命構造，而這樣的生命構造，則又來自最完整靈秀的生命能量（所謂「健順五常之實」，即「二氣五行之秀」）。

類似觀念亦見船山對「五常」的詮釋，例如船山在註《禮記》「故人者，其天地之德，陰陽之交，鬼神之會，五行之秀氣也」時，嘗云：

五行之氣，用生萬物，物莫不資之以生，人則皆具而得其最神者。鄭氏曰：「木神仁，火神禮，土神信，金神義，水神智。」皆其氣之秀者也。此節承上章天道人情而言。人之有情，皆性所發生之機；而性之所受，則天地、陰陽、鬼神、五行之靈所降於形而充之以爲用者。是人情天道從其原而言之，合一不間。（禮運）[6]

由二氣分化而成的「五行之氣」，既提供萬物生命能量，並且搏合萬物的生命構造，人類乃生物中最優異的產物，「五行之氣」無一不備。在此，船山引用漢儒鄭玄（127-200）的說法，謂人類心性之有仁、義、禮、智、信「五常」者，在於人體生理當中蘊含木、金、火、水、土的精純神氣，所以卓越的生理素質產生了優異的心理能力。簡言之，人類是由

5　見《船山全書第四冊‧禮記章句》（長沙：嶽麓書社，1988年），頁1134。
6　見《船山全書第四冊‧禮記章句》（長沙：嶽麓書社，1988年），頁561。

品質最佳的「五行之氣」（氣之秀者）所聚合而成的生物。此外，船山以為〈禮運〉本章是接續上章的「天道人情」，[7]謂「天道」與「人情」本不可兩分，天人兩端皆以「性」為樞紐。析言之，宇宙造化之秀氣摶聚為人類的身體，靈秀之氣即轉化為人體所持藏的心性，而人類的意識感受，實即內在心性所產生的作用，由此可知人類之「性」上承「天道」，下開「人情」，故曰天人兩端「合一不間」。進一步說，船山的氣化生命論，其實是從非常巨觀的角度來界定人類生命的本質，人類生命之所以成立，莫不源自宇宙造化之氣，故所謂「人類」實際上是氣在循環流動中的暫時聚合，此即氣之「天人二象性」。

至於前文所論人類和動物的生理偏全問題，船山在註《禮記》「故人者，天地之心也，五形之端也，食味、別聲、被色而生者也」一段時，則有更詳細的論述，他說：

萬物之生，莫不資於天地之大德與五行之化氣，而物之生也，非天地訢合靈善之至，故於五行之端，偏至而不均。唯人則繼之者無不善，而五行之氣以均而得其秀焉。故其生也，於五行之化質皆遇其故，以不昧其實，食而審於味，聽而辨於聲，視而喻其色，物莫能並焉。則天地之理因人以顯，而以發越天地五行之光輝，俾其全體大用之無不著也。（禮運）[8]

引文首先將所有生物區分為人類與其餘萬物，但無論人類或其餘萬物，皆由天地之造化機能透過五行之氣所摶造，只是生理氣稟有偏至與整全之別，導致訢合靈善之氣構成人類，而未達此理想狀態的雜亂濁氣則構成其餘萬物，基本上與前文所論相符。人類這種優異而完整的身心結構（均而

---

7 根據船山對《禮記・禮運》的見解，謂自篇首孔子論「大同」與「小康」之後，重點即落在「夫禮，先王以承天之道，以治人之情」，故船山註曰：「按『天道人情』乃一篇之大旨，蓋所謂大道者，即天道之流行；而人情之治忽，則同異康危之所分，斯以為禮之所自運而運行於天下者也。」見《船山全書第四冊・禮記章句》（長沙：嶽麓書社，1988年），頁540-541。

8 見《船山全書第四冊・禮記章句》（長沙：嶽麓書社，1988年），頁564。

得其秀），可以產生非常獨特的生命性能，具備分辨經驗並表述經驗的精神作用，例如接收、還原、分析、重組，故可「審於味」、「辨於聲」、「喻其色」，其餘萬物則因生理素質的局限，缺乏這種生命性能（物莫能並）。因此，船山認為天地之間所蘊含的法則，唯有透過人類專屬的生命性能才得以彰顯，所謂「天地五行之光輝」，代表人類乃天產地化之精英。追根究柢，這種詮釋意義的智慧，其實建構在人體生理之上。

最後，筆者以為船山論述三大物種的生命異同，似以《張子正蒙注》中的說法最為扼要，故本段討論以此作結：

> 前篇統人物而言，原天所降之命也。此篇專就人而發，性之蘊於人所受而切言之也。《中庸》曰「天命之謂性」，為人言而物在其中，則謂統人物而言之可也。又曰「率性之謂道」，則專乎人而不兼乎物矣。物不可謂無性，而不可謂有道。道者，人物之辨，所謂「人之所以異於禽獸」也。故孟子曰「人無有不善」，專乎人而言之，善而後謂之道。泛言性，則犬之性，牛之性，其不相類久矣。「盡物之性」者，盡物之理而已。虎狼噬人以飼其子，而謂盡父子之道，亦率虎狼之性為得其道而可哉？禽獸，無道者也；草木，無性者也；唯命，則天無心無擇之良能，因材而篤，物得與人而共者也。（誠明篇）[9]

引文是船山在〈誠明篇〉前所寫的篇旨，文中以深入淺出的說法，完整地闡釋了船山對三大物種生命本質的見解，十分細膩地比較三種生命形態的異同，其焦點落在「命」、「性」（理）、「道」三者，分析植物、動物與人類的生命特質。由於引文稍長，以下分點討論。

1. 根據《中庸》之說分判人物之異同：首先，船山認為橫渠撰寫〈誠明篇〉的目的與〈動物篇〉不同，兩篇的根本差異在於〈動物篇〉綜論

9　見《船山全書第十二冊・張子正蒙注》（長沙：嶽麓書社，1988年），頁112。

植物、動物及人類三大物種，但〈誠明篇〉則專談人類。再者，橫渠之人性觀念，其實出自《中庸》，故以《中庸》「誠明」作為篇名，而書中名言「天命之謂性」與「率性之謂道」，則為橫渠分辨萬物異同的準據。析言之，「天命」賦予所有動物與生俱來的生命性能，故除了植物以外，無論人類或其他動物皆有其「性」；但動物之中，唯有人類能將生命性能發揮到極致，並因此成就道德，其他動物雖有生命性能，卻沒有道德問題。即此而論，《中庸》名言其實可以改寫為「天命賦予萬物者為其性」（萬物之同）和「發揮人性則謂之道德」（萬物之異）。

2. 根據孟子之說闡釋「道」何以為人物之辨：船山表示道德是揀別人類與動物的標準，意思是只有人類的生命性能足以實踐道德，故孟子的「人之所以異於禽獸」（離婁），當與《中庸》「率性之謂道」合觀，表示道德行為乃人類所獨有，而與動物無關。至於孟子的「人無有不善」（告子），同樣指出只有人類這個物種才有「善」，意謂先有人類之生命性能，方有所謂的道德實踐可言。換言之，船山藉由詮釋「性」與「道」，統整了孟子以及《中庸》的相關論述。

3. 根據《中庸》「盡性」之說釐清人物的分野：在引文最後討論了「盡性」的問題，船山以為如果僅泛言「性」，則不同種類的動物皆有其獨具之生命性能，故人類有人性，牛類有牛性，犬類有犬性，如果物類不同，則其生命性能亦迥然不侔。在此，船山似以頗富創意的方式重新詮釋了《中庸》所謂的「盡物之性」，觀諸原文，「盡物之性」是「盡人之性」者所有之實踐行為，應指透過主體的安排調理而使事事物物更易於實現其存在意義，故「盡物之性」附屬於人類的主體能動性。然而，在本段引文中，船山所謂的「盡物之性」則指動物自己發揮其生命性能（盡物之理），與《中庸》原義不盡相同。對此，船山舉虎狼噬咬人類以飼養其子為例，豈可視為「盡父子之道」，說明動物發揮其生命性能並不足以成就道德，因為那畢竟只是本能衝動的結果，而非根據主體自由所產生的行為；反言之，唯有「盡

人之性」，才有真正的道德可言。因此，船山根據傳統儒學所論之「命」、「性」、「道」三者，總結植物、動物、人類三大物種的差異，以為植物徒有「命」而無「性」、「道」；動物則有「命」、「性」而無「道」；唯獨人類三者皆備。換言之，其中只有「天命」為三大物種共有之生命稟賦，這是因為所有生命皆來自宇宙造化之氣，唯其品質有所差異耳。

二、人類生命的發展特質

根據船山之見，人類不僅生命之氣的性質與其餘萬物不同，就連發展歷程也有特殊的階段與節律。對此，船山發揮一貫的生物學洞見，或詳或略地分辨不同物種的生命發展模式，並藉此彰顯人類生命的特質。

先就生命繁衍來說，船山明確指出植物與動物的根本差異，而曰：

> 人物同受太和之氣以生，本一也；而資生於父母、根荄，則草木鳥獸之與人，其生別矣。（作者篇）[10]

引文表示不同物種從終極根源上說是「本一」，均以「太和之氣」為本；但從生殖根源上說則為「生別」，動物透過親代提供精血，植物則由根部輸送養分。

所謂「本一生別」，僅指萬物從無到有的造化過程，而萬物日後的生命發展則有其固定的階段和節律。船山留意生命發展的起源甚早，在最初的著作《周易外傳》中，已有相當完整的論述：

> 因是論之：凡生而有者，有為胚胎，有為流蕩，有為灌注，有為衰減，有為散滅，固因緣和合。自然之妙合，萬物之所出入，仁義之所張弛也。胚胎者，陰陽充，積聚定，其基也；流盪者，靜躁

---

10 見《船山全書第十二冊・張子正蒙注》（長沙：嶽麓書社，1988年），頁221。

往來，陰在而陽感也；灌注者，有形有情，本所自生，同類牖納，陰陽之施予而不倦者也；其既則衰減矣，基量有窮，予之而不能多受也；又其既則散減矣，衰減之窮，與而不茹，則推故而別致其新也。（无妄）[11]

引文承前段論天道造化生命，故受造物「非妄而必眞」，續云萬物生命發展的五大階段——依序爲「胚胎」、「流蕩」、「灌注」、「衰減」及「散減」（由「胚胎」可知此處應指動物）。在此，船山借用佛教的術語「因緣和合」，闡釋自然宇宙的陰陽二氣以隨機偶然的方式聚合成物，生命能量（自然）產生生命構造（萬物）與生命性能（仁義）。這裡的費解之處在於，若孤立地看「仁義」兩字，則其中的萬物似僅指人類而言；但若觀照前後文，此處似以「仁義」代稱所有動物的生命性能，相當於前文所論之「性」。針對此一歧異，筆者姑採後說。

接著，船山便詳述生命發展五大階段的各期特徵，以下分點析論：

1. 所謂「胚胎」：即陰陽二氣積聚充足的狀態，爲生命發展之始基，也是生命能量最旺盛的時刻。

2. 所謂「流蕩」：指陰陽二氣的往來感應，開始推動生命構造的初期發展。

3. 所謂「灌注」：指生物的身心發展皆已完整，個體與整體之間出現頻繁的能量交換活動（同類牖納），簡單說就是呼吸與攝取飲食，不斷接受整體的能量傳輸（施予不倦），此爲生命構造的成熟期。

4. 所謂「衰減」：即生命構造的衰老期，內在生理組織的發展有其自然的生命週期，能夠接受的容量有限（基量有窮），故非整體傳輸的能量有所減少，而是個體逐漸無法有效地交換與吸收。

5. 所謂「散減」：指生命能量從有序走向失序，生命構造從聚合趨向發散，代表生物已經無法維持最基本的能量交換，此即生命構造的死滅

王船山氣化生命論

---

11 見《船山全書第一冊・周易外傳》（長沙：嶽麓書社，1988年），頁888。

期。

合言之，船山對生命發展現象的論述，強調能量交換活動的作用，關注生理氣稟的變化，其實具有一種生物學式的洞見。然而，船山生命論述最鮮明的特色就是自生物學出發，卻並未局限在生物學的範圍，反而通向了宇宙論，甚至是宗教學，所以討論生命能量的循環利用（推故致新），思考生物死亡後的終極歸宿（太虛整體）。換言之，生物的死亡不是滅盡無餘，而是存在形態的轉換——從氣的聚合形態轉換爲散發形態。

雖然所有動物的生命發展皆可分爲「五大階段」，但是發展的歷程卻有遲速之別，其中尤以人類的發展節律最爲特殊。船山曰：

夫人之所以異於禽獸者，以其知覺之有漸，寂然不動，待感而通也。若禽之初出於㲉，獸之初墜於胎，其啄齕之能，趨避之智，喁啾求母，呴嘷相呼，及其長而無以過。使有人焉，「生而能言」（筆者按：指《史記》所載黄帝之事），則亦智侔雛麑，而爲不祥之尤矣。是何也？禽獸有天明而無己明，去天近，而其明較現。人則有天道（命）而抑有人道（性），去天道遠，而人道始持權也。（季氏十一）[12]

引文針對《史記·五帝本紀》記載黄帝「生而神靈，弱而能言」（船山引文則作「生而能言」）一事展開析論，而以人禽之辨爲論述主軸。在本段引文之前，船山已駁斥《史記》之說，認爲史遷誤將《黄帝內經》裡的怪誕內容據爲實錄。緊接著，船山就提出了自己的觀點，謂人類與動物的發展速度並不一致：就人類而言，生命性能的發展是一種漸進歷程（知覺之有漸），逐步趨向完備，所以在嬰幼兒期近乎無知無能，若與其他動物相較，發展速度甚爲遲緩。就動物而言，無論是鳥類破殼，還是獸類出胎，初生時即可表現若干生命性能，諸如已可啄咬食物，已知趨利避害，或利

---

12 見《船山全書第六冊·讀四書大全說》（長沙：嶽麓書社，1988年），頁850。

用叫聲達到同類溝通的目的，但這些生命性能都是與生俱來的本能，並未隨生理組織的成熟而益加豐富（及其長而無以過），若與人類相較，則發展速度甚為迅疾。由是觀之，黃帝「生而能言」之說，表面上是誇稱其神異，其實是讓他從人類退化為動物。退一步說，如果真如史遷所記，那麼黃帝的智能不過等同雛鹿，徒為一妖物耳，豈非「不祥之尤」！統言之，船山以為動物只有先天賦予的本能（天明），而無後天發展的智能（己明）；人類則既有先天稟賦（天道），又能自由發展（人道）。換言之，動物只有「天明」，展現生命性能的方式比較直接，故身心發展速度較快；人類則「本能」與「自由」兩者兼具，生命性能的展現比較曲折，且唯有遠離動物性（生理發展成熟），才能真正開展人性，故身心發展速度較慢。因此，人類的生命發展其實可分兩期：嬰幼兒期比較接近動物，至成熟期方進化為人類，亦即從「本能驅動」到「自由權衡」的歷程，與動物的生命發展歷程截然不同。

最後，可用船山在《思問錄》中的一段論述，總結人類生命發展節律與動物生命發展節律的差異：

「天地之生，人為貴」，唯得五行敦厚之化，故無速見之慧。物之始生也，形之發知皆疾於人，而其終也鈍。人則具體而儲其用，形之發知，視物而不疾也多矣，而其既也敏。孩提始知笑，旋知愛親；長始知言，旋知敬兄。命日新而性富有也。君子善養之，則耄期而受命。（內篇）[13]

引文重申前述人類為二氣五行之靈秀，具有最為優異的身心結構，乃宇宙造化機能的精華（天地之生，人為貴）。而所謂「五行敦厚之化」，當指生命之氣的品質絕佳，遂因此決定了人類生命發展節律的特殊性。簡言之，人類的生命發展節律雖較動物遲緩，但最後的進步難可限量（其既也

王船山氣化生命論

---

13 見《船山全書第十二冊‧思問錄》（長沙：嶽麓書社，1988年），頁417。

敏）；動物的生命發展節律雖較人類迅速，但後來的進步卻十分有限（其終也鈍）。從生命構造（體）產生生命性能（用）的角度來說，動物的生命構造早熟，故能迅速展現生命性能（形之發知皆疾於人），可謂先疾後緩；而人類的生命構造晚熟，故生命性能的展現遠遜於其他動物（視物之不疾也多矣），但卻先緩後疾。換言之，兩者的生命性能發展曲線並不一致，各有其特殊之生命節律。在此，船山舉人類的兒童為例，謂生理的成熟產生心理的質變，從知笑知言到愛親敬兄，代表道德性能的發展源自人體生理的演進（命日新而性富有）。最後，船山表示人類生命性能的發展貫徹五期生命階段，故直到生命散滅終結，個體存在的時時刻刻，皆可推動性能的發展演進（耄期而受命）。

綜上所述，船山的生命論述背後，其實蘊含了非常生物學式的洞見，他不斷從物種差異的角度界定人類生命的發展特質，因而得出人類生命的兩期劃分，以及先緩後速的發展曲線，其說既能繼承傳統之餘緒，又能別開新局之生面。

三、人類生命的行為特質

船山以為人類除了生命的「發展歷程」與其他動物不同外，某些生命的「行為特質」也呈現了人類的特殊性，在生死兩端皆具有獨特的行為模式，以下擇要析論，以見其指歸。

先就死亡而言，人類有一種非常獨特的高等情感，謂之「哀死」，與其他動物的「患死」迥然不同，船山甚至以「哀死」論衡儒、道、佛三教：

且天地之生也，則以人為貴。艸木任生而不恤其死，禽獸患死而不知哀死，人知哀死而不必患死。哀以延天地之生，患以廢天地之化，故哀與患，人禽之大別也。而庸夫恆致其患，則禽心長而人理短。愚者不知死之必生，故患死；巧者知生之必死，則且患生。所患者必思離之：離而閃爍規避其中者，老之以反為用也；離而超

忽游佚其外者，釋之以離鉤爲金鱗也。其爲患也均，而致死其情以求生也亦均。「乃若其情，則可以爲善矣」——情者，陰陽之幾，凝于性而效其能者也，其可死哉！故无妄之象，剛上柔下，情所不交，是謂否塞，陽因情動，无期而來，爲陰之主。因昔之哀，生今之樂，則天下之生，日就於繁富矣。（無妄）[14]

由於引文較長，涉及問題亦多，故以下分點析論。

1. 分析三大物種面對死亡時的差異：開頭，船山便重申其所力倡的人類爲萬物之靈秀（以人爲貴）。三大物種當中，唯獨人類在面對死亡問題時，因生命構造優異而產生特殊的高等情感。簡言之，植物沒有心智能力，故面對死亡時沒有任何情感；動物具有心智能力，故面對死亡時會發揮趨利避害的本能，產生憂患情感；人類亦具心智能力，但同時擁有更高等的自由，故面對死亡時並非一定產生憂患情感，而是可以超脫憂患，另外產生一種特殊的哀傷情感（人知哀死而不必患死）。由是觀之，動物的本能帶來憂患，而人類的自由產生哀傷，但因人類也是動物的一種（即使最優異），故憂患與哀傷兩者兼具。哀傷與憂患雖然都是動物面對死亡所產生負向情感，但其中蘊含的意義截然不同：人類的哀傷蘊含一種理性的反思與自制，代表已經接受生命必然的終結，而對此結局產生一種珍視愛惜的情感，堪稱知性與感性交融的成果。動物的憂患則相反，裡頭缺乏理性的反思與自制，只有本能的趨利避害，所以對生命必然的終結產生強烈的排斥之情，甚至出現想要逃避的直覺反應（避害本能）。對此，船山表示哀傷並不妨礙天地之氣的循環生化（哀以延天地之生），但憂患則試圖逃避宇宙中的氣化循環（患以廢天地之化），可見面對死亡時，人類與動物不僅具有迥然不同的情感表現形式，甚至情感本身也有價值意義的高低。最後，船山總結本段討論，提出「哀與患，人禽之大別」。

14 見《船山全書第一冊‧周易外傳》（長沙：嶽麓書社，1988年），頁889。

王船山氣化生命論

2. 批判老、釋兩家在面對生命問題時的投機態度：前文已經談到人類兼
   具動物本能與人類自由，是一種複合性的存在，所以有的個體呈現動
   物性，有的個體呈現人性，代表人類之間其實有所謂賢劣之分。賢者
   發揮「人理」，庸夫發揮「禽心」，故謂庸夫「禽心長而人理短」，
   可見船山認為一般人在面對死亡時跟動物沒有什麼區別，都是只知
   「患死」而不知「哀死」。不過，在這些一般人當中還是可以有更細
   緻的分類，而將彼等歸納為巧愚兩類。其中愚者不知生命能量的消散
   可以重新凝聚，所以憂患死亡；巧者雖知生命能量可以循環聚散，反
   而不僅憂患死亡，甚至也將生命存在本身視為憂患。船山在此所說的
   巧者，其實泛指老、釋兩家之徒，故下文對巧者的批判，實際上是針
   對二氏之學。巧者既然以生死為患，所以設想了離開憂患的各種辦
   法：其一是道家老子的「以反為用」（反者道之動），謂主體採取一
   種靜觀無為的態度，等待客觀態勢逆向發展之時，再襲取其勢，遂行
   自己的目的，而非彊持有為之心與外界發生衝突，[15] 故船山稱這種智
   巧稱為「閃爍規避其中」。其二是佛教禪宗的「離鉤金鱗」（三寸離
   鉤，金鱗別覓），船山似乎是引用了船子和尚（約八世紀末到九世紀
   前期）傳法夾山禪師（805-881）之事，根據《五燈會元》的記載，
   船子見夾山而謂「離鉤三寸」與「金鱗始遇」，暗喻夾山即將見道
   與自己傳法得人兩事，[16] 後遂為禪宗語錄習見之套語。然細察前後文
   脈，船山似有個人之特殊詮釋，以為「離鉤金鱗」也是一種以生死為
   大患的說法，代表佛徒企圖解脫生死輪迴的網羅，做「離鉤」的「金

---

15 筆者的詮釋是根據船山在《老子衍・四十章》中的說法，其云：「若夫道含萬物而入萬物，方往方
   來，方來方往，蜿蟺希微，固不窮己。乃當其排之而來則『有』，當其引之而去，則託於『無以
   生有』，而可名為『無』。故於其『反』觀之，乃可得而覿也。」可見船山認為老子所體會的天
   道就是一個氣化循環的過程，只是它的發展變化十分曲折細微，故將聚散兩端分別稱為「有」和
   「無」，唯有觀察天道的「反」（循環），才能夠真正掌握這個過程。又說：「夫迎來以彊，息
   往以『弱』，致『用』於『動』，不得健有所據，以窒生機之往來。故用常在弱，而道乃可得而用
   也。」細觀船山之言，可知其中之『弱』，指的是一種靜觀無為的主體態度，才能利用天道循環的
   客觀態勢，否則即處在氣化循環的對立面。《船山全書第十三冊・老子衍》（長沙：嶽麓書社，
   1988年），頁41。

16 見宋・釋普濟編：《五燈會元・卷五》（北京：中華書局，1992年），頁275-276。

鱗」，故船山稱這種智巧爲「超忽遊佚其外」。換言之，異端不論是
規避生死還是超脫生死，其實都是以生死爲患，同樣毀棄了生命本
身的眞實性而遁入虛無或虛空（致死其情以求生也），與動物的「患
死」沒有太大的區別。

3. 闡釋孟子學與無妄卦中蘊含之生命眞相：至於什麼是生命本身的眞實
性，船山則提出儒家所說的「情」，並徵引《孟子・告子》的「乃若
其情，則可以爲善矣」，創造性地詮釋什麼是生命的本質（情）。簡
言之，生命的本質其實就是陰陽二氣，它由生命的能量聚合爲生命的
構造，再由生命的構造產生生命的性能（凝於性而效其能者也），等
有限的生命終結之後，構造則又再化爲能量。因此，氣（情）只有聚
散而無生滅，所以生命本身其實沒有嚴格意義的死亡（其可死哉）。
最後，船山回到無妄卦的卦象，無妄卦上剛（乾）下柔（震），乃一
陽初現群陰之中，與否卦的上乾下坤，陰陽各自分隔，有著細微的不
同（初爻陰陽相反）。船山以爲此即二氣（情）流動變化的結果，宇
宙從否卦的隔離狀態轉換爲無妄卦的交流狀態，變化過程純屬偶然，
不可預測（无期而來）。換言之，無妄卦初爻爲陽，二爻、三爻爲
陰，代表否卦下卦的純陰狀態開始改變，有一陽初現於群陰之中，而
爲群陰的主宰。就氣化循環的角度而言，無妄卦的初陽並非憑空冒
現，而是源自宇宙中既成之物的命終發散，所以個體的生死，其實是
整體局部的聚散，過去的死亡，轉化未來的生命，故謂「因昔之哀，
生今之樂」。唯有洞見眞相的君子，可以「哀死」而不「患死」，因
爲他們明白「哀死」之中蘊含「生樂」，此理非動物可知，佛老異端
亦不可知，代表「哀死」爲人類專屬之行爲特質。總之，宇宙中的陰
陽二氣是透過聚散循環的模式不斷造化新生，日漸形成天地之間豐富
的生態體系。

　　人類除了在面對死亡時具有特殊行爲模式，與動物不同之外，在生命
歷程中也有迥異於動物的生命行爲，此即人類獨具之禮制文化。以下挑選
數則引文，略論船山禮學中的人禽之辨。

首先，船山指出人類獨有的禮制文化是生命性能演化發展的結晶，故可界定人類與動物的分野。船山曰：

此言上古五行之用未修，天之道未顯，人之情未得；至於後聖之作，因天之化，盡人之能，宮室衣食各創其制，人乃別於禽獸。而報本反始之情，自油然以生，而各有所致。此禮之所自始，非三代之增加，實肇於大同之世也。（禮運）[17]

引文借用〈禮運〉原文的擬史學論述，[18] 表示人類的物質文明是由低等往高等發展的歷程，所以在遠古時期，物質文明不發達（五行之用未修），代表人類尚未發揮天道所賦予之性能。等到聖人出現，教導人民「修火、范金、合土」，人類才開始發揮與生俱來之生命性能，創造食衣住行各方面的物質文明，這些獨特的行為模式則構成人類專屬的禮法制度，人類於是超越動物所能企及的層次（人乃別於禽獸），演化出人類的行為特質。尤其是「養生送死」的喪禮文化，其實蘊含了人類本具的「報本反始之情」（敬重生命起源的特殊情感），呈現了人類專屬的「哀死」心理，而非動物本能的「患死」，此與前文所論相符。總之，禮制文化其實是人類特有的物質文明與精神文明的共同結晶，換言之，它也界定了人類行為與動物行為的分野。

為何「禮制文化」對於界定人類的生命特質如此重要？船山表示如果只看人類的倫理行為，在某些特殊情況下，容易混淆人類與其他物種的區別，尤其是在其他物種也出現倫理行為的時候。故曰：

「作為」者，因人心自有之制而品節之為章程也。天之生人，

17　見《船山全書第四冊·禮記章句》（長沙：嶽麓書社，1988年），頁543。
18　《禮記·禮運》：「昔者先王未有宮室，冬則居營窟，夏則居橧巢。未有火化，食草木之實、鳥獸之肉，飲其血，茹其毛。未有麻絲，衣其羽皮。後聖有作，然後修火之利，範金合土，以為臺榭宮室牖戶，以炮以燔，以亨以炙，以為醴酪；治其麻絲，以為布帛；以養生送死，以事鬼神上帝，皆從其朔。」見《船山全書第四冊·禮記章句》（長沙：嶽麓書社，1988年），頁543。

甘食悅色，幾與物同；仁義智信之心，人得其全，而物亦得其一曲。其為人所獨有而鳥獸之所必無者，「禮」而已矣。故禮者，人道也。禮隱於心，而不能著之於外，則仁義智信之心雖或偶發，亦因天機之乍動，與虎狼之父子，蜂蟻之君臣無別，而人道毀矣。（曲禮）[19]

這是船山註解「鸚鵡能言」一段的文字，[20] 深入詮釋倫理行為何以不可作為人類與動物的分類原則。引文先就「是故聖人作為禮以教人」展開析論，界定所謂的「禮」，其實是人類心靈本具之道德性能的客觀化，它是按照個體在群體中的層級界定個體位置，並且把這種人際關係制度化（品節之為章程）。在這個看似綜合倫理學與人類學的界說中，其實也蘊含了某種生物學的旨趣，因為主體的自由與自由的客觀化都是人類獨有的生命性能。從物種差異的角度說，人類的食色本能（甘食悅色）與其他物種幾乎沒有分別，而人類的各種倫理行為（仁義智信之心）也不純粹是人類專屬的特質，在某些特殊條件下，其他物種甚至也有類似的行為，只是彼等的行為多樣性不如人類完整而已，故謂「人得其全，而物亦得其一曲」。由是觀之，「仁、義、禮、智、信」等五常之中，只有「禮」具有特殊的地位，而為人類所獨有，其他物種所必無，這是因為「禮」不僅向內聯繫主體自由，同時向外涉及客觀制度。即此而論，「禮」是一種由人類道德性能所產生的社會文化行為，故亦可稱為「人道」。如果人類的倫理行為不是藉由「禮」這種客觀制度表現出來，那麼這些所謂的倫理行為，其實就只是動物本能的直接反應（天機之乍動），與虎狼本能的愛子行為，或蜂蟻本能的忠君行為，毫無分別可言。反過來說，虎狼即使有愛子行為，蜂蟻即使有忠君行為，甚至是人類所做的倫理行為，只要欠缺禮制文化及

19 見《船山全書第四冊・禮記章句》（長沙：嶽麓書社，1988年），頁17-18。
20 《禮記・曲禮》：「鸚鵡能言，不離飛鳥；猩猩能言，不離禽獸。今人而無禮，雖能言，不亦禽獸之心乎？夫唯禽獸無禮，故父子聚麀。是故聖人作為禮以教人，使人以有禮知自別於禽獸。」見《船山全書第四冊・禮記章句》（長沙：嶽麓書社，1988年），頁17。

其蘊含之主體自由，都不配稱之為「人道」。總之，船山在思索人類的行為模式時，重視的是何者出自人類的生命性能，何者為人類所獨有，而為其他物種之所無。最後，船山想出一種混合了生物學與人類學的奇特論述模式，以禮制文化作為人類生命性能之外顯行為，拉開人類與其他物種的文明距離。

「禮」既然是人類內在生命法則的客觀化，代表「禮」源自道德主體的仁義之心。但船山生命論述的特徵在於道德主體並非獨立於人體生理之外的存在。換言之，倫理學與生物學可以彼此連結，精神生命與身體生命互相支撐，兩者密不可分。即此而論，這種生命特質在人類的生殖繁衍方面尤為明顯，可舉昏禮文化為例：

> 「執摯」，謂親迎奠鴈也。「敬」，慎也。「章」，明也。禮以章之，非禮而不合，則確然一本，而「父子親」矣。仁不昧而後義生，禮以行義者也。「物」，事也。「安」，定也。「無別」則仁無自以生而義亦不立矣。不言無禮者，禮者，禽獸之所本無，不待言也。「禽獸之道」者，謂夷狄知有母而不知誰為其父，雖得天下，立法治民與禽獸同。（郊特牲）[21]

引文為船山對「無義無別，禽獸之道」一段的詮釋，[22] 謂人類的個體生命起源於父母的昏配嫁娶，代表男女兩性是透過昏禮文化完成生殖繁衍，異於動物之徒有生殖繁衍。引文一開始，船山稍微訓釋〈郊特牲〉的章句，說明昏禮的儀式過程與意義：所謂「執摯」，指男方親至女方家贈送鴈子，以為昏配之信物；而所謂「敬章」，指昏禮的意義在於「慎明」，表達男女昏配的慎重，同時公開宣示夫妻的名分。換言之，男女兩性的生殖

21 見《船山全書第四冊・禮記章句》（長沙：嶽麓書社，1988年），頁657。
22 《禮記・郊特牲》：「執摯以相見，敬章別也。男女有別，然後父子親，父子親然後義生，義生然後禮作，禮作然後萬物安。無別無義，禽獸之道也。」見《船山全書第四冊・禮記章句》（長沙：嶽麓書社，1988年），頁

活動必須經由昏禮制度的合理化，方可將動物行為轉換為人類行為。船山表示一旦確立了夫妻的名分，這就是人類生命的根源（一本），親子間的倫理關係也隨之固定，構成人類社會的基礎。針對人類這種行為特質，船山重申昏禮為人類生命性能之展現，有主體的自由（仁），才能權衡何者為合宜（義），並將此合宜的行為確立為客觀制度（禮）。簡言之，仁義之心為昏禮制度的內在根源，昏禮制度是仁義之心的外在行為，兩者皆為人類獨有之生命性能，與其他動物迥然不同。就動物而言，因為缺乏人類的內在仁心，面對生殖問題只有本能反應，故亦無義道可言，此即原文所謂「無別無義」，自然更談不上什麼昏配之禮（禮者，禽獸之本無）。

在引文最後一段，則呈現船山生命論述的跨界特徵，從生物學與倫理學的交集（人禽之辨），過渡到人類學與倫理學的交集（華夷之辨），產生一種十分奇特的論述模式。[23] 船山以為從夷狄的生殖繁衍來看，彼等並無公開宣示夫妻名分的昏禮文化，是只知其母而不知其父的母系社會，代表夷狄欠缺父子倫理，連帶造成其他人際關係的紊亂，可見夷狄的生殖繁衍與一般動物沒有本質上的區別。換言之，夷狄雖然具有人類的生命構造，卻無法充分發揮人類的生命性能，是文明演化不完全的人類，欠缺人類獨有的昏禮文化，故不能算是嚴格意義的人類，反而比較接近動物（立法治民與禽獸同）。由是觀之，船山所謂的「人類」，不純然是生物學意義的人類而已，同時也是人類學意義的人類；亦不只是生理結構層面的人類，還是精神文明層面的人類。因此，船山極度重視人類獨有的倫理關係與禮制文化，一方面繼承了儒家思想的基本特質（仁義與禮），一方面則又呈現了鮮明的個人特色（華夷之辨）。

總之，昏禮文化不僅是客觀制度而已，它同時也是人類生命性能所展現的特殊生命行為，足以界定人類與動物的分野，並使自然的生殖本能合

---

23 林安梧對此亦有所見，他說：「船山亦不祇說人之首出性（人禽之辨）而已，他更於人所落實之社會歷史而從人的首出性作一種類的衍伸而說明人的族群性（華夷之辨）以及人的社會類階性（君子小人之辨）。……就歷史一面則說明了此（筆者按：指三大分別）乃是一長期的衍變過程，這衍變過程即成就了一套人性史，從禽獸而植立之獸而夷狄而華夏。」見氏著：《王船山人性史哲學之研究》（臺北：東大圖書公司，1991年），頁20-21。

理化，而從動物升進至人類。反之，即使生理上是人類，但欠缺完整的昏禮文化（夷狄），則喪失人類的資格，淪為動物一般的存在。

四、小結

根據船山對生命的見解，植物、動物與人類三大物種，咸由宇宙造化之氣所摶造，是二氣五行隨機聚合而成的生命形態。不過，造化之氣並非單一均質的生命能量，其中有清濁靈頑等性質上的差異，不同性質的生命能量凝結為不同的生命構造，不同的生命構造則產生相異的生命性能。

三大物種之中，以植物的生命能量最為濁頑，故雖有生命構造（命），卻無生命性能（性）。動物居中，生命能量的性質較植物清靈，兼具生命構造與生命性能，但仍有其發展局限，缺乏最高級的生命性能——倫理道德（道）。至於人類的生命能量，則是三大物種當中最優異者，乃天地萬物之精華，所以是唯一具備道德性能的生物。換言之，船山透過一種生物學式的分類，分析比較三大物種的生命形態，藉以彰顯人類特有的生命本質。

一切生命皆有其由聚至散，或說從生到死的發展過程。在這個過程中，萬物具有共通的生命發展階段，依序可以分為五期：胚胎期、流蕩期、灌注期、衰減期、散滅期。這五期的大趨勢是主體在連續不斷的能量交換中，生命能量從有序走向失序，生命構造從聚合趨向發散，生命性能從完整朝向解離。然後，陳舊的生命構造回歸能量的形態，再由能量隨機聚合，重組為嶄新的生命構造，這就是全幅的生命週期。在萬物的發展過程中，生命性能的發展速度並不一致，不同物種有不同的節律。從巨觀的角度來說，發展速度可以概略分為人類與其他動物兩種：人類是發展速度遲緩，但成長幅度既深且廣；動物則發展速度極快，但成長幅度至為有限。

人類除了發展節律與其他動物相異之外，亦擁有獨一無二的行為特質。所謂行為特質，是指人類處理生命問題時的特殊行為模式。就面對死亡而言，人類有一種獨特的「哀死」（哀傷死亡）情感，與其他動物的

「患死」（憂患死亡）本能不同。但是實際上，並非所有人類都能做到「哀死」而不「患死」，畢竟人類也是動物的一種，生命內容當中夾雜了動物性，所以只有完全發揮主體自由的儒家賢者，才能真正做到這一點。除此之外，一般人面臨死亡時，趨利避害的動物本能主宰他們的行為模式，所以是「患死」而非「哀死」，與其他動物沒有本質上的差異。然而，人類的智能畢竟遠勝動物，因此人類的「患死」可再略分為愚巧兩類：愚者指一般的「患死」之人；巧者則指佛、道兩家。船山表示佛、道兩家由「患死」轉而「患生」，彼等以為死亡既然不可避免，那麼生命存在本身也是人類的大患。不過，佛、道兩家處理生命大患的方式並不相同，道家偏重「閃爍規避」（虛靜無為），而佛家偏重「超忽遊佚」（涅槃解脫）。既然佛、道兩家之主旨在此，則不論彼說如何精妙，其實都停留在人類的動物性，只是比一般動物更為取巧而已。換言之，船山不僅以人類專屬的行為分判人禽，並且據此論衡三教之異，透過逐層深入的剖析，最後顯豁人類的生命本質，甚至觸及宇宙中生命循環再造的問題。

就文化行為而言，船山認為「五常」之中，唯有禮制文化具有獨特地位，足以界定人類與其他動物的差異。而所有禮制之中，筆者舉出船山所論之喪禮與昏禮，約略說明其禮學思想。在此，船山一方面繼承了先秦儒家的精神，表示客觀的禮制文化起源於人類內在的道德性能；一方面開展個人的問題意識，從物種差異的角度強調「禮」是人類專屬的文化行為。舉例來說，喪禮其實是人類對生命根源的崇敬儀式，昏禮則是人類對生命繁衍的合理化儀式，可見儒家的禮制規範源出仁義之心，內在性能與外在行為互相對應。再者，船山在論述禮學相關問題時，將主軸放在彰顯人禽之異，並在此問題意識之下，附帶論及華夷之別。從人禽之異來說，徒有倫理行為其實並不足以分辨人禽，而是倫理行為是否能轉化為一套禮制文化，故舉虎狼愛子與蜂蟻勤王為例，說明本能行為與自由權衡的根本差異。從華夷之別來說，這其實是人禽之異隱含的子題，表示所謂人類，並非純然是生理事實，而是同時具備精神文明，徒有人類形貌而無人類文化，並不能稱為嚴格意義的人，而應降級為動物，故船山列舉夫妻昏配與

父子倫理爲例，闡述夷狄之人徒知生殖繁衍，卻沒有人類獨具的倫理親屬關係（無固定伴侶、知母不知父），與其他動物的本能行爲相較，沒有本質上的差異。

總之，船山氣化生命論對人類生命本質的研究，建構了一種十分獨特的論述模式。他從生物學的角度出發，重新討論倫理學的問題，最後卻跨足人類學的領域，甚至流露某種宗教學的精神。

第二節　建構心性的身體觀

在船山的身心交流論中，身體不只是接受心性指揮的載具，它也可以反過來調理心性的狀態。相較於一般宋明儒者強調心性的優越地位，船山顯然不僅重視心性，同時也關注身體。這種身心兼顧且彼此影響的思路，創造了「以身輔心」的嶄新論述，使儒學不再只有「以心控身」的理論向度。簡言之，身體作爲建構心性的基礎，必須保持其完整、檢束和威儀，這些觀念使船山別具隻眼，深入探討肉刑、鬚髮與衣裳對心性的影響。

一、肉刑對心性的損害

船山不僅繼承傳統儒家的「完璧身體觀」，認爲保持身體的完整性是盡孝的表現；並且敏銳地觀察到，外在身體可以決定內在心性的品質。身體的完整不只是生理事實，同時也是心理事實，反言之，身體的殘損不但影響生理，並且涉及心理。因此，船山相當重視法律中肉刑的問題，直指身體殘損與心性扭曲之間的關聯，皆見《尚書引義·舜典四》。下文擇要析論。

首先，船山從歷史的角度討論肉刑的起源，以爲人類不同於其他動物，具有珍惜身體形象的天性，故曰：

五刑之用，性命以殘，肢體以折，痛楚以劇，而僅爲之名曰「象」，豈聖人之忍於戕人而徒醜其象哉？夫死之非患，痛之弗恤，重矜其象，以目治警來者，是聖人以君子之道待天下也。惡死

而恤病（筆者按：疑爲「痛」之誤）者，人之所共，亦鳥獸之所共也。象者，人之所恥，非鳥獸之能恥也。創巨痛深，而唯死之不令，形之不全，則惡而畏之，斯君子之以別於鳥獸。乃聖人以此待放辟邪侈之罷民，則甚矣其不忍以鳥獸之畏惡爲生人之畏惡，而必欲致之於君子也。（舜典四）[24]

《尚書》「五刑」之墨（臉上刺墨）、劓（割鼻）、剕（斷腳）、宮（去勢）、大辟（死刑），或終結受刑者的生命，或摧折受刑者的肢體，總之是破壞身體的完整性，受刑者即使僥倖不死，餘生卻必須以「象人」（殘缺不全的人）的醜惡形貌示人。船山以爲先王創制肉刑的目的不是爲了戕害肢體，而是戕害肢體背後隱含的嚇阻作用，而嚇阻之所以成立，在於人類本有珍惜身體完整性的心理，對形象殘損的厭惡，甚至超越對死亡或創痛的恐懼。就人禽之辨而言，「患死」與「恤痛」本爲人禽共通的生物本能，但所謂「矜象」則涉及羞恥心，這是人類獨有的心理機制，與動物無關。所以聖人創制「五刑」眞正的目的，在於敏銳地觀察到人類獨有的身體意識，欲藉此激發惡人的羞恥心，而不是把受刑者當成動物，徒用「患死」與「恤痛」嚇阻惡人犯罪。故船山所謂「必欲致之於君子」，即藉人類獨有之羞恥心，改造罪犯的人格，幫助他成爲君子。

在釐清「患死」、「恤痛」與「矜象」三者的關係後，船山則據先王創制「五刑」的眞正目的，批判後世徒知殘損罪犯身體的刑法體系，認爲光憑肉刑並不足以遏阻犯罪，故曰：

且夫人之懷姦作慝者，非必淫者不可竊，竊者不欲淫也。淫者宮而足以竊者存，竊者剕而足以淫者存，必欲絕其爲惡之本，則唯殺之而後其本拔。宮之剕之，毋亦僅絕其末乎？此劉頌之詖辭也，

24　見《船山全書第二冊·尚書引義》（長沙：嶽麓書社，1988年），頁255-256。

君子奚取焉。（舜典四）[25]

引文指出人若有意爲惡，可以採取許多不同的犯罪形式，例如強暴犯可以身兼竊盜犯，竊盜犯亦可身兼強暴犯。換言之，根據某一犯罪形式而裁量的肉刑，只能遏阻某一形式的犯罪行爲，故宮刑只能根除強暴罪，卻不能阻止該罪犯的竊盜行爲，反之刖刑只能根除竊盜罪，但無法阻止強暴罪。若欲憑藉肉刑達到根除犯行的目的，眞正有效的辦法只有死刑，才能保證萬無一失。由是觀之，實施宮刑或刖刑只是捨本逐末而已。因此，船山批判西晉劉頌（？-300）屢次上表建議恢復肉刑的做法，認爲這種刑法觀念並未正確掌握人類的獨特性，誤以爲光憑死亡或創痛即可限制人類行爲，其實是迫使人類喪失人類身分而退化爲禽獸。

　　船山以爲肉刑眞正的弊病，倒不在於無法根除犯罪，反而是因此導致犯罪的發生，故舉必須承受宮刑的特殊職業——宦官——爲例。船山曰：

　　與人並齒於天地之間，面已黥矣，趾已兀矣，鼻已毀矣，人道絕而髭已凋、音已雌矣，何恤乎其不冒死以求逞於一朝？又姑息憐其無用，引而置之宮府之間，餘祭之禍發，而不知其凡幾矣！宦寺之惡，稔於士人，唯其無廉隅之惜、子孫之慮耳。故滅漢亡唐，而憨不畏死。原其始，猶夫人之子，而非姦宄之徒也。然且以不恤而傾人之國，又況其以竊以淫而在傍在側也乎！無賴之民，垂涎貂璫之寵，自宮而宮其子以徼幸，國家嘗嚴爲之禁而不能止。害之所倚，利之所伏，彼姦民者，又何惡於宮，而不以覬幸於萬一哉？（舜典四）[26]

引文表示本來身體完整的人一旦殘損，不論在身體任何部位——臉部、足趾、鼻子或生殖器官，其實都會造成心性的質變，乃至對自我評價的貶

---

25 見《船山全書第二冊·尚書引義》（長沙：嶽麓書社，1988年），頁256。
26 見《船山全書第二冊·尚書引義》（長沙：嶽麓書社，1988年），頁257。

低，陷入自甘墮落的惡性循環，故藉逞凶爲惡以求自我毀滅。這種論述模式，似暗引《公羊傳》的「近刑人則輕死之道」。而諸刑之中，船山以爲宮刑對人性的扭曲最嚴重，君主若因一念之仁，因憐憫受刑者而收留此輩在側，其實是留一芒刺在背，例如春秋時代的吳安王餘祭（？-前544），嘗收留越國俘虜爲閹者，命其操舟，後在觀舟之時竟遭閹者行刺身亡，即爲血淋淋的例證，以此說明刑餘之人無所不爲且不顧生死的比例，其實遠高於常人。由是觀之，宦寺這種因受宮刑而產生的特殊群體之所以作惡多端，實皆源於身體構造的殘損，導致彼等既無人格操守（不自視爲人者自然沒有人格可言），亦無須顧慮後代子孫之禍福，所以即使如漢、唐般強盛的朝代，終究難逃宦寺滅國的命運。

當然，船山對宦寺的深惡痛絕，很難說沒有明代政治的陰影，此點早經學者指出。[27] 但船山論史評事的精彩之處，乃在實際的歷史機緣之外，掘發歷史現象背後所蘊含之歷史意義（由時勢見天理），故由宦寺之惡洞察肉刑之害，更由肉刑之害發現人因生理殘損導致心理變態，呈現船山獨特的身體思維。

船山以爲若進一步追究宦寺的起源，他們本來都是一般人，並非天生的犯法作亂之輩。假使一般人會因爲身體的殘損，而導致心性的扭曲，那麼本來作奸犯科的罪犯，再加上宮刑的摧折，會墮落到何種程度則難以想像。而君主將此窮凶極惡之輩收留在側，實替國家本身帶來難以估算的禍患。換言之，無賴之民因垂涎宦寺有親近權力核心的機會，所以寧可自宮，甚至殘害自己的子嗣，以換取掌握權力的機會，國家即使立法禁止也沒有用。這是因爲彼等發現宮刑之害中，竟然蘊藏了難以計算的政治利益，導致原本用於懲罰的宮刑，變質爲翻轉社會位階的捷徑。大利所在，遂致無賴之民甘冒風險，以自殘身體換取一個飛黃騰達的機會（船山似乎

---

27 王孝魚：「《尚書引義》的內容，首先是王夫之對明代政治的批判。……〈舜典〉第二篇指陳嚴刑峻法之非，第四篇痛斥恢復肉刑之害，〈呂刑〉篇又詳論五刑五罰之慘，是譏刺明代過於重用刑罰，摧殘民命。」見《船山全書第二冊‧尚書引義》（長沙：嶽麓書社，1988年），頁441-442。王氏之說甚諦，引文雖未言及船山何以痛斥宦寺之惡，但實可由其論點推演而出。

暗諷魏忠賢自宮之事）。

　　最後，船山重申身體含藏心性之義，謂身體的殘損將產生心性的墮
落：

　　　　且夫天之生人，道以成形；而人之有生，形以藏性。二氣內
　　乖，則支體外痿；支體外斷，則性情內梏。故閹腐之子，豺聲陰
　　鷙；浮屠髡髮，安忍無親；逋奴黥面，竊盜益劇；挺（筆者按：疑
　　爲「梃」之誤）之瞳目，頑讒無憚。形蝕氣虧，符朕必合，則是以
　　止惡之法增其惡也。名示天下以君子，而實成天下之姦回。悲夫！
　　爲復肉刑之議者，其無後乎。（舜典四）[28]

引文指出人類的身體源自天道造化，且內藏靈明心性，生理生命與心理生
命互相連結，彼此支撐。從生理的角度說，內在生氣的乖亂將導致外在肢
體的痿痺；從心理的角度說，外在肢體的殘損亦可造成內在心性的障礙。
換言之，船山的身體觀與莊子適爲對反，不是「形虧德全」，而是「形蝕
氣虧」。人類這種因身體殘損而產生的心理變態，船山列舉幾種人爲例，
例如宦寺往往在閹割之後，性情變得陰險凶殘；浮屠在髡髮之後，喪失人
類應有的親情；或是逋奴（逃亡的奴隸）在黥面之後，反而有更多的竊盜
行爲；即使一般人在遭受杖打或瞳目（弄瞎雙眼）等身體刑罰之後，性情
通常也變得更加頑劣。最終，船山以「形蝕氣虧」貫串全篇的身體論述，
謂肉刑不但不能「止惡」，反而斲傷受刑者的內在心性，使罪犯「增惡」
（變得越來越壞）。由是觀之，肉刑本來的目的是以傷殘創痛脅迫眾人做
君子，但施行的結果卻是以國家暴力製造更多的姦邪。因此，船山借用孔
子批判「始作俑者」的話，以爲建議恢復肉刑者應該斷子絕孫。

　　綜上所述，船山其實非常重視人類的身體，身體並非心性的附庸，反
而是決定心性品質的關鍵。[29] 雖然船山極力反對肉刑很可能有背後的歷史

28　見《船山全書第二冊・尚書引義》（長沙：嶽麓書社，1988年），頁257。
29　林安梧嘗約略論及船山這種身體可以決定心性的獨特思路，認為心、身關係並非單向的「正心」而

機緣，但他從實際歷史機緣中提煉出「形殘德毀」的獨特身體觀，代表他並未局限在心性論的領域，將身體視為無聲透明的存在。

二、芟薙鬚髮造成墮落

船山接受《孝經》的完璧身體觀，重視身體髮膚的完整性，以為即使是人體的再生組織，也應該涵蓋在保存的範圍之內，故賦予鬚髮指甲崇高的價值意義與文化意涵。所謂價值意義，指鬚髮構成身體的完整性，如同耳目四肢，為身體不可殘缺的一部分；所謂文化意涵，指鬚髮承載族群文化的風俗習慣，其特殊髮式為身體異於禽獸或異族的表徵符號。在《尚書引義》中，船山不止一次言及薙髮之大惡，呈現獨特的身體思維，雖下語簡略，仍有值得探討之處。

首先，船山將「芟鬚髮」視同背叛君親的大惡：

如其拒物而空之，則別立一心以治心，如釋氏「心王」、「心所」之說，歸於莽蕩，固莫如叛君父，芟鬚髮，以自居於「意生身」之界，而詫於人曰：「吾嚴淨也，敬以為所也；吾精進也，無逸以為所也。」其禍人心，賊仁義，尤酷矣哉！（召誥無逸）[30]

由前文可知，船山以為身體的殘損會導致心性的質變，故君子必須珍重身體。其珍重範圍則承《孝經》、《禮記》的舊有之義，包含頭髮在內，[31]故批判佛徒芟薙鬚髮的行為，其實破壞了身體的完整性。在〈召誥無逸〉中，船山極力駁斥唯識學「三界唯心，萬法唯識」的基本立場，反覆辨明「消所入能」之非，認為佛教區分「能」、「所」雖不無道理，但取消客

「修身」，而是「內外通貫為一」的過程，故「正心」固可通向「修身」，「修身」亦可迴向「正心」。見氏著：〈從「以心控身」到「身心一如」——以王夫之哲學為核心兼及於程朱、陸王的討論〉，《國文學報》第30期（2001年5月），頁92。

[30] 見《船山全書第二冊·尚書引義》（長沙：嶽麓書社，1988年），頁378-379。

[31] 《孝經》：「身體髮膚，受之父母，不敢毀傷，孝之始也。」而《禮記·喪大記》：「君、大夫鬈爪實於綠中，士埋之。」可見頭髮乃至指甲等不影響生命存在機能的再生組織，在先秦儒學的完璧身體觀中，亦具有不可或缺的價值意義。

王船山氣化生命論

體存在（所）而盡歸吾心作用（能），將導致獨重主體而忽略客體的後果。若是，則君親倫理可棄，皮囊軀殼亦無不可棄，畢竟這些東西只是主體心識的附屬品，皆在可以捨離之列。因此，船山重申前文「髡髮毀形」之義，謂芟鬚薙髮，乃損毀身體完整性的罪惡。

此理既明，則可回到引文。引文以爲佛教唯識可總結爲「拒物而空之」，亦即否定客體之後順勢取消了客體，謂客體僅爲心識作用的衍生物，形成絕對的唯心論。既然唯心，代表一切修行皆須在心體上用功，心體既是覺悟的根本，同時又是對治的對象，故謂「別立一心以治心」，將人心分爲「心王」與「心所」。所謂「心王」，指識體本身，有主宰之義，可以統領八識各自的「心所」；至於「心所」，則指每個識體所生之精神作用。[32] 根據唯識學之說，「心所」可分六位，總計有五十一個之多，內容複雜，此處不能盡述。船山表示若按照唯識學這種「消所入能」的理路發展下去，最後就是毀棄人倫，出家修行（叛君父），或是芟薙鬚髮，殘身害體（芟鬚髮），使自我墮入「意生身」中。所謂「意生身」，指某種由人體陽氣摶聚而成的精神性身體，[33] 乃輕視物質性身體所衍生的觀念。至於其中「嚴淨」、「精進」等詞，皆爲佛教術語，基本上咸具修持淨化之義，本與〈召誥〉的「敬德」、〈無逸〉的「無逸」無關。反之，船山依據〈大學〉之說詮解其義，謂「敬德」爲「心之能正」，「無逸」即「身之能修」，[34] 代表在前述的類比關係中，「嚴淨」對治的是心性，「精進」對治的是身體。但唯識學的弊病在於以主體的精神作用取代客體存在（以能爲所），進而取消客體的意義，藉此蠱惑天下人心，毀棄人倫物理，甚至是殘害身體（芟鬚髮）。由是觀之，船山非常重視鬚髮的

---

32 船山曰：「識之本體爲心王。王猶主也，統領當位心所也。心王所發之作用爲所。」見《船山全書第十三冊・相宗絡索》（長沙：嶽麓書社，1988年），頁552。

33 船山曰：「乃爲玄之言者，謂陰不盡不生；爲釋之言者，謂之六陰區宇而欲轉之。則浮寄其孤陽之明，銷歸其已成之實，於人物之所生，而別有其生。玄謂之『刀圭入口』，釋謂之『意生身』，摶陽爲基，使陽（筆者按：當作『陰』）入而受化，逆天甚矣。」見《船山全書第一冊・周易外傳》（長沙：嶽麓書社，1988年），頁837。

34 見《船山全書第二冊・尚書引義》（長沙：嶽麓書社，1988年），頁377。

價值，鬚髮作為儒家身體觀中斷然不可毀棄的一部分，簡直可與君親人倫等量齊觀，回顧船山終身不薙法的堅決，可知這不僅是政治認同的問題，還具有儒家思想的天理高度。

再者，船山亦將「薙鬚髮」視為佛老異端的五大惡行之一：

> 藉如彼說，則是天生不令之物以誘人而亂之，將衣冠闒閫無君子，則陋巷深山無小人。充其義類，必且棄君親，捐妻子，薙鬚髮，火骫骼，延食息於日中樹下，而耳目口體得以靈也。庶物不明，則人倫不察，老釋異派而同歸，以趨於亂。無他，莫求諸己而已矣。（顧命）[35]

在〈顧命〉中，船山針對《老子・第十二章》「五色令人目盲，五音令人耳聾，五味令人口爽」，提出不同見解，全力批判佛老絕欲或去欲之說，認為欲望不但不可與罪惡畫上等號，反而是天道與人性的載體，此即船山學中著名的「理欲合一」。[36] 由是觀之，人類生命真正的問題不在外物的色、聲、味，而在主體是否能以合理的方式滿足欲望（品節），人因遂欲而生威儀，或因遂欲而致聾盲，咸由自取，故謂老釋去欲之說乃「莫求諸己」，而徒歸怨於物也。

此理既明，則可回頭討論引文。船山以為如果真如佛老異端所言，欲望是敗壞人類生命的毒素，那麼上天何必創造如許多的不善之物，引誘人類趨向腐敗墮落？再者，佛老之說亦將導出另一悖論，即物質資源越是匱乏原始，人類生命則越精純善良，所以社經位階越高越非善類（衣冠闒閫無君子），越是貧窮困苦者越無惡徒（陋巷深山無小人），這豈不荒唐！如果按照佛老之說，認真實踐絕欲或去欲的生活模式，人則將犯下五大罪

---

[35] 見《船山全書第二冊・尚書引義》（長沙：嶽麓書社，1988年），頁410。

[36] 林安梧根據《張子正蒙注》、《詩廣傳》、《周易外傳》等書中有關氣、質、性、情、才、欲的論述，歸結船山的理欲觀，提出「理欲合一」之論。他說：「由性之上通於理，由情之下授於才，下授於欲，理、欲二者乃是辯證的相生相函，故於其人性論，吾人則可說是『理欲合一』。」見氏著：《王船山人性史哲學之研究》（臺北：東大圖書公司，1991年），頁111。

王船山氣化生命論

惡。所謂五大罪惡，指叛離君親、拋棄妻小、芟薙鬚髮、火化遺體及虐身苦行。仔細審視船山列舉的五大罪惡，主要是針對佛教而發，批判的範圍不僅限於身體觀，並且及於社會文化。析言之，叛離君親與拋棄妻小可歸為一類，皆針對佛道之徒的出家住庵而言，船山抨擊此等行徑毀棄人倫道德，違背忠孝等儒家價值規範。芟薙鬚髮則專指佛徒剃度，認為肢體的殘損（船山視鬚髮如肢體）造成心性的鷙狠（捨離所有人倫關係），可說是人為的心理變態。至於火化遺體，則涉及佛教火葬文化與儒家土葬文化的衝突，佛教認為人類對皮囊乃至遺體的貪著，將導致生命不得解脫，故採火葬的形式斬斷禍根，此與儒家視身體為父母生命的延伸，必須珍惜寶愛且全身盡孝的觀念，正好勢同水火。換言之，火化遺體也是佛徒忤逆不孝的罪惡之一。最後，「延食息於日中樹下」，當批評佛徒之「日中一食，樹下一宿」，即以自苦形體作為修行法門，誤認口體之欲足以害道。船山在解國風〈甘棠〉之「蔽芾甘棠」時，嘗藉周召公舍於甘棠樹下聽斷之事，駁斥這種自苦形體的生活模式，以為人類既非穴居野處之禽獸，為何要像異端苦行一般餐風露宿。[37] 總之，船山站在儒者立場批判佛、道兩家的五大罪惡，背後預取了儒家的完璧身體觀，有如此之身體觀，遂可正面評價身體之欲望，而有所謂「理欲合一」。因此，船山藉由《孟子·離婁》的章句，嚴斥異端之徒「庶物不明，人倫不察」，忽略人類面對身體欲望時的主體能動性（莫求諸己）。

　　總之，船山認為人類絕不只是精神性的存在，身體性的存在乃不可忽視之生命要素，也是繼承族群文化的載體，不同的髮型、不同的欲望理論、不同的遺體處理方式，背後牽涉的問題其實是人類應當如何理解自己的身體、如何詮釋自己的身體、如何實現自己的身體。船山關懷薙髮的問題，固然有其歷史機緣，但他並未停留在薙與不薙的層次，而是重新省思

---

[37] 船山以為周召公舍於甘棠下聽斷之事太過荒誕，故曰：「此蓋召公所稅駕之館，堦除之側，偶有此木，政閒遊衍，聊爾眄賞。後人因為禁約，以寓去思耳，『所芟』、『所憩』、『所稅』云者，誌其館也。『匪兕匪虎，率彼曠野』（筆者按：此引〈小雅·何草不黃〉，謂人非禽獸，可巡行曠野而不息），非日中一食，樹下一宿之異端，安能為此哉！」見《船山全書第三冊·詩經稗疏》（長沙：嶽麓書社，1988年），頁47。

身體、文化與權力的三角關係，上升至天理的高度。換言之，頭髮既是不同力量互相折衝的戰場，也是蘊含天理的人體組織。

三、華夏衣裳修養心性

　　船山認為衣服的功能有諸多層次，其中最高級的功能是修養心性。不過衣服的功能並非直接作用於心性，而是透過身體的中介，將身體經驗暗中轉化為心性品質。換言之，人類穿著衣服行住坐臥，其實也是一種工夫實踐。因此，衣服的形制規格，決定身心實踐的內容，進而構成內在心性的品質。此一奇特思路，集中在船山詮釋《周易》「衣裳取諸乾坤」一段，而在討論衣裳功能的禮學論述中亦別有發揮，以下擇要析論。

　　首先，船山根據《周易》「黃帝、堯、舜垂衣裳而天下治，蓋取諸乾坤」展開論述，認為華夏衣裳蘊含天地之道，衣裳對人類身體動作的約束，可以內化為心性的內容，故曰：

> 兼言三聖者，上古之世，人道初開，法制未立，三聖相因，乃以全體乾坤之道而創制立法，以奠人極，參天地而遠於禽狄，所以治天下者，無非健順之至理，而衣裳尤其大者也。……法制之興衣裳，人道之尤大者，所以別尊卑之等，則天尊地卑之象；所以別男女之嫌，則陰陽分建而不相雜之象；而上玄以法天，下纁以法地，衣九章以陽之文，裳十二幅以兩陰之質，無不取則焉。蓋衣裳之盡制，若無益於民用，而裁制苟且，但便於馳驅輾轉，則民氣怠於簡束而健德泯，生其鷙戾而順理亡，故乾坤毀而易道不立，衣裳亂而人禽無別，三聖之立人紀而參天地者在焉，故他卦不足以擬其大，而取諸乾坤。（繫辭下傳第二章）[38]

引文表示華夏文化是由黃帝、堯、舜三聖創制的政治體制，它最寶貴的意義就是賦予人類有別於萬物的特殊身分，使人得以為人，具備與天地同等

38　見《船山全書第一冊・周易內傳》（長沙：嶽麓書社，1988年），頁582-583。

的價值，亦即使人脫離禽獸或夷狄的身分，升進為華夏。在這套文化體系中，衣服是身體的延伸，亦為文化的載體，更是乾坤之道的體現，故位居華夏文化的核心地位。這是因為衣服乃明確的文化符號，具有分辨差異的功能，可以用來辨識社會位階與生理性別。但這些文化規範，並非約定俗成的結果，而是源出於自然法則，故位階尊卑取法於天高地低，男女有別取法於陰陽之分，上身玄衣之色取自天象，下身纁裳之色則取自地貌，上衣與下裳的規格亦暗中符合陰陽之數。換言之，華夏衣裳不僅具有最基本的保暖蔽體功能，還兼具象徵意義與文化功能，是人類精神文明的最高結晶，代表人文與天理的連結。衣裳之所以具有如此崇高的價值，在於船山認為衣裳對人類的身體有一種獨特的約束作用（簡束），而這種身體經驗則可內化為心性的品質。因此，華夏衣裳的設計目的，並不在於方便身體的驅馳活動，反而是替身體帶來一定程度的約束，這種約束作用能修養內在心性，故可藉穿衣保存人性本具之健順至理。簡言之，人性寄託於身體，身體依賴於衣裳，若捨棄華夏衣裳的形制，首先造成身體的懈怠，進而導致心性的墮落，最終泯滅人性本具的健順至理，喪失人之所以為人的特殊身分，退化為夷狄或禽獸。總而言之，上古三聖最大的貢獻是創制了華夏文化，華夏文化使蒙昧生民從禽狄升進為人類，而其中的精華則在於制定衣裳，故非象徵天理的乾、坤兩卦，則不足以描述華夏衣裳的關鍵地位。

當然，船山特別發揮《周易》的「衣裳取諸乾坤」，其實與他強調華夏髮型的原因一樣，背後有其特殊的歷史機緣，這兩點都暗中針對滿清入關後以暴力推動的「薙髮易服」措施。但是，船山的身體論述並未停留在表面的統治手段，而是深入考掘衣服與髮型的天理意義，洞見身體與心性之間千絲萬縷的關聯，賦予衣服與髮型崇高的價值。換言之，船山從儒家的完璧身體觀出發，開創身體經驗轉化心性品質的思路，與一般儒者心性品質轉化身體經驗的思路剛好相反。[39]

39　林安梧認為宋明儒者無論程朱或陸王，基本上都是一種「以心控身」的思維模式，彼等皆繼承傳統儒學之「高揚大體，貶黜小體，揚心黜身」，唯其理論核心有重「天理」或重「本心」之別。見氏

由前文可知，船山非常重視《周易》「衣裳取諸乾坤」之義，故不僅在《周易內傳》中暢論其旨，在早年的《周易外傳》中，亦嘗提出類似論述，兩說實可合觀。其云：

> 法象莫大乎乾坤，法皆其法，象皆其象，故曰大也。資始資生，而萬物之數皆備；易知簡能，而天下之理皆得。是盡天下之象而无以當之。……衣裳之垂，其爲生人之用，亦與數者均爾。且其始於毛革，繼以絲枲，冬以溫，夏以清，別嫌疑，厚廉恥，猶其切焉者也。若夫上衣下裳，施以繡，間以繪，采以五，章以十二，配以六冕，綴以觿佩，應乎規矩，中乎準繩，炎非以適，寒非以溫，爲之也勞，服之也若贅。乃聖人獨取乾坤之法象以當之，而以天下之治亂繫之。嗚呼！孰有知其爲天地之大經，人禽之大別，治亂之大辨，以建人極而不可毀者乎？（繫辭下傳第二章）[40]

宇宙中所有的法則與現象均源自乾坤之道，故萬物之名物度數皆因乾坤而「資始資生」（創造），乃至天下之人情事理亦因乾坤而「易知簡能」（實踐）。因此，天地間的一切事物本來皆不足以匹配乾坤，畢竟它們只是天地之道的體現而已。然則其中唯一的例外，是人類生命與文化賴以維繫的衣服。本來衣服只是人類創制的名物度數之一，屬維繫生存的手段，在文明演進的過程中，衣服的材質由皮革變爲絲麻，其主要功能不外乎冬暖夏涼，分辨身分，賦予廉恥（衣能蔽體，可免裸身羞恥）等。直到華夏三聖根據乾坤之道，重新創制衣裳，衣裳遂由維繫生存的手段，轉化爲修養心性的工具，故衣裳之繡、繪、采、章等形制特色，和搭配衣裳的冠冕、蔽膝、玉佩等飾物，都不只是追求美觀的裝飾而已，而是以象徵的方式體現天地之道與華夏文明。換言之，華夏衣裳的創制目的並非爲了滿足

著：〈從「以心控身」到「身心一如」──以王夫之哲學為核心兼及於程朱、陸王的討論〉，《國文學報》第30期（2001年5月），頁81-86。

[40] 見《船山全書第一冊·周易外傳》（長沙：嶽麓書社，1988年），頁1036。

王船山氣化生命論

身體的欲求，反而是以衣裳約束它們，例如炎（夏季受熱）、寒（冬季受凍）、勞（穿脫困難）、贅（限制肢體）等，調節身體的舒適享受，暗中修養穿衣者的內在心性，時刻提醒穿衣者在政治秩序與倫理規範中的座標位置。由是觀之，華夏衣裳早已脫離實用目的，甚至降低舒適程度，變成聖人建構國家體制與族群文化的基礎，影響人類心性甚巨，故可決定天下局勢之治亂。總之，船山認爲華夏衣裳其實蘊含了天地之道、人禽之別及治亂判準等多元功能，堪稱人類文明的極致展現（人極）。

這種由衣服帶來的身體經驗，可以內化爲心性內容，實爲船山詮釋《周易》「衣裳取諸乾坤」的總綱，故聖人創制華夏衣裳，並非爲了美觀或舒適，而是藉由衣裳的約束功能修養穿著者的道德品性，遂曰：

> 故衣裳之垂也，上下辨焉，物采昭焉，榮華盛焉。潔齊，以示无散亂也；寬博，以示无虔鷙也。天地方圓之儀則，天產地產之精華咸備焉，陰陽損益之數，律度、規矩、準繩、自然之式咸在焉，以示人極之全也。而天下悉觀感以生其敬愛，於是而聖人者亦有其无功之功，以與天地相參。故唯衣裳可以配乾坤，而非他制器尚象所得而擬焉者也。嗚呼！衣裳之於人大矣哉。（繫辭下傳第二章）[41]

引文表示華夏衣裳不僅具有形式上的美觀隆重，並且在形制上，具有修養品德的特殊功能。例如衣裳之清潔整齊，可以收攝身心活動，使人不散亂隨便；而寬大宏博，則可養成恢弘的精神氣度，使人不致產生褊狹凶狠的心理。這都是因爲身體經驗可以轉成心性內容。換言之，衣服的象徵意義可以透過身體的中介，將天地之道與陰陽之數內化爲穿著者的心性品質。因此，華夏衣裳的形制其實是自然法則的具體反映，亦爲人類文明的極致展現，故曰「人極之全」。衣裳不僅體現社會位階，同時約束身體，保守

---

41 見《船山全書第一冊‧周易外傳》（長沙：嶽麓書社，1988年），頁1037。

心性，使天下人在聖人創制的服飾文化中自然產生敬愛之情，此即聖人隱而不可見之的功勞，使人在日常生活的潛移默化中，自然而然地修養道德品行，故謂「無功之功」。而此無形中助人成德的貢獻，亦爲聖人得與天地並列的原因。總之，船山認爲一切人類文明的產物，沒有一項可與衣裳相提並論，故唯有衣裳足以比配乾坤（天理）。

申言之，身體因穿著華夏衣裳而自然產生的敬愛之情，可以作爲修養心性之基礎，此說背後預取了身體得以轉化心性的理路。反言之，如果人類穿著不適當的服裝，則不只斷傷心性，退轉爲禽獸，更可形成社會風氣，造成亡國滅族的歷史禍患，故曰：

> 可敬者，義之府也，可愛者，仁之緼也。是善惡之樞也，生殺之機也，治亂之司也，君子野人之辨也，而尤莫大乎人禽之別焉。鷦鵠負葉以覆露，水鸛畜營以禦寒，歐蛋（筆者按：「歐蛋」義不可通，疑當作「荊蠻」）文身以辟蛟，滅貂重貂以履雪，食衣裳之利而去其文，无以自殊於羽毛之族而人道亡，則乾坤之法象亡矣！黃帝以前，未之備也，及其有之，而乾坤定；趙武靈以後，淪於替也，浸以亂之，而乾坤傷。妲己男冠以亡殷（筆者按：典據不詳，疑指「妹喜男冠以亡夏」一事），何晏女服以覆晉（筆者按：當爲「覆魏」之誤），宋齊邱羽衣而災及其身（筆者按：「宋齊邱」當作「宋齊丘」，然羽衣亡身之事似指楊溥），王旦（筆者按：原文作「楊億」，劉毓崧〈校記〉已改「王旦」）披緇而辱逮於死。小變而流於妖，禍發於當年；大變而濫於禽，禍且移於運會矣。（繫辭下傳第二章）[42]

本段引文以文化省思爲根柢，提出一種混合生物學與人類學的奇特論述，表示華夏衣裳不只使人類脫離禽獸，也是華夏族群優於異族的文化憑藉。

---

[42] 見《船山全書第一冊‧周易外傳》（長沙：嶽麓書社，1988年），頁1037-1038。

因爲穿著華夏衣裳而產生的敬愛之情，其實是發展仁義道德的根據，即前文所謂「以身輔心」也（相對於儒學歷來強調的「以心控身」），故衣裳可爲分判善惡之樞紐。而善以利生，惡招刑殺，故亦爲分別生殺之契機。由於穿上身體的衣服決定了心性的品質，故一時代之服裝足以作爲衡量世道人心的指標，也是區隔君子以及野人（平民）的客觀判準。船山以爲所有因衣裳而生的分野中，人禽之別乃其中關鍵。從生物學的角度而言，人類衣服的功能遠超過動物的生存需求，故鷦鴣雖知背負樹葉以躲避露水，水鸛亦知蓄積礐石以求取冬暖，但這些都只是趨利避害的生物本能罷了。據此反觀華夏衣裳，則知其並非用於滿足生物需求，而是象徵意義遠大於維生作用（理由已見前文）。從人類學的角度而言，華夏衣裳的功能遠遠超過異族服飾所追求的實際效益，故即便荊蠻在游泳時曉得利用紋身（船山亦將其視爲衣服）躲避蛟龍之害，[43] 濊貊亦知利用貂皮驅寒保暖，但這些文化內容其實與禽獸取物蔽體的生物本能相去不遠。由是觀之，華夏衣裳是比異族服飾更高級的文明階段，其設計目的並非針對生理需要（甚至違背它），而是爲了實踐人類之所以爲人類的必要條件——倫理道德。

換言之，如果衣服（或寬泛的說身體飾品）只求符合實際生存效益，而割裂其中蘊含之文明機制，這就是從人類墮落爲禽獸，不僅華夏文明因之滅亡，乾坤之道也隨之毀壞。換言之，船山的理論目的畢竟與現代生物學或人類學不同，他的生命論述之中含有明確之價值層級，[44] 而以華夏文

---

43 據《史記·周本紀》所載，太伯、虞仲因知古公欲立季歷，兩人遂之荊蠻，文身斷髮。可知荊蠻本有紋身之習俗。又〈正義〉引應劭之說，謂荊蠻「常在水中，故斷其髮，文其身，以象龍子，故不見傷害」，可知紋身相當於今日所說之生物保護色，乃特殊環境條件下之文化習俗，船山所謂「歐蛋文身以避蛟」，或即本此。見《史記》（臺北：七略出版社，1991年），頁70。

44 林安梧對船山學中「人的首出性」及其隱含之「優位性」深有所見，他說：「船山亦祇說人之首出性（人禽之辨）而已，他更於人所落實之社會歷史而從的首出性作一種類的衍伸而說明人的族群性（華夷之辨）以及人的社會類階性（君子小人之辨）。換言之，人之首出性不祇是強調『人禽之辨』而已，更由『人禽之辨』而衍伸爲『華夷之辨』及『君子小人之辨』。……從禽獸而植立之獸而夷狄而華夏，由華夏而有華夏之歷史。華夏也者，具有人性身分之人者也。……仔細的看來，船山所謂『人的首出性』在歷史的側面來說則是收到『華夏的優位性』這一點上的，而在結構的側面來說則是收到『君子的優位性』這一點上的。」見氏著：《王船山人性史哲學之研究》（臺北：東大圖書公司，1991年），頁20-21。

化爲人類文明發展之終極階段，因爲人類至此方具人類身分，否則只是稍具智巧之禽獸，或是趨近禽獸之夷狄。所謂趨近者，指徒有人類外貌的動物。這背後架撐整個價值體系的骨幹，實爲「以身輔心」的觀念。退一步說，若從今日多元文化的角度觀之，這些論述似乎具有我族中心論的色彩，但又不能說上列理由完全沒有道理。

　　船山以爲華夏文化的服飾文明源自黃帝以降之三聖，故前此無之，可見在三聖創制文明之前，華夏族群與禽獸或夷狄當爲同等級之生命存在。三聖之後，乾坤之道則體現在華夏族群的衣著服飾，其形制規格超脫原始的生物需求，蘊含豐富的象徵意義，人類的價值世界因之確立，故曰「乾坤定」。船山表示三聖創制的服飾文明，建構華夏文化的綱維，同時也是分判人禽治亂的指標，一旦變更華夏衣裳的形制，則將放縱身體，破壞心性，最終釀成不可收拾的大禍。船山爲了證明此理，乃深入檢視華夏族群的歷史進程，論述服飾違制與世道衰亂之間的因果關係，列舉五個例證，依序爲趙武靈王（前340-前295）、夏末妹喜、曹魏何晏（約195-249）、南吳睿帝楊溥（900-938）及北宋王旦（957-1017）。[45] 船山以爲華夏衣裳自趙武靈王易以「胡服騎射」後，形制日漸紊亂，原本寄託於服飾的乾坤之道（天理），遂隨形制變更而一併消失，即使暫時提升國家戰力，最終仍是因小失大，使人類退轉爲夷狄。因此，衣裳違制並非單純之文化現象，而是人心墮落的表徵，災禍將至的前兆，故夏代可因妹喜穿戴男冠而崩毀，曹魏可因何晏身著女裝而滅亡，[46] 楊溥則因穿著羽衣而失位身死，王旦則因僧衣入殮而永受羞辱。若不明白船山「以身輔心」的身心關係，乍看之下，極容易誤解爲借題發揮，彷彿勉強牽合歷史事件的因果關係，事實上，衣服的形制不只影響身體，更由身體而深入心性。最後，船山強調華夏衣裳的形制不可隨意變更：若稍作更改則災及其身，禍患立發；若

45　本段自「妲己男冠以亡殷」以降，所論之人物與事蹟，似多有舛誤，不詳何故。筆者逕改其文，以便下文析論。至於改動之由，已見引文按語，此不贅述。

46　《晉書・五行志》載傅玄之語曰：「若内外不殊，王制失敘，服妖既作，身隨之亡。末嬉冠男子之冠，桀亡天下；何晏服婦人之服，亦亡其家，其咎均也。」「末嬉」者，妹喜也。船山之說或即本此。

全盤捨棄則是退轉爲禽獸夷狄，造成亡國滅族的歷史大勢。

華夏族群的服飾文化乃先王禮樂制度的一環，故「衣裳取諸乾坤」之義，亦屢見於船山之禮學論述，尤其是涉及衣服形制的章節，剛好可以闡釋其背後隱藏的功能。例如〈玉藻〉，船山認爲三代以降，衣服的形制日趨夷狄之苟簡，唯本篇備記華夏冠服之形制，使先王遺留之服飾文化賴以保存片羽。而華夏衣裳之所以優越於夷狄服飾，在於它能夠體現天理，反映社會規範與政治階層，富含象徵意義，使穿衣者建立身體威儀。船山曰：

> 《易》曰：「黃帝、堯、舜垂衣裳而天下治，蓋取諸乾坤。」衣裳之義，繫於三極之道，亦甚重矣。人之所以爲人而別於禽獸者，上下之等，君臣之分，男女之嫌，君子野人之辨，章服焉而已矣；否則君臣混處，男女雜糅，而君子之治野人也，抑無以建威而生其恭。故曰：「天尊地卑，乾坤定矣；方以類聚，物以群分，吉凶生矣；在天成象，在地成形，變化見矣。」衣裳者，乾坤之法象，人道之紀綱。寒而毛，暑而裸，於人亦便安矣，而君子甚惡其便安者，唯其裂法象而乾坤且以毀也。習於禽狄，便而安焉，乃以疑先王之法服繁重侈博，寒不足溫而暑不足清，則人道之僅存者漸滅瀕盡，而不亦悲乎！（玉藻）[47]

引文首先徵引《周易》章句，指出三聖根據乾坤之道創制華夏衣裳，使包覆身體的衣服脫離生物需求的層次，升進爲自然法則與倫理規範的載體，故蘊含天地人三極之道。船山表示人類之所以異於禽獸，在於人類的社會性能與符號能力，所以可以辨識位階和區分類別（上下、君臣、男女、君子野人），而華夏章服的功能即此人類能力的體現。換言之，如果沒有這套服飾文化，位階與類別將產生混淆而終歸泯滅，人類亦因此退轉爲禽

---

47 見《船山全書第四冊・禮記章句》（長沙：嶽麓書社，1988年），頁723。

獸。當然，船山無從想像自由穿衣的社會文化，屬無可避免之歷史局限，不必苛責。再者，華夏章服既是一象徵符號，穿衣者的身體威儀遂建構在衣服的形制之上，這是因為人類具有操作符號，並且解讀符號的先天能力。即此而論，華夏章服乃政治身分與社會地位的象徵，君子的身體威儀因穿著章服而建立，野人（平民）的恭敬之情亦由解讀章服而生。換句話說，衣裳的社會功能其實源自它的符號意義，而此一符號意義又與自然法則（天理）密不可分。因此，船山再度引《周易》之說，強調自然界的高低、群類、形象，在人類的符號能力中皆可賦予社會意義（分類）或道德意義（威儀）。

船山以為華夏衣裳的形制象徵自然法則，也是建構人類社會的基本條理，而不僅是滿足生理需求的工具。因為如果衣服只求保暖或涼快，那麼皮革或裸體更能帶來這種生理享受（便安），但先王創制衣裳卻不以此為目的，反而創制不大足以維持冷暖的服飾形制，正是著眼於人類不同於禽獸的生命特質——人類有社會制度與道德心性，這些特質皆可藉由穿著華夏衣裳而實現，其中隱含了「以身輔心」的思維。反言之，如果華夏衣裳的形制被更動了，其象徵意義（乾坤之法象）與修養心性等功能也就隨之滅亡。總之，華夏衣裳與夷狄服裝最大的差異在於，前者輔助人性的實現而後者強調動物性的滿足。所以站在夷狄服裝的立場檢視華夏衣裳，會發現它穿脫不方便，並且對身體行為有諸多限制，甚至冬季不大保暖，夏季不夠清涼，形制規格繁複多餘，簡直一無是處！然而，船山表示如果只用是否滿足生理需求作為擇衣標準，就貿然揚棄華夏衣裳，那麼隱含在其中的天理亦將隨之消滅，使人類退轉為禽獸，這是非常可悲的事情。

再者，船山強調華夏衣裳對身體的限制，還可暗中化解負面的生命能量：

凡衣裳之制，各成齊而不相連，唯「深衣」裳連於衣，被體深邃，故謂之深衣。深衣者，自天子達於庶人皆服之，為之以布，緣之以采。天子諸侯服之以養老，大夫士夕深衣以燕居，庶人則以為

祭服。古者衣冠之制皆有定式，著之爲書，今皆佚而不傳，唯此衣者，儒者以爲燕居講説之服，故垂及於周之末世，典禮淪廢而其制猶可考，是以得傳焉。夫一衣之制，又非朝祭之盛服，疑若瑣細而不足紀，乃其以飾威儀而應法象者，其用如此之大，不得而稍踰越也。故易曰：「黃帝、堯、舜，垂衣裳而天下治，蓋取諸乾坤。」是天之經，地之義，人之所以異於禽獸，君子之所以異於野人，而養其氣、體，使椎鄙淫冶駤戾之氣潛移默化而不自知，誠人道之切要也。（深衣）[48]

船山在《禮記·深衣》篇首的總綱敘述中，提出不只華夏族群的朝祭禮服值得記載，即使是給所有人穿的「深衣」，也蘊含了天地之道。所謂「深衣」，指戰國時期通行的一種衣服式樣，符合春秋以來儒者提倡的「寬衣博帶」，它跟一般上衣與下裳分開的衣服不同，而是連身縫合在一起，上下各六幅，此種縫掖大袖之衣（兩腋插入嵌片的長袖服裝），可將整個身體包覆在內，所以稱爲「深衣」（披體深邃）。但似乎到西漢以後，中原地區已不可見。[49]「深衣」的特殊之處是它沒有階級之分，從天子到庶人都可以穿：天子諸侯在執行養老禮時穿它，大夫士人在居家時穿它，庶人百姓則在祭祀時穿它。船山認爲古代本有非常豐富的服飾文化，只可惜大部分都失傳了，唯有「深衣」屬儒生的燕居之服，所以其形制規格被單獨保留下來，成爲《禮記》中唯一記載製作方法的服裝。

　　這種在周代人皆可穿的普通服裝之所以被記錄下來，船山認爲原因有二：一是創制者取法乾坤之法象，其形制象徵天理，有其內在價值；[50]

48　見《船山全書第四冊·禮記章句》（長沙：嶽麓書社，1988年），頁1437-1438。

49　本段對深衣形制的描述與通行時間的斷代，大體採用沈從文之說。見氏著：《中國古代服飾研究》（北京：商務印書館，2018年），頁66、128-132。

50　孫致文在討論服飾式樣所蘊含的思維概念時，徵引洪進業之說，謂先秦時代服飾代表的規範意識固然源自周代禮制，但服飾樣式形成之初，未必具有文化識別的功能。反言之，服飾是被特定群體接納之後，才具備相關的文化功能，而領導者爲了讓眾人接受某種服飾且不任意變更，往往賦予服飾形制特殊意義。見氏著：〈黃宗羲《深衣考》得失及其意義重探——兼議《四庫全書總目·深衣考》提要〉，《儒學研究論叢》第3輯（2010年12月），頁181。孫文雖然討論的是梨洲的深衣之

二是穿衣者具有寬衣博帶的身體形象，可以產生相應的身體威儀，有其外在價值。所謂「威儀」者，乃上古「封建貴族服飾打扮、言談舉止、身體和精神狀態的總和」，[51] 也是內在「質素」（德）的彰顯外化。[52] 無論外在形象或內在質素，這一切都凝聚在身體威儀之上，所以先儒不煩瑣細，將「深衣」的形制完整記錄下來，以昭示後人華夏服飾的典範意義。在此，船山再度徵引《周易》的「三聖制衣，取法乾坤之道」，並以之建構華夏衣裳的價值準據。總之，華夏衣裳不只滿足生物需求，而是蘊含實踐工夫、符號象徵、族群文化、身體威儀、心性品質等意義在內的「服飾理性」，所以它的形制天經地義，可為人禽乃至君子野人的分判標準，背後的根本精神，依舊是船山「以身輔心」的思路。孟子所謂「居移氣，養移體」，說穿了其實也和「服飾理性」有關，亦即身體的狀態可以調整心性的品質，產生從外到內的身心質變，使生命底層粗鄙野蠻或淫邪凶暴等負面能量（椎鄙淫冶駤戾之氣），均可透過華夏衣裳蘊含的「威儀法象」，逐漸地潛移默化，而在穿衣生活的過程中養成優秀的心性品質。換言之，穿著深衣生活就是在做道德實踐。由此可見，華夏衣裳既是維繫人類身分的樞紐，也是人類文化的極致展現。[53]

綜上所述，船山的服飾文化論述背後，始終隱含「以身輔心」的原則。

制，但這種賦予衣服形制重大意涵的觀念，其實亦可解釋船山標舉深衣的意圖。

[51] 見杜正勝：《從眉壽到長生——醫療文化與中國古代生命觀》（臺北：三民書局，2006年），頁210。此外，一切的外顯行為之所以能產生威儀，在於社會文化共同體的存在，這在殷周文化中就是禮樂制度。換言之，威儀源自禮制。相關討論可見楊儒賓：《儒家身體觀》（臺北：中央研究院文哲所，1996年），頁27-43。

[52] 杜正勝：「『敬』和『德』是一種氣質，具有某種程度的抽象性，但都從行為舉止顯現出來，在封建時代具體的依託則是威儀。……『德』內而『儀』外，是評論封建君子人格的依據。」見氏著：《從眉壽到長生——醫療文化與中國古代生命觀》（臺北：三民書局，2006年），頁209-210。

[53] 船山乃至梨洲之所以在清初高舉深衣的價值，或許也跟明遺民的政治認同有關。趙園考察明遺民的生活方式，發現「衣冠」既是政治立場的表述，也是儀態風度的展現。見氏著：《明清之際士大夫研究》（北京：北京大學出版社，2006年），頁260-267、296-298。

四、小結

　　本節討論聚焦在船山對肉刑、鬚髮和衣裳的見解，三者背後皆預取了「以身輔心」的思維模式，強調身體狀態對心性品質的影響力，同時也可以看到船山繼承傳統儒家的「完璧身體觀」，關切人類身體的完整性。雖然僅以這三點管窺船山的身體思維，不免掛一漏萬，但仍能清楚見到他不同於一般儒者「以心控身」的思維傾向。身心關係的重新調整，其實是改變生命論述的視角，使主流論述中無聲透明的生理生命，扭轉為心理生命的存在基礎，筆者以為此一轉折固然是以氣為首出者的應有之義，但也很可能跟船山豐富的身心實踐經驗有關。

　　正因船山重視生理生命，所以強調「形蝕德虧」，而非獨揚內在精神之優位性，例如莊子所言之「形殘德全」，船山察覺肉刑真正的損傷不在肢體，而是扭曲內在心性，造成心理變態。總之，徒以肉刑止惡只是讓受刑者益趨墮落。至於船山所謂的生理生命，其範圍甚廣，包含整個身體，即使毫無知覺且可反覆再生的鬚髮，亦為「完璧身體觀」中不可或缺的部分。換言之，髡薙鬚髮不只是身體形象的改變，而是等同肉刑對肢體的摧殘，同樣會造成心性品質的劣化。最後一點，船山將問題意識轉向身體的延伸——衣服，表示穿衣生活其實也是一種實踐工夫，不同形制的衣服將導致不同的實踐結果，決定或禽獸、或夷狄、或人類的終極差異。因此，船山盛讚「深衣」為人類服飾文化的極致展現，畢竟華夏衣裳的主要功能，並不在於滿足冷暖適切等生理欲求（甚至不大能滿足需求），而是以其形制象徵自然法則，以其規格約束身體動作，以其顏色影響內心情緒。換言之，華夏衣裳結合了自我形象、身體威儀、符號象徵、心性品質、族群文化、自然法則等因素，甚至足以影響歷史隆污之趨勢。

　　雖然船山關注肉刑、鬚髮和衣裳或許皆有實際的歷史機緣，他似乎敏銳地意識到身體與權力之間千絲萬縷的關係；但是船山的論述層次，並未停留在實際的歷史現象（勢），而是深究背後隱藏之歷史意義（理）。總之，船山對人類生命的探索，不僅關注宋明儒者所樂道之內在心性，復能正視宋明儒者相對忽略之身體議題。即此而論，船山在人類的身心關係上

再度「別開生面」矣。

第三節　築基身體的心性論

　　宋明儒學的復興，重新詮釋了先秦儒學的心性論，歷經北宋以降諸大儒的全力發展，遂使心性論重回儒家思想體系的熱區；並且透過與佛、道兩教的跨界激盪，宋明儒者對人類心靈意識的探索細入毫芒，甚至超越先秦儒學的水準。毫無疑問，船山的學術思想是從宋明儒學的主流傳統中長養起來的，心性論當然也是船山的研究焦點之一。然而，船山與一般宋明儒者的不同之處在於，凡是言心論性，每多就生理角度立論，反覆強調精神能力有其身體基礎，與其重視形氣的立場相符。換言之，假如以氣為生命的本質，身體就不是透明無聲的純粹物質，心性也不是超絕獨立的先驗根據，所謂心性乃築基於身體的生命現象。

　　此理既明，下文則分就「心靈明覺源自所有臟器」、「心性的新陳代謝」以及「心性與身體共在」三點，略論船山從生理學角度展開的儒家心性論。

一、心靈明覺源自所有臟器

　　船山以為人類認知與實踐的能力雖然稱為「心靈」（心臟之知覺），但這種明覺作用並非單憑心臟，而是體內所有臟器協同運作的結果，故曰：

　　　　自股而上，心也。不言心者，府藏之宮，神志魂魄之舍，下自丹田，上至咽，大體之官，皆靈明之府；其言心者，言其會通之牗耳。（咸卦）[54]

引文為咸卦九四爻辭「貞吉，悔亡。憧憧往來，朋從爾思」之義，船山根

54　見《船山全書第一冊‧周易內傳》（長沙：嶽麓書社，1988年），頁280。

王船山氣化生命論

據象傳的解說，謂咸卦之咸即「無心之感」，故爲外界事物在心靈中的直覺呈現，而非經過深思熟慮的意念。因此，所謂「憧憧往來」，當指心靈不斷應接外物而往來不息（意識內容不斷變化），應與九三爻辭「咸其股」合觀，表示大腿以上，包括整個軀幹，都是心靈意識的發生基礎。所以心靈的感知能力，可從心臟或軀幹兩個角度分析。若不說心臟而說大腿以上，代表所有臟器都是心靈意識的產生基礎，故下自丹田，上至咽喉，整個軀幹的內在組織都是「靈明之府」。若強調心臟而不言軀幹，則指所有臟器皆以心臟作爲協調的中樞，所以寬泛地說，凡言心臟即已涵蓋整個軀幹。總之，人類內在的知覺作用雖可簡稱爲「心靈」，但實際上是所有臟器協同運作的結果。

根據這種觀點，船山修正了晦庵「心屬火」之說，以爲心靈明覺並非專屬心臟所有，而曰：

> 朱子「心屬火」之說，單舉一臟，與肝脾肺腎分治者，其亦泥矣。此處說「心」，則五臟五官，四肢百骸，一切「虛靈不昧」底都在裡面（如手能持等）。（大學）[55]

引文以爲晦庵「心屬火」之說，將人類內在的虛靈明覺全部歸給心臟，又說不同臟器掌管不同身心機能，其實是一種非常僵固的比配方式，而非《大學》經一章中「明德」的本義。船山的評論，應該是根據《朱子語類》卷五性理二與卷六十八《易》四的說法：前者藉由問者五行搭配五臟，而心臟何以獨具五行之理的疑問，表示心臟屬火，爲一切明覺的根源，故可獨具萬理；後者則據五臟負責的各種身心機能，詮釋乾卦的元亨利貞四德，故以肝臟負責腦部（元），心臟掌管手足運動（亨），肺臟調節胸腔（利），腎臟持藏元氣（貞）。船山以爲晦庵說法之失，在於將人體的內在知覺全歸心臟，且每個臟器的功能各自獨立，心臟並無整合其他

---

55 見《船山全書第六冊・讀四書大全說》（長沙：嶽麓書社，1988年），頁395。

臟器的功能。即此而論，晦庵之說其實不足以涵蓋《大學》所謂之「明德」（心之虛靈不昧），因為心臟之「明德」泛指整個身體（五臟五官四肢百骸）協同運作的結果，「虛靈不昧」隸屬全身，而非僅憑心臟。

從前述引文中不難看出，船山有意結合心性能力與身體組織，代表人類的生命現象雖可粗分為身、心兩面，但心理與生理其實是不容分割的整體。因此，船山的生命論述涉及人體生理層面，這部分跟傳統醫家的研究範圍有所重疊，所以在某些論述中，他也參酌了傳統醫家之說，例如：

> 《內經》之言，不無繁蕪，而合理者不乏。《靈樞經》云：「肝藏血，血舍魂。脾藏榮，榮舍意。心藏脈，脈舍神。肺藏氣，氣舍魄。腎藏精，精舍志。」是則五藏皆為性情之舍，而靈明發焉，不獨心也。君子獨言心者，魂為神使，意因神發，魄待神動，志受神攝，故神為四者之津會也。然亦當知凡言心，則四者在其中，非但一心之靈，而餘皆不靈。孟子言「持志」，功在精也；言「養氣」，功加魄也。若告子則孤守此心之神爾。《靈樞》又云：「天之在我者，德也；地之在我者，氣也。」……氣之所至，德即至焉，豈獨五藏骨為舍德之府而不僅心哉？四支、百骸、膚肉、筋骨，苟喻痛癢者，地氣之所充，天德即達，皆為吾性中所顯之仁，所藏之用。故孟子曰：「形色，天性也。」（外篇）[56]

本段引文稍長，但主題頗為明確，大致可分為以下兩點。

1. 論五臟皆為內在心性的基礎：船山認為傳統醫學的經典《黃帝內經》雖有繁蕪之弊，但亦有合理之處，其中《靈樞》部分析論身體臟器與心靈能力的對應關係，契合船山的身心合一論，故節錄〈本神〉篇中的文字，作為論述的起點。根據〈本神〉說法，五臟機能與心性內容之間，可透過各種人體氣液互相連結。析言之，血氣連結肝與魂，榮

56 見《船山全書第十二冊·思問錄》（長沙：嶽麓書社，1988年），頁456。

王船山氣化生命論

氣（人體通過飲食消化所產生的營養）連結脾與意，脈氣連結心與神，空氣連結肺與魄，精氣連結腎與志。由是觀之，身心兩端可藉氣的連結作用，共構為一生命整體，而五臟皆為心性得以存在的基礎，所以人體內在的靈明知覺，乃五臟共同發揮功能之後的結果，而非僅憑心臟。君子之所以獨言「心靈」，而不言「五臟之靈」，則是因為由心臟支撐的精神乃一切內在現象的統整中樞，它可將分散各個臟器的心魂、意識、氣魄與意志統整起來，建構完整的生命個體。所以雖說「心靈」，其實泛指「五臟之靈」，並非單靠心臟而已。

2. 論全身的德氣交融：船山繼續徵引〈本神〉說法作為生命論述的起點，表示上天賦予人類仁德，大地提供人類生氣，仁德與生氣共構生命整體，倫理學意義的生命與生物學意義的生命互相重疊，甚至可以說生理生命其實是精神生命的基礎，故謂「氣之所至，德即至焉」。不過，這並不表示儒學本身欠缺生理生命的論述，例如船山列孟子「形色天性」為例，覺得它可與《靈樞》之「天德地氣」互相對應，甚至比《靈樞》局限五臟的論述模式更為完整，因為孟子的論述範圍遍及全身，舉凡四肢、百骸、膚肉、筋骨等所有身體組織在內，只要具備知覺能力，它就蘊含了地氣（氣）與天德（理）。換言之，易學的「顯諸仁，藏諸用」，可詮釋為人類的心性能力源自身體組織，若沒有身體，即無心性可言（理在氣中）。

既然心性築基於身體，代表身體的傷損將造成心靈的失能，船山曰：

一人之身，居要者心也。而心之神明，散寄於五藏，待感於五官。肝、脾、肺、腎，魂、魄、志、思之藏也。一藏失理，而心之靈已損矣。無目而心不辨色，無耳而心不知聲，無手足而心無能指使，一官失用而心之靈已廢矣。其能孤扼一心以絀群用，而可效其靈乎？則質待文生，而非有可扼之要，抑明矣。（畢命）[57]

57 見《船山全書第二冊‧尚書引義》（長沙：嶽麓書社，1988年），頁412。

引文表示人體之中，最重要的臟器是心臟，而由心臟統整的虛靈明覺，則是五臟共同運作的結果，涵蓋五官接收的感性內容。正如《靈樞・本神》所言，人體五臟是內在心性得以產生的基礎，肝臟、脾臟、肺臟、腎臟，各自支撐不同的心性能力，所以某一臟器失能，心靈的明覺作用亦將隨之減損。同理，如果五官或手足無法正常發揮功能，心靈的知覺作用或驅動能力亦將受限。換言之，人類的內在心性必須建構在完整的身體之上，不能單獨依靠心臟，而忽略其他臟器、感官或四肢所提供的支援。最後，船山表示身心關係其實就像文質關係，若欠缺了有形之文，則無形之質亦無處寄託，故不可單論心靈，而忽略它的身體基礎。

二、心性內容的新陳代謝

在船山心性論述中，最特別的觀念應該是心性的新陳代謝。換言之，心性的發展如同身體的發育一般，會隨時間不斷更新其所持藏的內容，人類的實踐經驗最終決定生命本身的品質。因此，船山以為無論身體或心性，都是在一個氣化流行的網絡中不斷新陳代謝，持續發展其自身，可見氣即人類生命之本質。

㈠儒家氣學與佛教唯識學的跨界域激盪

值得注意的是，船山在討論人類的內在心性時，有時是把問題放在佛教唯識學的術語脈絡之中，借用八識架構分析道德心性的特質，並謂道德心性源自陰陽二氣。例如在批判佛教的「銷礙入空」時，船山即曰：

釋氏以真空為如來藏，謂太虛之中本無一物，而氣從幻起以成諸惡，為障礙真如之根本，故斥七識乾健之性、六識坤順之性為流轉染污之害源。此在下愚，挾其鬱蒸凝聚之濁氣以陷溺於惡者，聞其滅盡之說，則或可稍懲其狂悖；而仁義無質，忠信無本，於天以太和一氣含神起化之顯道，固非其所及知也。昧其所以生，則不知其所以死，妄欲銷隕世界以為大涅槃，彼亦烏能銷隕之哉，徒有妄想以惑世誣民而已。（敔按：釋氏謂第七識為「末那識」，華云

「我識」，第六識爲「紇哩耶識」，華云「意識」。此言乾健之性、坤順之性者：爲仁由己，乾道也；主敬行恕，要在誠意愼獨，坤道也。）（神化篇）[58]

引文爲船山註解橫渠「世人取釋氏銷礙入空，學者舍惡趨善以爲化，此直可爲始學遺累者，薄乎云爾，豈天道神化所同語也哉」一段，橫渠原文簡略，僅泛論佛教證空之旨，宗派色彩並不明顯。但船山註解則全取唯識學的立場，借用七六兩識比配易學的健順二性，辨明儒佛之異，闡釋佛學何以只是「始學遺累」（初學者化去偏執）的工夫。其中「薄乎云爾」（典出《孟子·離婁》，謂罪過比較小罷了），則涉及船山對道教養生思想的批判，以爲內丹鍊氣不散的弊病比唯識學的滅盡之說更嚴重。換言之，在船山的詮釋中，橫渠表面上談論佛教，骨子裡卻是三教論衡。

　　就方法論而言，船山在本段中建構一種揉合儒佛術語的奇特論述模式，直接摘取儒家術語與佛教術語互相對勘、融通及詮釋。若就其本義來說，文中儒佛術語的比配詮釋，不一定完全吻合這些術語的本義，但卻呈現船山對唯識學某些名相的特殊理解，若以現代學術觀念視之，船山的詮釋方式類似近人所謂「跨文化碰撞」（筆者稱爲「跨界域激盪」），[59]導致儒、佛雙方的術語義界，均超出原本範圍之外，而產生某種程度的質變，同時產生「別開生面」的創造力。

　　回到註文，船山以爲佛教追求「眞空」的說法，從儒家氣學的角度視之，乃誤以爲「太虛」之中本無一物，而「氣」（相當於宇宙萬有）是一種後起的、由人類心識變現的「幻有」，故把氣當作障礙人類追求「眞如」的惡業。因此，佛教把第七識「末那識」（manas；我識）和第六識「紇哩耶識」（mano-vijñāna；意識），一律視爲生命流轉過程中產生染污的害源，卻未察覺「末那識」其實相當於儒家易學中由陽氣賦予的「乾

58　見《船山全書第十二冊·張子正蒙注》（長沙：嶽麓書社，1988年），頁83。
59　見何乏筆：〈真理與工夫專輯前言：何謂「當代漢語哲學」？〉，《中國文哲研究通訊》第15卷第3期（2005年9月），頁1-4。

健之性」，而「紇哩耶識」則相當於陰氣所賦予的「坤順之性」。這代表唯識學只關注「我識」與「意識」的負面作用，卻未能正視兩者在道德實踐中的正面作用。乍看之下，船山混合儒佛術語的做法頗為突兀，本來不易掌握其旨，所幸王敔的按語適時填補船山所遺留的空白。根據王敔的疏解，船山對第七識與第六識的理解，乃根據「我識」和「意識」中的「我」與「意」而來，以為這兩者正是儒家成德之學的核心觀念，故前者「我識」涉及《論語》的「為仁由己」，代表主體具有道德自覺，而非聽任感官做主，[60] 若從氣的角度來說，此一能力源自陽氣的「乾健之性」。後者「意識」則涉及《大學》的「誠意慎獨」，代表持素正之志心貫注於善惡無恆的意識（誠意），[61] 且在意識發動之初幾實踐執善去惡的工夫（慎獨），[62] 若由氣的角度來看，此二者實皆源自陰氣的「坤順之性」。至於船山為何從陰陽論述道德，在於他認為人類生命來自二氣五行之精華，所以具有最優異的生命構造，而道德心性即此生命構造獨具之性能。

　　文中隱而未發之義是，既然「為仁由己」（乾道）與「誠意慎獨」（坤道）俱為人性之內容，代表人性應為人類所有心靈能力的根源。依船山之見，唯識學的義理系統中也具有類似的平行結構，即第七識（末那識）與第六識（紇哩耶識）均來自第八識（阿賴耶識），可見第八識其實是人類所有心識能力的基礎。[63] 合言之，船山以為儒家所謂的人性當可對應佛教的阿賴耶識。若阿賴耶識可因身心實踐活動，不斷更新其所持藏之內容，代表人性應該也是開放系統，其內容可以在心氣交流中不斷地新陳

---

60 見《船山全書第六冊・四書箋解》（長沙：嶽麓書社，1988年），頁226。

61 見《船山全書第六冊・讀四書大全說》（長沙：嶽麓書社，1988年），頁415。筆者此處對「誠意」、「慎獨」的解釋參酌陳來之說。見氏著：《詮釋與重建——王船山的哲學精神》（北京：北京大學出版社，2004年），頁56-57。

62 見《船山全書第六冊・讀四書大全說》（長沙：嶽麓書社，1988年），頁411。筆者此處對「慎獨」的解釋參酌陳來之說。見氏著：《詮釋與重建——王船山的哲學精神》（北京：北京大學出版社，2004年），頁90-91。

63 吳立民認為船山所謂第八識與前七識的生成關係，與唯識學本義有所出入。見氏著：《船山佛道思想研究》（長沙：湖南出版社，1992年），頁237。然而，筆者以為即使船山對唯識學的理解有誤，也不妨礙此處的研究主旨，反可藉此深入其藏，因為這種生成關係恰好呈現了船山統整儒、佛兩家術語的特殊立場，其中隱含的雙向質變，乃船山心性論述之核心。

王船山氣化生命論

110

代謝。總之，筆者以爲儒家人性與佛教阿賴耶識的跨界激盪，實乃船山整套心性論述的關鍵所在，也是船山理論創造力的泉源。

此外，船山在詮釋橫渠之「始學遺累」時，把它定調爲橫渠對內丹鍊氣之術的批判，認爲佛教唯識學固有諸般不是，仍較道教之養生思想爲優，故稱修鍊有形「濁氣」（氣有形則濁而礙）者爲「下愚」，[64]表示養生之徒只知鍊化「濁氣」（改變人體生理），卻不知「濁氣」會因身心之間的氣化交流而影響心性，導致修鍊者的生命狀態日漸陷溺於濁惡（追求長生不死的後遺症），最終因生理變化而造成心理變態。由是觀之，佛教「眞空」之說雖不知心性能力背後有氣作爲根據，但亦非一無可取，至少其「滅盡」思想可以稍微警告那些修鍊「鬱蒸凝聚之氣」（即有形之濁氣），而妄求長生不死的丹道信徒。當然，這裡批判的「濁氣」是否即爲道教養生所修鍊的「氣」，其實不無疑問，而內丹修鍊所帶來的身心變化是否可視爲墮落，亦有商榷的餘地。但無論如何，這些論述至少明確地表達了船山儒家本位的理論立場，所以佛教唯識固不足取，道教長生更爲狂悖。若進一步追究異端謬誤的原因，船山則謂彼等不知「太和一氣」及其「神化」，故佛教誤視氣化爲染污心識之變現，道教則徒知修鍊有形之濁氣。若僅就佛教而言，彼等視世界爲幻有，妄言銷隕世界，以求達到「大涅槃」，實在是荒唐可笑！所謂「大涅槃」，指絕對寂滅，死不復生，剛好違背氣化生命論所強調的生氣循環不息，所以船山怒斥爲「惑世誣民」之邪說。

這種揉合儒佛術語的詮釋方式，不僅限於第七識與第六識，而是唯識學八識中的每一識，都可在儒家心性論中找到互相對應的觀念。船山曰：

> 釋氏之所謂六識者，慮也；七識者，志也；八識者，量也；前

---

64 船山此處的「鬱蒸凝聚之濁氣」，當取橫渠前文「所謂氣也者，非待其鬱蒸凝聚，接於目而後知」。對此，船山註解曰：「陽爲陰累則『鬱蒸』，陰爲陽迫則『凝聚』，此氣之將成乎形者。養生家用此氣，非太和絪縕、有體性、無成形之氣也。」見《船山全書第十二冊・張子正蒙注》（長沙：嶽麓書社，1988年），頁82。由此可知，引文中之「下愚」不可作一般愚人解釋，而是指實踐道教養生技術者。

五識者，小體之官也。嗚呼！小體，人禽共者也；慮者，猶禽之所得分者也。人之所以異於禽者，唯志而已矣。不守其志，不充其量，則人何以異於禽哉？而誣之以名曰「染識」，率獸食人，罪奚辭乎！（外篇）[65]

引文指出佛教唯識學與儒家心性論的對應關係，以孟子學的「大體」、「小體」之辨，重新詮釋唯識的八識結構。就「大體」而言，第六識屬意識思慮，第七識屬主體意志，第八識屬人性體量，根據這樣的安排，船山認為孟子學的「大體」可以涵蓋唯識學的六、七、八三識，皆指人類的內在心性。就「小體」而言，唯識學的前五識，則可對應孟子學的耳目口鼻等感官，彼等僅負責接收外界訊息，而沒有反思的功能。因此，無論大小之辨或八識結構，其實都在描述人類生命的基本特徵，故孟子學與唯識學可以互相詮釋。不過，船山站在孟子學的立場審視唯識學，以為唯識學雖知區分八識結構，卻未能關照人禽之異。析言之，八識中的前六識其實是人類與動物的通性，不僅前五感為人禽所共有，即便動物的第六識不能像人類的「心所」（caitasika）一般精密複雜，但高等動物同樣具備某些意識內容，代表人類與動物真正的分別，其實只有第七、第八兩識。由是觀之，船山以為唯識學的缺陷十分明顯，就是它對第七識的認識有所偏差，誤認主體僅有執著自我與染污心識的功能，而未見源自人性的道德意志（虛靈不昧），[66] 所以「不守其志，不充其量」，代表彼等既不能持守主體及其清明意志，[67] 亦未能充分實現其本有之人性。如此一來，人類雖具

65 見《船山全書第十二冊・思問錄》（長沙：嶽麓書社，1988年），頁451。
66 關於「心」、「志」、「性」三者的關係，船山在《讀四書大全說》中，有明確的界定。他說：「若吾心之虛靈不昧以有所發而善於所往者，志也，固性之所自含也。」見《船山全書第六冊・讀四書大全說》（長沙：嶽麓書社，1988年），頁923。簡言之，「志」即虛靈不昧之「心」所發出之清明意志，而心靈又以「性」為根源。
67 船山詮釋孟子之「志」，似不僅止於主體所發之道德意志，還兼含主體本身，與《大學》所謂的「正心」相當。所以船山說：「是心雖統性，而其自為體也，則性之所生，與五官百骸並生而為之君主，常在人胸臆之中，而有為者則據之以為志。故欲知此所正之心，則孟子所謂志者近之矣。唯夫志，則有所感而意發，其志固在；無所感而意不發，其志亦未嘗不在。」見《船山全書第六冊・讀四書大全說》（長沙：嶽麓書社，1988年），頁400-401。

有優於動物的生命構造，最後卻無法實現人類獨具的人性，反而與缺乏倫理的禽獸無別，足證相宗徒視第七識爲「染識」之非，犯了以動物性取代人性的謬誤（創造性地詮釋了「率獸食人」），對於這個後果，佛教唯識學難辭其咎。值得注意的是，當船山依據儒家心性論批判佛教唯識學，其實無形之間改造了唯識學的觀念，同時也擴充了孟子學的內容，其中最關鍵者，在於人性與第八識的互相對應，使兩者皆發生質變，導致第八識的人性化，人性的第八識化。[68]

　　既然唯識學的第八識是船山心性論得以「別開生面」的原因，則有必要追究船山所認識的第八識是什麼。首先，第八識最重要的功能爲「持種」：

　　「持種」：謂執持一切善染種子，流轉還滅皆依持此識。（八識十證）[69]

所謂「持種」即執持前七識產生的所有善惡種子，亦即主體所有身心實踐活動都會轉化爲種子，儲存在第八識中，所以第八識可視爲所有生命經驗的資料庫。此一執持善惡種子的作用不受生死流轉的影響，可以貫徹各期生死，實爲三世輪迴的主體。換言之，第八識可根據後天實踐經驗而不斷更新其所持藏的內容，並且在生命輪迴的過程中永續存在。

　　再者，船山在解說「八識三藏」的「能藏」與「所藏」時，對第八識的這種持藏功能有更細緻的闡述，其云：

　　「阿賴耶」，此翻爲藏。……「能藏」：此識體本虛，故能含

68　吳立民亦有此見，他說：「船山深入佛道之藏，採擷其精華，為己所用。……他從佛家法相唯識學中，以『八識』說『性』，解決了『性』的問題。」雖然吳氏用語簡略，欠缺完整論述，且僅談唯識學對船山心性論的影響，未見船山心性論對唯識學的改造，但他在1980年代即指出船山心性論與佛教唯識學的關聯，仍有其不可抹滅之功。見氏著：《船山佛道思想研究》（長沙：湖南出版社，1992年），頁10。

69　見《船山全書第十三冊‧相宗絡索》（長沙：嶽麓書社，1988年），頁561。

藏前七無始熏習所有善惡種子，又能藏現有前七所作善染諸法現行
為未來種子。心王既爾，心所亦然，以「五徧行」中一切心所皆能
建立也。此就八識體量功用而言（筆者按：船山在此將「量」與
「體」連用，當與前引「八識者，量也」合觀，可知「量」有本體
之義），謂之「能藏」。「所藏」：此就前七依之以藏而言，謂之
「所藏」。前七所有善染心所皆藏於此識之中，為彼所藏，即定為
彼所染。如一庫藏本無銅鐵，而用貯銅鐵，為銅鐵所藏，則名為銅
鐵庫矣。從彼得名，即受彼染，八識不自還其真空本來之體量，聽
前七據為所藏，遂無自位，為前七作總報主。（八識三藏）[70]

引文表示梵文的阿賴耶（ālaya）為收藏容受之義，即此而論，第八識又
可再細分為「能藏」、「所藏」與「執藏」（由於「執藏」與本段主旨無
關，暫不討論）三種功能。就「能藏」而言，第八識的本體虛空能受，故
可持藏前世熏染的善惡種子，又能持藏前七識現世造作的善惡業力，並待
其轉為未來果報的種子。除此之外，第八識也是與「五徧行」（觸、受、
作意、想、思）有關的一切心所得以成立的基礎。因此，「能藏」乃第
八識的自體與功能，可以持藏所有的身心活動經驗；就「所藏」而言，第
八識是前七所有善惡種子的收藏庫，與前七「心王」相應的種種「心所」
（精神作用）亦根源於此。既然第八識持藏這些生命訊息，自然也受其持
藏內容所影響，不再是原本的真空自體，反而轉成前七識善惡種子的「總
報主」（實即前述之收藏庫）。船山在此舉了一個例子，謂空的收藏庫本
來沒有名字，當它用來收藏銅鐵之後，它就變成了「銅鐵庫」，所以「所
藏」的意思就是說，第八識會受到持藏內容的影響，受染則為染識，受淨
則為淨識。

綜合上述兩義，唯識學的第八識既可持藏一切身心活動經驗，又受持
藏內容影響，決定其本身之染淨品質。由是觀之，船山在論述儒家人性

———————————————

[70] 見《船山全書第十三冊‧相宗絡索》（長沙：嶽麓書社，1988年），頁564-565。

時，背後莫不預取唯識學以爲對照，下文即就此義展開析論。

㈡後天積習決定心性內容

　　根據唯識學的說法，第八識可以持藏所有身心活動經驗所造成的結果，並伴隨生命歷程的演進，不斷更新其所持藏的生命訊息，最終由訊息內容決定其染淨品質。如果儒家所說的人性可以類比第八識，那麼人性就不是一個先天完備的封閉系統，而是後天交換的開放系統，人性就跟人體的生理狀態一樣，可以不斷地新陳代謝。這種心性層面的新陳代謝，散見船山群經註疏，其中又以《尚書》「習與性成」一段的論述最爲精詳，以下分點析論。

　　第一，船山指出後天積習可以轉換爲先天人性，兩者共構人性內容：

　　「習與性成」者，習成而性與成也。使性而無弗義，則不受不義，不受不義，則習成而性終不成也；使性而有不義，則善與不善，性皆實有之，有善與不善而皆性。氣稟之有，不可謂天命之無：氣者，天氣；稟者，稟於天也。故言性者，戶異其說。今言「習與性成」，可以得所折衷矣。（太甲二）[71]

引文根據〈太甲〉的「習與性成」展開論述，以爲此語可以解決人性議題的各種論爭。就原典背景而言，太甲爲成湯之後裔，他從執政之初的暴虐，轉化爲後來的愛民，乃人性內容可以更新再造的明證。[72]船山表示人性之所以具可塑性，是因爲「習與性成」，亦即後天積習可以改變先天人性，轉換爲人性的內容。即此而論，人性純善無不義之說，只承認積習可以爲惡，但惡習不能變爲人性，導致「習成而性終不成」。船山以爲此說的缺陷在於割裂先天與後天，將人性視爲一種僵固的封閉系統。反之，

71 見《船山全書第二冊·尚書引義》（長沙：嶽麓書社，1988年），頁299。
72 《史記·殷本紀》：「帝太甲既立三年，不明，暴虐，不遵湯法，亂德，於是伊尹放之於桐宮三年。伊尹攝行政當國，以朝諸侯。帝太甲居桐宮三年，悔過自責，反善，於是伊尹迺迎帝太甲而授之政。帝太甲修德，諸侯咸歸殷，百姓以寧。伊尹嘉之，迺作〈太甲訓〉三篇。」見《史記》（臺北：七略出版社，1991年），頁62。

如果積習可以轉換成人性的內容，則積習之善惡皆可重塑人性之品質，人性遂因後天實踐經驗而善惡殊途，此與唯識之種子熏習，有一種平行對應的關係。[73] 此外，人性蘊於「氣稟」，有什麼性質的「氣稟」，代表有什麼性質的「天命」（此當指人性而言），人類之「氣稟」固然來自「天氣」之賦予，但「天氣」之品質亦可為「氣稟」所重塑，可見後天經驗可以改變先天性質，而積習正是主體透過各種形式的交換與整體發生的連續性互動。換言之，船山所謂的「天命」，既有先天的意義，亦有後天的內涵，人性即在先天根源與後天發展的交互作用中，日漸長養而成。唯其中思路較為曲折，貫徹先天、後天和整體、主體，呈現人類生命現象的複雜樣態。總之，船山從〈太甲〉「習與性成」之說，精鍊出積習經驗可以不斷更新人性內容的論述模式。船山甚至認為此說足以折衷歷代各家人性論的偏頗。至於後天經驗如何從建構人性，進而影響天命造化，船山則另有完整的理論說明這些問題，筆者稱之為「生命政治觀」，然因無關本段主旨，姑且略過不談。

第二，船山根據「習與性成」，提出發展人性論取代先驗人性論：

夫性者，生理也，日生則日成也。則夫天命者，豈但初生之頃命之哉！但初生之頃命之，是持一物而予之於一日，俾勞持終身以不失。天且有心以勞勞於給與，而人之受之，一受其成侀而無可損益矣？夫天之生物，其化不息。初生之頃，非無所命也。何以知其有所命？無所命，則仁、義、禮、智無其根也。幼而少，少而壯，壯而老，亦非無所命也。何以知其有命？不更有所命，則年逝而性

73 船山詮釋《尚書》「習與性成」時，應曾參酌唯識熏習之說，例如船山在《孟子・滕文公》處亦嘗論「習與性成」，謂人之氣稟欲求若於不當之時位取用外物（交換過程欠缺合理性），則將產生惡習，故謂：「業已成乎習，則熏染以成固有，雖莫之感而私意私欲且發矣。」見《船山全書第六冊・讀四書大全說》（長沙：嶽麓書社，1988年），頁962。引文中即使用唯識學常見之「熏染」描述積習如何轉換為人性。勞思光對此亦有所見，他說：「船山此處用『熏染以成固有』一語，顯然取佛教唯識一支之種子受熏觀念，觀《相宗絡索》中船山對『熏習』及『染』觀念之陳說，可知船山自己之『習』觀念實大受此種佛教理論之影響也。」見氏著：《新編中國哲學史（三下）》（臺北：三民書局，2001年），頁719。

亦曰忘也。（太甲二）[74]

引文指出所謂人性，乃人類身體組織中蘊含的法則（生理），它會不斷地更新自我並且發展自我。[75] 由於人性源自「天命」，若人性不斷更新變化，代表「天命」（宇宙整體的內在交換機制）對個體的影響力並未局限在先天的範圍，故謂「豈但初生之頃命之哉」。如果人性只是初生時的與生俱來之物，就像上天持一物授予人類，使人終身辛勤地固守它，且不可丟失；但事實上「天命」的影響力存在於一個連續不斷的交換過程中，人類可不斷接受「天命」以成就人性，代表人性是一個具備高度可塑性的開放系統，而非一旦成例便不能更新的封閉系統。換言之，船山其實改造了儒家心性論述原本的先驗傾向，另闢「後天實踐經驗決定心性品質」的特殊路線，[76] 亦即筆者所謂「心性內容的新陳代謝」。此一轉折固然是從生理生命（生物學意義的生命）的角度重新省察人性，但唯識學的生命論述（生命的本質可因後天身心活動不斷更新其持藏內容）應該也是船山人性論的參照座標之一。總之，船山整合人性論的先天因素與後天因素，表示天命既決定先天的本質，也影響後天的發展。就前者而言，天命若非人性的根源，則人類諸般道德性能（仁義禮智）便無確據；就後者而言，天命若未參與人性的發展，則隨人類之生命演化歷程（幼少壯老）而日漸損耗，終將遺忘殆盡。即此而論，船山似將人性視為某種可被代謝消耗的生命資本，故亦須不斷地增補。簡言之，天命（人性）其實貫徹人類生命的先天本質與後天發展，涉及全幅生命歷程。

---

[74] 見《船山全書第二冊‧尚書引義》（長沙：嶽麓書社，1988年），頁299-300。

[75] 筆者看法部分參酌錢穆之說，錢氏以為船山之論道、論善、論性，若以今意譯之，即「道為天演之現象，善則天演淘汰中繼續生存之適應，而性則僅是生物於適應中所得之幾種生理也。」見氏著：《中國近三百年學術史》（臺北：臺灣商務印書館，2009年），頁110。錢氏於1930年代即見船山論性隱含生物學之旨趣，可謂孤明先發。雖然下語簡略，論述不足，且船山論性除生物所得之「幾種生理」外，尚有其他內涵。無論如何，錢氏的「人性天演說」對筆者的研究仍深具啟發意義。

[76] 筆者此處說法曾參考勞思光之說，他以「發展觀」詮釋船山的理論特徵，頗足以標明船山思想底蘊。他說：「蓋除實在論立場外，船山思想另一特色即在於其發展觀。世之論船山之學者，每喜以船山與德國黑格爾相比，其著眼點當即在此。」見氏著：《新編中國哲學史（三下）》（臺北：三民書局，2001年），頁685。

第三，船山分析天命的內容，以二氣五行爲人性的本質：

形化者，「化醇」也；氣化者，「化生」也。二氣之運，五行之實，始以爲胎孕，後以爲長養，取精用物，一受於天產地產之精英，無以異也。形日以養，氣日以滋，理日以成。方生而受之；一日生而一日受之。受之者有所自授，豈非天哉！故天日命於人，而人日受命於天，故曰性者生也，日生而日成之也。……陰陽之化，運之也微，成之也著。小而滴水粒粟，乍聞忽見之物，不能破而析之以盡陰陽之畛，斯皆有所翕合焉。陰爲體而不害其有陽，陽爲用而不悖其有陰，斯皆有所分劑焉。川流而不息，均平專一而歆合。二殊五實之妙，翕合分劑於一陰一陽者，舉凡口得之成味，目得之成色，耳得之成聲，心得之成理者，皆是也。是人之自幼訖老，無一日而非此以生者也，而可不謂之性哉！（太甲二）[77]

引文先據易學「化醇」和「化生」之語，詮釋人類生命之形氣變化，若參酌船山在《周易內傳》的解說，「化醇」即「化其氣而使神」，「化生」即「化其形而使長」。[78]換言之，所謂形氣變化其實是天命不斷轉換爲個體生命的歷程。船山結合北宋周張之說，以爲天命等同陰陽二氣與由二氣衍生的五行，[79]所以二氣五行（天命）是構成一切生命的基礎，也是生命發展的動力，人類從原初的胎孕乃至日後的長養，都是透過主體與整體的

---

[77] 見《船山全書第二冊・尚書引義》（長沙：嶽麓書社，1988年），頁300。

[78] 見《船山全書第一冊・周易內傳》（長沙：嶽麓書社，1988年），頁597。

[79] 船山：「周子太極圖第一圖，太極之本體；第二圖，陰陽二氣，天之蘊也；第三圖，五行順布，地之撰也。第二圖陰陽分左右，而中有太極，陰陽分體太極，而太極自不雜，在天之極也；第三圖位土於中，周行水、火、木、金而別無太極，明土爲在地之極也。土不待水火而生，而水火依土；木金，土之華實，非土外之有木金。張子此論（筆者按：此指『土者，物之所以始成而成終也』），究極物理，與周子吻合。」（參兩篇）見《船山全書第十二冊・張子正蒙注》（長沙：嶽麓書社，1988年），頁63。由太極圖前三圖的生化關係可知，所謂「五行」皆由「二氣」所生，而「二氣」即「太極」之實蘊，故宇宙整體皆爲氣化之流行，上下兩圖的理論關鍵落在第二圖。即此而論，船山的詮釋系統其實是以橫渠的「二氣創造性」，收攝濂溪的「太極超越性」，逐使「太極」既超越而又內在，向下置入「二氣」之中。

交換機制攝取外物（取精用物），藉以推動生命構造的新陳代謝，而這些提供生命能量的有機物，本質上皆為天地之氣（二氣五行）凝聚而成的精華。簡言之，生命的演化就是主客之間能量交換活動的結果。因此，生命發展的面向包含身體（形）的發育、生命能量（氣）的增長和蘊含在能量之中的法則（理）逐漸實現。換言之，天命不僅參與生命的建構，並且貫串全幅生命歷程，代表整體層次的宇宙能量，不斷地轉換為個體層次的生命能量，能量的交換是從巨觀到微觀，而所謂人性即此能量之中蘊含的法則，故身體日漸發展，代表人性亦日趨完備。再者，船山表示氣化萬物的歷程其實是潛移默化的，所以個體生命的演化過程極其細微，感官經驗所能觀察到的現象往往只是結果。如果說一切生命源自二氣之「翕合」（搏聚凝結），那麼天地萬物之生成變化，無論多麼渺小細微（滴水粒粟），或多麼時間短暫（乍聞忽見之物），都是陰陽渾合之後的產物，而無法明確地劃分組織結構中的陰陽畛域；如果就陰陽二氣之「分劑」（分別差異）而言，則無論生命的構造（體）或功能（用）為何，其中的陰陽二氣皆可獨立存在而不相悖害，不因聚合結果而喪失其本性。總之，生命（二氣五行）是一個連續不斷且渾合無間的發展過程。即此而論，人類生命的身心兩端皆為二氣五行的產物，依照生命歷程的發展演化，代表人類不只是外在身體持續更新，其內在心性同時也在新陳代謝。

第四，船山以為「生命的新陳代謝」可分兩個階段，嬰幼兒期與成熟期的發展特徵大相逕庭，是從被動接受到主動權衡的過程，故曰：

生之初，人未有權也，不能自取而自用也。唯天所授，則皆其純粹以精者矣。天用其化以與人，則固謂之命矣。已生以後，人既有權也，能自取而自用也。自取自用，則因乎習之所貫，為其情之所歆，於是而純疵莫擇矣。乃其所取者與所用者，非他取別用，而於二殊五實之外，亦無所取用，一稟受於天地之施生，則又可不謂之命哉！「天命之謂性」，命日受則性日生矣，目日生視，耳日生聽，心日生思；形受以為器，氣受以為充，理受以為德。取之多，

用之宏而壯；取之純，用之粹而善；取之駁，用之雜而惡。不知其所自生而生。是以君子自強不息，日乾夕惕，而擇之、守之以養性也。於是有生以後，日生之性益善而亡有惡焉。若夫二氣之施不齊，五行之滯於器，不善用之則成乎疵者，人日與偷暱苟合，據之以為不釋之欲，則與之浸淫披靡，以與性相成，而性亦成乎不義矣。（太甲二）[80]

本段引文稍長，以下分兩點說明。其一，人類發展的兩期劃分：就人類的嬰幼兒期來說，此時缺乏主動權衡的能力，尚未具備「自取自用」的主體自由，所以在這個時期，一切身心發展皆由「天命」灌輸，可謂「天授即用」，亦即人類被動地吸收天地之氣的精華，並在這個複雜的轉換過程（或說分解反應）中，逐漸發展生理組織和心理機制。就成熟期而言，人類因身心結構的發展而具備了主體自由，可以主動權衡，取捨外物，故謂「自取自用」。所謂「自取自用」，其實又可分「自取」與「自用」兩個部分：就「自取」而言，乃主體與整體之間的能量交換機制，簡單說就是呼吸與攝取飲食；就「自用」而言，交換所得的生命能量支撐身心活動，若身心活動的內容具有某種重複的行為模式，則稱之為積習。由於生命的發展取決於主體的積習和喜好，導致能量的交換遂分取純與取疵兩途，而不再是嬰幼兒期單純的「取精用純」（天命灌輸）。[81]成熟人類的所取所用既咸源諸整體，代表交換內容依舊是「二殊五實」（二氣五行），只是吸收內容的品質有純有疵，可見天命對人類的影響力貫徹了全幅生命歷程，非徒限於初生之頃。總之，人類生命發展的前後期之分，其實是從生理學的角度審視生命的內涵，其特殊之處在於心性與身體之間的交流互動，故身體的取用行為，可以不斷更新心性的內容；或說生理的變化，亦

---

[80] 見《船山全書第二冊‧尚書引義》（長沙：嶽麓書社，1988年），頁300-301。

[81] 此處限於引文內容，僅討論主體自由或本身情性對積習的影響，兩者皆屬主觀因素。但實際上，船山認為可以影響積習內容的因素遠不止此，尚包括其他的客觀因素，例如後天的人格教育或社會環境。關於這部分的整理與討論，可見林安梧：《王船山人性史哲學之研究》（臺北：東大圖書公司，1991年），頁64-65。

可產生心理的連鎖反應。若用現代學術的分類方式解釋,船山思想是由生理學演變為心理學,或說從生物學發展為人文學,代表他的論述內容並未限制在某個固定的範圍,而是四處逾越現代人的知識分類,蘊含某種飛躍性的理論質變。[82]

其二,取捨內容決定心性品質:根據生命的發展節律,船山重新詮釋了《中庸》的「天命之謂性」,從人類生理發展的角度論述心性內容的更新,代表身體感官的發展與心性內容的更新齊頭並進,背後推動代謝的動力,皆來自主體的交換活動(攝取空氣或飲食)及積習模式(身心活動的重複行為):從生命的來源端說,整體不斷將生命能量及其蘊含的法則傳輸至主體(天日命日降);從接收端說,主體則不斷接收來自整體的生命能量及其蘊含的法則(性日受日生)。換言之,人類的身體形貌(形)因持續接受天命而日漸定形;生命能量(氣)因持續接受天命而日漸充實;心性內容(理)則因持續接受天命而日漸成德。

當然,以上所述純屬理想狀態,因為人類在身心結構成熟之後即具備自由取捨的能力,代表既可取純用善,亦可取疵用惡,然而無論取純取

---

82 關於船山之發展人性論,前輩學者論述已豐,筆者本無意再添一說。然而,前人所論固然各有精彩,但仍有未盡之處,時常忽略船山論述人性問題時的生物學旨趣,或僅簡單帶過船山對人體生理的重視。例如唐君毅論船山人性日生之義時,對於其中隱含的能量交換系統,僅曰:「人之氣質,固無時不與其所接之天地萬物相感應,而在此感應關係中,即有人之自動自發之自化自新。」見氏著:《中國哲學原論・原教篇》(臺北:臺灣學生書局,2004年),頁558。引文中只籠統地將此交換歷程稱為「感應關係」。曾昭旭在析論《尚書引義》中的「性日生」時則謂:「第三段(筆者按:指原文「天命之謂性」至「而性亦成乎不義矣」)承上段所言人生後有權之意,而論人所自成之性有善惡之別者,皆由人取用天產之或純或駁所致,於是人性之升沉遂無必然之把柄而唯在人之自擇,而人之責任由是逐重。」見氏著:《王船山哲學》(臺北:里仁書局,2008年),頁536。引文中雖能關照「取用純雜」之義,但僅一語帶過,並未深究其旨。林安梧在論述《尚書引義》的相關段落時則謂:「船山的人性論是『即生而言性』,而不同於陸王之『即心而言性』,亦不同於程朱之『即理而言性』。但值得注意的是,這裡所謂的『即生而言性』並不是告子所謂的『生之謂性』,因告子的『生』是生物學意義的生,而船山的『生』一方面是存有論意義的生,另一方面則是歷史發生學意義的生。」見氏著:《王船山人性史哲學之研究》(臺北:東大圖書公司,1991年),頁62。林氏之論指出船山是「即生言性」固然不錯,但下面分辨船山和告子的差異,筆者只能同意一半:船山的生命論述確實不同於告子,其論述範圍遠比告子廣泛,但船山跟告子一樣都非常重視生物學意義的生命,而不能將其生命論述完全置入哲學語境,單純視為存有論,否則將窄化船山生命論述的豐富面向。當然,曾撰文討論船山人性論者遠不只上述三家,筆者在此僅挑選幾位具代表性的學者,略述前人研究所遺留的問題。

疵，攝取的內容都是宇宙整體提供給人類主體的生命能量。因此，從生理的角度說，主體若是對整體能量的攝取量多，能應用的範圍相對廣大，故其發展程度因之茁壯。隱而未發之義是，如果取寡用小，生理發展則隨之萎縮。從心理的角度說，除了取用的分量多寡外，取用的內容也很重要。所謂「積習決定交換內容的品質」，如果主體的積習屬於正向，代表攝取的能量（生理營養）品質精純，並且使用能量的方式（身心實踐活動）符合道德法則；反言之，如果主體的積習屬於負向，代表攝取的能量品質駁雜，並且使用能量的方式亦不能循理。

總之，由積習衍生的善惡結果即隱含在維持生命存在的交換過程中，積習會自動更新人類心性的內容，無形中轉換為道德品質。因此，君子「自強不息，日乾夕惕」的積習，其實不只是一種行為模式，而是藉取純用粹的實踐過程，達到修養心性的目的。換言之，在全幅生命歷程中，透過正向積習交換所得的生命能量，本身即蘊含生命法則（氣中含理），所以身體發展同時更新心性內容，取純用粹即是為善去惡，兩者沒有本質上的分別。反過來說，不良的積習則導致交換內容的駁雜，身體所得的二氣五行既有偏滯，將連帶改變心性的內容，若主體每日「偷暱苟合」，積習不良，則將產生危害心性的嗜欲。換言之，船山以為人類之所以產生嗜欲，其實並非純屬心性的墮落，同時涉及了身體的劣化，代表嗜欲的產生也具有非常生理性的因素。因此，不良的積習危害身體，劣化的身體產生嗜欲，嗜欲污染心性的品質，最後形成不仁不義之人性。此即船山闡發《尚書》「習與性成」的精華，氣的「身心二象性」將人類的身體與心性整合為一。

第五，船山以太甲為例，闡釋人性可以更革損益，不斷地更新其內容：

然則「狎于弗順」之日，太甲之性非其降衷之舊，「克念允德」之時，太甲之性又失其不義之成。唯命之不窮也而靡常，故性屢移而異。抑唯理之本正也，而無固有之疵，故善來復而無難。未

成可成，已成可革。性也者，豈一受成侀，不受損益也哉！故君子之養性，行所無事，而非聽其自然，斯以擇善必精，執中必固，無敢馳驅而戲渝已。（太甲二）[83]

引文表示太甲從「狃于弗順」（行為頑梗悖逆）到「克念（終）允德」（深思先祖美德），代表太甲的心性品質經過兩度更革。當太甲頑梗悖逆之時，已汰除了心性的原初之善，故曰「非其降衷之舊」；而當他深思先祖美德之時，則又革去了心性的後來之惡，故曰「失其不義之成」。換言之，天命通過交換機制持續地影響身體狀態，且不斷地更新心性內容。心性內容既可屢遷屢易，代表無論由善至惡或由惡至善，都是可能的發展方向，太甲的生命經驗即其明證。不過，船山表示善惡兩途雖然都是發展方向，其中仍有難易之別，因為生氣本含天理，當其轉換為主體的生命能量，即帶有趨善避惡之自然傾向，故心性品質由惡向善並非難事。根據心性的新陳代謝，尚未出現的心性內容因氣的更新而產生，已經儲存的心性內容亦可因氣的汰換而刪除，故人性並非不可損益的封閉系統，而是在積習經驗中不斷更新的開放系統。換言之，人性不是全憑先天決定，而是在後天發展過程中，隨主體之身心活動日漸累積而成。因此，君子是透過後天積習修養先天人性，而非順從先天條件自然發展。換言之，人類的身心發展皆非自然形成，而是自由取用的結果。最後，船山闡釋所謂「正向積習」，即主體在交換過程中擇取天地精華（身體健康），依循道德法則使用生命能量（心性良善）；反之，「負向積習」則是苟且隨便、貪圖逸樂的行為模式，有害身心兩端。

　　第六，船山重申身體的發展同步更新心性的內容，表示不僅生理具有新陳代謝的機制，心理亦無不然，而代謝過程則有可能優化或劣化：

　　形之惡也，倏而贅疣生焉；形之善也，俄而肌膚榮焉。非必初

83　見《船山全書第二冊・尚書引義》（長沙：嶽麓書社，1988年），頁301。

生之有成形也。氣之惡也，倏而疢疾生焉；氣之善也，俄而榮衛暢焉。非必初生之有成氣也。食羔水者癭，數飲酒者齇，風犯藏者喎，瘴入裡者屬。治瘍者肉已潰之創，理瘵者豐已贏之肌。形氣者，亦受於天者也，非人之能自有也；而新故相推，日生不滯如斯矣。然則飲食起居，見聞言動，所以斟酌飽滿於健順五常之正者，奚不日以成性之善；而其鹵莽滅裂，以得二殊五實之駁者，奚不日以成性之惡哉！（太甲二）[84]

引文指出人類的身體形貌（形）與生理狀態（氣）皆非與生俱來的封閉系統，而是後天持續發展的開放系統，兩者皆在氣化流行的交換過程中新陳代謝。既有變化，則分好壞，例如身體可能長出贅疣（形惡）或肌膚散發光澤（形善），生理狀態可能罹患疾病（氣惡）或血氣暢通（氣善）。接著，船山借用傳統醫學的身體知識，分析病理與症狀，闡述身體因攝取不當外物而造成的生理反應，例如飲用具有雜質的溪水導致頸部出現腫瘤（甲狀腺腫大）、過度攝取酒精造成鼻子出現紅斑（酒齇鼻）、寒氣干犯內臟造成嘴巴歪斜（臉部神經麻痺）、瘴氣侵入人體則皮膚生出惡瘡。簡言之，即前文所謂「取駁取疵」。反之，如果主體能夠「取純取精」，原本的生理疾患則可因此痊癒，例如潰瘍產生的傷口可因生理代謝而重新修補，疾病造成的肢體萎縮亦可重新長出肌肉。因此，人類「形氣」的新陳代謝，並非主體獨立完成，而是在主體（人）與整體（天）的交換過程中所帶來的變化。生理層面如此，心理層面亦然，因為在船山的氣化生命論中，心性築基於身體，故身體的變化可以同時推動心性的更新。析言之，身心的變化主要包括兩個層面：一者為能量交換（飲食起居）；另一者為身心活動（見聞言動）。前者呈現船山獨特的生命論述模式，由生物學的生命跨入人文學的生命；後者代表船山可能汲取了唯識學的理論，認為身心活動經驗可以不斷更新人性（阿賴耶識）的持藏內容。總之，無論能量

---

84 見《船山全書第二冊‧尚書引義》（長沙：嶽麓書社，1988年），頁301-302。

交換或者身心經驗，身體的「新故相推」都會造成心性的「日生不滯」。
由是觀之，人類如果能每天取用「健順五常之正」（取精用純），當可長
養自身的人性之善；如果取用「二殊五實之駁」（取駁用疵），則是每日
長養人性之惡。所以船山以《尚書》中太甲的善惡無恆爲例，說明人類心
性既可由善至惡，亦可由惡至善。換言之，太甲即人類心性品質得以「屢
移而異」的明證。

三、心性與身體共在

　　船山將人類心性置入新陳代謝的脈絡，提出能量交換的發展心性論，
似乎與孟子學所奠定的先驗心性論恰好相反。因此，針對發展觀與先驗觀
可能產生的理論衝突，船山的調解辦法不是批判孟子學，而是重新詮釋孟
子學，消化兩者之間可能存在的矛盾。所以在船山的心性論述中，他刻意
發揮《孟子》的「形色即天性」，建構一種心性與身體共在的思維模式。
以下則就相關章節，討論船山心性論中的「形色即天性」。

　　首先，船山指出人類的心性與身體皆源自上天，且生命構造本身即蘊
含生命法則：

　　孟子直將人之生理、人之生氣、人之生形、人之生色，一切都
歸之於天。只是天生人，便喚作人，便喚作人之性，其實則莫非天
也，故曰：「形色，天性也。」說得直恁斬截。（滕文公上二）[85]

引文表示孟子將人類生命所蘊含之理、氣、形、色，全都視爲上天之造
化，代表生理能量（氣）本身即蘊含天理，故排除由氣聚合之身體，別無
心性可言。船山以爲孟子的「形色，天性也」之所以說的如此斬釘截鐵，
在於孟子已經敏銳地觀察到，人類的道德性能其實築基於生理組織。如此
一來，生命不只是中性的實然存在，還是具有價值意義的應然存在。

　　如果後設地反省船山在引文中對孟子此語的詮釋，有一些問題值得討

---

[85]　見《船山全書第六冊・讀四書大全說》（長沙：嶽麓書社，1988年），頁959。

論：其中最值得深究者，即「形色，天性也」究竟本義為何，若將這句話放回孟子的義理脈絡中，可能只是他在強調人類內在心性時的一種平衡說法，表示雖然關注心性，但也並不輕視身體，亦即心性的光輝足以涵蓋身體，重點仍然在心性，所以在《孟子》中，相對於大談特談的心性問題，論「形色」處僅見於此。以此反觀船山的詮釋，他對「形色」的強調，顯然不只是對偏重心性的一種平衡，而是反客為主，將人類的心性能力視為身體所蘊含的機能，從生理的角度談心理，甚至心性本身也跟身體一樣，具有新陳代謝的交換特質。船山的孟子學論述雖然不是全無根據，但更接近「創造性詮釋」，而創造力的泉源，顯然來自他的氣化生命論。簡言之，一旦從氣的角度反省生命的本質，人體生理將自然變成生命論述的基盤。

船山所謂的天人同源，是把兩者放在氣化流行的脈絡中思考，以氣之聚散循環詮釋天人關係，遂謂上天乃氣之發散狀態，人類則為氣之聚合狀態，故天人之間只是氣的狀態有所差異，而無本質上的區別。因此，天氣之中蘊含的神理，實即人身之中持藏的心性，故曰：

則神與性乃氣所固有，自其變化不測，則謂之神；自其化之各成而有其條理，以定志趣而效功能者，則謂之性。氣既神矣，神成理而成乎性矣，則氣之所至，神必行焉，性必凝焉，故物莫不含神而具性，人得其秀而最靈者爾。耳目官骸亦可狀之象，凝滯之質，而良知良能之靈無不貫徹，蓋氣在而神與性偕也。（可狀篇）[86]

引文首先指出所謂「神」與「性」，其實皆源自宇宙造化之氣。換句話說，造化之氣的隨機聚合（變化不測），即天道造化之「神」；當造化之氣凝結為各種生命形態，則此形態本身即具相應之生命法則（條理）及生命性能（志趣功能），此為萬物之「性」。既然氣的聚散循環並不影響

---

86 見《船山全書第十二冊・張子正蒙注》（長沙：嶽麓書社，1988年），頁359。

其中蘊涵之「神」與「性」，代表萬物（主要指動物）的生命構造本身即具有精神意識（神，在此有兩義）與獨特性能（性）。換言之，當氣散發而清微時，氣之「神」指造化機能的生生不測；當氣聚合為生物時，氣之「神」則轉化為動物的精神意識（性，也有兩義），亦即生命本身的法則（理）。在所有動物中，人類的身心構造最為靈秀，所以精神意識的內容最複雜，生命性能也最獨特。船山認為人類的心性能力（良知良能）即蘊含在身體組織（耳目官骸）中，心性與身體共在，兩者不可分割，故謂「氣在而神與性偕也」。

船山根據孟子的「形色，天性也」推導出「心性與身體共在」的觀念，其實就是從氣的角度回答人類何以具有心性能力，表示「心性」源自氣化所成之「形色」，所以氣貫通了人類的生理與心理，具有「身心二象性」。針對這一點，船山曰：

形色皆天性，不托於虛也。夫性之在色，猶色之在形。形非虛以受色，而虛以受性乎？成性者天，成形者天也。嘗思天下之言性者，皆有所大愚，彼不自暴其愚，而多為纖微洸瀁之說，我則知其愚之必出於此。蓋其為纖微洸瀁也，抑必有所依焉，以為軀殼之內，心腎肺腸之間，有中虛如橐籥者，是性之所函藏也；抑以為外形之通乎內，內形之通乎外，有中虛如隧道者，是性之所流行也。其愚也必出乎此，特不敢目（筆者按：疑為「直」之誤）言之爾。夫虛如橐籥，虛如隧道，無有而已；所時有者，大氣之往來而已。是與身外之虛也無以異，我所不得而有，我所不得用也。即用之，亦待吾之志以帥之，而奚有其（筆者按：疑缺「虛」）成性哉！古之人知此矣，故爪之與髮，至不靈者也，全歸者必納之纁中；黥之與春，非有慘痛之傷也，用法者立以為大戮。夫豈遺性而貴形哉？亦知夫形色之表，抱虛而居其間者，非吾性之都也介（筆者按：疑為「何」之誤）！妖祥之變有色矣，而不能有形，則無定性；草木之類有形矣，而不能有色，則無覺性。若夫人也，則外形之用，色

所發也，而耳目之材，實有其可聰可明之成質；內形之體，形固藏也，而神明之撰，實有其能擇能執之成能。然則性也者，即此內外成形至實之體，而非游於虛也明矣。「見於面」，面非竅之所啓也；「盎於背」，背非幾之所通也；「施於四體」，四體則以實爲用，而非以虛爲牖矣。人之形則爲人之性，犬牛之形則爲犬牛之性。若夫虛函如橐籥、疏通如隧道者，犬牛亦同有之；實者異，而虛者亦因以不齊矣。……然則人之死也，形存而性去之，何也？是其形之將毀也，萎敗而不足以發色，而性因以亡。愚者猶疑之曰：性游乎虛而有去來。則其生也孰鼓其橐籥，其死也隧道居然，而豈有室之者乎？諱此不言，而爲纖微洸瀁之說，亦誰與聽之！釋氏以八識隨壽暖二性爲去來，賢於莊子天籟之說矣。然壽暖者，形之不即毀者爾——形將賊，性乃漸隱，壽暖有似乎去來。性無去來，但有成毀。《易》曰：「乾坤毀則無以見易。」乾坤，形色也；易，天性也。格物者知之。（形色天性也）[87]

本段完整地闡發了船山對孟子「形色，天性也」的理解，相當具有代表性，由於引文較長，以下分數點析論。

1. 異端言性只是看似纖巧，實則虛闊無歸（纖微洸瀁）：船山根據「形色，天性也」，指出「形色皆天性」，謂人之「形」與「色」都是天道之造化，故咸眞實不虛。在船山的詮釋中，他細緻地區分了「形」與「色」，從後文的闡述來看，所謂「形」指身體組織，而「色」指感官知覺，兩者與「性」一樣，皆由造化之氣凝結而成，故謂「成性者天，成形者天也」。即此而論，異端言性多歸於虛無，這正是他們的「大愚」，只是彼等擅長用巧妙的言詞掩飾其弊，以精微細密的論述，包裝放誕悖理的觀念。船山以爲即使異端以虛無解釋心性，還是必須有所依託，遂謂身體之內，臟器之間，有虛空如「橐籥」（風

---

87 見《船山全書第十三冊・船山經義》（長沙：嶽麓書社，1988年），頁679-681。

箱）之處，心性的本體就函藏在此；或說體表與體內之間有虛空如「隧道」（管路）者，心性即在其中運作。換句話說，異端論性不論多麼玄妙，都無法隱藏彼等寄託於空無的謬誤，只是沒人敢直言道破而已。

2. 身體虛空處充滿流動不息之生氣：既然虛無不是空無所有，那麼體內的虛無之中到底隱藏了什麼？船山表示身體之中，固然有如「橐籥」或「隧道」般的空間，但這些空間其實是一種輸運生氣的管路，代表其中充滿了生氣。換言之，身體之外的空間與身體之內的空間，皆瀰漫著造化之氣，內外並無分別，唯一的分別在於是否繫屬主體而已。不歸主體所有的外氣，主體不能運用；而可供主體驅策的內氣，亦須依靠主體的意志才能使用（以志帥氣）。故身體之中，臟器之間，四處充滿流動的生氣，豈有真空虛無之處讓心性函藏其中！異端之愚昧遂不攻自破矣。船山以為正因先賢明白生氣之所在即心性之所在，故《禮記・喪大祭》要求遺體入殮之時，即使是毫無知覺的頭髮與指甲（頭髮與指甲之中也蘊含了生命的本質），也必須剪下收藏，放在棺木四角的綠色裝飾中，代表先王明白所有生理組織皆應珍惜，無可任意棄置者，符合前文之「完璧身體觀」；[88] 又如《尚書・舜典》將黥面與舂米歸為「五刑」（舂米雖非五刑，但刑度與黥面相當），這兩者雖然跟其餘肉刑不一樣，行刑後並未造成罪犯肢體的殘損，但執政者卻仍將之視為嚴刑大戮，代表只要是施加在身體上的刑罰，無論輕重均應審慎斟酌，因為生理的損傷將造成心理的扭曲。[89] 不過，船山為了避免誤會，再度強調先賢這麼做的目的並非「遺性貴形」，而是愛惜身體等於修養心性，因為形色之內，流動的生命能量本身即蘊藏人類的心性明覺。[90]

---

88 見《船山全書第四冊・禮記章句》（長沙：嶽麓書社，1988年），頁1080。
89 見《船山全書第二冊・尚書引義》（長沙：嶽麓書社，1988年），頁257。
90 湯淺泰雄在討論《黃帝內經》的身心關係時，對於什麼是「氣」亦有類似見解。其云：「在這種情況下（筆者按：此指感情與生病之間的身心關係），連繫身、心狀態的能量，也就是「氣」了。換句話說，『氣』就是連繫心理與生理作用，以資互相變換的能量。」見盧瑞容譯：〈「氣之身體

3. 從生物學的角度界定人類的生命特徵：船山從一種生物學的角度，分析一切生命存在的類型，表示世界上有三種存在：第一是妖氣或祥氣，它以純粹氣的形態存在，沒有固定不變的形體，人類只能籠統地感覺其有，故謂「有色無形」，由於這種存在形態欠缺形體，所以自然沒有心性可言。第二是草木之類的植物，它雖然有固定的形體，卻不具備感官知覺，故謂「有形無色」，同樣沒有心性。第三是人類（動物之一），既有身體組織，也有感官能力，更重要的是具備內在心性，所以人類既有「外形之用」，復有「內形之體」，形、色、性三者兼備，擁有最優異的身心條件，故具權衡擇取的主體自由。船山以為所謂心性，即生理與心理的有機連結，代表它有非常生理性的基礎，而不是跳過身體組織，從虛無之中產生的東西。由是觀之，《孟子·盡心》的「見於面，盎於背，施於四體」，是指內在心性築基於外在身體，或說心性與身體共在，而非僅存於身體的官竅（隧道）或組織空隙（橐籥）。在本段討論的最後，船山統合所有動物的生命問題，以為不只心性必須與身體共在，假若身體構造不同，也會造成心性的差異，所以人類的身體形態造就了人類專屬的心性，犬牛等哺乳類動物的身體形態則造就犬牛專屬的心性。總之，實存的身體有別，則虛靈的心性亦隨之相異（實者異，而虛者亦因以不齊），明確指出心性的身體基礎。

4. 比較儒、道、佛三教如何看待死亡對心性的影響：本段討論由設問生命終結之時，何以「形存性去」開始，回答身體與心性看似互不相干的現象。船山表示「形存性去」與前述心性築基身體並不矛盾，因為「形」與「性」之間還有一個環節「色」，身體即將萎敗之前，生氣的新陳代謝逐漸停止，導致所有的生理機能隨之消失，其中當然也包括感官知覺。「色」一旦消失，身體即不再完整，故內在心性亦隨之泯滅。

觀」在東亞哲學與科學中的探討——及其與西洋的比較考察〉，收楊儒賓等編：《中國古代思想中的氣論及身體觀》（臺北：巨流圖書公司，1993年），頁80。

在此，船山藉愚者之口提出第二個問題：內在心性的消失為何是泯滅，而非異端所言之離開？（性游乎虛而有去來）船山以為異端的論述背後隱含形色有成毀，但心性可以獨立恆存的觀念，其弊病可從兩個方面來說：其一是前述「性游乎虛」的問題；其二是「性有去來」的問題。就前者而言，前文已有所論，此處僅就船山之言擇要說明：異端謂心性存於身體之「橐龠」（體內的組織空隙），流行於身體之「隧道」（身體的孔竅管路），但無法解釋的是，人活著的時候，這些「橐龠」裡面支持心性存在的東西是什麼，而死亡以後，這些體內「隧道」依然存在，為何心性停止運作。假如這些根本的問題隱諱不言，則異端的論述無論多麼纖巧，盡在放誕可疑之列。

就後者而言，爭議的焦點在於「性有成毀」還是「性有去來」，異端無論佛教唯識學或道家莊子學，顯然皆持「性有去來」之說。船山以為佛、道兩家雖然持論接近，但其中仍有高下之分，因為唯識學還注意到「壽煖二性」的存在，故優於莊子「天籟」之論。所謂「壽煖二性」，船山在解說「八識十證」（第八識存在的十個證據）時有頗為明確的講法，[91] 謂人之初生，前七識雖已具足，但其功能並不完整；而人之將死，「餘壽未盡，煖息未散」，此時前七識皆已消滅，唯有第八識尚能執持「壽煖」，而未立即離身。[92] 船山以為唯識學能看見生命將死時的「壽煖」現象，代表彼等已經發現內在心性不因身體死亡而立即消失，而是逐漸離開身體（儒學則是逐漸泯滅）。換言之，唯識學所謂的「阿賴耶識」與儒學中的「性」，在詮釋生命現象時是可以互相對應的觀念，只是兩者的內涵有所差異耳。反觀莊子所說的「天籟」，在船山的莊學詮釋中，似指造化之氣的聚散循環（天氣凝聚成籟），故氣聚則性來，氣散則性去，聚散之間並無過渡階段。[93] 合言之，莊子言生氣之來去，佛徒謂心性之漸

---

91 前人雖已指出，船山誤將「生死時心」與「持壽煖識」兩者合併為一點（此中誤將「生死時心」與「持壽煖識」合而為一，故但有九證），但並不影響他對「壽煖」的解釋。見《船山全書第十三冊‧相宗絡索》（長沙：嶽麓書社，1988年），頁564。

92 見《船山全書第十三冊‧相宗絡索》（長沙：嶽麓書社，1988年），頁562-563。

93 筆者檢閱船山的《莊子解》與《莊子通》，其中的〈齊物論〉雖皆或隱或顯論及「天籟」，但幾乎

來與漸去，唯孟子辨明心性之漸成與漸毀。若據孟子之說檢視唯識「壽煖」，則「壽煖」只是身體死亡過程中的過渡階段（形之不即毀），意味如果身體將死，則與其共在之心性亦將漸隱，所謂「壽煖」不過是把這種延遲現象（身體在分配最後的生命能量），誤認爲有某種生命根本（阿賴耶識）即將離開身體罷了。因此，船山從「心性與身體共在」導出了「性無去來，但有成毀」的結論，以爲〈繫辭上傳第十二章〉所謂「乾坤毀則無以見易」，與孟子的「形色，天性也」可以互相詮釋，因爲「乾坤」（氣）相當於「形色」，「易」（理）相當於「天性」，故〈易傳〉之言可詮釋爲身體一死，心性亦將隨之毀滅。而非如異端所言，心性寄寓於身體的空隙，甚至在身體萎敗之後，心性猶可脫離身體，仍然以另一種形態繼續存在。

船山這種「有氣即函理，有形即存性」的觀念，強調生理性的「形氣」乃生命之所以存在的基礎，而心性能力即此生命存在之自我表現。換言之，心理與生理共在，心性不可脫離身體而寄託虛無，故「形」亡則「性」毀。在釐清心性與身體的共在關係後，船山則重新反省「形氣」在道德實踐中的意義，並由此界定何謂道德心性，闡釋人類心性和動物心性有何不同，故曰：

盡天下無非理者；只有氣處，便有理在。盡吾身無非性者，只有形處，性便充。孟子道個「形色，天性也」，忒然奇特！此卻與程子所論「氣稟之性有不善」者大別。但是人之氣稟，則無有不善也。蓋人之受命於天而有其性，天之命人以性而成之形，雖曰性具

沒有正面的解說，而是側面的暗示。或許，這也是受到《莊子》原文的影響，因為原文也僅以「怒者其誰耶」反詰讀者。然從「凡聲皆籟也。籟本無聲，氣激之而有聲」、「氣機之所鼓，因音立字，因字立意，彼此是非，辨析于毫芒」、「人之言萬變，天吹之使然」、「天之化氣，鼓之、激之，以使有知而有言，豈人之所得自主乎！天自定也，化自行也，氣自動也，知與不知無益損焉」、「天吹之而成籟，天固無損益，而人惡得有是非乎」等，略可推知船山所謂「天籟」，似皆指氣化循環所成之萬物而言（天吹之而成籟），故成籟與否、或益或損、知與不知、是非之分等種種對耦性皆無可確立，恆處翻轉變化之中。見《船山全書第十三冊・莊子解》（長沙：嶽麓書社，1988年），頁94-100。

於心，乃所謂心者，又豈別有匡殼，空空洞洞立乎一處者哉！只者「不思而蔽於物」一層，便謂之「耳目之官」；其能思而有得者，即謂之「心官」，而為性之所藏。究竟此小體、大體之分，如言「形而上者謂之道，形而下者謂之器」，實一貫也。合下粗浮用來，便喚作「耳目之官」（釋氏所謂見性、聞性等）。裡面密藏底，便喚作「心」。《禮》稱「氣也者神之盛也，魄也者鬼之盛也」。方其盛而有生，則形色以靈，只此是造化之迹，而誠即無不行於其間；特不可掩者天幾之動，而其為顯之微以體大道之誠者，不即現耳。故從其一本，則形色無非性，而必無性外之形色，以於小體之外別有大體之區宇。若聖人之所以為聖功，則達其一實之理，於所可至者，無不至焉，故程子曰「充其形」。形色則即是天性，而要以天性充形色，必不可於形色求作用。於形色求作用，則但得形色。合下一層粗浮底氣魄，乃造化之迹，而非吾形色之實。故必如顏子之復禮以行乎視聽言動者，而後為「踐形」之實學。不知朱子何故於此有「耳無不聰，目無不明，口盡別味，鼻盡別臭」之語，極為乖張，疑非朱子之言，而其門人之所附益也。耳之聞，目之見，口之知味，鼻之知臭，只此是合下一層氣魄之盛者，纔用時便是效靈。只此四者，人之所能，禽獸亦未嘗不能，既與禽獸而共其靈，則固已不能踐人之形矣。人之形色所以異於禽獸者，只為有天之元、亨、利、貞在裡面，思則得之，所以外面也自差異（人之形異於禽獸）。故言「形色天性」者，謂人有人之性，斯以有人之形色，則即人之形色而天與人之性在是也。盡性斯以踐形，唯聖人能盡其性，斯以能踐其形。不然，則只是外面一段粗浮底靈明，化迹裡面卻空虛不曾踏著。故曰「踐」，曰「充」，與《易》言「蘊」、《書》言「衷」一理。蓋形色，氣也；性，理也。氣本有理之氣，故形色為天性；而有理乃以達其氣，則唯盡性而後能踐

形。（盡心上篇二十）[94]

本段引文亦據「形色，天性也」一語展開析論，由於篇幅較長，下文分數點申論其義。

1. 孟子提出心性與身體共在，與二程之說不同：船山以為天地之間，到處充滿了「氣」，「氣」中函「理」，故可曰「盡天下無非理者」；同理，在身體之中，所有生理組織也都充滿了氣，氣中有性，故謂之「盡吾身無非性者」。換言之，天人之分只是氣的形態不同，氣散為天，氣聚成人。因此，船山非常推崇孟子的「形色，天性也」，歎為「忒煞奇特」！然而正如前文所論，孟子此語的本義是否誠如船山所詮釋，其實不無疑問，但從船山重氣的理論立場來說，這句話可以被理解為「所有生理組織皆蘊含心性能力」。這種說法是從正面角度評價生理氣稟的意義，跟二程有正有負的評價不大一樣，故謂「與程子所論大別」。此中程子的「氣稟之性有不善」，似指《二程遺書》論「生之謂性」一段，該處謂人有氣稟之後，即有善惡之分，故氣稟有善有惡。[95]總之，船山敏銳指出二程論述與孟子思想在評價人體生理時的差異。

2. 生理氣稟的除罪化：對於孟子與二程的「氣稟」爭議，船山明確地肯定孟子之說，故曰「人之氣稟，則無有不善也」，以為道德意義之惡不可歸咎於生理，反而是道德心性蘊藏在形氣之中。如此一來，船山將人類的生理形氣徹底除罪化，翻轉為道德實踐的基礎。畢竟，天道造化之氣摶聚為人，同時構成人類的生理與心理，雖然說「心性」（屬心之性）似乎意味了「性具於心」，但「心」並非存在於虛空之中（純粹精神性的存在），而是必須築基在生理形氣之上，代表生命

94　見《船山全書第六冊‧讀四書大全說》（長沙：嶽麓書社，1988年），頁1131-1132。

95　原文曰：「人生氣稟，理有善惡，然不是性中元有此兩物相對而生也，有自幼而善，有自幼而惡，是氣稟有然也，善固性也，然惡亦不可不謂之性也。」見呂大臨等編：《二程集‧河南程氏遺書卷一》（北縣：漢京文化事業有限公司，1983年），頁10。

能量本身即蘊含了道德實踐的性能。因此，道德之惡並不是生理本身的問題，而是如何使用生命能量的問題，若只用於滿足感官逐物的欲望，這種使用方式即「耳目之官」，若用於實踐主體之自由，則為「心官」，故人類生命之「性」（生命性能）即指實踐道德的「心官」。換言之，無論「大體」、「小體」，俱繫於生理形氣，正如《周易》雖然區分「形而上者」（道）與「形而下者」（器），兩者其實互相連貫，都是藉由具體的「形器」連結上下。最後，船山則以「精粗之分」形容這兩種使用生命能量的方式：用於追求感官欲望為粗浮，氣降為「耳目之官」，此指人類之動物性；用於實踐自由則為精密，氣昇華為「心官」，亦即人類專屬之人性。不過無論精粗大小，生理形氣都是不可取消的基礎，畢竟世上沒有脫離身體而獨存的精神。既然生理組織持藏了內在心性，則「氣稟」理當完全除罪化。

3. 小體大體同源一本：本段據《禮記・祭義》「氣也者，神之盛也；魄也者，鬼之盛也」展開論述，但偏重前者「氣旺神盛」之義，謂人類在生氣旺盛的狀態下，具有靈敏的感官機能，但這種靈敏不僅是生理現象而已，而是真實無妄的造化之氣（天幾之動）在生理組織當中運行流動的結果。再者，由於氣中函理，所以生命法則（大道之誠）也蘊含在身體形色之中，只是並非明確可見之物罷了，而不能說它脫離身體之外，另外寄存於虛空之中。換言之，身體形色即是內在心性（一本），所有生理組織都蘊含心性的功能，並無缺乏心性之形色；反之，心性亦非獨立人體生理之外的另一種生命存在，故無脫離形色之心性。即此而論，船山詮釋所謂聖人的道德實踐（聖功），其實就是把生命能量完整地發揮到極致，做最精細地運用，故程子嘗云「充其形」，實際上等同於「盡其性」。最後值得注意的是引文中的「充其形」，雖然船山並未詳述出處，但檢索《二程遺書》，疑指伊川所云之「充養血氣」或「擴充夜氣」。[96] 在這兩段論述中，伊川都有與

96　前者原文：「凡有血氣之類，皆具五常，但不知充而已矣。」見見呂大臨等編：《二程集・河南程氏遺書卷二十一下》（北縣：漢京文化事業有限公司，1983年），頁273。後者原文則為：「夜氣之

船山相近的觀念，似亦隱然觸及「心性與身體共在」的議題，故爲船山所稱道，可見「大小一本，身心同源」之說，恐怕不全是船山獨創之奇論。

4. 生命能量的「踐形」與「效靈」：在釐清了生命能量與人體生理的眞正價值之後，船山則回歸孟子的「形色，天性也」，重申形色之中即含天性，但也強調這不可被誤解爲感官享樂主義，而是必須充分發揮人類的道德心性，實現生理形色之中的特殊性能，可見唯有「盡性」，才能眞正「充形」。反之，如果只是滿足生理欲望（於形色求作用），則是前文所說的粗浮使用（造化之迹），而未能將珍貴的生命能量做精密的運用（形色之實），說明感官欲望只是生命能量的表層，道德心性方爲生命能量的底蘊。換言之，「充形」必須透過「盡性」，亦即把生命能量投入顏子所說的「克己復禮」，實踐人倫道德，這才是唯一可以眞正發揮生命能量（踐形）的實學，也是儒家的精髓所在。所以孟子「踐形」與程子「充形」其實可以互相詮釋，兩者都指出了精密使用生理形色的結果，並非滿足欲望，而是成就道德。

即此而論，船山對《朱子語類》中的「形色」論述相當不以爲然，表示「耳無不聰，目無不明，口盡別味，鼻盡別臭」之說，[97]極爲乖張悖理，甚至懷疑這段文字並非晦庵口授，而是門人淺見誤入正文。船山之所以如此嚴正地駁斥晦庵之說，在於船山將人類生理能力區分爲兩種使用方式，感官知覺無論是否發揮到極致（靈敏），皆不脫「粗浮」使用生氣（氣魄之盛）的範圍，豈可以此取代道德實踐哉！退一步說，如果生理形色的功能眞的只有感官靈敏，則人類的生理能力與動物的生理能力毫無分

所存者，良知也，良能也，苟擴而充之，化旦晝之所害，爲夜氣之所存，然後可以至於聖人。」見呂大臨等編：《二程集・河南程氏遺書卷二十五》（北縣：漢京文化事業有限公司，1983年），頁321。

[97] 本段引文應出自「形色天性章」，原文：「耳便必當無有不聰，目便必當無有不明，口便必能盡別天下之味，鼻便必能盡別天下之臭。」見黎靖德編：《朱子語類卷六十》（北京：中華書局，1999年），頁1452。經船山簡化而改作「耳無不聰，目無不明，口盡別味，鼻盡別臭」。

別可言，可見感官靈敏只是人類的動物性，而非人類獨有的人性。即此而論，船山認為人類的形色之中蘊含上天的元、亨、利、貞四德，直指生命能量之中即持藏生命法則，代表生理氣稟不僅除罪化，並且是道德心性的基礎。總之，人類形色不論內容和外貌咸具獨特性，跟動物有所區隔。

此理既明，船山遂再度闡述孟子的「形色，天性也」，表示人類的心性與形色共在，聖人「盡性」即是「踐形」，意味實踐道德即是發揮形色。否則形色只是生理表層粗浮的感官知覺，而生理底蘊卻空洞無實。換言之，人類的生命能量不只是直覺的生理機能，還包含隱微的心理法則，代表道德心性與身體組織並存共在，兩者不容分割。最後，船山統整本段論述的內容，列舉孟子「踐形」，或伊川「充形」，乃至《周易》「乾坤，其易之緼邪」（陰陽之中蘊含天理），或《尚書》「唯皇上帝，降衷于下民」（天命造化賦予人性），表示其中說法雖然不盡相同，但實際上都在指點同一個道理──天命人生，理在氣中，形色即天性。由是觀之，人類的形色不只是感官知覺，人類的心性亦非純粹的精神性存在。假如沒有形色，則心性無處寄託；反之缺乏心性，則形色徒為死物。

以上四點代表筆者對船山「形色即天性」的看法。

「氣稟」、「形色」、「生氣」或「氣質」，其名稱雖有所不同，但皆指人類的生理組織與功能，道德心性即蘊含在此氣稟形色之中，而非獨立於身體之外的精神性存在。即此而論，船山對宋明儒者分判的「氣質之性」與「本然之性」不以為然，而將兩者合併為一元，企圖從「氣質之性」的角度，重新界定何謂「本然之性」，故曰：

所謂「氣質之性」者，猶言氣質中之性也。質是人之形質，範圍著者生理在內；形質之內，則氣充之。而盈天地間，人身以內、人身以外，無非氣者，故亦無非理者。理，行乎氣之中，而與氣為主持分劑者也。故質以函氣，而氣以函理。質以函氣，故一人有一人之生；氣以函理，一人有一人之性也。若當其未函時，則且是天地之理氣，蓋未有人者是也。（未有人，非混沌之謂。只如趙甲以

甲子生，當癸亥歲未有趙甲，則趙甲一分理氣，便屬之天）乃其既有質以居氣，而氣必有理。自人言之，則一人之生，一人之性；而其爲天之流行者，初不以人故阻隔，而非復天之有。是氣質中之性，依然一「本然之性」也。以物喻之：質如笛之有笛身、有笛孔相似，氣則所以成聲者，理則吹之而合於律者也。以氣吹笛，則其清濁高下，固自有律在。特笛身之非其材，而製之不中於度；又或吹之者不善，而使氣過於輕重，則乖戾而不中於譜。故必得良笛，而吹之抑善，然後其音律不爽。……乃其有異於笛者，則笛全用其竅之虛，氣不能行於竹內。人之爲靈，其虛者成象，而其實者成形，固效靈於軀殼之所竅牖，而軀殼亦無不效焉。凡諸生氣之可至，則理皆在中，不猶夫人造之死質，虛爲用，而實則糟粕也。（陽貨）[98]

引文雖然篇幅不長，但其中的義理層次非常豐富，用字亦頗爲嚴謹，爲求眉目清晰，下文分點析論。

1. 形質之內，氣充理盈：首先，船山界定「氣質之性」，即氣質之中蘊含天理，故心性並非存在於形色之外。所謂氣質，又可區分爲質和氣，就人之形質而言，人體的物質結構中充滿流動不息的生命能量，可見生氣即寄寓於形質之中。不僅人類由氣所摶造（氣既構成生命物質，又提供生命能量），[99] 整個宇宙亦爲氣所充塞，可見天人兩端，人身內外，無處不有氣，故無處不具理，理即氣在分合變化（主持分劑）中所呈現的法則。

2. 天人兩者皆一氣之化：根據上文所論，船山順勢導出「質以函氣，氣

98 見《船山全書第六冊・讀四書大全說》（長沙：嶽麓書社，1988年），頁857-859。
99 由此可見，氣並非純粹之物質，而是兼含生命在內之「活質」，與西方哲學所謂之「唯物論」（materialism）大異其趣。嚴壽澂嘗謂：「氣與生命不可分，無須另有『生命力』的假設。西方傳統中所謂『物質』，原本是無生命的死物；後來的唯物主義哲學家以爲，祇有物質發展到高級的複雜形態，才有生命產生。而在中國傳統中，有氣就有生命力。這是兩者的大不同處。」見氏著：《近世中國學術通變論叢》（臺北：國立編譯館，2003年），頁25。

以函理」的結論，代表人類有質即有氣，有氣即有理。換言之，人類在正常狀態下只要有身體，就必然具備生理功能（生）與心理法則（性），符合前述心性與身體共在之說。至於天人之分，則爲造化之氣的聚散循環，未聚在天，爲天地之理氣，已聚成人，則爲人類之身心，可見氣是宇宙與人類的共通本質。爲了說明天人一氣的道理，船山舉了一個例子，謂趙甲生於甲子歲，不代表趙甲是突然無中生有的產物，而是前一年癸亥歲已有日後搏造趙甲的理氣存在，也就是說趙甲與宇宙只是氣在不同時空條件下的兩種存在形式，或聚合爲趙甲，或散發而回歸天地，都是一氣之變化，此即氣之「天人二象性」。因此，無論自然法則或是道德法則，實際上均爲氣之法則，只是在不同的存在形式中，呈現出獨特的法則樣態罷了。換言之，人類一旦具備身體組織，就必然擁有生理能量與道德心性，故曰「質以居氣，氣必有理」。

3. 「氣質之性」與「本然之性」連續一貫：氣聚成人，其中蘊含的生命法則稱爲「氣質之性」；而未聚爲天，氣中蘊含的自然法則稱爲「本然之性」。合言之，兩種法則其實是同一法則在不同狀態下的變體，故「氣質之性」（氣質中之性）就是「本然之性」，或者說兩者皆爲氣本身所蘊含的法則，只因聚散狀態不同，而有名稱之差異，並非「氣質之性」以外，另有「本然之性」存在，所以氣中之理並不因爲氣聚成人而消失，只是範圍在人身之內的理另稱爲性而已。如此一來，船山其實取消了程朱一系的分判，調整彼等對「氣質」一詞的界說，故謂「氣質」不再是個體間的昏明強柔不齊之品，亦即足以障蔽「本然之性」（天地之性）的才具限制；而是指人類共同的生命構造及生命能量，「本然之性」（生命法則）即寄寓其中。總之，「氣質之性」即「本然之性」，兩者不容分割。[100]

---

100 根據晦庵之見，「氣質之性」的說法起自橫渠、伊川。《朱子語類》有如下一條：「道夫問：『氣質之說，始於何人？』曰：『此起於張程。』見黎靖德編：《朱子語類卷四‧性理一》（北京：中華書局，1999年），頁70。橫渠《正蒙‧誠明篇》更明確地將人性區分爲「氣質之性」與「天地之

4. 闡釋笛子之喻：船山對「質」、「氣」、「理」三者的解釋已見前述，然為求條理清晰，船山又舉笛子為例，進一步說明三者間的關係。船山以為「質」就像笛子的物質結構（笛身、笛孔），「氣」則像笛身裡面流動的空氣，「理」等於吹奏時的音律。而吹出的笛聲之所以能符合音律，有兩個先決條件：其一是吹奏的方式必須符合音樂法則；其二是笛子的材質結構亦須符合標準。簡言之，製作精良的笛子和準確的吹奏方式，兩者缺一不可。從修辭學的角度來說，喻依既明，則可拆解字面，解讀其中隱藏的喻體。所謂製作精良的笛子，即指人類的身體組織（大腦結構？神經系統？）為二氣五行之靈秀，天地萬物之精華，故不同於其他生物，具有實踐道德之特殊性能。所謂合律的吹奏方式，應指前述精密使用生命能量的方法，亦即依據道德法則使用生命能量，發揮主體自由，而非徒務感官欲望之滿足。總之，船山認為生命能量（氣）與生命法則（理），皆蘊含在人類的生命構造（質）之中，氣既是材質（此指有機物而言）也是能量，代表氣具備「質能二象性」。

5. 分辨人體與笛身之異：船山透過笛子之喻，簡單扼要地闡釋了人類生命中「質」、「氣」、「理」的相關問題；然而，這並不表示人類與笛子可以完全對應在一起，兩者固然有諸多相似之處可供類比，但亦有截然不同之處。對此，船山非常細緻地指出兩者的差異，以為

性」。晦庵統整張程諸人之說曰：「性只是理。然無那『天氣地質』，則此理沒安頓處。但得氣之清明則不蔽錮，此理順發出來。蔽錮少者，發出來天理勝；蔽錮多者，則私欲勝。便見得『本原之性』無有不善。孟子所謂『性善』，周子所謂『純粹至善』，程子所謂『性之本』與夫『反本窮源之性』是也。只被『氣質』有昏濁，則隔了，故『氣質之性』，君子有弗性者焉。學以反之，則天地之性存矣（筆者按：末引《正蒙》之說）。」見黎靖德編：《朱子語類卷四·性理一》（北京：中華書局，1999年），頁66。對此，船山則云：「舊說（筆者按：此處當指晦庵之說）以『氣質之性』為昏明強柔不齊之品，與程子之說合。今按張子以昏明強柔得氣之偏者，繫之才而不繫之性，故下章詳言之，而此言『氣質之性』，蓋孟子所謂口耳目鼻之於聲色臭味者爾。」見《船山全書第十二冊·張子正蒙注》（長沙：嶽麓書社，1988年），頁127-128。文中船山對「氣質之性」的說解似稍異於《讀四書大全說》，然兩段合觀，可知《張子正蒙注》中的「氣質之性」應指「氣質」而言，亦即人體之生理功能，不曰「氣質」，而言「氣質之性」，乃順橫渠《正蒙》之語脈耳。筆者以為兩段論述之主旨在此，實無須追究字詞之小異。

天化之「活質」與人造之「死質」不可等量齊觀（原文並無「活質」
一語，此乃筆者爲求說明簡便而創造的詞彙，恰與「死質」相對成
文）。因此，船山從虛實之辨的角度切入議題，謂笛子爲「死質」，
其作用全在材質結構的虛空處，因爲實在處不能讓空氣流通；反之，
人類則另屬於「活質」，其靈明知覺沒有虛實之分，身體官竅（虛者
成象）固然可供生氣出入流通，生理構造（實者成形）本身亦無不
然，代表天地之生氣周流人體內外，同時也貫通人體本身。若以現代
觀點解釋，「活質」與「死質」類似有機物與無機物的區別。假使綜
合前文所述之「氣中函理」，可知人類的身體（氣質）之中實已蘊含
了心性（理）的存在，心性亦不可脫離身體而獨立。總之，「死質」
有虛實之分，虛者爲精華，實者爲糟粕；但「活質」則無虛實之分，
無論內外咸含生氣之靈明，此即人類身體之中持藏的心性能力。

四、小結

　　本節依序討論了「心靈明覺源自所有臟器」、「心性的新陳代謝」以
及「心性與身體共在」三點，嘗試釐清船山心性論述中的身體基礎，呈現
其身心合一的氣化生命論。

　　在第一點中，船山參酌傳統醫家的生命論述，細膩詮釋心臟與其他臟
器之間的關係，重新界定宋明儒學歷來強調的「心靈」與「明德」，最終
融合身體生命與精神生命，強調精神生命不可脫離人體生理而獨立存在。
在相關論述中，船山表示所謂心臟之靈明知覺（心靈），並非僅憑心臟而
存在，而是其他臟器，乃至所有身體組織，一起協同運作的結果，只是心
臟具有中樞地位而已，打破一般宋明儒者對心臟的過度重視。此外，船山
也指出心靈必須依賴身體而存在，身體組織受損，將連帶傷害心靈機制，
正如文質兩者必須互相配合，若缺乏實質，則文采無處寄託。

　　在第二點中，又可再區分爲兩個部分：一者爲「儒家心性論與佛教唯
識學的跨界研究」；一者爲「後天積習決定心性內容」。就前者而言，船
山將儒家心性論與佛教唯識學皆視爲對人類生命本質的闡釋，所以「大小

之辨」和「八識結構」可以跨界整合，彼此對應。若借用八識的階梯式分層結構反思孟子學，則人性對應第八識，意志對應第七識，意識對應第六識，耳目口鼻等對應前五識，其中的六、七、八三識屬大體「心之官」，後五識爲小體「耳目之官」。透過這種跨界研究，船山的思想遂產生一種奇特的理論創造力，在無形之間擴充了儒家心性論的內涵。而最關鍵者，在於人性與阿賴耶識的連結整合，使得阿賴耶識的「能藏」與「所藏」兩大功能，皆移植爲儒家所論人性之特質，開創宋明儒學中前所未見的發展人性論。

就後者而言，船山首先肯定後天積習可以轉換爲先天人性，故銳意發揮《尚書》「習與性成」之義，提出發展人性論取代先驗人性論，謂天命的內容即二氣五行，故二氣五行即人性的本質（人性源自天命），由於氣化流行，外在身體與內在心性亦隨之更新。換言之，身心兩端其實都在新陳代謝。在生命整體代謝更新的過程中，又可再分成兩個階段，嬰幼兒期的發展特徵與成熟期的發展特徵不同，人類的生命發展其實是從被動接受到主動權衡。既有主動權衡，代表肯認主體自由的存在，故有爲善成聖和爲惡成頑之別，進而決定人性的品質。在此，船山以殷商太甲爲例，闡釋人性內容可以在實踐經驗中更革損益，不斷地更新其所持藏的內容，這跟唯識學的阿賴耶識可以持藏善惡種子，並由此決定第八識的染淨，其實存在一種平行對應關係，乃船山跨界激盪必有之義。不過，這並不是說船山的人性論僅僅整合了佛教唯識學，除此之外，船山還融入了獨特的氣化身體觀，產生一種兼顧生理與心理的特殊論述，而這種生命論述主要的關懷面向分成兩點：

1. 如何攝取生命能量；

2. 如何使用生命能量。綜上所述，船山之所以提出「心性的新陳代謝」，在於他整合了異端的佛教唯識學和本身的氣化生命論，背後的思考脈絡其實相當複雜，涉及的理論問題亦頗廣泛。總之，船山的發展人性論整合了生理學和心理學，既討論生物學意義的生命，也關懷人文學意義的生命，與現代學術「生命哲學」及「生命科學」的劃分

大相逕庭。

在第三點中，主要是船山針對孟子「形色，天性也」展開的詮釋，謂生命構造（氣）本身即具有精神意識（神）與獨特性能（性）。換言之，氣為生命的本質，貫通生理與心理，具有「身心二象性」。在此，船山細緻地比對了儒家心性論與異端心性論的差異，闡述以下數點：

1. 異端言性只是看似纖巧，實則荒誕無歸（纖微洸瀁），因為彼等將心性寄託在人體的空隙與管路，故不論言心言性，多歸虛無。

2. 身體虛空處充滿流動不息之生氣，所以異端所謂的虛無真空其實並不存在，甚至不僅身體的組織空隙充滿生氣，就連組織本身也同樣持藏生氣，即使是毫無知覺的頭髮與指甲亦不例外。由是觀之，儒家「完璧身體觀」背後，其實蘊含了心性與身體共在的思路，珍惜身體即尊重心性。

3. 從生物學的角度界定人類的生命特徵，則人類「形」（身體）、「色」（知覺）、「性」（心靈）三者兼備，故不同於純粹氣態的存在（有色無形），或植物形態的存在（有形無色）。動物雖然跟人類一樣三者兼備，但相異的身體結構產生截然不同的心性能力，故人類與犬牛雖皆哺乳類動物，但每個物種內在的生命性能卻是南轅北轍。

4. 比較儒、道、佛三教如何看待死亡對心性的影響，以孟子「天性」、莊子「天籟」與佛教「阿賴耶識」為三教死亡觀的代表，歸結為儒家的「性有成毀」和異端的「性有去來」。所謂「性有成毀」，即心性與身體共在之意，身體死亡則心性泯滅；而「性有去來」，則肯認純粹精神性的獨立存在，身體死亡而心性猶存。船山批判異端的心性論述，斥為荒誕悖理的謬說，以為欠缺身體基礎的心性只是一種欺騙世人的幻想。

船山對「形色」的詮釋，其實涉及了「氣稟」、「生氣」、「氣質」等宋明儒學習見之觀念，故其論述除了提出自身的觀點之外，也企圖釐清宋明儒者對人體生理的偏見。因此，船山藉由闡釋「形色即天性」一語，比對孟子與宋明諸儒的差異，得出以下幾點結論：

1. 孟子提出心性與身體共在，與二程之說不同，孟子認為生理氣稟純善無惡，程子則謂有善有惡，甚至傾向將惡歸諸生理。

2. 替生理氣稟除罪化，認為人類的道德心性含藏在形氣之中，而將人體生理翻轉為道德實踐的基礎。

3. 小體大體同源一本，謂生理形色即是內在心性，故所謂聖人的道德實踐，就是把生命能量發揮到極致，做最精密地運用。

4. 生命能量的「踐形」與「效靈」，並非追求感官欲望的身體享樂主義，而是實踐克己復禮的儒家實學，並據此理批判晦庵的「感官效靈」之說，謂其說不過停留在人類的動物性層次，而非上達至人性層次。

　　如果以「心性與身體共在」為理論基礎，則宋明儒者分判之「氣質之性」與「本然之性」（或說「天地之性」）其實並不成立，所以船山重新檢討橫渠和伊川的兩重人性論，提出了笛子之喻，整合生理氣質與道德心性，而有以下的幾點結論：

1. 形質之內，氣充理盈，故所謂「氣質之性」，實即人體氣質中所蘊含的生命法則（性），同時也是宇宙造化之氣持藏的自然法則（理）。

2. 天人兩者皆一氣之化，故宇宙與人類只是氣在不同時空條件下的兩種存在形式，彼此只有聚散之異，而無本質之別。

3. 「氣質之性」與「本然之性」連續一貫，這意味船山有意破除伊川、晦庵一系的見解，不將「氣質」視為先天才具之異，甚至是障蔽「本然之性」呈露的阻礙，而是把「氣質」解釋為人體生理，謂人體生理乃「本然之性」（道德心性）的存在基盤。換言之，「氣質之性」即人體生理中所蘊含的「本然之性」。

4. 以笛子之喻闡釋人類的生命特質，表示「質」就像笛子的物質結構（笛身、笛孔），「氣」則像笛身裡面流動的空氣，「理」為吹奏時符合的音律，故良笛按譜演奏妙曲，即人類精密地使用自己優異的身心結構，發揮主體自由，實踐道德法則。換言之，人類的生命構造決定人類的生命特質，而使用生命能量的方式則決定生命的品質。

5. 分辨人體與笛身之異，前述笛子之喻固然可以類比地闡釋人類的生命特質，但畢竟是人造之死質，與人類這種活生生的有機體不同。在此，船山導入了「虛實之辨」，認爲像笛子這種無機物是空隙爲精華，結構爲糟粕，因爲只有空隙可供空氣流動。然而，對人類這種有機物來說，生氣不僅流行於身體結構的空隙與官竅，同時也流行於生理組織本身，故無論空隙或結構皆爲生命之精華。

　　總上所述，船山固然與其他宋明儒者一樣重視人類的內在心性，但他更關注作爲心性能力賴以存在的身體結構。他承認道德實踐是專屬人類的生命行爲，也深信人類具備主體自由，但強調主體自由與道德實踐背後，不可忽略人體生理的基盤作用，如果抽離身體，心性能力亦不能獨存。換言之，船山創建了一套築基於身體的心性論述，以生命形氣統合人類的生理與心理。

氣化生命論的修養觀

　　本章主軸放在船山「變化氣質」的生命功法：如何以更有效驗的方式轉化身心狀態，並利用身心質變的成果，輔助主體的道德實踐。這一套生命技術是儒家氣學與道教內丹學跨界域激盪的產物，從呼吸行氣與靜坐鍊神著手，最終達到盡性成德的目標。針對這種奇特的思路，筆者稱爲「生命修養」，亦即通過一套可供反覆操作的修鍊功法，轉化人類的生命狀態。其中「生命」的範圍橫跨生理與心理，簡單說就是把內丹學擅長的身心修鍊當作輔助原則，置入儒學所強調的道德實踐。借助豐富的內丹功法，船山落實了宋明儒者追求的變化氣質，並在這種神清氣暢的生命狀態下實踐道德，培養理想的品格。總之，船山在內丹學、老學與莊學領域中所討論的諸般功法，均爲生命的築基工夫，人類生命的終極目標不是成仙，而是回歸張子學的「存神盡性」，達到踐仁成聖的最高理想。

第一節　內丹學的鍊氣化神

　　晚明是儒、道、佛三教跨界研究盛行的時代，明儒又因生活風尚，多習靜坐冥想之術，故身心實踐經驗甚豐，或謂爲歷代儒者之冠。[1]船山生身處晚明，亦受時風影響，對佛教唯識與道教內丹，均有相當深入的認識，並且可能有超過三十年的身心實踐經驗。[2]

---

[1]　「在儒家思想史上，明代的實踐論是戛戛突出的。就靜坐的普及與深化而言，明儒的成就遠超過歷朝儒者。」見楊儒賓等編：《東亞的靜坐傳統・導論》（臺北：國立臺灣大學出版中心，2013年），頁x。此外，彭國翔參考Rodney Taylor之說，亦持類似見解：「事實上，不但王陽明個人具有深厚的靜坐經驗。並且，明代尤其中晚明儒學一個格外突出的特徵正是眾多儒家學者的靜坐實踐。」見氏著：〈儒家傳統的身心修煉及其治療意義──以古希臘羅馬哲學傳統爲參照〉，《儒學的氣論與工夫論》（臺北：臺大出版中心，2012年），頁23。

[2]　船山到底從何時開始實踐內丹修鍊尚無定論，但目前學界的看法有如下數種：一、吳明以船山四十五歲作的〈遣興詩〉並自稱「一瓠道人」爲據，認爲船山這時開始接觸內丹；二、王沐則以船山中年所作的《愚鼓樂》爲據，以此爲接觸內丹之始；三、柳存仁則從船山詩集中徵引的道教術語

船山對內丹學最具系統且最詳盡的論述見於晚年的《楚辭通釋》，其中〈離騷〉末章與〈遠遊〉全篇，大體依據內丹南宗之說，故為研究船山內丹思想的最佳素材。而船山中年時作的〈愚鼓樂〉或〈十二時歌〉雖亦言丹道，其目的卻在贈達友人（前者為劉培泰，後者為方以智），應為師友間的經驗交流，故用語頗為隱晦，不易確解，但有部分內容可連結〈遠遊〉註中的說法。至於船山其他關於內丹學的評論則散見群書，比較蕪雜，然亦可供佐證。

道教養生技術龐雜多端，何以船山獨取內丹修鍊之術？其云：

> 所述遊僊之說（筆者按：此指〈遠遊〉），已盡學玄者之奧。後世謂魏伯陽、張平叔所隱祕密傳、以詫妙解者，皆已宣洩無餘。蓋自彭、聃之術興，習為淌洸之寓言，大率類此。要之在求神意精氣之微，而非服食、燒鍊、禱祀及素女淫穢之邪說可亂。[3]

首先，船山對〈遠遊〉有一獨特之學術見解，認為本篇為一寓言，寄託了玄家修鍊之旨，故同於魏伯陽（約東漢後期）的《周易參同契》、張伯端（1046-1145）的《悟真篇》，[4] 都是藉詩歌隱語闡述丹道修鍊經驗，為道教丹道之術自始以來的共法（彭祖、老聃之術）。船山以為內丹之要義，在於細緻修鍊人體之「神意精氣」，遠勝外丹燒鍊（服食燒鍊）、宗教科儀（禱祀）及房中採捕（素女淫穢）等邪說，故屬道教思想中較有價值的精華。其中值得留意者有三點：一、魏伯陽的《周易參同契》號稱「萬

為據，推論船山的修鍊經驗大概在四十多歲。相關整理可見鄭富春：〈安死自靖，貞魂恆存——從《楚辭通釋》看王船山的生死觀〉，《鵝湖》月刊第33卷第8期（2008年2月），頁23。筆者以為上述諸說皆就船山著作中出現內丹思想者為據，若以此推論接觸時間或實踐時間，上述諸說似皆遺漏船山最早期的學術著作《周易外傳》。在該書中，船山已有涉及內丹學宗旨的論述（解釋「刀圭入口」），故筆者推測船山接觸內丹的時間應可上推至三十七歲。見楊堅等編，《船山全書第一冊·周易外傳》（長沙：嶽麓書社，1988），頁837。

[3] 見《船山全書第十四冊·楚辭通釋》（長沙：嶽麓書社，1988年），頁348。

[4] 關於張伯端的生卒年，筆者採用朱越利之說。朱氏考證相關說法，發現互相牴牾之處甚多，最後參酌柳存仁之說，並依己意略作調整。見氏著：〈金丹派南宗形成考論〉，詹石窗主編：《道韻第六輯——金丹派南宗研究（乙）》（臺北：中華大道出版部，2000年），頁125-128。

古丹經王」，爲外丹與內丹共依之經典，然船山全據內丹派之說，視魏氏之學爲內丹修鍊；二、內丹傳法派別甚多，歷來有所謂東西南北中五派之分，船山獨言南宗張伯端，可略見其丹法淵源；[5] 三、船山反對道教養生術中的服食燒鍊與房中採捕，斥爲「妖妄邪說」。[6] 總之，船山對道教內涵自有其價值分判，認爲內丹學是其中唯一可取之處。

船山雖然肯定內丹修鍊的價值，但並非無所去取。概略言之，內丹思想一般分爲「鍊精化氣」、「鍊氣化神」、「鍊神合道」（或「鍊神還虛」）三階段，故又稱「三花聚頂」。目前學界看法，也大多採用這個三段架構詮釋船山內丹思想。[7] 然而，修鍊「精」、「氣」、「神」本爲內丹共法，以此釋船山丹道固然不錯，但不足以說明船山丹道的特色。筆者以爲船山的內丹思想有其特殊之處，與一般內丹理論不完全相符。[8] 簡言之，船山內丹理論的特色在於獨取中段的「鍊氣化神」，切割「鍊精化氣」，並淡化「鍊神合道」，故與一般所謂「三花聚頂」相較，船山內

5　內丹發展史上的「南宗」，乃相對「北宗」全真道而言。南宗以北宋張伯端爲祖師，傳承譜系依次爲石泰、薛式、陳楠、白玉蟾等人，號曰「南宗五祖」。但實際上，這個傳承說法欠缺嚴謹的史料佐證，相關爭議甚多，故一般認爲白玉蟾才是南宗實際的創建者。見卿希泰：〈紫陽派的形成及其傳系和特點〉，《道韻第五輯・金丹派南宗研究（甲）》（臺北：中華大道出版部，1999年），頁2-38。

6　船山在《莊子解》中亦有類似見解，其云：「其（道士）下流之弊，遂成外丹、彼家（指採捕的對象）之妖妄。」見《船山全書第十三冊・莊子解》（長沙：嶽麓書社，1988年），頁211。

7　就筆者所見資料而言，研究船山內丹思想當以蕭培的〈從《楚辭通釋・遠遊》看內丹的發展〉最早——文收《中國文化》月刊第130期（1980年8月），頁97-105。但蕭文只有寬泛地解釋一些道教術語，且將內丹學視同戰國以來的氣功修鍊，而未析論船山〈遠遊〉註中的義理內涵。王沐的〈析王船山《楚辭通釋・遠遊》〉可謂真正深入分析船山內丹思想的第一篇，文中即據一般內丹修鍊所謂的「三花聚頂」，詮釋船山內丹之旨，文收《船山學報》1984年第1期（1984年3月），頁21-38。柳存仁的〈王船山注《楚辭・遠遊》〉亦以詮解船山〈遠遊〉註中的內丹術語爲主，但很敏銳地意識到船山丹道與金丹南宗的關聯，故徵引張伯端、薛道光、白玉蟾、李道純等南宗人物之說，以之詮釋船山內丹術語，其中對船山註中所謂「三花」的解釋同於王文，亦採一般丹道修鍊的三段架構，唯額外整理南宗諸家對「三花聚頂」的說法，文收朱曉海編：《新古典新義》（臺北：臺灣學生書局，2001年），頁255-282。鄭富春〈安死自靖，貞魂恆存——從《楚辭通釋》看王船山的生死觀〉雖較上述諸篇爲新，但重點在生死觀，涉及內丹理論的部分只有簡略帶過，文收《鵝湖》月刊第33卷第8期（2008年2月），頁19-29。

8　例如王沐〈析王船山《楚辭通釋・遠遊》〉即採「三花聚頂」的架構詮釋船山丹道，然文中「鍊精化氣」部分幾乎都是養氣工夫，「鍊精」之事只能簡單帶過；「鍊氣化神」部分篇幅最長，幾乎重點全在本段；至於「鍊神合道」（鍊神還虛）部分，則因船山註文論述極少，王文亦不能深論。換言之，船山對「三花」之說其實有所輕重和去取，與一般內丹理論兼重三段不同。

丹學可謂「一花獨秀」。或許是因爲「鍊精化氣」涉及寶精觀念，有一部分跟素女房中有關，故遭船山揚棄；而「鍊神合道」涉及「胎仙」、「陽神」或「眞身」等觀念，跟身心修鍊的宗教目的（長生不死）有關，故亦遭船山淡化處理。換言之，船山丹道偏重「鍊氣化神」，肯定其中的「養氣」與「鍊神」，認爲這部分才是內丹理論眞正的精華。故曰：

> 棲心淡泊，神不妄動，則醞釀清微而其行不迫，以此養生，庶乎可矣。[9]

引文的主詞爲「玄家」，船山以此稱呼修鍊丹道者；「棲心淡泊，神不妄動」自然是就丹道實踐中收視返聽、存神冥想之類的精神鍛鍊術而言；「醞釀清微」則指丹道實踐中的調息養氣、緣督踵息之類的行氣導引術。換言之，船山以爲內丹功法的可取之處在於「養氣」與「鍊神」，並藉此達到養生健體的目的即可，若逾越此限，追求長生不死，則陷於邪妄。[10]因此，船山在〈遠遊〉註中雖然言及「三花」，並論及「鍊精」與「合道」，但皆用語簡略，甚至模糊帶過，[11] 這或許是船山刻意揀別的結果。以上爲船山丹道之概述，下文則就〈遠遊〉註中的內容爲主軸，旁及散見諸書的相關說法，分點論述船山內丹思想的理論架構。

一、內丹樞紐「五氣朝元」

船山的丹道理論以「五氣朝元」爲骨幹，他在註釋〈遠遊〉「見王子

9　見《船山全書第十二冊・思問錄》（長沙：嶽麓書社，1988年），頁450。

10　在《禮記・月令》論「夏至節制耆欲」一段，船山亦有類似見解：「此節所言（筆者按：止色薄味則耆欲節矣）與養生家之說有相近者，君子以修身俟命節之可也，然亦止此而已矣。過此以往，則爲魏伯陽、張平叔之邪說矣。」見《船山全書第四冊・禮記章句》（長沙：嶽麓書社，1988年），頁406。

11　〈遠遊〉註中關於「鍊精」的說法，僅在解釋「氣變」時簡略地說「『氣變』，精化氣，氣化神也」。見《船山全書第十四冊・楚辭通釋》（長沙：嶽麓書社，1988年），頁351。又論及「合道」之時，雖言「與天合一」、「凡濁皆清，而形質亦爲靈化」或「出入有無」，但皆點到爲止，並無一般丹經所述之「胎仙舞動」或「陽神脫離」等超脫經驗之描述。見《船山全書第十四冊・楚辭通釋》（長沙：嶽麓書社，1988年），頁364-365。

而宿之分，審壹氣之和德」時云：

> 「見王子」，謂服王喬之教也。「宿」，與肅通，敬問也。
> 「壹氣」，老子所謂專氣。東魂、西魄、南神、北氣、中央意，皆
> 含先天氣以存，合同而致一，則與太和長久之德合，所謂三五一
> 也。「審」者，揀旁門而專求王喬之妙旨。[12]

首先，船山呈現其特殊之內丹學史觀，以為後世所謂的丹道之祖魏伯陽、
張伯端等人，其實都是上承古仙王喬（據說是周靈王太子晉），[13] 同時也
根據這點，作為他用丹道詮解〈遠遊〉的立論基礎。雖然以今日學術史
眼光觀之，船山之說似過於牽合，但亦非全無前例可循。[14] 其二，船山認
為〈遠遊〉的「壹氣」，等同《老子・第十章》所論之「專氣」，若對
照《老子衍》的說法，可知船山早年即以內丹道的「三五一」詮釋老子
的「抱一」與「專氣」，[15] 故無論「壹氣」或「專氣」，皆指丹道修鍊之
「五氣朝元」，即五種人類生命要素的聚合。其三，所謂「五氣」，指
內丹家所關注的五種生命要素——「魂」、「魄」、「神」、「氣」、
「意」，[16] 船山以為這五者同樣來自人體初生所得之「先天氣」，故內丹
修鍊其實是一種由分散轉為聚合的過程，將分散的生命能量重新聚合起
來，使人體生命與宇宙自然（太和）互相連結，藉此達到長生久視的目
的。換言之，「壹氣」、「專氣」、「三五一」或「五氣朝元」其實是針

12　見《船山全書第十四冊・楚辭通釋》（長沙：嶽麓書社，1988年），頁353-354。
13　見《船山全書第十四冊・楚辭通釋》（長沙：嶽麓書社，1988年），頁352。
14　柳存仁認為在船山之前，王逸、朱熹、余琰等皆嘗借用道教修鍊理論詮解〈遠遊〉，見朱曉海編：
　　《新古典新義》（臺北：臺灣學生書局，2001年），頁277-279，
15　見《船山全書第十三冊・老子衍》（長沙：嶽麓書社，1988年），頁22。
16　柳存仁嘗比對船山所論之「五氣」與南宗丹經（黃自如《金丹四百字註》與李道純《清庵瑩蟾子語
　　錄》）所載之「五氣」，發現東、西、南、中四者相同，為船山將一般丹經的「北精」替換為「北
　　氣」，故懷疑船山誤記或另據不同版本。見朱曉海編：《新古典新義》（臺北：臺灣學生書局，
　　2001年），頁267。筆者以為船山以「氣」代「精」的原因並非誤記或版本問題，而是船山有意排
　　除內丹鍊乃至保精一類的觀念，使內丹修鍊中的「鍊精」轉變為純粹的「鍊氣」。換言之，以
　　「氣」代「精」呈現船山內丹思想的特殊立場，背後有其理論意義。

對同一種生命狀態的不同說法。

然而，到底什麼是「三五一」，可以參考船山對〈遠遊〉「五色雜而炫耀」的註文及其子王敔在「壹氣」段的按語。先看船山的註：

「五色雜」者，東三、南二、北一、西四，與中宮五，合而朝元也。[17]

所謂「五色雜」即指「三五一」，明白說就是「三個五合一」，這三個五分指代表東與南數字相加的五、代表西與北數字相加的五、代表中宮數字的五。根據內丹家的陰陽五行思維模式，五行和五方可與人類生命的五大要素互相比配，藉由特殊的身心功法進行鍛鍊，這五者可以融合為一，故謂「合而朝元」。

那麼，船山的理論架構從何而來，王敔的按語說：

「三五」，即〈河圖〉中宮之數。道書云：「東三南二還成五，北一西方四共之。」又云：「三五一，萬事畢。」二與三為五，一與四為五，合中宮之五，所謂「三五」。[18]

據晦庵之說，〈河圖〉本出《周易‧繫辭傳》，為「天地之數」所轉成之圖像。[19] 內丹修鍊則依據〈河圖〉理數表述丹道功法，形成「三五」之說。王敔在此處徵引兩條「道書」章句，其中第一條為張伯端《悟真篇》中的丹詩，第二條或許出自李文燭（1573-1620）對該詩的註解。[20] 若王

17　見《船山全書第十四冊‧楚辭通釋》（長沙：嶽麓書社，1988年），頁359。

18　見《船山全書第十四冊‧楚辭通釋》（長沙：嶽麓書社，1988年），頁354。

19　見朱熹：《周易本義》（臺北：大安出版社，2004年），頁16。

20　第一條引自《悟真篇》，然文字小異，作「東三南二同成五，北一西方四共之」。見《正統道藏第4冊‧紫陽真人悟真篇註疏》（臺北：新文豐出版社，1995年），頁304。至於第二條疑改自明人李文燭（1573-1620）對該詩的註解，其云：「三五一合，即成嬰兒。嬰兒是一，人得一，萬事畢。」見仇兆鰲集補：《參悟集註》（香港：心一堂有限公司，2011年），頁344。

敬按語承襲家說，代表船山內丹思想的理論架構應源自張氏以降之南宗法脈。

若細究船山之「五氣朝元」，會發現他將這五種生命要素分爲三類：第一類是「中央意」，它既由其餘四者而生，同時也滲透其餘四者；第二類由「西魄」和「北氣」合成一組，對應五行關係中的金生水；第三類由「東魂」和「南火」合成一組，對應五行關係中的木生火。從五行順行生化的序列說，即人類生命之自然耗散歷程，形魄生體氣，體氣生心魂，心魂生精神，精神生意識；反之，內丹理論則欲逆向顛倒此一生命歷程，使人類生命狀態產生質變。[21] 這種生命的質變，必須通過身心修鍊達成，而從量變轉向質變，重新凝聚生命的精華。

船山在〈遠遊〉註中討論的修鍊功法多端，條理相當雜亂，但主要可以分成「養氣」與「存神」兩個部分。下文依序論之。

二、養氣調息

就「養氣」而言，船山最明確而完整的論述，見於〈遠遊〉「漱飛泉之微液兮，懷琬琰之華英。玉色頩以脕顏兮，精醇粹而始壯」的註文：

> 「飛泉」水上涌也；北方坎水，爲鉛爲氣；魄金生水，則順流而易竭；斂氣歸魂（筆者按：當作『魄』），故爲飛泉逆流而上。「琬琰」，玉色，西方白虎之章。「頩」，普經切，美貌。「脕」，音萬，華澤也。金魄得飛泉之液，養之純粹完美，魄乃壯，可以鈴魂。[22]

---

21 船山非常重視「五氣朝元」，其內丹思想亦以此爲核心，他在《思問錄・外篇》說：「玄家謂『順之則生人生物』者，謂繇魄聚氣，繇氣立魂，繇魂生神，繇神動意，意動而陰陽之感通，則人物以生矣。『逆之則成佛成仙』者，謂以意御神，以神充魂，以魂襲氣，以氣環魄，爲主於身中而神常不死也。嗚呼！彼之所爲祕而不宣者，吾數言盡之矣。」見《船山全書第十二冊・思問錄》（長沙：嶽麓書社，1988年），頁451。
22 見《船山全書第十四冊・楚辭通釋》（長沙：嶽麓書社，1988年），頁357。

本段清楚呈現「歛氣」、「壯魄」、「鈐魂」的三段功法，若對應五行關係，則逆反「金生水」，轉爲「水補金」，人若氣盛魄壯則可制魂不失。析言之，船山以爲句中「飛泉」暗指坎水，水代表人體之氣，亦即內丹所謂之鉛，若按照自然的生命歷程，形魄不斷產生體氣而不返，生命的能量也因此順流衰竭。這裡須先辨明的是，引文中「歛氣歸魂」應爲字句上的錯誤，當改作「歛氣歸魄」。[23]「歛氣歸魄」則扭轉了人類的生命歷程，使得形魄不再衰老，反而充滿華澤。形魄既因歛氣而壯盛，則可鈐制心魂永不離身，內丹家謂之「虎吸龍精」。[24]

　　既然「歛氣」是仙術的基礎，那麼氣當如何收歛持養？船山在〈遠遊〉註中著墨不多，最主要的論述見於「湌六氣而飲沆瀣兮」之註文：

　　此學僊之始事，其術所謂煉己也。「六氣」：寒水、濕土、風木、燥金、君相二火，於人爲府藏之眞氣。「湌」者，保之於己，不泄用也。「沆瀣」，北方至陰幽玄之氣。念不妄動，養氣清微，則息不喘急，從踵而發，生於至陰之地也。[25]

船山借用醫家之說，以爲這邊的「六氣」全屬內氣，分指人體五臟之氣，故「湌六氣」並非眞的要吸食自然界之外氣，而是持守府藏眞氣使不外泄。然而人體內氣從何而來？船山則徵引莊子「踵息」的觀念，認爲腳跟是人體「至陰之地」，故此處之「沆瀣」並非方向意義之北方，而是指人體的腳跟。一般人的呼吸方式爲莊子所謂之「喉息」，呼吸淺入淺出，

王船山氣化生命論

23　筆者如此改動字句有兩個原因：第一就文字言，前文「壹氣」句的註文明明作「歛魂歸氣而氣盛」，故此處不當反作「歛氣歸魂」，否則自相矛盾，見《船山全書第十四冊・楚辭通釋》（長沙：嶽麓書社，1988年），頁355。第二就義理言，本段先言魄生氣則易竭，對應五行的「金生水」，若反過來以氣補魄，合於丹道家所謂的顛倒；假若按照原文，則爲歛水反補木，這跟五行「水生木」的順向關係剛好相反，理路遂成混亂；且下文明言養魄使之純粹完美，上文又何以忽然歧出養魂，既已養魂，何必又要鈐魂。基於以上兩點，筆者推測此處當作「歛氣歸魄」。
24　船山釋曰：「前云『漱飛泉』、『懷琬琰』、『歷南州』者，乃調氣以歸魄而鈐魂，所謂虎吸龍精也。」見《船山全書第十四冊・楚辭通釋》（長沙：嶽麓書社，1988年），頁359。
25　見《船山全書第十四冊・楚辭通釋》（長沙：嶽麓書社，1988年），頁352-353。

至肺部即止，故必須經過養氣功法的鍛鍊，才能讓呼吸經由意識導引而沉入腳跟。人體之氣沉入腳跟，或由腳跟而發，《莊子‧內篇》皆已言及，若參照越來越多戰國時期的出土文物，可知莊子的「踵息」並非文學性之想像，而是戰國時期人體經脈知識與養氣功法結合的成果。[26]這些養氣技術後來爲道教繼承，輾轉滲入內丹修鍊，根據宋人吳悞在十二世紀時對「內丹」所下的定義爲：包含所有長生方術（導引、行氣、服食與房中術）的綜合系統。[27]然而養氣的功法到底是什麼？船山明白指出「念不妄動」，換句話說，養氣必須從止息心念的靜持工夫開始，或許即指靜坐，但船山並未明講。心靜之後，修鍊者要保持呼吸輕微綿長，使整個呼吸的過程趨近無聲，並避免急躁喘氣，透過這樣的呼吸訓練，最後氣息即沉於腳踵，並能在內在意識中感受到人體之氣由腳踵（北方至陰之地）而生。總之，船山認爲養氣調息的工夫是「學僊之始事」，即內丹所謂「煉己」（築基），〈前愚鼓樂‧其三〉則有「聚頂朝元自不遠，除將踵息無眞機」，[28]同樣以「踵息」爲修鍊「三花聚頂」與「五氣朝元」的根本功法。

　　在此船山所述的「踵息」中，可以看到意識狀態與呼吸節奏的連動關係，涉及身心之間的互動模式。[29]在《莊子解》中，船山曰：

26　杜正勝說：「最基本的行氣是呼吸吐納，常人呼吸急而短，養生家的呼吸慢而長，常人呼吸到肺，養生家的呼吸下沉至腹以至於足，呼吸慢長，所以延年益壽。」接著杜氏徵引《莊子》〈大宗師〉和〈應帝王〉的章句，說明氣由踵發的原則：「踵是足跟，尤指踝部，段玉裁《說文解字注》曰：『踝，人足左右骨隆然圜者也，在外者謂之外踝，在內謂之內踝。』」並以馬王堆出土的醫書《足臂十一脈灸經》與《陰陽十一脈灸經》爲佐證，謂人體經脈主線十一條，其中足泰陽脈等六條皆以足踝爲起點。這些經脈知識後爲《靈樞》所繼承，亦以足部爲始源。不僅文獻資料如此，杜氏復引戰國時代的玉器銘文〈行氣玉珮銘〉，說明氣由踵發的原則是戰國以來養生家與醫家的共同認知。見氏著：《從眉壽到長生——醫療文化與中國古代生命觀》（臺北：三民書局，2006年），頁272-274。

27　見Farzeen Baldrian-Hussein著，康自強譯：〈體內鍊丹術：注釋術語內丹的起源與使用〉，《書目季刊》第48卷第3期（2014年12月），頁111。此語應本吳悞之《指歸集》，其云：「內丹之說，不過心腎交會，精氣般運，存神閉息，吐故納新。或專房中之術，或採日月精華，或服餌草木，或辟穀休妻，皆所以求安樂也。」見《正統道藏第32冊‧指歸集總敘》（臺北：新文豐出版社，1995年）頁268。

28　見《船山全書第十三冊‧愚鼓詞》（長沙：嶽麓書社，1988年），頁614。

29　近年來，神經學（neurology）也開始關注呼吸與意識連動的生理基礎。朱迺欣說：「呼吸與自

心隨氣以升降，氣歸於踵，則心不浮動。[30]

引文為船山對《莊子·大宗師》「真人之息以踵」的評論，若與前述之丹道修鍊合觀，則不僅止念可以斂氣，反之調息亦可降心，其中差異只是調息斂氣從呼吸訓練開始，而息心止念則從精神冥想入手，兩者可以互相支撐。換言之，不論養氣或鍊神都在追求身心節律的協調一致。

至於具體的行氣路線為何，船山沒有明確的闡述，只有暗示性的指點，例如註釋「朝發軔於太儀，夕始臨乎微閭」即云：

「微」，與尾通。「尾閭」，海水歸原之穴，於人為踵息之藏。「太儀」，天庭，所謂上有黃庭也。以意御四神，周歷乎身之上下，上徹至陽之原，下入至陰之府。「朝」、「夕」，順陰陽之候也。[31]

文中以為「太儀」與「微閭」並非地名，而是人體部位的「黃庭」與「尾閭」，故屈子所謂「遠遊」並非足涉他方，而是意遊己身。其中「至陰之府」已見於前述「踵息」，可知船山所說的「尾閭」並非一般內丹修鍊的尾閭穴（即督脈之長強穴），而是指腳跟足踝。比較費解的則是「至陽之原」，亦即「黃庭」，究竟是指什麼部位。在內丹修鍊中，一般有上、中、下三黃庭（或三丹田）之說，它們的實際部位則因丹法師承不同而略有差異。但三丹田之說起源甚早，可上溯魏晉六朝，為道教養生術的共法，不僅限於內丹。[32] 筆者以為船山此處之「黃庭」可參照〈離騷〉註中

主神經關係密切。吸氣時心跳變快，表示交感神經的活化；呼氣時心跳變慢，表示副交感神經的活化。」見氏著：《靜坐：當東方靜坐遇上西方腦科學》（新北：立緒文化事業有限公司，2014年），頁70。

30　見《船山全書第十三冊·莊子解》（長沙：嶽麓書社，1988年），頁158。

31　見《船山全書第十四冊·楚辭通釋》（長沙：嶽麓書社，1988年），頁358-359。

32　東晉葛洪（283-363）《抱朴子內篇·地真》：「『一』有姓字服色，男長九分，女長六分，或在臍下二寸四分下丹田中，或在心下絳宮金闕中丹田也，或在人兩眉間，卻行一寸為明堂，二寸為洞房，三寸為上丹田也。」見王明：《抱朴子內篇校釋》（北京：中華書局，2010年），頁323。

對「遭吾道夫崑崙兮」的解釋，其云：「『崑崙』，群山之祖，最高者也。在人爲泥丸，諸陽之舍。」其中「諸陽之舍」應即〈遠遊〉中的「至陽之原」，故可推知「黃庭」位於頭頂泥丸宮中，指人之上丹田。[33] 回到引文，船山的行氣功法以人類內在意識爲動力，導引魂、魄、神、氣（四神）周歷全身上下，其路線上至腦部「黃庭」，下至足踝「尾閭」，而文中的「朝發夕臨」則爲人體之生理節律，即內丹所謂「火候」，其實就是行氣功法。不過人體經脈細密多端，連結網絡又十分複雜，到底引導內氣從「尾閭」直至「黃庭」的具體路線爲何，船山則無更明確的指示。

三、存神守意

前文析論養氣壯魄以鈴魂，船山謂之「虎吸龍精」，這是內丹修鍊的初段功法，進階則有「龍吞虎髓」。[34] 船山詮釋「龍」、「虎」這兩的術語的特殊之處在於不取一般內丹的「鉛汞」，而改以「魂魄」釋之，故船山所謂「龍吞虎髓」，實即歙神歸魂以映魄。例如在註解〈遠遊〉的「騎膠葛以雜亂兮，班曼衍而方行」時，即曰：

> 學僊之術，凡有數進，前云「漱飛泉」、「懷琬琰」、「歷南州」者，乃調氣以歸魄而鈴魂，所謂虎吸龍精也。自此以下，進用黃婆爲媒，配龍於虎。[35]

船山認爲內丹之術可分爲數個修鍊階段，調息歙氣，魄壯鈴魂是築基初功，進階技術則注重內在意識的鍛鍊，以陽魂映化陰魄（配龍於虎）。意

---

33 王沐亦解太儀天庭爲泥丸（至陽之原），然其釋尾閭（至陰之府）爲丹田，則與筆者見解不同。或許王氏是根據本身丹道師承與實踐經驗而下此判斷，但卻不合船山註文。見氏著：〈析王船山《楚辭通釋·遠遊》〉，《船山學報》1984年第1期（1984年3月），頁29。
34 不論「龍吞虎髓」或「虎吸龍精」，其實本爲《周易參同契》中描述鉛汞因燒鍊而產生化學變化的術語（龍呼於虎，虎吸龍精，兩相飲食，俱相貪併），內丹家則借來詮釋內丹功法所造成的身心變化。而此一挪借化學變化術語描述身心變化現象的特徵，賀碧來（Isabelle Robinet）視為定義內丹思想的基本條件之一。見氏著，王秀惠譯：〈內丹〉，〈中國文哲研究通訊〉第6卷第1期（1996年3月），頁12。
35 見《船山全書第十四冊·楚辭通釋》（長沙：嶽麓書社，1988年），頁359-360。

第參章　氣化生命論的修養觀

157

識又稱黃婆，這是因爲意識比配五行中宮，而土色爲黃；魂魄神氣四者又咸賴意識調和，則其如同媒婆。換言之，調息養氣之後就是精神意識的鍛鍊，而〈前愚鼓樂・其二〉的「銀鉛砂汞無根蒂，總是黃婆一寸金」亦言此理，[36] 謂修鍊必從意識用功。

然而，精神意識應如何鍛鍊？船山以爲必須憑藉收視返聽的內視工夫，使主體不受感官刺激的攪擾，故在註解〈遠遊〉的「無滑而魂兮，彼將自然」時，船山曰：

「滑」，音骨，亂也。「而」，汝也。「彼」，謂魂也。人之有魂，本乎天氣，輕圓飛揚而親乎上，與陰魄相守，則常存不去。若生神生意以外馳，則滑亂紛紜，而不守於身中。所謂「魂升於天，魄降於地」而死矣，故曰「太陽流珠，常欲去人」也。以意存神，以神斂魂，使之凝定融洽於魄中，則其飛揚之機息，而自然靜存矣。順之則生人生物，逆之則成僊，此之謂也。[37]

這兩句話意指修鍊者若不擾亂自己的心魂，則心魂自然合道。文句雖然簡單，但其中端緒甚多，例如魂是什麼、魂爲何被擾亂、魂如何歸復自然，這些生命問題皆須進一步的闡釋。船山認爲人類生命可分心魂與形魄兩個層面，心魂來自清微之天氣，故輕圓飛揚而易於散發，若能持守於形魄之內，則常存不失。反之，人若追逐外物造成的感官刺激，其內在心魂不斷轉化爲向外馳散的精神意識，則將造成心魂與形魄分離的結果。換言之，人類的內在心魂乃至一切精神意識，其實都是一種有限的生命資源，耗散殆盡即爲死亡。

在此，船山引用《禮記・郊特牲》的觀念和《周易參同契》的章句，融合先秦儒學的魂魄古義與宋元內丹的功法。首先，就魂魄古義而言，《禮記・郊特牲》謂「魂氣歸於天，形魄歸於地」，呈現先秦儒者魂魄二

---

36 見《船山全書第十三冊・愚鼓詞》（長沙：嶽麓書社，1988年），頁614。
37 見《船山全書第十四冊・楚辭通釋》（長沙：嶽麓書社，1988年），頁354-355。

分的生命觀，萬物生命由魂魄構成，死後形魄歸土爲鬼，而魂氣發揚於天爲神。[38]

其次，就內丹功法而言，魂魄觀念當然是繼承古代生命文化而來，但亦有其獨特的發展，在「五氣朝元」的體系中，魂魄觀念與五行生剋結合，並提出古義所無的鍛鍊功法，試圖藉由主體的做爲，顛倒生命的自然發展歷程，令魂魄二者常合不離。其中養氣壯魄的功法已見前述，此處僅須討論攝神歸魂的技術。船山對「太陽流珠，常欲去人」的說法，繼承內丹家對外丹燒鍊現象的特殊詮釋，本來《周易參同契》中的這兩句話應該是描述汞（Hg）的沸點較一般金屬爲低的物理性質（356.73℃），它在丹爐燒鍊過程中容易汽化散逸，故有「汞性飛浮」之稱。但在內丹修鍊中，「汞性飛浮」則借來描述人類精神意識容易分散外馳的現象，故修鍊者必須藉由收斂持靜的工夫（通常是瞑目靜坐），使精神意識內向凝聚，不使神意走漏於外。船山認爲鍛鍊神意必須「以意存神，以神斂魂」，亦即通過精神意識的內向收斂，使其凝定融洽於心魂之中，雖然船山沒有明講這種精神鍛鍊的技術如何實踐，但應該是指靜坐。若再對照其五行生剋關係，這種精神鍛鍊術其實是顛倒五行順向生化的歷程（土返歸火，火返歸木），故謂「逆之則成僊」。

四、以魂映魄

在養氣壯魄與斂神歸魂之後，船山則強調「以魂映魄」的進階功法。在〈遠遊〉「過乎勾芒（東方）以遇蓐收（西方）」一段，船山註云：

此謂以東木之精，注於西金，龍吞虎髓也。始於以魄鈐魂而有功用，至此以魂映魄，如日映月，自然圓滿，「氛埃」自辟，清涼

---

[38] 杜正勝認爲《禮記‧郊特牲》的說法代表戰國禮學家的見解，他說這種「魂氣」、「形魄」二分的想法似乎認爲人死之後，魂飛走了，魄則和骨肉同留在土裡。見氏著：《從眉壽到長生——醫療文化與中國古代生命觀》（臺北：三民書局，2006年），頁129。在船山的《禮記章句》中，則根據〈郊特牲〉的說法詮釋〈祭義〉的「神鬼」，謂「魄降於地而爲鬼」、「魂升於天而爲神」。見《船山全書第四冊‧禮記章句》（長沙：嶽麓書社，1988年），頁1120。

自生，無絲毫之翳障矣。[39]

　　船山以為本段自東徂西的遊歷過程，其實是在闡述「以魂映魄」的進階功法，所謂「以魂映魄」，即以陽魂注入陰魄，如同天體中月體之光來自日體，形魄之陰氣全為陽魂所點化，則陰魄鍊盡，轉化為純陽之身。行功至此，修鍊者自然神清氣怡，而有一種彷彿突破翳障的身心經驗。船山以此詮釋內丹家所謂之「龍吞虎髓」或「太陰鍊形」。[40]

　　在〈遠遊〉「朝濯髮於湯谷，夕晞余身兮九陽」的註解中，船山對「以魂映魄」則有更完整的闡述：

　　　「湯」，與暘通。「暘谷」，日所出東方，魂所自發也。「濯髮」，盪除其紛結之氣。「九陽」，至陽。「九」為太，七為少，純陽無陰者也。「身」者，魄之宮，陰濕幽寒，非陽不暖。以太陽晞之，則陰受陽光而化為陽，如月在望而光滿，有形之質，皆靈通而晃焆，光透簾帷。[41]

　　本段以東方純陽日體（暘谷、九陽）代稱魂，而以陰寒月體（身）代稱魄，謂修鍊者必須以純陽無陰之心魂，晞照陰濕幽寒之形魄，使陰魄承受陽魂之點化而轉化為陽氣，正如月體在望日完整接受日體的光照而呈滿月一輪之貌，此即前述之「以魂映魄」。船山以為當修鍊者完成「以魂映魄」的功法鍛鍊之後，身心兩端皆已轉化為陽氣的存在，此時自然會產生

39　見《船山全書第十四冊‧楚辭通釋》（長沙：嶽麓書社，1988年），頁360。

40　對於船山將鍊盡形魄之陰氣稱為「太陰鍊形」的說法，柳存仁頗有微詞。他認為這種講法沒有根據，別的註釋家絕不會如此解說，因為柳氏查考道經裡關於「太陰」的論述，「太陰」或為吉凶時日，或為方位，或為某種宇宙空間，並無鍊盡陰魄之義，故謂船山之說實謬。見氏著：〈王船山注《楚辭‧遠遊》〉，文收朱曉海主編：《新古典新義》（臺北：臺灣學生書局，2001年），頁265-266。筆者以為，船山之內丹思想雖承襲舊丹道，但亦有其獨特之處，呈現船山個人對內丹修鍊術語的理解，而跟一般丹經乃至道教既有的說法不能盡符，故謂之謬誤可也，謂之「別開生面」亦無不當。

41　見《船山全書第十四冊‧楚辭通釋》（長沙：嶽麓書社，1988年），頁356。

一種通體明亮、無所滯礙的特殊身心經驗，正如光線強盛之時，雖有簾帷亦不可遮掩，說法與前文「無絲毫之翳障」相符（簾帷、翳障似皆喻形魄）。

類似的論述亦見〈離騷〉末章「忽吾行此流沙兮，遵赤水而容與。麾蛟龍使梁津兮，詔西皇使涉予」，船山註曰：

> 「流沙」，西方大津。「赤水」，南方眞汞，神之舍也。魂映魄，魄不滯而流行以合於神，蛟龍爲梁以渡魄而南。所謂龍吞虎髓，龍虎配合，交搆而與神遇，則三花聚頂矣。[42]

本段說法與前述引文大體雷同，謂以東方陽魂映照西方陰魄，遂使魂魄二者俱合於南方之神。船山以爲「以魂映魄」，實即丹道之「龍吞虎髓」；至於魂魄「交搆而與神遇」，則爲丹道所謂之「三花聚頂」。透過文獻的分析比對，可以明顯察覺船山內丹思想與一般丹道的差異，因爲一般丹道的「三花聚頂」乃精、氣、神三寶之結合，船山的「三花聚頂」則爲魄、魂、神三者之交搆。若從方法論的角度審視，徵引一般丹經之說詮釋船山內丹宗旨固無不可，但容易忽略船山內丹理論的特殊之處，有時甚至失之穿鑿；反之，若能把握船山義散群書、詳略互見的論學特質，引用詳處解說略處，或許更能貼近船山內丹思想的本義。

船山除用「以魂映魄」詮釋內丹修鍊的「龍吞虎髓」、「太陰鍊形」乃至「三花聚頂」以外，早年亦據此詮釋另一樞紐觀念「刀圭入口」。所謂「刀圭」，本爲外丹用語，指量藥器具，後借代爲藥物。在〈遠遊〉註中，船山對「刀圭入口」著墨不多，全篇僅兩見，指「大還（丹）既就」，乃內丹修鍊之終極境界。[43] 然而，「刀圭入口」在船山早期的《周

42　見《船山全書第十四冊‧楚辭通釋》（長沙：嶽麓書社，1988年），頁240。

43　一者見於「時曖曃其曨莽兮，召玄武而奔屬」的註文，曰：「龍虎配合，真鉛之氣應之，從吾指麾，如驚流波，氤氳惝恍，散於百脈，此刀圭入口之效。」一者見於「欲度世以忘歸兮」一段，曰：「大還已成，刀圭入口，將度世上升，不復遊於人間。」皆見《船山全書第十四冊‧楚辭通釋》（長沙：嶽麓書社，1988年），頁361。

易外傳》中，其含義則略有差異，大體等同本段之「以魂映魄」：

乃爲玄之言者，謂陰不盡不生；爲釋之言者，謂之六陰區宇而欲轉之。則浮寄其孤陽之明，銷歸其已成之實，於人物之所生，而別有其生。玄謂之「刀圭入口」，釋謂之「意生身」，摶陽爲基，使陰入而受化，逆天甚矣。[44]

這段論述本用以對比《周易》屯卦所蘊含的「陰陽和合、形性互成」之理，故藉儒、玄、佛三家調理身心的方式析論三家差異，其目的在於批判玄、佛二家「摶陽化陰」的調理方式違逆天道自然。但是，這段論述也從反面呈現了船山對內丹「刀圭入口」與《楞伽經》「意生身」的理解。就玄家而言，人欲修鍊長生必須鍊盡陰魄，轉化爲純粹陽氣的存在（似暗指陽神眞身）；就佛家而言，人之意識受肉身六根的拘限，故欲轉變爲精神性的身體。玄、佛二家雖然術語有別，事實上都是偏重人的精神意識，亦即偏執靈明之陽氣，並且企圖透過工夫實踐，銷歸或轉化屬於陰氣的身體性身體，別求純屬陽氣的精神性身體。換言之，彼等想在身心兼具的生命模式之外，找尋另一種生命載體。因此，船山以爲玄家的「刀圭入口」，或佛家所謂「意生身」，其實都是摶聚陽氣以化盡陰氣的精神性身體，這種「摶陽化陰」的修鍊方式完全違背「陰陽和合」的天道自然，使人獨重心性而忽視形軀的存在，故曰「逆天甚矣」。

五、神氣和應

船山認爲修鍊者在完成「龍虎相合」（魂魄相合）的功法鍛鍊之後，可進而修鍊「神氣交合」，達到內丹實踐的終極境界。例如註解「指炎神而直馳兮，吾將往乎南疑。覽方外之荒忽兮，沛罔象而自浮」時云：

---

[44] 見《船山全書第一冊・周易外傳》（長沙：嶽麓書社，1988年），頁837。但原書改動「使陰入而受化」爲「使陽入而受化」，顯然未能理解本段「摶陽化陰」的論述脈絡，況且既已爲陽，又何來入陽受化之理？故本段引文將改動處回復原狀。

「炎神」，南方朱雀眞汞之精，則神是也。「南疑」，神者疑有疑無者也。「荒忽」，寥廓之謂。言既未遐舉上升，棲遲人間，而修鍊不輟，又復加進，龍虎既合，而不死之道得。所以養太和而極變化者，則在調伏鉛汞。蓋魂魄本夫妻，則絪縕而搆精自易，吸精吞髓，雖無運用而有密功。神至清而氣至濁，有無不相爲用，而絪縕無間，功用全無，自然湊合，乃保合大還之極致也。[45]

本段析論「龍虎相合」與「調伏鉛汞」兩者之異，以爲有階段之別。其中「龍虎既合」即前述之「以魄鈐魂」與「以魂映魄」兩種功法，謂身心已經功法鍛鍊而轉化爲純陽之體，故得不死之道。然若欲更上層樓，則必須「調伏鉛汞」，亦即以鉛伏汞。所謂鉛汞，本指外丹燒鍊中的鉛（Pb）或一氧化鉛（PbO）與汞（Hg）或硫化汞（HgS），以鉛伏汞即上述各種物質在燒鍊過程中所產生的混合物（當時丹家的觀念是以鉛性之沉重降伏汞性之飛浮）。[46]在內丹修鍊中的鉛汞一般指元精和元神，但是在船山的內丹理論中並未提及元精和元神，只有對應元精的北氣和對應元神的南神，故「調伏鉛汞」即指神氣交合。船山以爲就功法而言，魄與魂在生命現象中類似夫妻關係，故無論「虎吸龍精」或「龍吞虎髓」本來就比較容易，只是必須持續地鍛鍊而已；但是神與氣則因性質清濁有別，神清近無而氣濁近有，有無兩者本不相爲用，故求神氣交合唯在「自然湊合」，而不可刻意施功造作。

不過，到底什麼是「自然湊合」，船山在「祝融戒而還衡兮，騰告鸞鳥迎宓妃」一段有完整的論述：

「祝融」，南方之神，謂眞汞也。「衡」，南嶽，炎神之宮。「戒而還衡」者，神止其宮也。「宓」，音伏。「宓妃」，水神，

163

45　見《船山全書第十四冊·楚辭通釋》（長沙：嶽麓書社，1988年），頁362。
46　見陳國符：《道藏源流考》（臺北：祥生出版社，1975年），頁379-391。此外，本段內容經國立臺灣師範大學化學所碩士黃宇薪校閱，特此致謝。

謂眞鉛氣也。氣不可施功，唯神存而氣自至，故曰「迎」。「玄
螭」以下，皆言舞態。「蟲象」未詳，「象」疑當作豸，或兼大小
而言，小如蟲，大如象，皆應舞節也。「增撓」，增高而危撓也。
神常抱一，汞不流而眞鉛之氣自合。「祝融」不往，「宓妃」自
來，太和絪縕，歌舞妙麗，白玉蟾所謂「日日與君花下醉，更愁何
處不風流」也。[47]

本段亦在論述調伏鉛汞的問題，詳細闡釋神、氣二者如何得以「自然湊
合」。船山以爲原文中的「祝融」與「宓妃」暗指南方眞汞（神）與北方
眞鉛（氣），精神可以鍛鍊存養，但氣卻不可用意施功（此處之氣有特殊
意義，與前述人體之氣不同），所以欲求「神氣交合」必須存養精神而待
氣自然來合，「迎」而不取，即本階段的修鍊指歸。在船山的內丹學理論
中，「神氣交合」爲丹道修鍊之終極階段，當修鍊者達到此一境界，自會
產生某種特殊的身心經驗，由於這種身心契合的感受難以言詮，所以用歌
舞與酒醉時的愉悅感，來比喻這種非常特殊的身心狀態。在引文結尾，船
山直接徵引南宗高道白玉蟾的丹道詩，情況頗爲罕見，大概船山十分欣賞
「與君共醉」的理境。[48]這首丹道詩出自《海瓊白眞人語錄》：

性全則形自全，氣亦全，道必全也；道全而神則旺，氣則靈，
形可超，性可徹也。返覆流通，與道爲一。上自天谷，下及陰端，
二景相逢，打成一塊，如是久久，渾無間斷，變化在我，與道合

---

47 見《船山全書第十四冊‧楚辭通釋》（長沙：嶽麓書社，1988年），頁363。
48 「與君共醉」代表某種體道境界，是修鍊者通過反覆的工夫實踐所達到「神氣交合」的身心狀態。
這個隱喻是船山內丹思想的主題之一，除見於〈遠遊〉註外，亦見〈前愚鼓樂‧其五〉，例如「脈
脈盈盈度翠樓」（應指西子、楊妃）、「和水乳，醉雙眸，不風流處也風流」（更愁何處不風
流）。見《船山全書第十三冊‧愚鼓詞》（長沙：嶽麓書社，1988年），頁615。復見〈後愚鼓樂‧
大還〉，內有「懵騰日日花前醉」（日日與君花下醉）。見《船山全書第十三冊‧愚鼓詞》（長
沙：嶽麓書社，1988年），頁621。基於文獻證據，筆者以爲這幾闋丹詞的主旨應當與〈遠遊〉註的
論述合觀。相較之下，吳明的註解據一般丹經所云「運轉河車」或「取坎填離」釋之，實未能呼應
船山之相關論述，有再商榷的餘地。見氏著：〈《愚鼓詞》注釋（二）〉，《船山學報》總期第6期
（1986年9月），頁17-29。

真。或者謂心動則神疲，心靜則神昏，一動一靜則不得，無動無靜亦不得，則必竟如何：嬌如西子離金闕，美似楊妃下玉樓。日日與君花下醉，更嫌何處不風流。[49]

本段闡述性、道二者渾合無間的重要性，或即船山〈遠遊〉註之所本，其中修鍊的關鍵在於身心連結，強調周身上下（天谷陰端）與內外感受（二景）的相契不二、與道為一，這些都是神旺（性全）氣靈（形全）的果效。不過相較於命功鍊氣而言，本段似乎更重視性功鍊神，所以引文後半都在討論存養心神的技術，並以詩歌詮表體道的終極境界。文中表示心念之動靜決定精神的狀態，生意生念固然疲役精神，然則息心止念卻易流於精神昏鈍，故不可或動或靜，亦不可無動無靜。文句看似玄妙，然主旨明確，謂修鍊者之精神意識應超越動靜之上。而當修鍊者的身心達到與道渾合無間的境界時，自然產生難以言詮的特殊經驗，故以西子、楊妃來迎之美態，[50] 花下共醉之酣暢，比喻人與道合的特殊狀態（「日與君醉」似喻「與道合真」，此「君」即「道」也）。

　　透過兩段引文的比對，不難看出船山內丹思想與內丹南宗的淵源，但船山的詮釋仍有自己的特色。就其同者觀之，二者皆以「與君共醉，隨處風流」的歡暢情境，表述修鍊者的身心狀態，並暗示特殊的契合經驗不在強求力索，而是自然來迎。就其異者觀之，海瓊的論述泛指上下內外之渾合，偏重「與道合真」，船山之論則聚焦於神氣之間的交融，強調「神存氣至」，故二者雖皆主張鍊神，但前者合「道」而後者合「氣」，重點略有差異。

　　然而，前文明言踵息行氣，何以此處又說「氣不可施功」？這個問題

49　見《正統道藏第55冊‧海瓊白真人語錄》（臺北：新文豐出版社，1995年）頁687。

50　西子、楊妃之喻亦見船山〈離騷〉註末章「屯余車其千乘兮」一段，謂屯車千乘暗喻息心止念的冥想技術，使人萬念歸於一念，一念歸於無念，當意識經過淨化之後，精神能量可以御行八卦之精（陰陽水火山澤雷風），故以「西子之離金闕，楊妃之下玉樓」比喻精神與自然渾合無間的狀態。見《船山全書第十四冊‧楚辭通釋》（長沙：嶽麓書社，1988年），頁241。筆者以為這跟前文所述「存神抱一」、「與君共醉」相同，皆指某種精神鍛鍊術及其所生之果效。

涉及船山對「後天氣」與「先天氣」的分判，完整論述見於註解「音樂博衍無終極兮」一段：

> 神和而氣應，神乃入氣中，而化氣爲神矣。蓋以後天氣接先天氣者，初時死汞之功；以先天氣化後天氣者，渾淪自然之極。自此則神運無垠，「迅風」不足以喻其神速，而「顓頊」之「增冰」皆契合乎祝融之炎德。[51]

引文首先點出存養精神的果效，謂可迎來眞鉛之氣，並使眞鉛之氣轉化爲主體的精神能量，即前文所謂「祝融不往，宓妃自來」（存神氣至）。其次明確指出鍊氣方式分成兩種：

1. 以「後天氣」接養「先天氣」；
2. 以「先天氣」鍊化「後天氣」。就前者而言，功法樞紐在於修鍊「後天氣」，使「先天氣」不受擾亂，此即以鉛伏汞（死汞）。船山在註解「保神明之清澄兮，精氣入而麤穢除」時謂「精氣」爲「先天之氣，胎息之本」，「麤穢」指「後天之氣，妄念狂爲之所生」，[52] 修鍊者「保精除穢」，實即前文之「踵息調氣」，即心緒意念隨著呼吸節奏而不妄動妄發，自然達到精神凝定的狀態，故「死汞之功」指通過呼吸方式的訓練與冥想行氣之路徑，使原本容易妄發外馳的精神意識（精氣）向內凝聚。即此而論，呼吸之氣可以施功。就後者而言，則爲前文之「神常抱一」，謂精神意識經過各種身心鍛鍊後，最終達到一種精密純粹的狀態，此時天地造化之氣可以自然導入人體，轉換爲人類的精神能量。即此而論，天地之氣不可以施功。換言之，筆者以爲此處之「先天氣」與「後天氣」乃相對觀念，「以後天氣接先天氣」及「以先天氣化後天氣」兩句，應當分別看待，其中的先後天之分，各具不同語義，不可一概而論。對人類呼吸而言，精神能量是

---

51 見《船山全書第十四冊・楚辭通釋》（長沙：嶽麓書社，1988年），頁363。
52 見《船山全書第十四冊・楚辭通釋》（長沙：嶽麓書社，1988年），頁353。

166

「先天氣」，故所謂以後接先，乃靜坐調息以收斂精神之義；對天地之氣而言，精神能量則是「後天氣」，故所謂以先化後，乃凝神內守以待外氣來合。若非如此疏解，則前後理路自相混亂矣。

六、盜得眞鉛

最後，船山在「歷玄冥以邪徑兮」一段，對內丹學提出總結：

> 「玄冥」，北方之神，氣之母也。「邪徑」，猶言枉道。……天地之間，一氣而已，亘古今，通上下，出入有無而常存者也。氣化於神，與天合一矣。然僞者既已生而爲人，而欲還於天，故必枉道回執天氣，以歸之於己。乘天之動機，盜其眞鉛，反顧而自得，《陰符經》所謂「天地，人之盜」，勿任天地盜己而己盜天，還丹之術盡於此矣。造化在我，乃以翶翔於四荒六合而不自喪。[53]

引文謂「玄冥」爲北方氣母，應與前文之水神「宓妃」同義，咸指眞鉛之氣。在此，船山將本身氣學融入內丹學的架構，以爲天地之間有氣彌綸充塞，氣與時間和空間同在，在有無隱見兩種狀態之間不斷轉換，但始終存在，船山以爲這種天地之氣，正是內丹修鍊追求的先天氣母或眞鉛之氣。假使可以透過某種技術，將此氣轉換爲人類的精神能量，那麼人類即與宇宙結合爲一。然而，要達到這樣的生命狀態，必須違反一般人類生命能量逐漸耗散的自然歷程（枉道），顛倒過來執取天地之氣，使其收攝己身而不復出離。換言之，船山以爲內丹修鍊可總結爲「勿任天地盜己而己盜天」一語，指出修鍊者利用天地之間的氣機造化，趁機盜取這種眞鉛之氣，顛倒《陰符經》所謂「天地，人之盜」（化用天地、萬物、人類三盜論），翻轉盜取天地之氣。如此一來，人類不再是宇宙造化所決定的有限客體，而是決定宇宙造化的無限主體，在生命的修短問題上化被動爲主動。筆者以爲，這個「造化在我」的觀念是船山內丹論述的主題之一，故

53 見《船山全書第十四冊·楚辭通釋》（長沙：嶽麓書社，1988年），頁364。

亦反覆見於其他作品，例如〈前愚鼓樂・其一〉的「天在我，我憑誰，徹骨相思徹骨知」，〈後愚鼓樂・大還〉的「我即與天分伯季，定誰愁老誰愁稚」。[54]

船山在註「超無爲以至清兮，與泰初而爲鄰」句時，對上述氣母、有無、盜天、清濁等問題有如下統整：

> 「無爲」者，天之所以爲天，道之所以爲道也。超之者，知其「無爲」，而盜之在己，則凡濁皆清，而形質亦爲靈化。此重玄之旨，不執有，不墮無，虛無之所以異於寂滅者也。「泰初」，氣之始，其上有太始、太素、太易。但「與泰初而爲鄰」者，不急翀舉，乘元氣，御飛龍，而出入有無也。[55]

引文先釋「無爲」，謂即天道之理則，若由船山即氣論道的理路視之，「無爲」應指氣機造化的隨機偶然（天之動機）。而「超之者」即掌握氣機造化的內丹修鍊者，能在宇宙造化之偶然過程中，憑特殊功法盜取天地之氣，使之歸併己身，如此則存神氣至，化氣爲神，故凡軀之濁氣皆已靈化爲精神之清氣。在此，船山借用唐代道教的術語「重玄」，闡述天地虛無之中充塞非有非無之氣，與佛教之虛空寂滅迥異。雖然，「重玄」所謂的有無雙遣，是否可以詮釋氣的循環變化，不無討論餘地；[56] 但對船山的研究旨趣而言，如何使用這些術語，恐怕比追究這些術語的本義更爲重要。再者，船山又徵引了《列子》與《易緯》的「四太」宇宙論，謂「泰初」即「氣之始」，故「與泰初爲鄰」即襲奪天地之「元氣」，從而使修鍊者的身體精神化，超越有無兩端的限制。

---

54 分見《船山全書第十三冊・愚鼓詞》（長沙：嶽麓書社，1988年），頁613-614、622。
55 見《船山全書第十四冊・楚辭通釋》（長沙：嶽麓書社，1988年），頁365。
56 「重玄」即「遣之又遣」，一遣有無雙執，是爲非有非無，又遣此遣，是爲非有有亦非非無。這種不執有無、雙重否定的思維方式，與佛教般若中觀之學有密切關係。詳見卿希泰主編：《中國道教史・第二卷》（成都：四川人民出版社，1996年），頁173-174。

七、小結

總之，船山的內丹學論述以「三五一」爲核心，化分爲「龍虎合」（魂魄相合）與「鉛汞化」（神氣交合）兩大部分，搭配踵息行氣與存神抱一的功法，最後盜取先天元氣，從純陽無陰（刀圭入口）到出入有無（大還既就），大致獨取內丹南宗「三花聚頂」中的「鍊氣化神」，以「身體的精神化」爲人類生命的終極形態。船山一方面切割「還精補腦」等房中思想，另一方面則淡化諸如「胎仙舞動」、「陽神脫離」、「身外有身」等丹道修鍊的終極目標，因而建構了「別開生面」的船山式內丹學。此外，這些內丹修鍊功法同時也是船山整套修養觀的基礎，這些身心技術滲入不同經典的詮釋基盤之中，根據不同的經典內容調整原本的形態。但因這部分無關船山內丹學宏旨，另俟後文詳論。

第二節　莊學的踵息凝神

莊子學說一直是船山關注的焦點，在最早期的學術論著《老子衍》與《周易外傳》中，皆可看到船山時常徵引《莊子》的觀念。但是，真正投入精力撰寫莊學專書，已在耳順之年的三藩之亂後。三藩亂起（1673），船山爲避兵禍而遯隱深山，先完成了《莊子通》（1679）；[57]約兩年後（1681），船山向諸門生講論莊子學，《莊子解》可能就是當時的講記。[58]

就《莊子》本身而言，戰國時代的道家已有相當豐富的氣論，與《老子》寡言氣字不同，呈現當時思想界的嶄新面貌。而船山通莊解莊，除了身處亂世的生命經驗隔代遙契之外，或許還有部分原因是爲了汲取莊子氣論的養分，藉以豐富儒學本身的思想底蘊（入壘襲輜）。

在船山莊學中，《莊子解》的論述比《莊子通》詳盡，頗爲細緻地詮

57　船山在《莊子通》敘文中嘗云此書成於「己未春」，即康熙十八年（1679）。見楊堅等編，《船山全書第十三冊·莊子解》（長沙：嶽麓書社，1988），頁493。

58　關於《莊子解》的成書年代，筆者採取王孝魚之說。見楊堅等編，《船山全書第十三冊·莊子解》，頁480。

解《莊子》的章句及其隱含之義理，批判的意味也沒有《莊子通》那麼強烈，是研究船山莊學最佳的材料。筆者以爲在《莊子解》中，船山試圖建構一套完整的生命論述，亦即以氣化循環的角度審視生命整體的各項議題，涉及身心、刑名、賓主、聚散、生死等觀念，其中固然不乏莊學本有之義，但亦滲入船山個人的生命理論與內丹實踐經驗，呈現出獨特的詮釋立場。

總地來說，船山莊學的生命論述雖然散見全書，但是相對集中在內篇〈養生主〉、〈大宗師〉與外篇〈達生〉，這是因爲船山認爲這三篇的主題都是從氣論角度闡釋生命修鍊的問題。[59]因此，本節將以《莊子解》中這三篇爲論述基礎，聚焦其中養護形神的生命技術，而他篇可供參考者則另作補充。

一、養護生命的眞主

船山依莊子之言，將人類生命的要素分爲「生之有」與「生之主」：

　　形，寓也，賓也；心知寓神以馳，役也；皆吾生之有，而非生之主也。以味與氣養其形，以學養其心知，皆不恤其主之亡者也。其形在，其心使之然，神日疲役以瀕危而不知，謂之「不死奚益」。而養形之累顯而淺，養知之累隱而深。與接搆而以心鬬，則人事之患，陰陽之患，欲遁之而適以割折傷其刀。養生之主者，賓其賓，役其役，薪盡而火不喪其明，善以其清微之用，遊於善惡之間而已矣。（養生主）[60]

引文首先區分「養生之有」（養護生命所有）與「養生之主」（養護生命主宰）的差異，以爲世人所欲養護者皆「生之有」。「生之有」分爲

59　船山於〈達生〉篇解云：「此篇於諸外篇中尤爲深至，其於內篇〈養生主〉、〈大宗師〉之說，獨得其要歸。」見《船山全書第十三冊・莊子解》（長沙：嶽麓書社，1988年），頁291。
60　見《船山全書第十三冊・莊子解》（長沙：嶽麓書社，1988年），頁120。

兩種：或攝取飲食百物以餵養形體（「味與氣」當指人體因消化飲食而得之「營衛之氣」），或吸收學問知識以餵養心知，然此二者卻未能修養生命真正的主宰——精神。船山以為形體只是精神借寓的居所，故屬精神之賓旅；而心知則為精神所役使，亦為精神之僕役。換言之，心知與形體二者皆為生命主宰所擁有的附屬物。人之精神若為養護形體與心知而不斷耗損，即自陷於〈齊物論〉中所感歎之「不死奚益」（即使未死，也是多餘）。船山以為一般人為了養護形體而疲勞精神，其害雖顯而傷神尚淺；真正可畏的是人類為了豐富心知而勞役有限精神，其害隱密卻傷神甚深。因此，不論養形養知，其實都是驅使心神與外物相接相鬥，只是與他人爭鬥（人事之患）或與自然爭鬥（陰陽之患）的差別而已。在這種情況下，人類即使想要逃離傷損，也無法避免外物不斷割折其精神。故船山以為若欲養護生命真宰，必須調整自身的生活模式，做到「賓其賓，役其役」，即以主人對待賓旅或僕役的方式對待形體與心知，如此一來，「生主」當持清微守靜的方式避開形體、心知或世間善惡的攪擾，雖仍有自然之終期（薪盡），死後卻能將畢生養護的清明之氣（火明）還歸天地。

　　船山在〈養生主〉篇旨中揉合了「逍遙」與「齊物」之深旨，將生命的焦點置放在真正的主宰——精神——之上，假使與船山內丹學與船山老學合觀，其重視人類精神的理論立場如出一轍。然而，船山所謂的精神並非一般宋明儒者強調的心性修養，純屬意識層面的產物，而是以身體為基礎，包含身心兩端在內的生命整體。換言之，精神是生命之氣的精和狀態，是由身心兩端逐漸凝聚而成的生命精華。例如在詮釋《莊子》「有涯隨無涯」時，船山即從鍊氣角度討論修養精神的問題：

　　知之變遷，緣喜、怒、哀、樂、慮、歎、變、慹，而生左、右、倫、義、分、辨（筆者按：指辯）、競、爭之八德。益氣以馳，氣日外泆，和日內蕩，而生之理不足以存。生理危，則「不亡

以待盡」而已。（養生主）[61]

　　本段討論生命與心知的關係，闡述役使生命追求心知所衍生的弊害，人類的心理情緒（或說意識）會不斷地改變內容，從〈齊物論〉中所說的喜、怒、哀、樂、慮、歎、變、慹「八情」，衍生左、右、倫、義、分、辨、競、爭「八德」，[62] 故「八情」與「八德」泛指人類內在之情緒變化與認知區別。而這些意識內容，其實都是消耗生命能量所換來的東西，若聽任其日漸馳佚，則日漸傷損人體本具之「和氣」。這裡的「和氣」即「生之理」，既為人類生命之精華，亦為人類生命之法則，套用船山在《老子衍》的說法，就是陰、陽二氣的混合狀態（沖氣），[63] 亦即人類之「神」（精神）。總之，船山所謂的精神，乃是一種兼攝身、心兩端的精和之氣，既是心性的存在，也是形氣的存在。筆者以為這種特殊的精神觀，直指精神兼具身體性與心靈性，或許可以稱為精神的「身心二象性」，或說精和之氣的「身心二象性」。

　　既然精神屬氣（或說「神氣」），自然也遵守氣化循環的機制，可以在生死變化中不斷轉換其存在形式。例如船山在詮釋《莊子》「薪盡火傳」時曰：

　　以有涯隨無涯者，火傳矣，猶不知薪之盡也。夫薪可以屈指盡，而火不可窮。不可窮者，生之主也。寓於薪，而以薪為火，不亦愚乎！蓋人之生也，形成而神因附之；形敝而不足以居神，則神舍之而去；舍之以去，而神者非神也。寓於形，而謂之神；不寓於

王船山氣化生命論

172

61　見《船山全書第十三冊‧莊子解》（長沙：嶽麓書社，1988年），頁120-121。
62　船山在〈齊物論〉的「八情」與「八德」下有按語解說。就「八情」而言，除喜、怒、哀、樂四者意義明白可見外，釋慮為「謀其將來」、歎為「惜其已往」、變為「遷而游移」、慹為「懼而株守」；就「八德」而言，則釋左為「尊」、右為「有力」、倫為「次序」、義為「差等」、分為「物辨」（事物之別）、辨為「言分」（言論之別）、競為「言爭」（言語上的爭鬥）、爭為「力競」（氣力上的較量）。見《船山全書第十三冊‧莊子解》（長沙：嶽麓書社，1988年），頁97、110。
63　見《船山全書第十三冊‧老子衍》（長沙：嶽麓書社，1988年），頁19、23、25、30、32與43。

形，天而已矣。寓於形，不寓於形，豈有別哉？養此至常不易、萬歲成純、相傳不熄之生主，則來去適然，任薪之多寡，數盡而止。其不可知者，或游於虛，或寓於他，鼠肝蟲臂，無所不可，而何肯聽帝之懸以役役於善惡哉！傳者主也，盡者賓也、役也。養其主，賓其賓，役其役，死而不亡，奚哀樂之能入乎！（養生主）[64]

本段可分為兩個部分：
1. 以薪火之喻論述形神關係；
2. 導正世俗觀念以養護生命之真主。

就 1. 而言，船山以為「有涯隨無涯」指人類生命雖有限而無限的兩個面向，正如柴薪燃燒，柴薪有限而傳火無限，代表人類的身體雖有時間限制，但精神卻不受時間局限，足證精神才是生命真主。若因火焰寄寓柴薪，就把火焰當作柴薪，這是很愚蠢的事。同理，人類的精神寄託於身體，身體因時間限制而敝壞，精神則失去了寄託，將轉化為其他的存在形式，回歸氣化循環的機制。換言之，身體是精神存在的基礎，脫離身體的精神就不再是精神，而是轉化為宇宙中的造化之氣（天）。無論精神是否寄寓身體，精神只有形態的變化，沒有存滅的分別。就 2. 而言，真正應該養護的對象不是受時間限制的身體，而是不受時間限制、精純不變（「萬歲成純」典出〈齊物論〉）、永續存在的生命真主——精神，船山以為人若能認清養護的對象，則能以坦然的心態面對身體的敝壞。而回歸氣化循環的精神，此時已轉化為造化之氣，氣的聚散偶然隨機，氣或以氣的形態存在於宇宙，或以生命的形態暫寄於萬物。所謂生命的形態，範圍甚廣，舉凡「鼠肝蟲臂」（典出〈大宗師〉），任何有機生物的一切生理組織，都是氣化循環的產物（這邊暫不討論無機物的問題）。當人類對生命真主有正確的認識，才能真正解開「帝懸」（有形生命）的束縛，[65] 而不受人

第參章　氣化生命論的修養觀

173

---

64 見《船山全書第十三冊·莊子解》（長沙：嶽麓書社，1988年），頁124-125。
65 根據船山在「帝之縣解」下的按語（或謂王敔之按語）：「縣音懸。帝，上天也。命繫於天，適去則其繫解矣」，換言之，「帝懸」即有形之生命，「懸解」即有形生命之死亡。見《船山全書第

世間善惡刑名的毀傷。總之，火焰是生命的眞主（精神），柴薪只不過是生命的賓旅（形體）或僕役（心知），人要導正觀念，把精神、形體與心知放在該放的價值位階，才能明白神氣的「死而不亡」（《老子》三十三章），也才能眞正做到安處生死，不使樂生哀死的情緒干擾主體精神的凝定狀態。

船山藉由「生之有」與「生之主」的對比，詮釋《莊子》內篇的主題——精神、形體和心知，揭露精神方爲人類生命之眞主。又從氣的角度論述精神，闡釋精神（氣）的「身心二象性」，指出它既屬心性又屬身體的奇特性質。最後，船山分析《莊子》「薪盡火傳」的底蘊，表示恆存不滅的神氣可以貫徹不同時間的生命形態，以氣化循環的機制證明生命主宰的「死而不亡」。

二、師法生命的大宗

船山莊學的生命論述除了強調「養護生主」外，同樣重視「師法大宗」。所謂「師法大宗」，即以生命之「大宗」（根本道理）爲師。簡言之，「大宗」即氣化生命論的眞相——生死流轉延續。因此，船山遂以大宗之理詮釋「眞知」，又以能知大宗之理者爲「眞人」，代表由「大宗」而有「眞人眞知」。

例如在〈大宗師〉的篇旨中，船山如此闡釋「師法大宗」之義：

> 凡立言者，皆立宗以爲師；而所師者其成心，則一鄉一國之知而已；抑不然，而若鯤鵬之知大，蜩鶯之知小而已。通死生爲一貫，而「入於寥天一」，則「儵」、「忽」之明昧，皆不出其宗，是通天人之大宗也。夫人之所知，形名象數，是非彼此，吉凶得失，至于死而極。悅生惡死之情忘，則無不可忘，無不可通，而其大莫圍。「眞人眞知」，一知其所知，「休乎天均」，而且無全

十三冊・莊子解》（長沙：嶽麓書社，1988年），頁124。

人。以「闋虛生白」者，所師者此也，故唯忘生死，而無能出乎宗。此七篇之大指，歸於一宗者也。（大宗師）[66]

引文可分為四個部分，以下依序析論：其一，船山比對一般學說與莊學之異，謂無論何種學說，必然有其宗旨，而這些宗旨其實是彼等有限的成見（成心），咸受其眼界或格局的限制，如同〈逍遙遊〉中的「鯤鵬」和「蜩鷽」，無論見大或見小，皆為自身之成見。其二，闡釋莊學之「大宗」，即「死生一貫」之理，本篇所謂「寥天一」，亦「無生無死」之義，由前述「薪盡火傳」可知船山所謂生死實即氣之聚散，俱為氣化循環（一貫）所必有，故生非冒現（無生），死亦非滅盡（無死）。船山以為若能明白此理，便掌握了莊子所謂的「眞知」，〈應帝王〉篇的「儵」與「忽」則代表世間學說的「所知」（明）與「不知」（昧），[67]然而不論是明是昧，一切的知識與限制最終皆通向天人一氣之「大宗」。其三，指出一般學說的類別與局限，以為常人所說的知識或道理，不脫形名象數的範圍，無論是非彼此或吉凶得失多麼析辨入微，最根本的問題還是生死問題。既然生死問題是生命最大的疑問，那麼一般人「悅生惡死」（人間世）的成見，就是心知層面最大的局限，只要突破這個局限，則無事不可忘，無理不可通，而上遂莊子學之「大宗」。其四，解說「眞人眞知」的義蘊，以為所謂「眞」皆就「大宗」立說，故「眞知」並非認識某種學說或獲得某種知識，而是明白「大宗」所在，修養「天均」圜轉則無高下成毀之智慧（休乎天均），化去人我對耦的分別（目無全人）。而〈人間世〉所說的「虛室生白」（天光之知），[68]其實就是此處的「修養天均，掌握大宗」之義，皆指生命議題中最高的智慧。總之，船山以為師法生命

---

66 見《船山全書第十三冊‧莊子解》（長沙：嶽麓書社，1988年），頁156。

67 船山在「南海之帝為儵」段下有頗多按語，例如釋「儵」為「儵然之明」，「忽」為「忽然之暗」，「渾屯」為「無明而無不明」，並謂「明暗皆取給於渾屯」。假若與〈大宗師〉合觀，「儵」、「忽」與「渾屯」三者似可分別對應「所知」、「不知」與「大宗」。見《船山全書第十三冊‧莊子解》（長沙：嶽麓書社，1988年），頁183。

68 見《船山全書第十三冊‧莊子解》（長沙：嶽麓書社，1988年），頁133。

的「大宗」，就是明白生死一貫之理，化去常人悅生惡死的成見，這正是《莊子》內七篇中反覆申論的主旨。

　　船山在確定莊學的「大宗」（貫通生死）之後，即以此「大宗」之道詮釋「眞人眞知」。例如解說「眞人心志」時曰：

> 此「眞知」之符也。「志」者專一，知於所知也。忘生死則渾然一天，寓於形而有喜怒，寓於庸而有生殺，因物而起，隨物而止，無不宜而人不能測其極矣。（大宗師）[69]

船山以爲本段「心志」（心神專一）在描寫擁有「眞知」者的內在特徵，謂「眞人」非無所不知，唯知生命之「大宗」耳，故能忘卻生死之分而渾合天道。換言之，「眞人」當喜則喜，當怒則怒，當生則生，當殺則殺，其動其止皆依循自然之道而無所不宜。換言之，「眞人眞知」乃是建立在忘卻生死（生死連續一貫）之上，法道者必先去除常人對生死的執著，才能順任自然，與道相合無間。

　　在解說內篇「通物親仁」時，船山則透過「眞人」與「賢士君子」不同生死觀的對比，闡釋「眞人」何以爲眞。其云：

> 「物」自無不「通」也，何待吾通而樂之？「仁」無不「親」，亦無可親，煖然之春，豈親物哉？下此者，違天之時，徇物之利害，執己而喪其身，求以適人，皆以通物爲樂，而求親物。「賢」、「士」、「君子」，一「役人」而已。夫「眞人」不悅生而惡死，唯以生死者天也，非人也。輕用其死以役於人而惡其生，以生死爲己所與知而自主之，亦「喉息」之浮激者爾。（大宗師）[70]

---

[69] 見《船山全書第十三冊・莊子解》（長沙：嶽麓書社，1988年），頁160。
[70] 見《船山全書第十三冊・莊子解》（長沙：嶽麓書社，1988年），頁161。

王船山氣化生命論

本段首先辨明「物無不通」且「仁無不親」之理，故無論強求通物或親物，其實都是人為造作，違逆自然之道。其次闡述自以為賢人（立人抗天）、士人（必欲得名於己）或君子（辨天下利害）者，所做所為皆違天徇物，執己喪身，甚至為了別人（應指君主）輕易付出生命，彷彿厭惡生命般，這是因為彼等自認生死由自己主宰，船山以為這種自以為是的「役人」（受人使役）生死觀，其實跟常人的悅生惡死一樣，都是試圖自己掌控生死，而非順任氣化循環，故斥責彼等「賢士君子」與「喉息」（喻器量淺薄）之常人並無不同。反之，「真人」的生死觀則是將生死交託天道氣化，明白生死不因人為造作而改變，故不求額外延長（常人悅生惡死）或任意結束（役人輕用其死）。

在解說內篇「義而不朋」一段時，船山則以「大宗」統整內七篇之旨：

> 忘生死而「寓於庸」，以「安時處順」，其狀如此，人見之如此耳。「真人」一知其所知，「無待」而「休於天均」，一宅而寓於不得已，未嘗期於如此也。（大宗師）[71]

引文雖然簡短，但其中牽涉的觀念頗多，論述面向頗廣，船山以貫通生死之「大宗」為樞紐，統整莊學〈逍遙遊〉、〈齊物論〉、〈養生主〉、〈大宗師〉諸篇之義理內涵，以下分兩點析論。

1. 論述生命「大宗」與〈齊物論〉「寓諸庸」及〈養生主〉「安處」的關係：所謂「寓諸庸」即隨用之適而不妄執一偏為體，「安處」則指不因懸解與否（生死）而起或哀或樂之心，故三者合觀，即「真人」平等看待生死而不妄執一偏，故能安處生死之變並去除哀死樂生之心。

2. 論述生命「真知」與〈逍遙遊〉「無待」及〈齊物論〉「休於天均」

的關係：所謂「無待」即不受客觀條件所制約（例如泠然之風），「休於天均」則指修養自身的天均圓轉之智（對耦性不可確立）而不妄分彼此是非，故三者合觀，即「眞人」唯知生死一貫之「眞知」，而不受客觀條件所限，生死兩端並重，故可安居自然造化，而不妄起分別之心。

其他關於生命「大宗」的章節尚多，散見《莊子解》中，不能盡引。對本節主旨生命技術而言，「養護眞主」與「師法大宗」皆須經過嚴密的工夫實踐，不全然是心性修養的問題，故法道者若欲轉化常人的身心狀態，重點落在「如何」養護眞主及「如何」師法大宗。即此而論，《莊子》似乎相當重視轉化身心的功法，嘗言及「緣督」、「踵息」、「心齋」、「坐忘」……等觀念，但終究僅止於提出術語，缺乏明確的操作指示。[72] 不過，這些在《莊子》原文中語焉不詳的修鍊術語，在船山的莊學詮釋中卻特別詳細，筆者以爲這個現象或許與船山本人的內丹實踐經驗有關，所以他在註解這些術語時，似乎格外得心應手，然而此一現象恰巧是既往船山莊學研究中相對忽略之處。因此，下文將聚焦於「養護師法」的技術，試圖釐清它們與船山修鍊經驗之間的關聯。

三、生命技術的指導

船山莊學中關於生命技術的論述相當豐富：一方面是因爲《莊子》本來就有許多相關說法，後代道教內丹學即沿此途徑繼續發展；[73] 一方面是船山本身的內丹實修經驗，似乎也讓他在詮釋相關章節時，特別能闡發其中的精微。在船山詮解《莊子》修鍊術語的論述當中，許多實踐功法可以

---

[72] 艾皓德指出：「莊子的『心齋』、『守（其）一』、『坐忘』、『緣督』、『導引』、『吐（故）納（新）』、『聽（之以）氣』、『息以踵』（踵息）……一般而言，光從這些文字的本身，我們是不太容易辨認出這樣的方法實際上是如何操作。」見氏著，呂春熹譯：〈東亞靜坐傳統的特點〉，《東亞的靜坐傳統》（臺北：臺灣大學出版中心，2013年），頁4。

[73] 楊儒賓在〈卮——道的隱喻〉指出：「內丹道詮釋莊子，出發點即在於認定莊子思想的核心要因在於煉精化氣，煉氣化神，煉神還虛。亦即莊子思想的核心落在精—氣—神的身體觀上面，這種身體觀是先秦時期普遍流行的形—氣—神的構造的更內在化。陸西星《南華真經副墨》解釋莊子，即依此一模式進行。碰到莊子的工夫論語言時，他這種精微化身體的解釋模式更是突顯。」見氏著：《儒門內的莊子》（臺北：聯經出版社，2016年），頁309。

互相詮釋，彼等既有細微的差異，又有相通之處，實難清楚劃分。然而爲求眉目顯豁，筆者仍將它們分爲數類，下文依序析論。

1. 緣督：所謂「緣督」，典出《莊子‧養生主》，揭示「緣督以爲經」爲養生綱領。船山的詮釋則聚焦其中所蘊含的身體知識與脈息技術，以微細身的觀念——「奇經八脈」，作爲理解的基礎：

> 身前之中脈曰任，身後之中脈曰督。「督」者居靜，而不倚於左右，有脈之位而無形質者也。「緣督」者，以清微纖妙之氣循虛而行，止於所不可行，而行自順以適得其中。（養生主）[74]

船山以「奇經八脈」中的督脈詮釋「緣督以爲經」之「督」，[75] 督脈位於人體背面之中軸線，與人身正面中軸線上之任脈相對。又「緣督」下之按語曰：「奇經八脈，以任、督主呼吸之息。背脊貫頂，爲督爲陽。」這個特殊的呼吸系統是傳統醫家與丹家共用的微細身觀念，也是人體內息的主要行氣路線，根據明代李時珍（1518-1593）的說法，「奇經八脈」與「十二正經」互相連貫，正經直行，奇經爲旁支，二者的關係類似溝渠與湖澤，正經之氣充盛則流溢奇經。[76] 船山謂督脈爲陽脈，乃承醫家與丹家之舊說，呈現他對人體經絡體系的認識。根據這套身體知識，船山以爲〈養生主〉中的「緣督」有兩層意義：其一，以「緣督」爲養生功法，當與《楚辭通釋‧遠遊》中的內丹修鍊合觀，故如何養氣使之清微，如何行氣使之貫頂，皆非空泛比擬之詞，而是相對明確的操作技術。[77] 其二，借

---

[74] 見《船山全書第十三冊‧莊子解》（長沙：嶽麓書社，1988年），頁121。

[75] 船山詮釋「緣督以爲經」的方式與傳統以玄理解莊的說法並不相同，涉及船山對人體生理的認識。針對此一區別，杜正勝從醫療史的角度分析「緣督以爲經」，謂：「舊注釋督爲中，經爲常，緣督以爲經謂『順一中之道，處其常之德』。其實督、經皆是身體結構的名目，不是中常等玄虛道理。」見氏著：《從眉壽到長生——醫療文化與中國古代生命觀》（臺北：三民書局，2006年），頁111。

[76] 明‧李時珍：《奇經八脈考》（臺北：臺灣商務印書館，1983年，景印文淵閣四庫全書），第774冊，頁550、563。

[77] 如何養氣使之清微或如何行氣上徹泥丸，跟船山內丹思想中的「鍊己築基」和「五氣朝元」有關，《莊子解》雖然說解簡略，但其理論架構與《楚辭通釋‧遠遊》互相吻合。見《船山全書第十四

用督脈不偏左右且有位無形的特質，比喻人世善惡之間的罅隙，故人在世間中的行止，當如循行督脈的清微之氣，自適於刑名之中而兩無所觸。

　　總之，船山認爲《莊子》的「緣督」乃是一種內息行氣的功法，涉及呼吸與「奇經八脈」的互動關係。換言之，屬於「身體和呼吸的靜坐」。[78]

2. 踵息：所謂「踵息」，典出《莊子‧大宗師》，爲「眞人」生命現象的特徵之一，是一種涉及微細身的呼吸訓練。而船山的詮解則強調「踵息」所產生的心理及精神效果：

　　此「眞知」藏密之體也。知藏於內而爲證入之牖，雖虛而固有體，藏之深淺，知之眞假分矣。「夢」者，神交於魂，而忽現爲影，耳目聞見徜徉不定之境，未忘其形象而幻成之。返其眞知者，天光內照，而見聞忘其已迹，則氣斂心虛而夢不起。生死禍福皆無益損於吾之眞，而早計以規未然之「憂」，其以無有爲有，亦猶夢也，皆浮明之外馳者也。浮明之生，依氣以動。氣之動也因乎息，而「天機」之出入乘焉。欲浮明而返其眞知，則氣亦沉靜以內嚮，徹乎「踵」矣。天機乘息以升降，息深則天機深矣。「耆欲」者，浮明之依耳目以逐聲色者也，壅塞其「靈府」，而天機隨之以上浮，即有乍見之清光亦淺矣。耆欲填胸，浮明外逐，喜怒妄發，如火熺油鑊，投以滴水，則烈焰狂興。中愈屈服，外愈狂爭，覺以之憂，寢以之夢，姚佚啓態，無有之有，莫知所萌，眾人之所以行盡如馳而可爲大哀也。眞人之與眾人，一間而已。無浮明斯無躁氣，

冊‧楚辭通釋》（長沙：嶽麓書社，1988年），頁352-353、358-359、239。
78 艾皓德以爲「身體和呼吸的靜坐」在東亞地區具有悠久的歷史傳承，他說：「從早期開始，大多數的東亞靜坐方式已經會利用身體作爲靜坐工具，尤其是使用呼吸。由於這些方法在運用上也牽涉到很多心理層面的功能（如覺察、專注、觀想、心理控制等等），所以也仍然符合我們視靜坐爲心理技巧的定義。其中也有很多的靜坐傳統不僅運用身體，同時也很注重本質上屬於心靈或精神層面所謂的『微細身』，因此這些靜坐方法通常都被認爲能帶來明顯的心理及精神效果。」見氏著，呂春熹譯：〈東亞靜坐傳統的特點〉，《東亞的靜坐傳統》（臺北：臺大出版中心，2013年），頁6。

隨息以退藏而眞知內充，徹體皆天矣。（大宗師）[79]

本段涉及的觀念頗多，但思路前後通貫，以下分六個部分，逐一析論。
第一論何謂「眞知」：船山以爲通過「踵息」訓練可以帶來精神上的昇
華，彰顯「神」之明覺作用，故「眞知」發自人類內在的精神本體（生命
根源），爲人類上契天道的「證入之牖」。換言之，人類的知覺作用可分
兩種，「眞知」發自虛靈無質卻眞實無妄的精神，「假知」則來自於生命
表層的感官知覺（即後文之嗜欲）。第二論「夢」的問題：船山在此結合
〈齊物論〉「其寐也魂交，其覺也形開」之說，謂夢境實由深層精神本體
（神）受到表層心理意識（魂）之干擾而生，乃心魂中感官記憶所成之幻
境。若參酌王敔在「魂交形開」下的按語，其謂形魄妄動則心魂外馳，身
心交敝將導致精神耗散的結果，[80]可見二人對「魂」、「魄」、「神」三
者的界定頗爲一致，「魂」與「神」雖然都是內在精神層面的觀念，但仍
有細緻的區別。因此，王敔的按語應當承自家說，而且可能跟船山內丹
理論中的「五氣朝元」有關。[81]相較常人因「假知」而夢起，「眞人」透
過實踐「踵息」而天光內照，「眞知」不隨感官見聞而妄起，故呼吸深沉
而精神虛靈，自然化解夢境的干擾，故莊子曰眞人無夢。第三論「憂」的
問題：船山以爲憂慮來自人類的預期之心，視尙未存在之事爲已然發生之
實，與精神受到心魂干擾而生的夢境相仿，全是虛妄不實的幻影。若追究
原因，人類有夢境和憂慮，皆爲「浮明」（感官知覺）馳逐外物所導致的
結果，實即前述之「假知」。第四論述何謂「浮明」：船山以爲「浮明」
與「眞知」都跟主體的呼吸方式有關，所以眞人因「踵息」而產生「眞
知」，常人因「喉息」而生「浮明」。換言之，呼吸調息決定人類精神的
狀態。然而到底什麼是「踵息」？船山在「眞人之息以踵」下評曰：「心

79 見《船山全書第十三冊‧莊子解》（長沙：嶽麓書社，1988年），頁158-159。
80 王敔云：「魂交形開，魂形交敝，而神不凝焉。」見《船山全書第十三冊‧莊子解》（長沙：嶽麓
　書社，1988年），頁97。
81 見《船山全書第十四冊‧楚辭通釋》（長沙：嶽麓書社，1988年），頁353-354。

隨氣以升降，氣歸於踵，則氣不浮動。」這些按語可能來自他的實修經驗，直指呼吸方式對心理層面的影響，代表身心之間可藉由呼吸互動：呼吸越急越淺，內在意識愈趨浮躁（升）；反之，呼吸越緩越深，內在意識則亦愈趨靜定（降）。不過，呼吸方式作爲一種生命技術不只是節奏的急緩而已，它還涉及微細身的觀念，強調氣息在人體經絡系統中的運行路線。所謂「踵」即足踝，無論內踝、外踝俱爲人體經絡的孔道，故「踵息」不只是單純把空氣吸進肺臟，而是透過意識引導想像中的氣息運行人體的經絡系統，最終下沉足踝內外。[82]總之，船山根據「微細身」的行氣觀念，說明呼吸技術（喉息或踵息）決定內氣的運行路線，而不同的運行路線則造成「浮明」（感官知覺）或「眞知」（精神明覺）的差異。換言之，船山以爲由內在精神所發的智慧爲「眞知」，由身體感官所生的知覺爲「浮明」，而「天機」（即精神明覺）或深或淺，皆因主體呼吸的方式而定。第五論「嗜欲」：船山以爲「嗜欲」即「浮明」黏滯感官刺激而馳逐外物的現象，將造成人類生命能量紛雜淆亂的後果，「靈府」（精神本體）一旦被外在聲色填滿，內在知覺意識就淪爲表層的「浮明」，即使偶然有清晰的意識，仍僅止於表面的層次。總之，人類只要「浮明」外逐，內心就被「嗜欲」堵塞，造成喜怒情緒浮動妄發的結果。船山以爲這種意識狀態彷彿鍋中之油（意識），當它被熾火（嗜欲）加熱後，只要投以滴水（感官刺激），馬上爆發烈焰（情緒）。人的生命能量越耗散，精神狀態越浮躁，醒時憂慮、睡時頻夢，無論生理或心理皆容易受到各種情緒的動搖而發生變化（姚佚啓態），[83]這是因爲彼等誤把幻境（憂、夢）當成實有，卻不知自己爲何身心失調，最終渾渾噩噩地耗盡生命，船山以爲是常人最大的悲哀。第六總結「踵息」訓練的作用：在詳細地闡釋「眞人」與常人的各種生命現象之後，船山直指兩者的根本分野在於操作不同的呼

王船山氣化生命論

---

[82] 這一套獨特的人體經絡知識是戰國時代逐漸發展出來的觀念，它跟傳統思想中的養生和醫療有莫大的關聯。見杜正勝：《從眉壽到長生——醫療文化與中國古代生命觀》（臺北：三民書局，2006年），頁272-274。

[83] 「姚佚啓態」典出〈齊物論〉，筆者的解釋取自船山的按語。見《船山全書第十三冊·莊子解》（長沙：嶽麓書社，1988年），頁97。

吸方式，也就是說，成爲「眞人」的關鍵在於實踐「踵息」，便可由常人之「浮明」轉向「眞知」。

上述引文篇幅頗長，牽涉的術語亦多，但問題的核心是生命技術。「踵息」跟「緣督」一樣，都是微細身的觀念，這些技術背後自有一套精密的人體經絡知識，它以呼吸爲工具，強調冥想行氣所造成的身心質變。若依筆者之見，船山莊學中的生命技術似乎大多與其內丹思想相符，故《莊子解》中的相關論述大致上與《楚辭通釋・遠遊》相當，這代表船山很可能是有意識地汲取丹道實踐經驗詮釋莊學工夫論的內涵，試圖以內丹學的功法，塡補《莊子》中相對模糊的工夫術語。總之，船山莊學融合了內丹功法作爲生命技術的基礎。

3. 養心：在船山莊學的生命論述中，「心」是非常重要的觀念，幾乎可說是人類所有知覺經驗的載體，「心」的狀態決定生命的狀態。此外，船山所謂的「心」亦非純粹的心性，它的含義頗爲廣泛，在不同的論述脈絡中有各自的意義，必須分別檢討。在生命技術的範圍內，「心」往往是「神」的同義詞，故「養心」即「凝神」；但「心」有時又是意念造作的意思，變成干擾人體形氣的負面因素。下文挑選幾則具有代表性的段落，析論船山莊學的「養心」之義。

首先是「心知」（意識分辨）的問題，船山在「顏回欲勸衛君」段曰：

心一而已，而使之雜以擾者，是非也。是非交錯於天下，皆生于知。知以生是，是以形非，歧途百出；善者一是非也，暴者一是非也，交爭而擾不可言矣。夫知生於心，還以亂心，故盡人之心不可勝詰。（人間世）[84]

「心」的狀態本來是純粹專一的，但意識層面的是非之分使它紛雜混亂。

---

[84] 見《船山全書第十三冊・莊子解》（長沙：嶽麓書社，1988年），頁128。

天下間種種是非之分，其實都是人爲的意識分辨，人一旦認取何者爲是，不屬是者即爲非，賢臣有一套是非標準，暴君也有自己的是非標準，乃至人人都有各自的是非標準，主體精神遂因不同標準彼此傾軋而造成無謂的紛亂。所以從「心」而生的「心知」，其實是攪擾精神的亂源，也是一種無止盡的分辨機能，故欲養護「生主」者，絕不能放縱「心知」。

對船山而言，精神的純粹專一是人類生命的理想狀態，所以針對主體精神容易受到意識內容干擾的傾向，提出了對治的技術——「心齋」：

> 「心齋」（筆者按：通「齋」，下文準此）之要無他，虛而已矣。氣者，生氣也，即皞天之和氣也。參之以心知而氣爲心使，心入氣以礙其和，於是乎不虛。然心本無知也，故嬰兒無知，而不可謂無心。心含氣以善吾生，而不與天下相搆，則長葆其天光；而至虛者，至一也。心之有是非而爭人以名，知所成也。而知所自生，視聽導之耳。……然則師心者，非師心也，師耳而已矣。以耳之所聽爲心而師之，役氣而從之，則逼塞其和。而一觸暴人年壯行獨之戾氣，遂與爭名而蕾所不恤矣。……耳可使聽，而不可使受；心可使符乎氣之和，而不符乎耳；將暴人狂蕩之言，百姓怨詛之口，皆止乎化聲而不以蕩吾之氣，則與皞天之虛以化者，同爲道之所集。外無耦而內無我，庶可達人之心、氣而俟其化。（人間世）[85]

「心齋」本爲莊子的工夫術語，它界定了「耳」、「心」、「氣」三者的關係；船山的詮解則詳細闡釋「耳」、「心」二者對「氣」的侵擾，說明人如何集虛養氣。雖然引文較長，但大略可分爲三段，以下依序申論。其一，船山指出「心齋」是一種虛靜工夫，其中「氣」指摶造生命之氣，亦即皞天（宇宙空間）之和氣，爲人類生命之根源。但是這股生命之氣容易受到「心知」的干擾，假若常人未經工夫鍛鍊，而憑感性直覺生存，則

85 見《船山全書第十三冊‧莊子解》（長沙：嶽麓書社，1988年），頁132-133。

往往以「心知」驅遣生氣（結合老子「心使氣」的觀念），擾亂生命本身的節律，遂使原本虛靈清微的和氣產生雜滯。在此，船山以嬰兒之喻闡述人類生命本可不受意識內容的攪擾，「心知」只是生命發展歷程中衍生的問題，所以可以運用生命技術去除其影響，使生命節律回歸原本虛和的狀態。在船山莊學的生命論術中，這種生命技術不是單純的心性修養，亦非在思維上澄清了某些觀念就算完事的哲理，而是必須集中精神意識（至一），不斷實證實修的冥想訓練（長葆天光），所以心齋靜坐的目的其實是為了凝聚精神。其二，說明「心知」源自視聽等感官刺激，謂有視聽則有「心知」，有「心知」則有是非，故「心知」是與前述「假知」或「浮明」相近的觀念，都是由感官刺激衍生的精神干擾。根據這點，船山以為所謂「師心成見」其實不是來自內心，而是起於聽覺現象，代表「心知」黏滯在聽覺上，干擾精神本來的虛和狀態。人類這種「師耳成見」一旦碰撞暴人的惡戾言行，往往因互相爭鬥而遭受薔映，故非亂世中的應對暴君之道。雖然船山最後的結論與莊子一樣，有身處亂世而無可奈何的消極之感，但仍清楚指出生命技術的關鍵，表明主體精神不可因聽覺刺激而動搖耗散。其三，總結耳聽、心符、集氣三者的實踐原則，謂三者皆強調精神內向凝聚而不為外在感官或言論所動搖，當精神凝聚專一時，個體生命之氣與皞天造化之氣互相感通，主客皆因氣化交流而共構為一整體，船山認為這正是莊子的處世理想。此外，這種一氣之化的整體觀念，似亦蘊含某種宗教精神。

如果人能藉由實踐「心齋」（冥想靜坐）調理生命的狀態，使精神意識向內凝聚，那麼即使身處亂世亦可保全人我；若反其道而行，則無論治亂，都將造成生命本身的「內熱」：

　　思楚之使之也重，復思齊之待之也不急，而遽成「內熱」，皆存諸人者使然也。知先成乎中，則耳目且熒乎外，震撼回惑，人間

世皆桎梏矣！（人間世）[86]

本段以葉公子高罹患「內熱」的故事討論生命的困擾。葉公既爲楚國大臣，肩負出使齊國的重任，但齊國向來怠慢外使，深恐自己有負君命，於是在內外壓力交煎之下，葉公身心失衡，遽成「內熱」（心理層面的煩燥）。船山以爲「內熱」就是常人缺乏技術調理生命狀態所產生的結果。換言之，人如果欠缺「心齋」的工夫，則主體精神內受心知動搖，外遭耳目迷惑，個體不論身處治世或亂世，人間世都是生命的桎梏。若將本段提示的生命問題與前文合觀，船山似乎認爲消去心中「內熱」的最好的辦法就是實踐「心齋」。

　　精神意識除了遭受心知分別與耳目感官的干擾（內熱）之外，生死問題也是造成人類精神耗散的原因：

　　此「存諸己」者之素定也。不悅生而惡死，而後其虛也果虛，其一也果一矣。「自事其心」，事者無事也，事無事則心無心矣，忘其心乃可忘其身。夫五官百骸豈知悅生而惡死哉！心悅之，心惡之耳。「哀樂施於前」，耳目受色聲之震撼，入感其心而搖其氣，則陰陽人事交起爲患，心不可解，身無可逃。而氣之宅於虛者，無死無生，常自定焉，可無疑於行矣。（人間世）[87]

本段引用〈人間世〉的「古之至人，先存諸己而存諸人」作爲立論的基礎，根據船山的說解，其中的「有諸己」即實踐「心齋」之意，[88] 故「心齋」不只可以消去「內熱」，同時也能超越生死問題的攪擾，化解常人悅生惡死的執著，如此方能做到真正的生氣虛和與精神凝聚。其中莊子所謂「自事其心」，當解爲無事侵擾其心，無事擾心，則不傷身害體，身心兩

86　見《船山全書第十三冊・莊子解》（長沙：嶽麓書社，1988年），頁134。
87　見《船山全書第十三冊・莊子解》（長沙：嶽麓書社，1988年），頁135。
88　見《船山全書第十三冊・莊子解》（長沙：嶽麓書社，1988年），頁127。

端俱得養護，則精神自然專一。再者船山以爲悅生惡死並非身體的問題，而是心靈的執著，畢竟無論心悅心惡，咸就人類內心而言。換言之，先有心理情緒的執著，感官刺激才能擾亂精神，人一旦有所執著，則不論自然變化或人事變化，都將動搖生命的節律，所以心靈的問題沒有解決，光是養護身體沒有意義。總之，船山認爲唯有實踐「心齋」，才能超越生死的執著，使身心回復原初的平衡狀態。

4. 凝神：在船山所說的內修工夫中，「凝神」其實是「養心」的另外一種表述方式，同樣強調精神意識的內向凝聚，本質上亦爲冥想靜坐的訓練。而在《莊子解》中，船山顯然相當重視「凝神」，甚至謂之莊學樞紐。[89] 若由身心修鍊的角度來看，道教內丹學則強調「鍊氣化神」，同樣重視精神的凝聚專一。換言之，從「凝神」到「鍊氣化神」，兩者之間本來就有思想史上的關聯，而船山的內丹修鍊經驗，亦暗中滲入莊學的實踐工夫。

　　船山側重「凝神」的例子甚夥，諸如莊子論「才全」一段，船山即以「凝神致和」說解其義：

　　「不滑和」者，德也，而謂之「才」。然則天下之所謂才者，皆非才也。小有才而固不全者，於其所通則「悅」，於其所不通則自沮喪而憂戚。其悅也，暫也；其戚也，常也。自炫自鬻而不繼，偶一「和豫」而旋即失之。先自無聊，而安能「與物爲春」？唯遺其貌、全其神、未與物接而常和，則與物接而應時以生其和豫之心；以和召和，凡物之接、「事之變」、「命之行」，皆有應時之和豫以與之符；不以才見，而才之所官府者無不全，符達于天下而無不合矣。夫悅之所以失，才之所以困者，無他：「死生存亡」之十六術，時未至而規之於先，必豫與天下相訢相拒，以自貽其憂；

89　船山在〈逍遙遊〉「其神凝」下有按語曰：「三字一部《南華》大旨。」見《船山全書第十三冊・莊子解》（長沙：嶽麓書社，1988年），頁88。

無已則飾形貌以動眾，斳以邀福而免患；「靈府」亂而外襲其儀容，無德之才，所以終窮于天也。（德充符）[90]

引文可分成三個部分來看。第一，船山釋「才全」即「德全」，德者，得也，乃人得於皞天之和氣，亦即精神。船山所謂精神（神），與現代用語中的精神之義不完全一致，現代用語中的精神泛指相對身體而言的思維意識，但船山的精神卻是生命能量精純和諧的狀態，兼涉心理與生理兩面，故亦可謂之「神氣」。船山以為一般人所說的「才」指才能，人的才能有所長則必有所短，遇到擅長的事喜悅，反之則沮喪憂戚，又因才能寡而事理繁，故悅時少而憂時多，造成生命的和豫狀態往往不可長保。既不能自全，又何以全物。第二，根據常人生命容易滑亂失調的弊病，船山提出「遺貌全神」之論，「遺貌」大概是以視覺為所有感官刺激的代表，謂人若欲凝聚自家精神，絕不可受「浮明」干擾，故「遺貌」即「全神」。主體若能以「全神」狀態應對外物，而非仗恃有限之才能，那麼就能按照時機局勢的變化，採取最適宜的應對方式，此即莊子「緣督」、「游刃」之義。第三，人之所以生氣失和，困於才分，皆因生、死、存、亡……等十六種因素，導致心中預立成見，而非依順時局的趨向，甚至妄想利用人為造作求福免患，這就叫為了外表假象而擾亂了內在的「靈府」（精神）。總之，船山認為精神耗散的原因主要有三：仗恃有限才能、外逐感官刺激及人為造作。

在《莊子》「臨蒞天下」一段，船山則藉道家「無為而治」的政治理想，分辨「人氣」與「天氣」：

吾身固有可「在」天下、可「宥」天下者，吾之「神」也。貴之愛之，弗搖之以外淫，而不與物遷，則「五藏」保其神明，「聰明」自周乎天下，「龍見雷聲」，物莫能違，合天下於一治，而陰

90　見《船山全書第十三冊‧莊子解》（長沙：嶽麓書社，1988年），頁151-152。

陽自得其正矣。喜怒者，人氣也；神者，天氣之醇者也。存神以存萬物之天，從容不迫，而物之不待治而治者十之七。……乃君子於此，尸居淵默，而龍、雷默動不息，至虛守靜，如護嬰兒，抑何暇輟此以役天下乎！（在宥）[91]

本段原文發揮《老子》「無爲而治」的政治理想，並結合《老子》十三章的貴身治國論，謂治國如治身，俱以無爲不擾爲原則，身不擾神，國不擾民，如此則國家自治自化。船山的註解緊扣此一原則立論，把焦點放在存養精神上面，以爲篇名「在宥」兩字皆指精神鍛鍊，乃「存神」（釋「在」爲存養不擾）和「寬神」（釋「宥」爲寬容無礙）之義。[92]在此，船山補充《老子》十三章之說，謂「貴身」、「愛身」俱就身中之精神而言（所貴所愛皆身中之精神），注重精神的內向凝聚，而不可被外物動搖，亦不可黏滯外物。統治者若能實踐此「存寬精神」的工夫，先是出現身心協調的生命現象，而後透過氣的感通作用，由統治者一己的身心精醇之氣，擴及整個天地陰陽，國家人民亦將受其神氣感招而自治自化，統治者如龍不動而變化自彰，如雷不言而虛空自震。船山此說固就政治的影響力而言，但其中似亦隱含某種宗教成分。接著，船山析論人類的喜怒情緒與虛靈精神的區別，謂情緒只是人體的駁雜之氣，而精神方爲皞天精醇之氣，故在凝神過程中，不僅感官不可黏滯外物，意識亦不可受情緒干擾，這樣才能真正做到養醇去雜。在結尾部分，船山統整本段之旨，將老莊原本偏於「直觀靜坐」（沒有具體功法，只描述體道狀態）的「致虛守靜」（老子）和「尸居淵默」（莊子），轉成道教內丹式的生命技術，故謂靜坐冥想可以「存神」。如果參酌前文船山對「緣督」或「踵息」的闡釋，此處的冥想靜坐很可能也要搭配呼吸行氣的技術。換言之，「存神」（凝神）應屬「呼吸和身體的靜坐」（兼重肉體性的「粗重身」與半精神性的

91 見《船山全書第十三冊・莊子解》（長沙：嶽麓書社，1988年），頁207。
92 見《船山全書第十三冊・莊子解》（長沙：嶽麓書社，1988年），頁203。

「微細身」）。[93]

　　在靜坐冥想的過程中，船山非常重視各種感官知覺對精神的干擾，所以強調多重感官的調控，例如在「痀僂承蜩」一段，船山則曰：

　　此言守純氣之功也。立人之命者，氣本純也，奚待於人之澄之使純哉？然必守之嚴者，物入而蕩之，則失守而雜於物也。夫物豈能間吾之純氣乎？形不靜而淫於物，乃倚於物而止，目止於色，耳止於聲，四支止於動作，心止於好惡，而不至於其受命之初；所先處之宅，要非物之能淫之也。目動而之於色，耳動而之於聲，四支動而之於動作，心動而之於好惡，皆自造於所本無，而求棲止焉。唯「形若橛株拘」，「臂若槁木之枝」，則天地萬物群炫其色，而棄之若亡，然後氣不隨形以淫而可守。雖然，猶未易也。物眾而我之受物者不一其牖，各效其守而不相淡洽，則靜於目者動於耳，靜於耳目者動於支體，靜於耳目支體者動於心知，一方靜而一又搖，此「累丸」之勢也。唯以專持「志」，以志凝「神」，攝官骸於一靜，而盡紲其機，以閉人之天，則任物之至，累之累之，不安而又累之，審之于微芒承受之地，使協一於正平而不傾。此密用之功，至專至靜，而後「形可得全，精可得復」也。（達生）[94]

本段對冥想靜坐與感官知覺的關係，有相當完整論述，大約可分為四個部分。第一論述生氣的精純本質：船山認為「痀僂承蜩」的故事闡述存養生命之氣的原則與技術，人類的生命之氣源自天道造化，本質精純不雜，所以不存在淨化澄清的問題，只有如何嚴守不失的問題。人類感性直覺因接觸外物而產生感官知覺，這些知覺現象可以動搖內在的「生命純氣」（精

[93] 筆者此處對道家靜坐與道教靜坐的分類方式借用艾皓德之說，艾氏以為「直觀靜坐」側重體道狀態的陳述，而「呼吸和身體的靜坐」則強調具體的操作技術。見氏著，呂春熹譯：〈東亞靜坐傳統的特點〉，《東亞的靜坐傳統》（臺北：臺大出版中心，2013年），頁6-8、頁17-20。
[94] 見《船山全書第十三冊‧莊子解》（長沙：嶽麓書社，1988年），頁296。

神），其精純性質遂因外物干擾而產生混雜，不過這並不表示「純氣」必然遭受外物損害，否則便無工夫可言。接下來，船山把干擾精神的知覺現象分為三類：感官知覺、肢體動作與意識分別，這三項因素都有可能擾亂人類與生俱來的「純氣」，但是皆可藉由主體的實踐工夫予以化解。第二論述知覺現象缺乏本性：船山以為感官知覺、肢體動作與意識分別三者缺乏獨立實在的本性，只是依附於主體精神的機能，故無論「厥株拘」（斷樹樁）或「槁木之枝」的比喻，其實皆指主體冥想靜坐的工夫，正如枯槁的植物靜默無感，以避免精神能量向外紛馳，或因肢體動作而產生動搖。第三論述多重感官調控：人類的感覺器官靈敏多元，各種官覺機能又不可互通，所以持氣凝神的工夫不易落實，或目靜而耳動，或耳目靜而肢體動，或耳目肢體皆靜而心知外馳，所以必須同時調控多重感官，才能完成「凝神」訓練，這種情況就像痀僂老人的「累丸」訓練，必須同時在竹竿上堆疊多顆滾珠。換言之，精神鍛鍊不但艱難，而且相當具有技術性。第四論述持志凝神：針對多重感官調控的艱難，船山以原文的「用志不分，乃凝於神」為實踐原則，直指「意志」在冥想訓練中的重要性，透過「意志」的專注集中，可使精神內向凝聚，閉塞「人之天」。相對「人之天」，當有「天之天」，兩者的區別在於前者指人類身心的「一般模式」，後者則指經過形神鍛鍊的「本真模式」。換言之，兩者之「天」雖然皆有自然（自己如此）的意思，但「一般的自然」與「本真的自然」並不相同，「一般模式」導向精神耗散，而「本真模式」則回歸精神凝聚。此外，船山所說的集中意志，也應當還有問題可談，因為在冥想訓練中，集中的意志往往凝聚在某個焦點。對於這個部分，艾皓德稱為「影像靜坐」，即在靜坐中利用認知元素或影像工具，使「意志」專注於某一焦點。僅就中國傳統的佛、道二教來說，它們基本上是使用影像工具，例如佛教集中意志觀想佛陀、菩薩或蓮花，或集中於身體或呼吸等不具影像性質的焦點，至於道教則集中意志觀想五臟、身中神、行星……等。[95] 船山

95　見氏著，呂春熹譯：〈東亞靜坐傳統的特點〉，《東亞的靜坐傳統》（臺北：臺大出版中心，2013年），頁11-13。

在引文中，沒有特別說明是否需要集中意志去觀想某個特定對象，即使綜觀船山莊學其餘的工夫論述，似乎也很難找到相關的資料，這或許是船山把意志集中在身體或呼吸之類缺乏明確視覺形象的對象上，所以略而不言。總之，船山以為藉由多重感官的調控，可集中意志使精神凝聚，排除人類身心運作模式所衍生的干擾，而在冥想靜坐的專注狀態中達到「形全精復」的目的。

5. 靜坐：前面討論的「養心」、「凝神」、「專志」、「靜存」、「持守純氣」等生命技術，幾乎都指向冥想靜坐之類的精神鍛鍊術，但畢竟沒有出現「靜坐」之類的關鍵辭。事實上，船山在《莊子解》中亦甚少使用「靜坐」之類的術語描述內修工夫，不過少並不代表沒有。故下文將重點放在「靜坐」，藉以釐清船山的冥想技術。

　　首先，船山在《莊子》「虛室生白」一段，以「坐馳」詮釋「心齋」：

　　「一其宅」者，心齋之素，不以聽亂也，不得已而寓於鳴，心守其符之寓庸也。如是以「入遊其樊」，知道之所知，而不以心耳生知，其知也，「虛室之白」，已養其和而物不得戾。若然者，凝神以坐，而四應如馳；即有「不止」者，亦行乎其所不得不行。（人間世）[96]

《莊子》原文借孔子之口向顏回闡述一種處世之道，船山的詮解則把這種處事態度轉化為生命技術。船山以為原文「一宅」，指主體虛心凝神而進入「心齋」狀態，在這種狀態下不論有話無話（鳴或不鳴），皆依事理之當然，而不夾雜人為造作。主體在「心齋」狀態下入暢遊人間世，內在精神唯依天道，而不受感官或心知的干擾，這種因集中精神而產生的內在明覺即「虛室之白」，與一般由外界刺激所產生的官覺或心覺不同。船

---

96 見《船山全書第十三冊・莊子解》（長沙：嶽麓書社，1988年），頁133-134。

山在「虛室生白」下有按語「莫非天光」，換言之，精神明覺亦可稱爲「天光」。至於何謂「心齋」，由前文討論可知是一種精神鍛鍊術，此處同樣從鍊神的角度詮釋原文之「坐馳」。「坐馳」下有按語「端坐而神遊於六虛」，可見「心齋」乃至「凝神」確實是藉由操練冥想靜坐而達到的精神狀態。筆者以爲「坐馳」可分「坐」與「馳」兩面來看。先說「坐」字，船山這邊對身體姿勢的說明只有「端坐」兩字，代表船山所謂的「靜坐」僅需身體端正地坐著即可，沒有特殊的姿勢規定，與一般宋明儒之說相近，[97] 重點是端坐時必須凝聚精神。再說「馳」字，它的問題比較難以確定，無論「神遊六虛」或「四應如馳」，似皆涉及某種空間觀念，筆者以爲「馳」字可作虛解或實解：若作虛解，這些空間觀念就只是比喻，謂人在凝神端坐之時精神自由而無限制；若作實解，這些空間觀念可能是精神意識觀想的對象（雖然視覺感並不明確），近於「影像靜坐」一類。由於船山的說法頗爲簡略，實難斷定當作何解，姑且兩說並存，以備學者參考。

　　除「坐馳」之外，《莊子》中跟「靜坐」有密切關係的工夫，則非「坐忘」莫屬，船山對「坐忘」有如下說明：

　　「坐忘」，則非但忘物，而先自忘其吾。坐可忘，則坐可馳，安驅以遊于生死，「大通」以一其所不一，而不生不死之眞與寥天一矣。（大宗師）[98]

97　馬淵昌也：「宋代道學將安靜坐著使心平靜，並且集中意識於自我內裡部分，這種以往在佛教、道教中的實行，導入『靜坐』的名下。……然而在應該以何種形式進行，討論的並不明確。也就是說，儘管自宋到元、明前期，對『靜坐』的言論從未停止，可是關於具體實踐的形式，仍然沒有充分明白的揭示。」見氏著，史甄陶譯：〈宋明時期儒學對靜坐的看法以及三教合一思想的興起〉，《東亞的靜坐傳統》（臺北：臺大出版中心，2013年），頁91。史甄陶認爲一般宋明儒者在論述「靜坐」時，往往忽略技術層面的問題，其實有內在的理論因素，他說：「這個角度（筆者按：如何體證本體）的研究，正反映出儒者在靜坐問題上所討論的『實踐』，主要談的是『本體體證』的問題，至於靜坐時身體的姿勢、呼吸、時間長短、在什麼樣的環境，都變成次要的考量。」見氏著：〈東亞儒家靜坐研究之概況〉，《東亞的靜坐傳統》（臺北：臺大出版中心，2013年），頁51。
98　見《船山全書第十三冊‧莊子解》（長沙：嶽麓書社，1988年），頁174。

船山對「坐忘」之義發揮不多，在簡短的論述中僅強調凝神端坐時必須做到物我兩忘，除了化解外物造成的干擾（感官刺激），亦須排除主體心知的造作（意識分別）。換言之，「坐忘」與「坐馳」的意義大致相同，皆指冥想靜坐的工夫。藉由實踐「坐忘」，主體精神即可進入「大通」狀態，常人悅生惡死，但眞人「大通」則生死一貫（以「大通」統一常人之生死不一）。在生命歷程終結之後，唯獨眞人能保全「不生不死」之眞氣，將之還歸天道造化（寥天一）。引文後半論述眞氣（神）回歸「寥天」，涉及船山的氣化宗教學，和生死信仰有關，但因其非關宏旨，此處暫不討論。

在「孟孫才處母喪」段，船山把「安處」工夫也視爲冥想靜坐：

> 此哀樂不能入之徵也。夫豈塞默以杜塞其哀樂之心，而又烏足以知化？「簡之不得」者，攖也；不可簡而無庸心於簡，可簡則簡之，寧也。故「形可駭」，「旦可宅」，而心固不損，死固不足以蕩其情，唯自忘其吾而已矣。吾者，非吾也，與人相耦而謂之吾，則亦夢而已矣。故忘其所謂吾者，則哀樂無可施之地，一水之不能濡空宇，火之不能蒸塊土也，不濡不蒸，則不禁天下之有水火。旦而宅之，暮而去之，且宅之可矣。心不損而形可駭，亦駭之可矣。（大宗師）[99]

引文可分前後兩段來看。就前段而言，船山以爲孟孫才之所以善於治喪，在於他實踐「安處」工夫，達到「哀樂不能入」的狀態，而哀樂不入於心，並不代表主體刻意杜塞感受，變成廢然無感的木人，而是不生執著之心。純就治喪而言，喪事不可不治，這是人間世不能逃避的攖擾，但內心不因儀節繁簡而動搖，這就是精神的寧定。換言之，船山認爲《莊子》

王船山氣化生命論

99　見《船山全書第十三冊‧莊子解》（長沙：嶽麓書社，1988年），頁172。

工夫論中的「攖寧」與「安處」可以互相詮釋。至於「形可駭」、「旦可宅」皆指人類生命歷程有限，主體若欲擺脫生死變化對精神的傷損，必須實踐安處（靜坐），進入「忘我」狀態。就後段而言，幾乎都在闡釋「忘我」的問題，由前文可知「忘我」乃實踐「坐忘」的結果，這邊則是要常人破除對自我的執著，因為自我只是相對他人而生的意識分別，所謂群己只是暫時的對耦，終歸於一氣，並無獨立實在的本性，故人我之分恍如夢境一般，只是假象而已（本段論述在某種程度上似亦參酌天均圓轉之義）。所以在凝神端坐的過程中，必須做到「自忘其吾」，如此一來，生死哀樂遂失寄託之地（生死哀樂皆因我而有），這樣才能以正確態度看待生死，免除「駭形」、「旦宅」對精神的侵擾。總之，船山所謂「心齋」、「凝神」、「坐忘」、「坐馳」、「安處」、「攖寧」，它們都不是純粹的心性修養，絕不只是藉由思維觀念的澄清即可達到的生命境界，而是在冥想靜坐的過程中，透過鍊氣調息而達到的身心狀態。

　　船山在《莊子解》中汲取道教內丹功法詮解《莊子》工夫術語的痕跡非常明顯，但是船山對內丹思想並非全盤接受，他一方面有所汲取，另一方面又有所批判。這種複雜的態度，也呈現在他的論述之中，在「黃帝問道廣成子」段，船山有如下分判：

　　其要收視反聽而已。視聽外閉，則知不待去而自去。知去則心不攖，心不攖則天下無可說，而己無可為。人之心不待安之、撫之、養之、遂之，而自無所攖也。陰陽之可「官」者，皆其緒餘萎於形中者，故曰「殘」。「至陽之原」，無所喜而物自生；「至陰之原」，無所怒而物自殺。過而去之，不損其真，不以有所說而治物、而以擾物，則守者「一」而無不「和」。道止於治身，而治天下者不外如是。此段意蓋止此，而其語與《老子》「窈兮冥兮」之言相類。後世黃冠之流，竊之以為丹術，而老莊之意愈晦。大抵二子之書，多為隱僻之辭，取譬迂遠，故術士得託以惑世。其下流之

第參章　氣化生命論的修養觀

195

弊，遂成外丹、彼家之妖妄。（在宥）[100]

本段原文是《莊子》中頗受後代道教關注並發揮的部分，其中鮮明的長生思想混合了戰國養生家言，所以船山在註解中統整實踐功法、老莊道家、神仙道教之間的複雜關係，提出自身的見解。引文可分為三段。第一論冥想靜坐：船山謂《莊子》原文所論養生之術雖多，但重點不外「收視反聽」而已，假若追溯船山的用語，會發現「收視反聽」實為宋代以後道教靜坐論習見之術語，後為內丹道派主要的鍊神功法之一，總之不外是一種冥想訓練。船山以為「收視反聽」教人精神凝聚，去除感官現象與心知作用的干擾，與「心齋」、「坐忘」、「攖寧」之類的靜功同義，故只要能操練此術，則不必另求安心養神之法。第二論治身與治國：船山依循原文的理路闡述治身與治國同道，因為不論何種政治舉措，皆出自刻意造作，其結果只是掌握事物的殘餘，而非順從氣化聚散之生殺，故「收視反聽」的工夫不只可以作為執政者的個人修養，同時也是道家「無為而治」（待物自化）的根本。換言之，執政者凝神守一則萬物自然和諧。第三論道家與道教：船山以為本段的旨意只是教人「收視反聽」；至於對道體相狀的描述，則與《老子》二十一章謂道體「窈兮冥兮」之說相符。這樣的工夫與本體，即老莊本旨所在。然而後代道士之流，卻往往假借老莊之說，附會彼等的丹道修鍊，反倒使老莊本義隱晦不彰。船山以為這都是因為二子之書的用語隱僻且取譬迂遠，遺留太多可供操作的空間，才造成了道家與道教的混雜。船山除了批評內丹之外，對道教的外丹與房中更為反感，故直接斥為「妖妄」。值得注意的是，船山似乎沒有發覺他所批評的詮釋方法，其實正是他本身的做法，他在《莊子解》中所述之行氣或存神等法門，其實是歷代道教圈人士依據老莊之說，經過千百年實修實證所獲之精華。[101]筆者以為針對這個矛盾現象，可以歸納為學術立場的問題，因為

---

[100] 見《船山全書第十三冊‧莊子解》（長沙：嶽麓書社，1988年），頁210-211。
[101] 鄭燦山：「這樣的美實（筆者按：內丹理論），絕非憑空可得，而是從古典道家、黃老思想，以至六朝隋唐道教，一千多年的努力，經過長期對於自家身心之實修苦煉，千萬人所凝成之慧命結晶。

根據船山的內丹修鍊經驗，他深知這些功法對養護身心的助益，但他無法接受丹道追求的長生不死，所以只好把內丹思想中的「可取之處」切割出來，歸爲老莊本旨，而將其餘「糟粕」（外丹、房中）打入「妖妄」之列，甚至顚倒其思想史的先後次序（例如引文中把外丹視爲內丹的發展）。基本上，船山對道教內丹學的看法頗爲一致，認爲擷取其中蘊含的冥想訓練或呼吸技術即可，超過養生範圍便陷入了怪誕邪妄。[102]

6. 靈臺：除了前述「心齋」、「凝神」、「坐忘」、「安處」、「攖寧」等冥想工夫之外，船山亦用精神（神氣）詮釋《莊子》中的「靈臺」或「靈府」，不過討論的重點略有差異，前述工夫多半強調如何內向凝聚精神，具體指點操練的方法，然而持守「靈臺」卻是教人留意預期心理，解消求功助長之心。筆者以爲船山這麼細緻的理論分辨，若非具有相當程度的實修經驗，恐怕很難講解到這麼深入的程度。下文列舉數例說明。

首先，對於「靈臺」的問題，可取「東郭稷御馬」一段爲代表：

此言持志者用功之候也。「靈臺」者，可持而不可持者也。操之已蹇，揣之已銳，則心有涯，而外物之阽杌相觸者無涯，此馬力竭而必敗之勢也。專於一者，勿忘而已。忘其所忘，而不忘其所不忘，綿綿若存，而神氣自與志相守，疾徐之候，自知之而自御之，力有餘而精不竭，此則善於用志者也。（達生）[103]

而且，也並非抽象理論、名言概念之演繹推理，而是豐富的實修實證經驗的累積所成。」見氏著：〈道教內丹的思想類型及其意義──以唐代鍾呂《靈寶畢法》爲論述核心〉，《臺灣宗教研究》第9卷第1期（2010年6月），頁40。

[102] 船山曰：「棲心淡泊，神不妄動，則醞醸清微而其行不迫，以此養生，庶乎可矣。不審而謂此氣之自天而來，在五行之先，亦誕已已！」見《船山全書第十二冊‧思問錄》（長沙：嶽麓書社，1988年），頁450-451。又曰：「蓋自彭、聃之術興，習為淌㳻之寓言，大率類此。要在求之神意精氣之微，而非服食、燒鍊、禱祀及素女淫穢之邪說可亂。故以魏、張之說釋之，無不脗合。」見《船山全書第十四冊‧楚辭通釋》（長沙：嶽麓書社，1988年），頁348。

[103] 見《船山全書第十三冊‧莊子解》（長沙：嶽麓書社，1988年），頁304。

船山以爲本段討論的是「持志用功」的徵候，亦即修鍊過程中會產生的現象。在主體實踐冥想靜坐的時候，有時會事與願違，越想集中意志，反而造成精神狀態的混亂，這是因爲個體心力有限而外物誘引無窮，越是刻意不思外物，越容易精神外馳，正如東郭稷御馬，不論如何操撥助長，終究力竭而必敗。因此，主體對「靈臺」的操持專注亦當有其限度，持其不可持（暗引〈庚桑楚〉「靈臺者，有持而不知其所持，而不可持者也」），不忘其所不忘，即是運用弔詭的話語說明這種勿忘勿助的內在平衡。至於何謂「靈臺」，船山則如此解釋：「靈臺者，天之在人中者也。」[104] 可知「靈臺」即天地和氣寄託於人身而成人類之精神，故「持守靈臺」仍然是冥想訓練。此外，引文後半提到了「綿綿若存」，似就調節呼吸頻率而言，假若此解無誤，代表人類可以通過呼吸訓練調整精神意識的狀態，呼應前文「踵息」之說。總之，不論主體集中意志的速度是快是慢，皆須隨順其本身節律，俟其自然收歛，不可刻意用功，如此方爲善守其「靈臺」。

再者，船山論述「靈臺」問題時，往往又涉及「天光」（靈光）：

「宇」固無不「泰」也，無不「定」也。堯舜治之，而上下四旁猶是也；殺盜亂之，而上下四旁猶是也。故可移不泰者而恆於泰、移不定者而恆於定。修此者，擴其「靈臺」如宇，而泰、定亦如之矣。何也？靈臺者，故合宇於臺以爲靈者也。宇之中自有「天光」焉，臺之中自有靈焉。不際之際，物無不備；不虞無不藏，彼無不達。化自移而宇自恆，即於其中，光自徹乎無門、無旁之中而四應，舉凡不能知之萬惡，出沒於天光之中而不眩，天均移而「成固不滑」矣。（庚桑楚）[105]

本段原文爲老子告誡南榮趎的「至人之德」（眞人大道），船山的說解可

104 見《船山全書第十三冊·莊子解》（長沙：嶽麓書社，1988年），頁305。
105 見《船山全書第十三冊·莊子解》（長沙：嶽麓書社，1988年），頁358。

分成兩個部分。前半論述宇宙空間（宇）和人類心靈（臺）之間的類比關係，故先釋宇宙空間之理，謂不論空間之中有何氣機變化，空間本身不受影響，穩定如一（宇之泰定）。而人世間的治亂也是一種氣機變化，故無論堯舜在位的治世，或殺盜橫行的亂世，這個宇宙空間並無改變（上下四旁猶是也），其中氣機變化或許有不泰不定之時，然皆偶然之聚合，最終仍必散歸泰定，此即所謂「天均」（宇宙空間，亦即天球）之運。這種宇宙空間圓轉不息的法則，不僅是一種自然知識，還具有身心修鍊的意義，這是因為天體與人體乃同質性的存在，所以人類的精神意識亦可仿效宇宙空間之泰定，任憑意識內容旋生旋滅而無所動搖。而達到這種身心狀態的實踐法門，仍然還是前述的冥想靜坐。從引文後半開始，船山又謂在精神虛靈的空寂狀態之下，內心自然產生一種「天光」（靈光）智慧，由「靈臺」所發之「天光」智慧，可以洞察宇宙萬化而不受一時表象之眩惑，其實踐之道在於透過靜坐轉化內在意識，擴充「靈臺」之心量以至於無限（如宇宙空間），則其「天光」四應而無所不達，即使遇到天降災異（萬惡），亦能不受其眩惑而擾亂自家精神之泰定（成固不滑）。總之，船山認為「天均」雖然不斷地圓轉變化（宇宙空間之氣化循環），[106] 但「天均」本身卻恆處泰定之中，此泰定狀態自然產生「天光」（代表宇宙整體的協調性）。而天人一氣同理，人類則是透過冥想訓練轉化意識，使主體精神凝聚泰定，在此狀態之下，自然產生的「靈光」可以靜觀一切現象之起滅（感官刺激或心知分別），而不為現象變化所動搖。筆者以為船山這種由天體運行（自然法則）到身心修鍊（生命節律）的論述模式，很可能來自道教內丹學的同構觀念，甚至背後有其深厚的實修經驗。除此之外，它與佛教「由定生慧」的實踐技術也有呼應之處。[107]

---

[106] 船山對「天均」的解說或為「自然不息之運也」，或為「運而相為圓轉者也」，俱就氣化循環之推移不息立論，故宇宙中所有生命形態皆可互相轉化，生死彼我都能貫通為一，而所謂「休以天均」、「師法大宗」、「忘乎小大」、「萬歲成純」等語名相雖殊，其實咸指宇宙中之氣化循環。引文見《船山全書第十三冊・莊子解》（長沙：嶽麓書社，1988年），頁349、頁358。

[107] 見《船山全書第十三冊・莊子通》（長沙：嶽麓書社，1988年），頁514。

四、小結

　　冥想靜坐的問題自宋儒二程之後，即已進入儒學的論述領域，然儒家靜坐論的起步晚於佛、道二教，其中當然不乏借鑑之處；而明儒（尤其是晚明）混合三教的身心實踐興趣，又為歷代儒者之最。換言之，船山汲取內丹實修經驗導入其莊學工夫論，應有其思想史的背景，而非離奇古怪之事。只是這些材料在既往的船山莊學研究中，屬於不太被關注的面向，所以筆者只能不憚其煩，反覆徵引相關章節，以此證明船山內丹思想在其莊學詮釋中的關鍵地位。

　　船山莊學中關於生命修鍊的討論相當豐富，符合《莊子》原本的特色，畢竟《莊子》中記載了許多涉及身心修鍊的工夫術語。不過奇怪的是，這些工夫術語幾乎都缺乏明確的操作指導。正因如此，在後代的道教思想中，這些工夫術語吸引許多充滿修鍊興趣的道士，先後投入《莊子》的詮釋工作，試圖以自身實修經驗填補莊學工夫論中的空白。就船山莊學所涉之生命技術而言，筆者的論述脈絡從「養護真主」與「師法大宗」開始，首先確立莊學工夫論的目標，然後整理如何達到這個目標的相關論述，依序析論「緣督」、「踵息」、「心齋」、「攖寧」、「凝神」、「坐忘」、「靈臺」、「天光」等觀念，並視需要旁及相關之說。其中細節雖然端緒紛雜，基本上仍可歸納為鍊氣與鍊神兩類，亦即呼吸技術與冥想訓練。至於船山在註解當中，時常有極其詳盡而具體的解說，深入地闡釋生命技術的操作流程，筆者以為這些內容很可能與其內丹修鍊經驗有關，所以當他在詮釋相關議題時，格外得心應手，屢屢切中肯綮。

　　略言之，所謂的鍊氣，是指船山在詮釋莊學「緣督」、「踵息」時的技術性指導，兩者皆屬於調息行氣一類的呼吸訓練。不過船山的呼吸訓練不僅限於呼吸系統的「粗重身」，還包括人體經脈系統的「微細身」（尤其是奇經八脈），強調內息下沉至足踵，並沿背脊督脈上行至頭頂。這種涉及微細身的呼吸訓練，其實是藉由調整生理以影響心理，也與內丹學利用奇經的鍊氣功法互相吻合，這些論述很可能源自船山的修持經驗。而所謂鍊神，是指船山在詮釋莊學的「心齋」、「坐忘」（坐馳）、「凝

神」、「安處」、「持守靈臺」、「泰定天光」等術語時，往往有非常細膩的指導，其中討論內容雖各有差異，功法重點亦有所不同，但不外乎冥想靜坐一類的精神鍛鍊。在精神鍛鍊的過程中，船山強調實踐者必須向內集中精神意識，不受感官知覺或心知分別的動搖，同時配合身體的自然端坐和舒緩的呼吸節奏，以意識引導想像中的內息循行特定經絡，唯心理上似無特定觀想對象。總之，船山所謂的冥想靜坐，是藉由調整心理以影響生理，與內丹學的鍊神功法十分類似，或許根本就是他修鍊內丹的經驗談。此外，船山也特別提醒此一集中精神的過程有自身的變化節律，故不可出現預期心理，刻意謀求效驗。最終，人體小宇宙可以連結天均大宇宙，而進入一種主體與整體合諧共鳴的生命狀態。

　　總之，筆者以爲船山莊學中的修養工夫論述，其實是整套生命修養的樞紐之一，應當與船山內丹學的論述合觀；或者更大膽地推斷，這些內容根本就是船山內丹學的延伸。

第三節　張子學的存神盡性

　　橫渠學說對船山思想的影響早已見諸各種學術論著，船山嘗自云「希張橫渠之正學而力不能企」，[108] 其重要性無庸贅言。尤其兩人論學宗旨俱以「氣」爲樞紐，且都兼通佛、道二教，[109] 故在問題意識與論述架構上，兩人有頗多類似處。由此可知，橫渠學說對船山而言，不論在形式或內容上均具有先導典範的意義。

　　橫渠《正蒙》以「氣」爲其儒學理論的根基，由氣化循環順勢導出「太虛」存在，兩者構成宇宙的框架與實蘊，而一切生命的聚散存亡，乃至所有的自然現象，都是「氣」與「太虛」循環交運而生發者。在氣化流行的過程中，人類獨得造化之靈秀，具有特殊生命構造，從而衍生出如何

---

[108] 此語為船山自誌之墓銘。見《船山全書第十六冊·大行府君行述》（長沙：嶽麓書社，1988年），頁76。

[109] 錢穆：「船山最尊橫渠。二人皆精於佛、老，而能闢佛、老以返諸儒，此亦其學術相似之一端也。」見氏著：《中國近三百年學術史》（臺灣：臺灣商務印書館，2009年），頁112。

善用生命（道德實踐）與養護生命（修養形神）的問題。換言之，整套理論的關注焦點是「生命」。[110]

筆者以爲船山的張子學大體沿著橫渠的思路繼續深化，而以「氣化生命論」爲其核心：它以儒家易學爲根柢，融合佛教唯識學、老莊氣學及道教內丹學，從生命整體的角度重新組織天人合德、生死流轉和鍊氣化神等觀念，建構一套嶄新的儒學詮釋系統。然而，船山終究是儒者本懷，儒者的工夫畢竟是通過道德實踐成聖成賢，而非徒務身心修鍊。在此先決條件下，有待修鍊的生命之氣，如何進入以道德實踐爲根基的儒家理論系統，自然有其特殊的理論安排，故船山張子學中的工夫論比前述內丹學、老學或莊學中的工夫論更爲複雜。

船山的《張子正蒙注》本不知撰作年月，後據船山後人所藏抄本，考知此書成於船山六十七歲（1685），七十二歲（1690）重訂，爲其晚年思想圓熟之作。[111] 此書論衡三教處甚多，既爲橫渠原書之特色，也呈現晚明三教交流的思想史大背景，內容相當豐富。若僅就生命修鍊而言，船山把焦點放在「存神盡性」，其中「存神」與內丹「鍊神」、老學「抱一」、莊學「凝神」的光譜位置相近，而「盡性」則爲宋明儒學歷來之通義，所以爲了統合這兩者的差距，船山建構一個身心修鍊與道德實踐並存的生命論述。下文就「存神盡性」涉及的問題，依序釐清其中關鍵。

一、氣中之「神」與「性」

「神」與「性」本爲《正蒙》中的核心觀念，在船山的註解中也花了相當的篇幅闡述其義蘊。其中「神」的底蘊比較複雜，在不同論述脈絡

王船山氣化生命論

---

110 本段對橫渠《正蒙》宗旨的解說大體依據船山的詮釋。至於《正蒙》本義爲何，涉及近代詮釋學（Hermeneutics）所質疑的「本義是否存在」，此處不能深究。然而綜觀《正蒙》之語言風格，筆者以爲其表述形式有時的確過於簡略，容易造成理解和詮釋上的歧異。針對此一現象，歷來學者多有批評，伊川謂其「意屢偏而言多窒」，牟宗三則謂之有「滯辭」，見氏著：《心體與性體・第一冊》（臺北：正中書局，1999年），頁417-436。何乏筆則認爲問題出在橫渠言「氣」有相當程度的「不確定性」，因而衍生不同詮釋方向，見氏著：〈何謂「兼體無累」的工夫——論牟宗三與創造性的問題化〉，《儒學的氣論與工夫論》（臺北：臺大出版中心，2012年），頁100。

111 見《船山全書第十二冊・張子正蒙注》（長沙：嶽麓書社，1988年），頁390。

中，船山有不同的說解；「性」的意義則為儒學之通義，指人類獨具之道德性能。[112] 在船山的詮釋系統中，二者雖皆屬心性層面，然俱存於氣中，故亦有明確之生理性質。

就《正蒙》所論之「神」而言，大致可分為四個方面：

1. 自然造化意義之「神」（神化）。
2. 內在精神意義之「神」（存神）。
3. 與「鬼」（屈）相對之「神」（伸），用以說明氣化生命之循環。
4. 以「神」為陰陽二氣中的清通之理。[113] 橫渠所論之「神」，上述四義往往隨文指點，交錯出現，加上有時用語簡略，不易揀別其義。相對來說，船山在註解中相對明確地區分「神」的四種用法，並從精神意義之「神」開展生命技術。然而，四義不是各自獨立，互不相干，而是精神、屈伸、理則三義，俱由第一義「太虛神氣」衍生而來，以造化之「神」貫串諸義。總之，「神」無論在《正蒙》或《張子正蒙注》中都是至關緊要，卻又頗難梳理的觀念。由於本節的焦點在《張子正蒙注》的工夫論，故下文討論以從第二義衍生的「存神」為主，其餘三義則視討論需要略作補充。

就《正蒙》之「性」而言，橫渠論「性」亦有數義，大體可分自然之性與人類之性：其論自然之性，強調陰性凝聚和陽性發散，謂一切事物各有其性質；其論人類之性，則有「氣質之性」與「天地之性」的關鍵分判，既注重孟子所謂之道德性能，亦正視身體之感性欲求。在《張子正蒙注》中，船山論「性」除發揮儒家天道性命相貫通的古義外，亦結合

---

[112] 儒家所言之「性」當如何界定，牟宗三有簡潔而深入的分析，其謂：「此性體譯為"Nature"固不洽，即譯為"Essence"亦不洽，其意實只是人之能自覺地作道德實踐之『道德的性能』（Moral ability）或『道德的自發自律性』（Moral spontaneity），亦即作為『內在道德性』（Inward morality）看的『道德的性能』或『道德的自發性』也。」見氏著：《心體與性體·第一冊》（臺北：正中書局，1999年），頁40。

[113] 陳來亦有類似的見解，他說：「船山所使用的神的概念往往變易不一，不容易把握。這當然和《正蒙》本身大量使用神的概念，而意義複雜有關……。神的意義主要有四個：一是指『理』，與氣相對；二是指『神』，與形相對；三是指『使動者』，與動者相對；四是指氣之伸、氣之聚的狀態，與作為氣之屈、氣之散的『鬼』相對。」見氏著：《詮釋與重建——王船山的哲學精神》（北京：北京大學出版社，2004年），頁383。

《周易‧繫辭傳》中闡述乾坤之道的「健」與「順」二性，從氣的角度詮釋人類，謂人類生命源自二氣，故陽氣的乾健之性賦予人類主體能動性，而陰氣的坤順之性則賦予法則服從性。由是觀之，「性」爲氣中之理則，與「神」之第四義隱然相通，二者幾乎相等。下文即就其中涉及之相關問題，依序展開析論。

首先，船山在〈太和篇〉中明白揭示「太和」、「神」、「性」三者關係：

> 太和之中，有氣有神。神者非他，二氣清通之理也。「不可象」者，即在「象」中。陰與陽和，氣與神和，是謂太和。人生而物感交，氣逐於物，役氣而遺神，神爲使而迷其健順之性，非其生之本然也。（太和篇）[114]

從《正蒙》原文來看，橫渠在〈太和篇〉首先揭櫫「太和」即天道，船山則順此觀念詮釋「太和」與「天道」，遂謂「天道」即「太極」，「太和」則爲「太虛」（至大的宇宙空間）中陰、陽二氣處於渾淪未分的和諧狀態，這股陰陽渾合之氣是造化生命體的原質，當聚合爲生命個體後，便涵藏其中。[115] 若「太和」爲陰陽渾合之氣，「神」則爲二氣在清通狀態下所呈現之條理（第四義），故「神」（不可象）蘊於「氣」（可象）中，天地萬物俱由此一神氣所造（第一義）。太和神氣不僅賦予人類生命，人類所有知覺亦爲內氣與外物相感通之結果，一般人缺乏對生命的正確認識，往往過度役使生命追逐外物，造成精神的耗損，擾亂生命的本然狀態。即此而論，人類精神既然來自太和神氣，代表它兼具陰陽二氣所賦予之主體能動性（陽健）以及法則服從性（陰順），二者均爲人類生命之

---

[114] 見《船山全書第十二冊‧張子正蒙注》（長沙：嶽麓書社，1988年），頁16。

[115] 船山在「太和所謂道」句下云：「陰陽異撰，而其絪縕於太虛之中，合同而不相悖害，渾淪無間，和之至矣。未有形器之先，本無不和；既有形器之後，其和不失。故曰『太和』。」見《船山全書第十二冊‧張子正蒙注》（長沙：嶽麓書社，1988年），頁15。

性能，所以一般人在耗損精神的同時，內在人性亦隨之消亡。

　　反之，船山以爲所謂聖人，即在實存狀態中使「氣」、「神」、「性」融合爲一者：

　　此言體道者不於物感未交、喜怒哀樂未倚之中，合氣於神，合神於性，以健順五常之理融會於清通，生其變化，而有滯有息，則不足以肖太和之本體，而用亦不足以行矣。（太和篇）[116]

本段詮釋橫渠「不如野馬絪縕，不足謂之太和」之義，闡述體道聖人必須在物感未交、情緒未發的生命狀態中，仿效太和本體之神氣互涵，融合形氣、精神、人性三者爲一，使身心兩端進入一種理氣交融不分的特殊狀態，並以此應對天地萬物，實踐道德法則。反之，人若不能進入這種生命狀態，充分發揮健順之性，則其實踐動力「有滯有息」（不順則滯，不健則止），即使發揮一時之效，亦不可謂之妙肖「太和」。值得注意的是「合氣於神」和「合神於性」兩句，說法頗似內丹學的「鍊氣化神」和「鍊神合道」，代表這樣一種交融狀態，乃是實踐生命功法所產生之結果，涉及治氣與養神兩面，而不全然是心性修養的問題。

　　在「語道者知此，謂之知道；學《易》者見此，謂之見《易》」處，船山亦有類似觀念：

　　健順合而太和，其幾必動：氣以成形，神以居理，性固具足於神氣之中。天地之生人生物，人之肖德於天地者，唯此而已矣。（太和篇）[117]

本段可分前後兩部分：前者敘述太和本體之造化歷程，謂陰陽渾合之氣必然產生造化之動幾；後者則闡述人性之生發基礎，謂人類之身心構造

116 見《船山全書第十二冊・張子正蒙注》（長沙：嶽麓書社，1988年），頁17。
117 見《船山全書第十二冊・張子正蒙注》（長沙：嶽麓書社，1988年），頁17。

必然含有某種特殊性能。換言之，天道即易理，易理即天人合德，自然之造化機能與人類的道德實踐共用氣化法則。這種即「氣」論「神（二氣清通之理）言「性」（二氣健順之性）的思路，與前述「陰與陽合，氣與神合」、「合氣於神，合神於性」之說如出一轍。

在橫渠「虛空即氣」一段，船山則詳細闡釋了「虛空」等關鍵術語，以及前述各種觀念何以與易學相關。他說：

> 「虛空」者，「氣」之量。氣彌淪無涯而希微不形，則人見虛空而不見氣。凡虛空皆氣也：聚則「顯」，顯則人謂之「有」；散則「隱」，隱則人謂之「無」。「神化」者，氣之聚散不測之妙，然而有迹可見；「性命」者，氣之健順有常之理，主持神化而寓於神化之中，無迹可見。若其實，則理在氣中，氣無非理，氣在空中，空無非氣，通一而無二者也。其聚而出爲人物則形，散而入於太虛則不形，抑必有所從來。蓋陰陽者，氣之二體；動靜者，氣之二幾。體同而用異則相感而動，動而成象則靜，動靜之幾，「聚散、出入、形不形」之從來也。《易》之爲道，乾、坤而已，乾六陽以成健，坤六陰以成順，而陰陽相摩，則生六子以生五十六卦，皆動之不容已者，或聚或散，或出或入，錯綜變化，要以動靜夫陰陽。而陰陽一太極之實體，唯其富有充滿於虛空，故變化日新，而六十四卦之吉凶大業生焉。陰陽之消長隱見不可測，而天地人物屈伸往來之故盡於此。知此者盡《易》之蘊矣。（太和篇）[118]

本段引文稍長，可分成前後兩部分：前半部船山詳細闡釋橫渠原文提及之若干樞紐觀念；後半部則解說橫渠氣學何以歸本易學。下文分點討論。

1. 論「虛空即氣」：橫渠如何界定「太虛」與「氣」的關係，固然可有不同詮釋方式，[119] 然船山之詮釋則明確地將「太虛」（虛空）界定爲

---

[118] 見《船山全書第十二冊・張子正蒙注》（長沙：嶽麓書社，1988年），頁23-24。

[119] 何乏筆將船山對《正蒙》虛氣關係的論述與牟宗三的相關論述視爲兩種詮釋典範：船山認爲氣即存

至大空間，爲宇宙之氣的儲存容器，人類之感官能力有限，無法直觀「氣」的存在，故將宇宙稱爲「虛空」，實則無「虛空」可言。

2. 論「有無顯隱」：「氣」既已凝聚成形則顯現爲具體之形態，常人目力可見（顯），遂稱爲「有」；反之，「氣」於物死氣散後重歸「太虛」，這種狀態則非目力可見（隱），故稱爲「無」。可見宇宙之中沒有「有無」的差異，只是「顯隱」的分別。

3. 論「神化」：此指自然造化隨機變動，雖無固定結果（氣之聚散不測之妙），但人可直觀造化所成之物，故屬「有迹可見」。

4. 論「性命」：相對「神化」而言，「性命」是蘊於「氣」中之健（陽）順（陰）理則，既是「神化」過程中的主宰，復內在於「神化」過程之中，但人只見造化所成之物，沒辦法直觀物中之理則，故屬「無迹可見」。

5. 論「通一無二」：船山以此總結「有無顯隱」與「神化性命」，闡明看似對立的「有無顯隱」之所以能統合一體，是因爲「太虛」中充滿了氣，氣聚則顯而爲有，氣散則隱而似無。而「神化性命」雖然分爲有迹（可見）與無迹（不可見），但因「理」（性命無迹）蘊於「氣」（神化有迹），故表面上的對立只是人類感官能力的區分，實際上兩者是貫通一體的，只是聚散狀態有別而已。由此可見，船山論述「虛空即氣」與「理氣合一」等觀念時，背後皆預取了「整體性」原則，所謂對立只是整體的不同狀態。

6. 論「陰陽動靜」：船山闡釋橫渠的「推本所從來」，認爲氣之聚爲人物或散入「太虛」，其背後原因皆爲陰陽二氣之「動」與「靜」，即二氣相感產生動態，聚合成象後轉爲靜態，故二氣之「動」與「靜」，即聚散、出入、形不形的原因。

7. 論易學：無論橫渠船山，咸以源自《周易》的氣化法則詮釋宇宙中所

於太虛之中，不在之上或之外，是虛氣一體化；牟氏乃以黑格爾式的語言則將太虛視爲本體，氣化視爲本體的呈現，是虛氣體用觀。見氏著：〈何謂「兼體無累」的工夫論——論牟宗三與創造性的問題化〉，《儒學的氣論與工夫論》（臺北：臺灣大學出版中心，2012年），頁82-97。

有的現象變化。換言之，船山從易學的角度，重新詮釋橫渠在本節中所討論的問題，指出易學的根本在於乾、坤二卦，乾卦純陽，故性健動，坤卦純陰，故性順服，而乾坤陰陽交感摩盪，則產生六子（震、巽、坎、離、艮、兌）乃至其餘五十六卦（八個基本卦象兩兩排列組合後減去乾坤與六子）。換言之，整個宇宙造化皆因陰、陽二氣的自然感通而產生動力，故氣之聚散、出入、錯綜變化，都是源自動、靜二態。因此，船山認爲「易道」即宇宙演變之法則，陰、陽二氣即「太極」（太虛）之實體，非二氣之上或之外別有所謂「太極」。此渾淪之氣充塞於「虛空」之中，其變化共有六十四種基本模式，而這六十四卦即代表千差萬別之宇宙現象。不過船山再次強調在陰、陽二氣的變化過程中，無論消長隱見，都是隨機發生，偶然成象，沒有固定而可預測的結果。總之，人若能掌握易道變化，即可理解天地萬物屈伸往來（生死變化）的根本原因。即此而論，船山認爲橫渠正學其實源自易學。[120]

在註解橫渠「陰陽範圍天地」一段，船山則直指「性在氣中」：

陰陽二氣充滿太虛，此外更無他物，亦無間隙，天之象，地之形，皆其所「範圍」也。散入無形而適得氣之體，聚爲有形而不失氣之常，通乎死生猶「晝夜」也。晝夜者，豈陰陽之或有或無哉！日出而人能見物，則謂之晝；日入而人不見物，則謂之夜。陰陽之運行，則通一無二也。在天而天以爲象，在地而地以爲形，在人而人以爲性。性在氣中，屈伸通於一，而裁成變化存焉，此不可踰之「中道」也。（太和篇）[121]

---

120 船山在《張子正蒙注‧序論》中嘗云：「張子之學，無非易也，即無非詩之志，書之事，禮之節，樂之和，春秋之大法也，論孟之要歸也。」又曰：「而張子言無非易，立天，立地，立人，反經研幾，精義存神，以綱維三才，貞生而安死，則往聖之傳，非張子其孰與歸！」見《船山全書第十二冊‧張子正蒙注》（長沙：嶽麓書社，1988年），頁12。
121 見《船山全書第十二冊‧張子正蒙注》（長沙：嶽麓書社，1988年），頁26。

引文的前段是批判佛老「知虛不知氣」的弊病，所以本段正面闡釋氣的意義與作用。橫渠以「陰陽」為貫通天地晝夜的「大中之矩」，船山註解則逐一說明原文的「陰陽」、「晝夜」、「三極」、「大中」。就「陰陽」而言，船山重申「太虛」之中充滿陰、陽二氣，而非虛無真空，天象和地形都是陰陽二氣運行變化的結果。就「晝夜」而言，船山認為這是比喻氣的恆存不滅，因為晝夜之分只是人類目力的限制，日出日入循環輪替，一切事物雖有可見不可見之別，但其存在其實並無二致，故所謂陰陽貫通晝夜，實指二氣並無所謂生滅之分。就「三極」而言，「天象」、「地形」、「人性」雖有形態上的差異，然皆由陰陽二氣所摶造，故謂「性在氣中」，代表人性即形氣中之理則。就「大中」而言，形氣及人性皆有屈伸聚散之分，但均以氣的形式永存天地；而所有的倫理道德，皆源自二氣聚合而成之人性。故陰陽不僅是自然造化的法則，也是人類倫理不可踰越之「中道」。

這種「性在氣中」的觀念，亦見船山說解「合虛與氣，有性之名」處：

> 秉太虛和氣健順相涵之實，而合五行之秀以成乎人之秉彝，此人之所以有性也。原於天而順乎道，凝於形氣，而五常百行之理無不可知，無不可能，於此言之則謂之性。（太和篇）[122]

橫渠僅謂人性來自於「太虛」與「二氣」，沒有完整的說明，船山的註解則推衍其旨，補足其義，分別闡釋人性的根源及其內容。就根源而言，人心所含之常道（人之秉彝）[123]來自「太虛」中的至和之氣與五行之秀（五行由二氣分化），這個常道即是人性，故人性源自天道造化，凝結於

---

[122] 見《船山全書第十二冊・張子正蒙注》（長沙：嶽麓書社，1988年），頁33。

[123] 船山釋「秉」為「受之於天也」，釋「夷」（彝）為「一定之常，盡人而無或變也」，合言之則謂常性源自天道，為人所共有，可補充說明引文之義。見《船山全書第八冊・四書訓義下》（長沙：嶽麓書社，1988年），頁701。

形氣之中，與前述「性在氣中」之說一致。就內容而言，既然人類的身心構造中本已凝結天理，則先天具有認識道德法則（知）和實踐道德法則（能）的性能，故良知良能均為人性內容。

透過上文的整理，可以確定船山張子學中的「神」與「性」雖各有其義，但不無相通之處，例如二者咸為氣中之理則，精神意識之「神」（第二義）與道德性能之「性」（天地之性）俱內涵於人心，二者皆可感通外物，又互相融合（合神於性）。[124] 不過，「神」的含義較寬泛，如果就自然造化而言（第一義），可以涉及宇宙中的一切存在；相較之下，「性」的含義比較狹窄，頂多包括所有的動物。[125] 總之，從人類生命的角度而言，「神」與「性」固然有相通之處，但似乎不應逕謂相等。

二、何謂「存神」與「盡性」

在釐清「神」與「性」的義界之後，可進一步探究船山張子學中的兩個關鍵術語——「存神」與「盡性」。兩者雖皆工夫術語，但各有不同的實踐方法，這邊僅先闡釋兩者的含義，而相關的生命技術（即如何存、如何盡），則留待後文詳論。

所謂「存神」，就是將人類清微虛明的精神透過特定技術保留在心中，這種詮釋方式應當與其內丹修鍊經驗有關；[126] 至於「盡性」，即在

---

[124] 嚴壽澂在分析船山所論之「氣質之性」時，亦有類似見解，謂船山人性觀中所謂「理」，即是「性」，亦即「神」。見氏著：〈莊子、重玄與相天——王船山宗教信仰述論〉，《中國文哲研究集刊》第15期（1999年9月），頁401。不過，筆者以為船山所論之「神」與「性」，固然有諸多相通之處，但二者義界並不完全相同，若直接視為同義詞，有過度簡化的危險。

[125] 在〈動物篇〉中，船山繼承橫渠之說，從生物學的角度論述分類問題，認為動物能呼吸且兼具形神（形體與意識），故各含其「性」（例如人性、牛性、馬性等）；但是植物不能呼吸且有形無神，故不含其「性」。見《船山全書第十二冊·張子正蒙注》（長沙：嶽麓書社，1988年），頁101-104。換言之，生物是否有「性」必須滿足兩個條件，分別是呼吸與自我意識，船山即據此分類動物與植物。但事實上，船山受限於當時的生物學知識，不知植物亦可行呼吸作用，故此處之呼吸不可採嚴格定義（生物細胞將有機物氧化分解並轉化為能量的化學過程），而是視覺直觀可見之呼吸行為。

[126] 「鍊氣」與「鍊神」本皆內丹修鍊之關鍵，船山對「存神」的特殊詮釋方式，應有其借鑑之處。畢竟《正蒙》中「存神」僅出現四次（因文字簡略，「存神」的意義並不明確，只能說與道德實踐有關），船山卻大膽地將其詮釋為冥想靜坐之術，並扼要闡述其實踐功法，很難說與其內丹實踐經驗完全無關。筆者在此無意誇大內丹修鍊在船山張子學中的重要性，但亦不應完全忽略其存在。此

主體的死生歷程與動靜二態中充分實現人類生命的目的。在船山的詮釋系統中，「存神」與「盡性」並非各自獨立的觀念，二者互有交集且彼此支撐，後者甚至是前者的果效。二者之義可見「太虛爲清」一段的註解：

氣之未聚於太虛，希微而不可見，故「清」。清則有形有象者皆可入於中，而亦可入於形象之中，不行而至，「神」也。「反」者，屈伸聚散相對之謂氣，聚於太虛之中則重而「濁」，物不能入，不能入物，拘礙於一而不相通，「形」之凝滯然也。其在於人：「太虛」者，心涵神也；「濁而礙」者，耳目口體之各成其形也。礙而不能相通，故嗜欲止於其所便利，而人己不相爲謀；官骸不相易，而目不取聲，耳不取色；物我不相知，則利其所利，私其所私；聰明不相及，則執其所見，疑其所周。聖人知氣之聚散無恆而神通於一，故存神以盡性，復健順之本體，同於太虛，知周萬物而仁覆天下矣。（太和篇）[127]

在本段中，橫渠藉氣之「清濁」論述形神問題（身體與精神），船山則就形神問題延伸思考，論述「存神」與「盡性」。析言之，橫渠認爲在宇宙之中，清虛無礙之氣形成「神」，而重濁滯礙之氣凝聚爲「形」。船山註解則引申橫渠之意，謂氣之「清濁」可分從天、人兩面來說：

1. 就天道造化而言，當氣在「太虛」之中尚未聚合成形，此時是希微不可見的，這種氣清虛無礙，故能包覆萬物的形體之外，亦可滲入萬物的形體之中，不受二元對立的局限，貫通有形無形，這種清虛至和之氣亦稱「神」（神氣）。而當氣開始聚合成形，則變爲重濁凝滯，與

外，船山對內丹修鍊的體悟可舉中年時期的〈愚鼓詞〉爲代表，他借用宋詞形式闡述修鍊經驗本內丹家常見之舉，若非已臻相當程度，恐不能道其中之幽微處也。嚴壽澂亦曰「船山精通內丹術，不僅明其理論，而且有實踐的工夫。〈愚鼓詞〉二十六首（〈前愚鼓樂〉十首，〈後愚鼓樂〉十六首），即其闡述內丹功法之作，非企此有實踐者不能道。」見氏著：〈莊子、重玄與相天——王船山宗教信仰述論〉，《中國文哲研究集刊》第15期（1999年9月），頁413。

127 見《船山全書第十二冊‧張子正蒙注》（長沙：嶽麓書社，1988年），頁31。

他物之間產生了隔閡，這種拘礙濁滯之氣則稱為「形」（形氣）。

2. 就人類身心而言，摶造心靈的清虛之氣蘊含精神（心涵神），而構成身體的凝滯之氣則形成感覺器官（耳目口體）。由於感覺器官由凝滯之氣構成，故其所生之「嗜欲」僅尋求自利，以滿足自身為唯一目標，毫無同理心或一體感可言。正因感官嗜欲之氣不能與他物互相感通，故雙眼只知形色，雙耳只聞音聲，每種感官唯求自身的滿足，遂造成人己或物我之間的隔閡，雖皆有感而互不相通。此外，船山這種強調感官能力各有偏至而不能互通的論述模式，或許也參酌了唯識學。[128] 總之，船山的結論是聖人明白形氣的嗜欲有限而精神可以感通萬物，故成德之道，在於能修養精神的清虛能感（存神），而學者藉此修養工夫便可充分實現人性（盡性）。換言之，「存神」可以「盡性」。這種感通天地萬物的「仁心周知」（精神感通），則如同其所從來的太虛和氣般清虛無礙，故身體中的精神與宇宙中的神氣一致，天人合德的重點即在於實踐「存神」。

天道之神化（第一義）與人類之精神（第二義）俱源自「太虛」之神氣，故實踐「存神」即效法「太虛」之清微，船山這種以養氣（存神）詮釋天人合德的說法，亦見「唯神為能變化，以其一天下之動也」的註解：

天之「神」，萬化該焉，而統之太和之升降屈伸；聖人之「神」，達天下之亹亹，而統之以虛明至德。故「動皆協一」。子曰：「吾道一以貫之。」存神於心之謂也。（神化篇）[129]

橫渠原文典出〈繫辭下傳・第九章〉「知變化之道者，其知神之所為乎」，[130] 本就「神氣」之變化不測而言。船山則依橫渠之說延伸，分別

---

[128] 「耳目口體」之分孟子固然早已言之，然孟子之論的重點在於區分「大體」與「小體」，強調「心官」可以反思，「耳目口體」不能。船山之論則注重「耳目口體」各有功能而不可相通，故謂「目不取聲，耳不取色」，其論述模式比較接近唯識學的根塵相配（眼根取色，耳根取聲）。

[129] 見《船山全書第十二冊・張子正蒙注》（長沙：嶽麓書社，1988年），頁92。

[130] 見朱熹：《周易本義》（臺北：大安出版社，2004年），頁243。

從自然造化與道德感化兩面闡發「神氣」的意義：就「天之神」而言，天地萬物皆由天之神氣所造，太和神氣之升降屈伸即摶造天地萬物之動力；就「聖人之神」而言，聖人心中存養之精神即道德實踐所由展開之德性（存神以盡性），其可感化天地萬物且永續不息。因此，不論天道造化或聖人感化，凡宇宙中所有動態變化只有唯一來源，此即神氣是也，而孔子所謂「一貫之道」則就人道而言，指存養此心中精神的實踐工夫。總之，透過前文析論已可確定船山所謂「存神」，當指存養人類心靈之中的清虛神氣（精神）。

　　「存神」之義既明，以下則析論「盡性」之旨。船山在註解「客感客形與無感無形，唯盡性者能一之」處云：

　　靜而萬理皆備，心無不正；動而本體不失，意無不誠。「盡性」者也。性盡：則生死屈伸一貞乎道，而不撓太虛之本體；動靜語默一貞乎仁，而不喪健順之良能。不以「客形」之來去易其心，不以「客感」之貞淫易其志。……蓋其生也異於禽獸之生，則其死也異於禽獸之死，全健順太和之理以還造化，存順而沒亦寧。其靜也異於下愚之靜，則其動也異於下愚之動，充五常百順之實以宰百為，志繼而事亦述矣。無他，人之生死動靜有間，而太和之絪縕本無間也。（太和篇）[131]

橫渠原文說唯「盡性者」可以統合「性」之或寂或感與「氣」之有形無形，亦即在具體生命情境中，只有「盡性者」能在有感有形的世界中，保持「性」的本來面目（至靜無感）並認識「氣」的本然狀態（太虛無形）。船山註解則進一步詮釋「盡性者」的境界，謂「盡性者」無論靜存涵養或行動實踐都能保持「心正」和「意誠」。析言之，所謂「盡性」必須在實際生命情境中完成，無論生死屈伸或動靜語默皆能持守天道及仁

---

131 見《船山全書第十二冊・張子正蒙注》（長沙：嶽麓書社，1988年），頁18-19。

德，如此一來，既無損太虛之中的清和之氣，亦不虧天道賦予之道德性能，故天地萬物雖有氣化之往來聚散（生死之分），內在精神雖有感性內容之或貞或淫（正邪之別），但「盡性者」的心志，卻能不隨「客形」（暫時的形體）或「客感」（暫時的感受）而產生動搖。

接著，船山又引〈乾稱篇〉（即〈西銘〉）的內容，以「存順沒寧」和「述事繼志」詮釋此處涉及的生死問題和動靜問題。就「存順沒寧」而言，「盡性者」雖亦有生死，卻不同於禽獸之自然生死，而是通過道德實踐持守天道賦予之太和神氣，死後將其還歸造化，此即「存順沒寧」也；[132] 就「述事繼志」而言，「盡性者」之動靜語默，也跟一般正邪不定的下愚者不同，其言行舉止皆能服從天道仁德，主動實踐道德法則，此即所謂「繼志述事」（繼天道而踐人倫）。[133] 引文最後，船山謂生死動靜的分隔只是人爲的區別，唯「盡性者」能仿效「太和」（太虛中之神氣）之渾淪絪縕，無論死生動靜俱能清虛合道。由此可知，船山所謂之「盡性」，乃指充分實現源自太虛神氣之道德性能，並以此貫通生死與動靜。

類似論述亦見「聖人盡性，不以見聞梏其心，其視天下，無一物非我」的註解，船山曰：

「盡性」者，極吾心虛靈不昧之良能，舉而與天地萬物所從出之理合，而知其大始，則天下之物與我同源，而待我以應而成。故

---

132 〈乾稱篇〉的「存順沒寧」則謂生時事奉父母，修德事天，則死時方可將神氣還歸造化，與本段引文之解說大體相同。見《船山全書第十二冊‧張子正蒙注》（長沙：嶽麓書社，1988年），頁357。

133 〈乾稱篇〉以「窮神知化」詮釋「繼志述事」之義，謂「知化」（述事）即明白天地造化萬物之事，而「窮神」（繼志）則指存養天地與父母所賦予我者之神氣，此處重視生化與引文重視實踐不無出入，可知船山所謂之「繼志述事」，須合兩義方得其旨。見《船山全書第十二冊‧張子正蒙注》（長沙：嶽麓書社，1988年），頁355。此外，「窮神知化」與「繼志述事」皆非橫渠創說，而是有所繼承，其中「窮神知化」典出《周易繫辭下傳‧第五章》：「窮神知化，德之盛也。」而「繼志述事」則典出《中庸》：「武王、周公，其達孝矣乎！夫孝者，善繼人之志，善述人之事者也。」在此可見宋明儒者詮釋經典的特色，把不同經典視為同一整體，故不同經典的章句或詞彙可相互比配、詮釋，甚至重組成新的語句，衍生創造性詮釋。至於這些因章句重組而產生的論述，其義是否完全符合原典的文意脈絡，則非宋明儒者之所重。

盡孝而後父爲吾父，盡忠而後君爲吾君，無一物之不自我成也。
（大心篇）134

引文首先指出「盡性」即充分實現人類心靈之良能，再由此道德實踐上通
天理天道，即孟子「知性知天」之義。盡性者明白天道造化萬物，則知物
我同源，至於萬物之目的與價值則均由主體確立，即《中庸》「盡人之
性」而「盡物之性」。舉例來說，唯盡孝者方可確立父親的意義，盡忠者
始得確立君王的意義，萬事萬物的意義皆因盡性者而存在。總之，船山以
爲「盡心」可感通萬物，「盡性」則成就物我，故唯充分實現源自天道神
氣之道德性能，乃能賦予萬物價值，「盡心」即以「盡性」。若與前文合
觀，可知船山「盡性」之義前後一貫，咸由倫理道德詮釋人性。

在船山張子學中，存養心中清虛神氣之「存神」技術，與充分實現道
德性能的「盡性」工夫，兩者是彼此支撐的。故前文謂「存神以盡性」，
當然亦可反過來說「盡性以存神」，例如船山註解「鬼神之實，不越二端
而已矣」時云：

一噓一吸，一舒一歛，升降離合於太虛之中，乃陰陽必有之
幾。則「鬼神」者，天之所顯而即人之藏也。靜以成形，鬼之屬
也，而可以迎神而來；動而成用，神之屬也，而將成乎鬼以往。屈
伸因乎時，而盡性以存神，則天命立於在我，與鬼神合其吉凶矣。
（太和篇）135

本段爲橫渠論述「鬼神」之義的結論。原文謂天地間的「鬼神」良能，其
實是一種氣化循環，而寒暑屈伸，都是二氣循環的過程，故「鬼神」即兩
端循環。船山的註解則分別闡釋「鬼神」，謂「神」即陰、陽二氣因互相
感應而生人生物的造化機能，「鬼」即萬物死亡後形神消散而回歸太虛絪

134 見《船山全書第十二冊・張子正蒙注》（長沙：嶽麓書社，1988年），頁144。
135 見《船山全書第十二冊・張子正蒙注》（長沙：嶽麓書社，1988年），頁35。

縕的循環機制，因此所謂「寒暑」、「屈伸」、「噓吸」、「舒斂」、「動靜」、「升降」、「離合」等種種分別，骨子裡都是二氣循環，「太虛」既為根源，亦是歸宿。就人類生命歷程而言，鬼神聚散即太虛神氣之循環，故生死屈伸雖必有定時（無永生永死），但人類的永恆價值在於可以通過道德實踐保存清虛精神（盡性以存神），死後則將此未受污染之清明神氣還歸天地。故從道德實踐的角度說，「盡性」可以實現天賦的使命；從氣化循環的角度說，「存神」可以參贊鬼神的造化。道德實踐即蘊含在此氣化循環之中。總之，「存神」固可「盡性」，「盡性」亦得以反饋「存神」。

　　藉由上文析論可知，「存神」即存養太虛神氣賦予主體的清明精神，「盡性」即充分實現源自太虛神氣的道德性能。對人類生命而言，「存神」與「盡性」相輔相成；就實踐工夫而言，「存神」可以「盡性」，「盡性」亦可「存神」。至於其中涉及的主體與整體的互動關係，其實已由氣化論進入宗教領域。[136]

三、「存神盡性」的生命技術

　　由上文析論可知，船山張子學由重氣而重神，故格外強調《正蒙》的「存神」工夫。[137]然而不論鍊氣鍊神，其背後涉及的生命觀念不只是人文學意義的生命，同時也是生物學意義的生命。換言之，實踐的範圍不只局限在心性，而是必然橫跨身體。對於身體修鍊，傳統儒學所能提供的養分有限，畢竟儒學的精華不在此處，所以船山在闡述鍊氣或鍊神的功法時，似乎有意識地導入自身的內丹實踐經驗。其中最關鍵的論點見於〈後愚鼓樂〉的序言，其云：「三教溝分，至於言功不言道，則一也。」[138]

王船山氣化生命論

---

[136] 嚴壽澂對船山氣化論中所蘊含之嚴肅宗教意義亦有所見，故謂：「凡重氣者必重神，必富宇宙情懷，宗教性亦必強。王船山即為一絕佳之例。」見氏著：〈莊子、重玄與相天──王船山宗教信仰述論〉，《中國文哲研究集刊》第15期（1999年9月），頁395。

[137] 陳來亦有類似觀點，故謂：「『存神』是船山《正蒙注》中的重要觀念。」見氏著：《詮釋與重建──王船山的哲學精神》（北京：北京大學出版社，2004年），頁294。

[138] 見《船山全書第十三冊‧愚鼓詞》（長沙：嶽麓書社，1988年），頁617。

表示儒、道、佛三教雖然終極目標壁壘分明，但實踐工夫卻可互相通用。筆者以爲，此語應可視作船山整體修養觀的樞紐。

船山張子學的工夫論以「存神」爲核心，對「存神」的關注散見全書，部分論述過於簡略，不易掌握其意義，或是夾纏在諸多觀念中，頗難梳理；[139] 而「盡性」大致上是附屬「存神」的果效，故「存神」工夫亦可爲「盡性」工夫（存神以盡性）。下文則將「存神」問題分爲七點，逐一析論。

第一，存神清通：「存神」最基本的工夫就是保持精神的清通寧靜，而物欲干擾則爲混亂精神的主因，故學者必須集中精神，不使意識外散。在註解「清極則神」時，船山曰：

　　不爲形礙，則有形者昭明寧靜以聽心之用而「清極」矣。「神」則合物我於一原，達死生於一致，絪縕合德，死而不亡。（太和篇）[140]

引文並未詳細闡述如何「存神」，只說「不爲形礙」，「有形者」即可「昭明寧靜以聽心之用」。推敲船山之說，「不爲形礙」當指收斂精神不受外物的干擾，「有形者」能「昭明寧靜」，可知是指生理之氣的靜持內攝，似指某種靜坐工夫，故能使主體「聽心之用」而非聽外物之用。因此，「存神」是一種收攝精神使之昭明寧靜的存養工夫，船山以爲透過功法鍛鍊而保留之精神，本源自於造化萬物之神氣，故形體雖有生死之別，此清明神氣卻可反覆聚散，恆存不滅。換言之，僅就實踐工夫而言，船山張子學中的「存神」與船山莊學的「凝神」，在論述模式上並無多大歧

---

[139] 事實上，在《張子正蒙注》中不僅「存神」如此，船山在論述其他觀念時亦甚少專論一事，而是藉由不同觀念互相引申，綜合一氣來談，故論述模式往往像波紋一般逐層擴展。陳來在研究《張子正蒙注》時，亦嘗提及此一特色：「船山在具體解釋、闡發時，往往觀念多而且雜，敘述未必清晰，徒然為讀者增加了理解上的曲折。」見氏著：《詮釋與重建——王船山的哲學精神》（北京：北京大學出版社，2004年），頁303。

[140] 見《船山全書第十二冊·張子正蒙注》（長沙：嶽麓書社，1988年），頁31。

異，同樣以集中精神不受外物干擾爲原則，背後都有內丹「鍊氣化神」的影子，符合前述「言功則一」的說法。

至於「聚而有間，則風行而聲聞俱達，清之驗與；不行而至，通之極與」一段，船山的註解則藉此強調內在精神必須清通無礙：

> 「間」，形中之虛也。心之神居形之間，唯存養其「清通」而不爲物欲所塞，則物我死生，曠然達一，形不能礙，如風之有牖即入，笙管之音俱達矣。（太和篇）[141]

> 神，故「不行而至」。至「清」而「通」，神之效也。蓋耳目止於聞見，唯心之神徹於六合，周於百世。所存在此，則猶曠官之墟，空洞之籟，無所礙而「風行聲達」矣。（太和篇）[142]

橫渠舉「風行」與「聲達」爲例，說明「氣」的清通特質，應就宇宙中的造化之氣而言；船山則以內在精神詮釋「氣」之義蘊，「氣」之清通亦轉化爲存養精神而使之清通，故謂「此二章言存神爲聖功之極致」。總之，橫渠所言之「風行」與「聲達」，船山皆有特殊的解釋，以爲二者並非描述「氣」在空間中的流動現象，而是人類精神特質的隱喻，以下分別論之。

就第一則而言，船山以爲人類精神居於身心之中，唯有透過存養工夫使之清通，精神方能不爲物欲所窒塞，若按前文所論，所謂存養工夫應指冥想靜坐之類的鍊神技術，即藉由集中精神轉變內在意識，而達到一種特殊的身心狀態。在精神清通的狀態下，物我或死生等對立分別皆消融爲一，身體欲望也不再是精神的阻礙。爲了說明這種特殊的身心狀態，船山把橫渠所言之「風行」與「聲達」當作隱喻，舉風吹窗牖與笙管發聲爲例，謂人之身體如同窗牖或笙管，清通之「神」則像其中流通的空氣，而

---

141 見《船山全書第十二冊・張子正蒙注》（長沙：嶽麓書社，1988年），頁32。
142 見《船山全書第十二冊・張子正蒙注》（長沙：嶽麓書社，1988年），頁32。

感官嗜欲好似孔竅裡堵塞的雜物，故此處所謂實踐工夫說穿了就是養氣凝神，使主體精神清通昭明，而不爲物欲所干擾。

就第二則而言，神氣可打破動靜對立，並在至清狀態下產生了感通萬物的果效。假若與耳目感官相比，則感官之欲受到本身機能的限制，滯礙而不相通（目不聞聲，耳不見色）。即此而論，人類心中的至清神氣（精神）不受時空條件的局限，其感通範圍與時效可以「徹於六合，周於百世」，而這種能在時空之中無限延展的性質，似已隱然觸及氣不滅論，當與船山的宗教信仰有關，牽涉範圍甚廣，此處不能詳論。總之，神氣至清能感乃是「存神」工夫的結果，當內在精神達到至清狀態，則猶如寬闊深邃的空間或笙管孔竅的中空之處，不再爲感官嗜欲所堵塞，自然風行而聲達，此即以氣的清通回答成德問題。

統整言之，上述幾則引文雖然簡短，但其中涉及的問題頗多，此處必須稍做整理。第一，冥想靜坐是養氣凝神的技術；第二，以精神的清通能感回答成德問題；第三，精神感通無限而感官知覺有限；第四，以物欲滯礙解釋惡的原因；第五，清明精神永存不滅，可在時空之中不斷延展。由此可見，船山是從氣的角度思考儒家的成德問題，而不是從心性的角度出發，所以強調氣的流動不滯，而不是主體的抉擇。

第二，存神內守：「存神」是一種主體精神內向凝聚的靜坐工夫，用以對治精神意識因感官刺激而外馳耗散，所以在船山在「存神」論述中，注重精神外馳的問題。這不免讓人聯想內丹修鍊所強調的「進用黃婆」或「以意存神」，其目的也是爲了避免「太陽流珠」（精神外馳）。換言之，船山張子學中的「存神」工夫，很可能汲取了內丹學的「鍊神」功法，所以兩者的論述模式十分相似。

船山在討論「魂魄」問題時，對於精神外馳相當敏感，例如在註解「魂交成夢，百道紛紜」一段時曰：

「魂交」者，專指寐而魂交於幽而言。身內爲幽，身外爲明。生物者，客形爾，暫而不常，還原而忘其故，故如夢。……「畫」

為生，「夜」爲死，氣通乎晝夜者，合「寤寐」而如一，故君子無不正之夢而與寤通理。此篇之旨，以存神而全歸其所從生之本體。……唯不能通夜於晝，而任魂交之紛紜，故有發無斂，流於濁而喪其清，皆隨氣遷流，神不存而成貞淫交感之勢也。（太和篇）[143]

引文涉及的觀念頗多，論述的層次也很複雜，以下分點說明。其一，以「魂交」爲譬喻：橫渠原文據「氣易」（季節變化）與「魂交」（睡覺作夢），表述天道的四季交替和人身的晝夜循環。其中「魂交」指在睡眠時因心思意念仍交雜紛亂而成夢，是襲用《莊子‧齊物論》的「其寐也魂交，其覺也形開」，故謂「魂交成夢」。[144]船山註解則把本段的意義定調在「存神」以還歸「太虛」，而以「魂交」（作夢）爲喻，謂一切生物皆二氣所造之客形，乃暫時凝聚之形體，死後不保其形貌，故生命如作夢一般短暫無常。換言之，船山以人之晝寤夜寐比擬生死，認爲生命死亡並非消散無餘，而是還原爲氣的形態回歸「太虛」本體，故謂寤寐通理如一，可見氣既是根源，也是歸宿。因此，船山所謂「存神」不僅是收斂精神的靜坐工夫，它同時也涉及生死問題，「存神」與否決定散歸「太虛」時生命之氣的品質，但這個部分的問題相當複雜，涉及的問題頗多，此處不能詳論。

其二，論「魂交」對精神的損害：船山以爲本段之「魂交」除了比喻生死之外，亦須留意作夢對精神的傷害，船山在《莊子解》中說：「夢者，神交于魂，而忽現爲影，耳目聞見徜徉不定之境，未忘其形象而幻成之。」[145]謂夢本由精神與心魂的交纏而生，當精神黏滯感官記憶中的幻象（感官記憶似儲於心魂），不但造成意識上的錯亂，其實也是精神的損

143 見《船山全書第十二冊‧張子正蒙注》（長沙：嶽麓書社，1988年），頁40。
144 「魂交」之義不易解，在《莊子》中「魂」凡五見，〈內篇〉僅一見，其餘皆見〈外篇〉，查考上下文脈絡，皆有「精神」之義。若據船山在此的詮釋，「魂交」一詞當指人類在睡眠時精神狀態仍舊雜然紛陳，心思意念並未因睡眠而止息，所以導致作夢。
145 見《船山全書第十三冊‧莊子解》（長沙：嶽麓書社，1988年），頁158。

害，所以王敔在《莊子解》中有如下按語：「魂交形開，魂形交敝，而神不凝焉。」[146]「魂交」（寐）則神馳於內，「形開」（寤）則神馳於外，寤寐交敝的結果，使精神無法收斂集中。據此反觀本段引文，船山謂人若無法通曉寤夢之理，而聽任夢中幻象的干擾，其實也是在損害主體精神，導致生命清氣日減而漸趨混濁。換言之，缺乏「存神」工夫（神不存即神不凝）不僅清醒之時有不貞之念，睡夢之時亦有不正之夢。

其三，重視「存神」：船山以為常人的生命形態缺乏「存神」工夫，所以精神容易受到夢境或外物的牽引而四散紛馳，在這種精神狀態下，感性內容正邪交雜而無一定向。筆者以為這種要求集中精神的觀念，很可能源自船山的丹道修鍊經驗，例如他在論述內丹的「鍊神」問題時，有非常類似「存神」的說法：

> 人之有魂，本乎天氣，輕圓飛揚而親乎上，與陰魄相守，則常存不去。若生神生意以外馳，則滑亂紛紜，而不守於身中。所謂「魂升於天，魄降於地」而死矣，故曰「太陽流珠，常欲去人」也。[147]

引文謂人類生命可分心魂與形魄兩個層面，[148] 心魂（心靈）來自清微之天氣，故輕圓飛揚而容易散發，若能與形魄（身體）相守則可常存。反之，人若不斷消耗精神馳逐外物，將造成魂魄分離的結果，而丹家常言之「太陽流珠」，即指人心之易於外馳。若僅就論述模式而言，「魂交」與「流珠」皆強調內在精神之飛揚散發，會造成意識內容的紛紜混亂，因而注重精神的凝聚內守，可見「鍊神」與「存神」其實是非常類似的實踐工夫。換言之，內丹修鍊成仙與儒家踐形成聖的目標固然南轅北轍，但其凝

---

146 見《船山全書第十三冊‧莊子解》（長沙：嶽麓書社，1988年），頁97。
147 見《船山全書第十四冊‧楚辭通釋》（長沙：嶽麓書社，1988年），頁354。
148 船山的「魂魄」觀念應出自《禮記‧郊特牲》之「魂氣歸於天，形魄歸於地」，此說呈現先秦儒者魂魄二元的生命觀，萬物生命由魂魄構成，死後形魄歸土為鬼，而魂氣發揚於天為神。見杜正勝：《從眉壽到長生——醫療文化與中國古代生命觀》（臺北：三民書局，2006年），頁129。

聚精神的工夫卻如出一轍，符合船山「言功則一」的說法。

這種凝神內守的論述亦見「循物喪心，存神過化」一段：

> 陰陽之糟粕，聚而成形，故內而為耳目口體，外而為聲色臭味，雖皆神之所為，而神不存焉矣，兩相攻取而喜怒生焉。心本神之舍也，馳神外徇，以從小體而趨合於外物，則神去心而心喪其主。知道者凝心之靈以存神，不溢喜，不遷怒，外物之順逆，如其分以應之，乃不留滯以為心累，則物過吾前而吾以化之，性命之理不失而神恆為主。舜之飯糗茹草與為天子無以異，存神之至也。（神化篇）[149]

陰陽二氣之糟粕搏造人類身體（精神則為二氣之酒醴）與天地萬物，糟粕的有限之靈使身體具備感官能力（耳目口體），也形成外物的各種特質（聲色臭味），兩者雖均由神氣（第一義；神之所為）聚合而成，但其中缺乏精神（第二義；神不存焉）。雖然身體亦源自神氣造化，但「存神」並不依賴感官或外物，所以「存神」與否是內在精神的問題。精神本來存在於內心，如果主體貪求精神追逐外物而帶來的感官滿足，內在精神將因此耗損殆盡，所以失去精神等於喪失主體，此即橫渠所謂「循物喪心」也。反之，學者若能內向凝守心之靈明而不使精神外馳逐物，即是實踐「存神」，船山以為「存神」的作用是為了保護生命核心，使主體能理性地應對外物之順逆，而不產生過度的情緒，內心恆以「神」為主宰而不違「性命之理」（生命法則），外物過心即忘，絕不留滯，而為外物所支配，此即橫渠所謂「存神過化」也。最後，船山舉《孟子·盡心》的帝舜為例，謂其「飯糗茹草」（比喻貧賤）之時與貴為天子之時，雖有物質條件的極端差距，但心中的精神狀態並無二致，這正是「存神做主，物過即化」的極致表現。若僅就典據而言，「存神過化」出自《孟子·盡心》的

---

[149] 見《船山全書第十二冊·張子正蒙注》（長沙：嶽麓書社，1988年），頁95。

「君子所過者化，所存者神」，但是船山對「存神過化」的創造性詮釋，應非孟子原有之義，而是依照橫渠之說而別有發展，可謂「別開生面」矣。[150]

總之，船山所謂「存神」乃是一種藉由靜坐收攝主體精神，使其不馳逐外物的修鍊法門，透過不同著作的交叉比對，類似的鍊神功法反覆出現，譬如在內丹學中稱爲「鍊神」，在莊學中稱「凝神」，在張子學中稱「存神」，名號雖殊，實踐技術卻互相重疊，論述模式亦難分差異。筆者以爲這些功法當與其內丹修鍊經驗有關，可見內丹學所提供的身心技術乃整體修養觀的理論底盤。

第三，存神合湛：人類的清明精神源自太虛神氣，故亦屬氣，所以「存神」工夫雖然重視靜坐凝神，但凝神同時也在養氣。氣貫通天人與身心，有其本然靜定的清澄狀態（湛），而存養精神亦當以此爲依歸，故「存神合湛」即收斂神氣使之趨向靜定狀態。

對此，〈太和篇〉從「氣本之虛則湛本無形」到「其神矣夫」整段有非常詳盡的論述，但其中觀念甚多，細節亦雜，以下擇要抄錄數條，以資討論：

> 湛，澄澈而靜正也。感而生，游氣交感而人資以生也。（太和篇）[151]

> 相反相仇則惡，和而解則愛。陰陽異用，惡不容已；陰得陽，陽得陰，乃遂其化，愛不容已。太虛一實之氣所必有之幾也；而感

---

150 陳來亦有此見，以爲船山所云「存神」，其經典淵源來自《孟子》「所過者化，所存者神」，或《周易》「精義入神」、「窮神知化」，然其實義卻是承自《正蒙》。見氏著：《詮釋與重建——王船山的哲學精神》（北京：北京大學出版社，2004年），頁294。筆者以爲陳氏之言固然不錯，但並不完整，船山以收視反聽詮釋「存神」，恐亦非橫渠「存神」（維繫心靈的主體性）之義，反而帶有內丹學中靜坐鍊神的色彩。

151 見《船山全書第十二冊·張子正蒙注》（長沙：嶽麓書社，1988年），頁40。

於物乃發爲欲，情之所自生也。（太和篇）[152]

　　愛惡之情無端而不暫息者，即太虛之氣一動一靜之幾。物無不交，則情無不起，蓋亦不疾而速，不行而至也。存神以合湛，則愛惡無非天理矣。（太和篇）[153]

　　就第一則而言，乃「氣本之虛則湛本無形，感而生則聚而有象」的註解，船山以爲本段主旨是論述氣化萬物的歷程，先言「太虛」之中蘊含太和之氣，其性質澄澈靜正且無固定形態（湛本無形），是構成宇宙萬有的原質，而人的生命亦源自太和之氣的交感聚合。因此所謂「湛」，即描述太和之氣的本然狀態。再者，此聚合過程亦稱「游氣交感」，船山解釋「游氣」爲「氣之遊行也，即所謂升降飛揚」。[154] 換言之，造化歷程即陰陽二氣之交感流動，隨機變化。

　　就第二則而言，則爲「愛惡之情同出於太虛，而卒歸於物欲」的註解，船山以爲本段主旨在於解釋「愛惡之情」與「物欲」的關係，謂造化歷程中，無論天人皆有相惡反仇的狀況，也有相愛和解的狀況，此即「愛惡之情」的源頭。析言之，陰陽二氣在造化中的對立狀態（異用）就是「惡」，互補狀態（相得）即爲「愛」。若就自然而言，無論陰陽異用或相得，皆太虛神氣造化萬物歷程中必有之動態；就人類而言，內在心性在接觸外物時必有所感，因感應內容而分或攻或取之欲（物欲），因攻（排斥）生惡，因取（吸引）生愛，故物欲之分爲愛惡之情的根源。換言之，船山在此塑造一種氣機造化與內心感受的類比關係，無論天人皆恆處於動態變化之中。

　　就第三則而言，此即「倏而生，忽而成，不容有毫髮之間，其神矣夫」的註解，橫渠原文僅言此愛惡之情生成甚速，船山則引申討論愛惡

[152] 見《船山全書第十二冊‧張子正蒙注》（長沙：嶽麓書社，1988年），頁41。
[153] 見《船山全書第十二冊‧張子正蒙注》（長沙：嶽麓書社，1988年），頁41。
[154] 見《船山全書第十二冊‧張子正蒙注》（長沙：嶽麓書社，1988年），頁37。

之情是否循理的問題。船山以爲人類身心既爲氣的存在，故其愛惡之情亦如自然界的太虛之氣一般動靜交替不息，時時刻刻感應外物，生發相應之情，無物不感而無情不起，不論造化或感應，俱不受限。因此，在主體與客體交感互動的過程中，主體必須做到「存神合湛」的工夫，亦即保持內在精神之收斂凝聚，使身心之氣回復原本的澄澈靜正，再以此虛湛之靈明應對萬物。若能如此，則人的愛惡之情皆可依循天理而無所差失。必須稍作分辨的是，這種存養精神清明以順理應物的觀念實爲儒學所獨有：佛、道皆言靜坐養神，其修鍊功法或有差異，然不論成佛成仙皆屬個體之事；船山則希望從個體之靜坐存神，通向群體事務與社會規範，以清明精神處理人際關係，其實均已進入道德或政治領域。換言之，船山雖然吸收內丹的鍊神功法，但存養精神的目的則大不相同。

在《張子正蒙注》中，「合湛」往往與「合一」並論，代表澄澈靜定與統合對立俱爲太虛神氣的性質，例如註解「湛一，氣之本」時云：

> 太虛之氣，無同無異，妙合而爲一，人之所受即此氣也。故其爲體，湛定而合一，湛則物無可撓，一則無不可受。學者苟能凝然靜存，則湛一之氣象自見，非可以聞見測知也。（誠明篇）[155]

引文表示太虛神氣統合對立而形成宇宙整體，人類即稟此太虛神氣而生。橫渠言太虛神氣的性質「湛一」，船山則將「湛一」分開解釋，謂「湛」爲澄澈靜定之義，故可不受外物攪擾；而「一」爲統合對立之義，故無物不可容受。既然生命源自太虛神氣，學者的涵養工夫即在「凝然靜存」，所謂「凝」、「存」，當指存養太虛神氣所賦予之內在精神，亦即前述之「存神」工夫，所以船山才說要體驗神氣之湛一並不依靠聞見知識，而是必須憑藉冥想靜坐。當然，這也不是說知識學問對成就品德毫無用處，相關問題留待後文詳論。

---

[155] 見《船山全書第十二冊・張子正蒙注》（長沙：嶽麓書社，1988年），頁123。

橫渠以為氣既有其本然性質，亦有其必然動機，故謂「攻取，氣之欲」，這背後涉及宋明儒者津津樂道之理欲問題，船山的看法則結合《正蒙》後文論人性之「善反不善反」，而曰：

　　攻取之氣，逐物而往，恆不知反。善反者，應物之感，不為物引以去，而斂之以體其湛一，則天理著矣。此操存舍亡之幾也。（誠明篇）[156]

　　所謂「攻取之氣」，船山解釋為「物而交於物，則有同有異而攻取生矣」，[157]涉及前述感官欲求之限制，例如目與色同則取，目與味異則攻，其餘可以此類推。換言之，「攻取之氣」即感官欲求。船山由橫渠以「善反」論性善的觀點出發，從氣的角度分析理欲問題，以為人性之氣有「善反」與「不善反」兩種狀態：一種是追逐外物而不反的「攻取」狀態，亦即感官欲求無所節制的狀態；另一種是感應外物後能不受牽制的「湛一」狀態，亦即主體能夠收斂精神的狀態，此時天理即體現於氣中。由此可知，船山是以「存神」內斂使其不外馳逐物的觀念，重新詮釋宋明儒者的理欲問題，並謂理欲二者實皆人性所固有，攻取之氣發而能反為天理（存神），發而不反為人欲（逐物）。總之，無論操存舍亡均就此湛一神氣而言，故具體的實踐工夫不離「存神」。即此而論，船山與前儒的不同之處在於面對感官欲求，不是在心性層面上澄清觀念就算完事，而是隱然有一套細緻的身心技術，藉由治氣鍊神輔助成德。

　　透過上文析論，可知船山強調主體必須藉由「存神」工夫收斂精神，使內在神氣回歸「湛一」狀態。而在精神澄澈靜定且統合對立的狀態下，人類雖然有感官欲求，卻能在合理範圍內自我節制，而不受外物掌控。換言之，實踐「存神」同時也解決了欲不從理的問題。

　　第四，盡誠存神：在船山的氣化生命論中，相對於內丹老莊，儒學的

156 見《船山全書第十二冊・張子正蒙注》（長沙：嶽麓書社，1988年），頁126。
157 見《船山全書第十二冊・張子正蒙注》（長沙：嶽麓書社，1988年），頁123。

生命技術或許功法不多，但涉及的面向卻較爲多元，因爲除了冥想靜坐之外，還有道德實踐與博學窮理，三者皆可作爲存養精神的工夫。而所謂「存神盡誠」，即以道德實踐達到存養神氣的目的（神氣兼涵造化與精神兩義）。

船山以道德實踐存養神氣的說法集中在〈天道篇〉中，從「不見而章」直到「無爲而成」整段的註解可爲代表：

> 誠有其理，則自知之，如耳目口鼻之在面，暗中自知其處，不假聞見之知。（天道篇）[158]

> 有言有教皆「動」也。「神」者，以誠有之太和感動萬物，而因材各得，物自變矣。（天道篇）[159]

> 誠不息，神無間，盡誠合神，純於至善，而德盛化神，無不成矣。有爲者以己聞見之知，倚於名法，設立政教，於是愈繁，於道愈缺，終身役役而不能成，惡足以知其妙哉！（天道篇）[160]

本段爲橫渠摘抄《中庸》章句後所下的按語，簡要指點其義理方向，以爲「不見而章」指「誠明」，「不動而變」指「神化」，「無爲而成」指「爲物不貳」，最後以第一句之「誠明」總括三句之義。若檢視橫渠的按語，則除「神化」爲其本身論點，餘皆出自《中庸》，照傳統經學的說法，可謂「以本經自證」。船山則依橫渠的理路，在註解中詳細闡釋「誠明」、「神化」與「無爲」之義，最後揭示「盡誠合神，德盛化神」的宗旨，下文分則析論。就第一則而言，爲「不見而章，已誠而明也」的註解，船山釋「誠」爲實有其德，釋「明」爲靈明知覺，故「不見而章」即

[158] 見《船山全書第十二冊·張子正蒙注》（長沙：嶽麓書社，1988年），頁69。
[159] 見《船山全書第十二冊·張子正蒙注》（長沙：嶽麓書社，1988年），頁70。
[160] 見《船山全書第十二冊·張子正蒙注》（長沙：嶽麓書社，1988年），頁70。

修德有成必可自知（已誠而明），不須另外假借聞見知識，如同人在暗處，不必假借光線，猶能指出自己五官的位置，可見有無品德自知自喻。就第二則而言，爲「不動而變，神而化也」的註解，船山以「神而能化」指聖人實有的太和之氣（精神）可以感動萬物，代表萬物各因自身之才具條件而以不同方式接受感化，故「神化」是聖人感動萬物自化，各遂其生（無爲），而非透過言教刑政等手段改變萬物（有爲）。總之，感動的基礎是眞實存在的太和之氣。就第三則而言，爲「無爲而成，爲物不貳」的註解，船山以本則收束前文之「誠」（實有其德）與「神」（源自太和之氣的精神），而歸結在「德盛化神」，即透過道德實踐收歛精神，轉化心靈意識，藉以達到「合神」或「存神」的目的，實則於冥想靜坐之外，另闢一條實踐「存神」的軌道。此外，船山隱而未發的深旨是，此一清明精神不隨形體消亡，而是反饋太虛整體的至和之氣，代表主體道德之終極意義在於輔相天道造化。然此理論方向並非本節主軸，故僅略述其要。

在《中庸》原文中，「至誠無息」這一章本有打破天人隔閡，融通天道人性之義，故其行文脈絡中每以具有道德性質的詞彙描述天道自然，使初讀者容易產生困惑，不知到底在描述天道還是人性。然而此即《中庸》目的所在，其論述模式刻意揉合天人兩端，使得天道人性化，人性天道化，從中建構一個天人互動的整體脈絡。船山註解也緊扣這個特點進行闡發，「爲物」本有兩個詮釋向度，可從天道講造化萬物，也能從人性談感化萬物，[161] 故天道「爲物」（造物）即前述之「神化」，人性「爲物」（感物）則以「盡誠」爲核心。換句話說，船山以「盡誠」詮釋「不貳」，以爲聖人之道無他，均以道德修養（盡誠）爲根柢，而道德感化又可類比上天造化之「神」，故「盡誠」可以「合神」（第一義）；或就修養角度說，道德實踐可以存養虛靈精神（德盛化神），使精神內歛集中，自然產生「存神」（第二義）的果效。總之，這種論述模式其實遙承《中

---

[161] 船山有意以實存之太和之氣連結天道造化與道德感化，故於〈天道篇〉「天不言而四時行」一段下註曰：「天以化爲德，聖人以德爲化，唯太和在中，充實誠篤而已。」見《船山全書第十二冊‧張子正蒙注》（長沙：嶽麓書社，1988年），頁67。

庸》精神，使天道人性融爲一體，同時也使道德實踐進入宗教領域。[162]

再者，「盡誠合神」不只連結天人兩端而已，它亦具有連結群己的作用，爲聖人執政時的管理原則，有其道德感化作用，故亦涉入政治領域。因此船山在詮釋《中庸》「無爲而成」時，即運用「無爲」與「有爲」這一組對比觀念來闡述兩種政治管理類型：「無爲」即第三部分所述之「無心妙化」，亦即道德修養在政治領域的感化作用；而「有爲」是脫離道德的政治手段，執政者依「聞見之知」（經驗知識），設立刑名法術等相關制度，雖然辛勤理政，最終仍難逃徒勞無功的結果。[163]值得注意的是，船山運用「無爲」與「有爲」這組術語討論政治的問題，表面上似乎容易讓人聯想道家的政治理論，但詳考其說，則其「無爲」實指「盡誠合神」，「有爲」實指「名法政刑」，皆儒家既有之說而無關乎道家。

最後，橫渠以「誠明」總結《中庸》「不見而章」三句之義，遂謂：「已誠而明，故能不見而章，不動而變，無爲而成。」船山的註解如下：

> 承上章而括之以「誠」。「神」，非變幻不測之謂，實得其鼓動萬物之理也。「不貳」，非固執其聞見之知，終始盡誠於己也。此至誠存神之實也。（天道篇）[164]

---

[162] 當代學者牟宗三將《中庸》、〈易傳〉中所隱含的這種思維特徵定位爲「道德形上學」（moral metaphysics），以別於德哲康德的「道德神學」（moral theology），牟氏認爲儒家是從「道德的進路」入，最終滲透至「宇宙之本源」；而康德卻由「實踐理性」入，最後接近「上帝」與「靈魂不滅」（背後有基督宗教的傳統）。見氏著：《心體與性體·第一冊》（臺北：正中書局，1999年），頁138-141。姑且不論牟氏在後文中對這兩個系統所下的判教式斷語是否適切，也不論牟氏對康德的批判是否允當，僅就其論述有限之人類在觸及無限之存在時，區分爲「形上學」與「神學」兩種理路而言，可知其對「宗教」一詞採取比較嚴格的定義，故以是否具備「人格神」（例如上帝）判定其是否屬於宗教。然而，若能放寬宗教的定義，而將其視爲：人類雖是有限之存在，但可實踐特定生命技術，從而得與某一無限存在建立關係。即此而論，似乎未必需要將這種人類的「終極需求」分判爲「形上學」或「神學」。

[163] 類似見解亦見〈天道篇〉「聖不可知也」一段下註解：「聖人雖與民同其憂患，而不役心於治教政刑以求勝之；唯反身而誠，身正而天下平，故不親不治不答，皆以無心應之。」見《船山全書第十二冊·張子正蒙注》（長沙：嶽麓書社，1988年），頁69。

[164] 見《船山全書第十二冊·張子正蒙注》（長沙：嶽麓書社，1988年），頁70。

橫渠以「誠」字總括《中庸》「不見而章」三句，乃以人之實有其德作為「存神」（凝聚精神）與「爲物」（政治管理）的根基。因此，船山表示橫渠之「神」並非從天道造化的角度立論，故不言「變幻不測」（宇宙的氣機造化隨機偶然），反而重視主體因道德實踐所凝聚之清明精神（存神），謂此清明精神得以在回歸太虛整體後，參贊造化萬物的歷程。再者，聖人在政治領域的「不貳」（爲物），亦非依賴源自聞見知識的名法政刑，而是以道德典範的楷模作用感化萬民。換句話說，無論參贊造化抑或感化萬民，皆以道德實踐所凝聚之虛靈精神爲基礎，此即船山所謂之「至誠存神」也。

透過上文析論，可以看出船山在〈天道篇〉中，規劃一種以道德實踐凝聚人類精神的論述模式，其實是把傳統儒學的身心技術整合在其生命論述當中，於靜坐鍊神之外另闢一軌，保留道德實踐的意義，可謂不失其儒者本懷。至於主體精神回歸太虛神氣之後，如何影響未來世界，船山其實另有完整的論述，進入筆者所謂生命政治觀的領域。但因與本段主題無直接關聯，此處不便詳論。

第五，存神守義：相較於前段之「盡誠存神」，本段之「存神守義」其實是將理論發展順序顛倒過來，即由前段之以道德實踐凝聚主體精神，翻轉爲以靜坐存神之清明投入道德實踐。

這種「內養存神，率循義理」的論述，主要見於〈神化篇〉，例如「窮神知化，乃養盛自致」一段的註解，船山即云：

外利內養，身心率循乎義，逮其熟也，物不能遷，形不能累，唯神與理合而與天爲一矣。故君子欲窮神而不索之於虛，欲知化而不億測其變，唯一於精義而已。義精而德崇矣，所由與佛、老之強致者異也。蓋作聖之一於豫養，不使其心有須臾之外馳，以爲形之所累，物之所遷，而求精於義，則即此以達天德。（神化篇）[165]

---

[165] 見《船山全書第十二冊・張子正蒙注》（長沙：嶽麓書社，1988年），頁90。

引文中諸多觀念承自前文，爲整段之結語，故欲析論其義，必先梳理其中之義理脈絡。在前文中，橫渠運用簡略的按語，詮釋〈繫辭下傳·第五章〉的關鍵三句——「精義入神」、「利用安身」與「窮神知化」，[166] 而以「德盛自致」說明「窮神知化」，「豫內利外」說明「精義入神」，「利外養內」說明「利用安身」，並且認爲「精義入神」與「利用安身」都是達到「窮神知化」的工夫，或說養德使盛的實踐技術。船山對橫渠這幾句原文的解釋，基本上與其《周易內傳》中的相關註解一致，代表船山晚年的義理立場（《張子正蒙注》與《周易內傳》皆作於六十七歲）。其中《周易內傳》的說解較《張子正蒙注》詳盡，故下文析論視需要參酌《周易內傳》之說。

其一論「外利內養」：「外利內養」爲船山對橫渠「豫內利外」和「利外養內」兩種工夫論述的總結，在《周易內傳》則謂「內外交養」，[167] 亦即易學「精義入神」（養內）和「利用安身」（利外）的實義。所謂「精義入神」，船山釋爲明察事物所以然之理，亦即靜存涵養時思索造化之理；所謂「利用安身」，船山解爲觀事物之變而能明白其義，妥善處理，如此則不論際遇如何變化，身心皆安於理則而不亂。總之，不論外利內養，皆以靜存涵養時精察義理爲根本。由前文可知靜存涵養即靜坐存神，爲船山張子學中的生命技術之一，唯此處之存神與精察義理結合，意在以此靈明精神洞察事物必然之則，挹注於道德實踐，使主體身心皆能依循道義。船山以爲在靈明精神與天道物理結合的狀態下，主體擁有絕對的主動性，絲毫不受外物或感官的制約。

其二論「精義」：儒家君子之道有靜坐存神，佛教則有由定生慧，道教內丹亦有守靜鍊神，三教雖然皆重人類之精神，但儒家畢竟不同於佛、道，君子不只是透過靜坐凝聚精神，還須用此精神察識義理，故與佛、道

第參章　氣化生命論的修養觀

231

---

166 〈繫辭下傳·第五章〉：「尺蠖之屈，以求信也；龍蛇之蟄，以存身也；精義入神，以致用也；利用安身，以崇德也。過此以往，未之或知也。窮神知化，德之盛也。」見朱熹：《周易本義》（臺北：大安出版社，2004年），頁256。
167 見《船山全書第一冊·周易內傳》（長沙：嶽麓書社，1988年），頁592。

兩教停留在精神靈明的階段不同。至於君子精察所得之義理，則爲二氣造化之實蘊，亦異於佛、道兩教從虛空或虛無中，藉臆測所得之虛理。換言之，精察義理（精義）以及因此而展開之道德實踐（崇德），乃船山分判三教之準繩。

其三論「豫養」：所謂「豫養」，應指展開道德實踐之前的靜存涵養，即前述之靜坐存神，船山以此爲成聖成賢的基礎，學者若能實踐功法，凝聚精神，則心靈意識遂無外馳不反之病，自然免除外物干擾。但船山也強調成德之學不能只停留在存養精神的階段，而是必須將此預先存養之靈明精神用於精察道義，展開道德實踐活動，最終達到與天合德的境界。

這種「存神精義」的論述，亦見「知幾其神，由經正以貫之，則寧用終日，斷可識矣」下的註解，船山曰：

> 經，即所謂義也。事理之宜吾心，有自然之則，大經素正，則一念初起，其爲善惡吉凶，判然分爲兩途而無可疑，不待終日思索而可識矣。張子之言，神化盡矣，要歸於一；而奉義爲大正之經以貫乎事物，則又至嚴而至簡。蓋義之所自立，即健順、動止、陰陽必然之則，正其義則協乎神之理，凝神專氣以守吾心之義，動存靜養一於此，則存神以順化，皆有實可守，而知幾合神，化無不順。此《正蒙》要歸之旨。（神化篇）[168]

本段爲橫渠對〈繫辭下傳・第五章〉的詮釋，其中除「由經正以貫之」一句爲橫渠所加，其餘三句皆〈繫辭下傳〉本有之章句。換言之，其詮釋方式是運用簡略按語並配合經典章句重組，所欲表達之義理即由按語略加指點。其優點是生動靈活，啓人自悟；缺點則是沒有明確的理論辨析，不易掌握其義。船山的註解則將焦點放在「由經正以貫之」，釋「經」爲

---

[168] 見《船山全書第十二冊・張子正蒙注》（長沙：嶽麓書社，1988年），頁93。

王船山氣化生命論

232

「義」，強調道義在成德之學中的關鍵地位，下文分數點析論。

其一論意念判然可分：這部分釋「寧用終日，斷可識矣」之義，兩句引文本爲繫辭對豫卦六二爻辭「介於石，不終日，貞吉」的解說，船山的註解則先闡明「義」即吾心直覺合宜之理則，人若據此正義分判心中所生之意念，則其吉凶善惡立刻可知，不待思索終日而後識。

其二論天人之道：船山以爲橫渠不論闡釋天道人倫，皆歸於至一至簡。就天道而言，天地萬物皆太虛神氣所摶造，故言「要歸一氣」；就人倫而言，則人無論面對任何事物，皆須奉行道義法則，故謂「至嚴至簡」。換言之，天道氣化之法則與人倫道義之理則通一無二，人類之道德性能即氣中之理。

其三論凝神守義的工夫：從客觀面說，神氣爲推動萬化之根源，故有造化之法則；從主觀面說，神氣同時也是人心之主宰，故有正義之法則。換言之，天人兩端的法則皆源自太虛神氣，人類藉由實踐正義則能與天道神化互相連結。至於如何連結，事涉船山氣化生命論中的生死議題，與本節主旨無關，茲不詳論。此外，這邊也隱含了一個工夫論的問題，即人如何可以奉義而行，而不受私意物欲的侵擾。針對這個問題，船山提出「凝神專氣以守吾心之義」，亦即藉由冥想靜坐集中精神意識（凝神即專氣，專氣即存神），[169] 再以此虛明精神，用於人類心中本有之正義法則。如此一來，則無論動存靜養，主體皆能修鍊「凝神專氣」的功法，收斂精神奉守道義，以順應天地萬物的變化。而從萬物變化的角度說，所有變化的動力皆源自太虛神氣，通曉氣化之理即能順應萬物之變，暗合易學的思維模式，故「知幾」即「合神」，此乃《正蒙》之指歸。

---

[169] 船山所言「專氣」源出《老子·第十章》，可分二義：一者即內丹修鍊之「五氣朝元」，乃人體五大生命要素魂、魄、神、氣、意之結合一致，故謂：「壹氣，老子所謂專氣。東魂、西魄、南神、北氣、中央意，皆含先天氣以存，合同而致一，則與太和長久之德合，所謂三五一也。」見《船山全書第十四冊·楚辭通釋》（長沙：嶽麓書社，1988年），頁353-354。另一者指靜坐凝神所得之虛靈智慧，同佛家之「由定生慧」，故謂：「力其心不使循乎熟，引而之於無據之地，以得其空微，則必有慧以報之。釋氏之言悟止此矣，薆其實功，老氏之所謂專氣也。」見船山全書第十二冊·思問錄》（長沙：嶽麓書社，1988年），頁404。觀引文之義，當指靜坐而言。

值得注意的是，本段引文強調的「守義」與前文關注的「盡誠」，都是在冥想靜坐的功法脈絡中省察道德實踐的問題，代表船山雖重鍊神，但仍不脫儒者之本懷。如果說靜坐凝神之類的生命技術是內丹學、莊子學或張子學的共法，那麼「守義」則為儒學獨有的特徵。析言之，透過靜坐集中精神而不使外馳，其實是中性的技術，在這種修鍊功法之上，每家各有不同的終極目標，例如內丹強調合道成仙，莊學追求逍遙無為，儒學則關心循理應事。對儒學而言，「存神」只是手段，重點在於通過主體修鍊通向群體秩序，使主體的視聽言動法則化，最後產生人格典範的楷模作用。

合言之，如果純從主體心性的角度審視道德實踐的問題，往往強調清明意識的重要性，無論認識法則或實踐法則，均以此為論述基礎。然而，人類的精神意識並不容易常保清明，尤其易受人體生理的干擾，所以學者如欲成德，不得不心氣兼治。從形氣的角度說，治氣功法必然涉及人體生理與身心互動，不能只談心性修養。因此，船山繼承橫渠的氣學理論往下發展，很自然地結合明儒豐富的身心實證經驗，汲取內丹學的修鍊功法，填補傳統儒學相對忽略的「命功」，和二程以來語焉不詳的「性功」，企圖從身心修鍊著手，重新反省成德問題，所以提出「存神」可以「守義」的說法。

第六，存神主敬：船山在《張子正蒙注》中除了強調「存神」工夫，有時也在相關論述中提到「敬持」，這種靜坐與主敬兼重的說法，很難說與程朱理學無關。橫渠《正蒙》雖非不談「敬」，但畢竟不是樞紐觀念，而船山在靜坐凝神中強調「敬」的關鍵地位，也確實近似程朱理學的論述模式，重視身體的規範化或行為的規範化，由個體的靜坐修鍊，轉向群體的社會實踐。[170] 不過，「持敬」問題船山畢竟著墨不多，相關材料大致

---

[170] 楊儒賓認為程朱理學的「主敬」其實是針對濂溪或心學的「主靜」而發，強調入世實踐必有其理則，故透過「主敬」提出身體規範化與行為規範化的問題，關注身體本身無可忽視的社會性質。楊氏以為：「程朱的『主敬』之直接意義為『主一』，『主一』不僅要見於靜坐時，也要見於日常行為的場合。靜坐的法門如採主靜模式，此法門基本上可視為工夫論中的意識語彙，但主敬則是行為語彙，此行為的範圍涵蓋從身體狀態的凝聚以至日常行為的運作之區域」見氏著：〈主敬與主靜〉，《東亞的靜坐傳統》（臺北：臺大出版中心，2013年），頁142。

集中在〈神化篇〉。下文擇要析論。

首先是靜坐存神的過程必須具備道德意識，所以船山在「神不可致思，存焉可也」下註曰：

心思之貞明貞觀，即神之動幾也，存之則神存矣。舍之，而索之於虛無不測之中，役其神以從，妄矣。（神化篇）[171]

從前後文脈絡來看，橫渠在本段提出兩種工夫：一者爲達到「窮神」的「存神」工夫，一者是達到「知化」的「順化」工夫，故「窮神知化」爲德盛境界，「存神順化」屬入德工夫。上述引文即船山對「存神」工夫的詮釋，以爲不僅聖學關注人如何得以實現理想的生命境界（神化），佛、老異端也希望藉由身心實踐達成某些目標，但因聖學與異端的目標不同，遂有成敗之別。就「存神」而言，聖學教人明辨由清明精神所發之道德意識（貞明貞觀）而如實存養之、實踐之，但異端卻只教人在靜坐所生的虛無境界中空想盲索。兩者對比，則異端之虛妄明白可見。其實若跳脫船山對異端的批判意識來看問題，聖學與異端其實共享靜坐存神的工夫，亦皆重由靜坐所生之虛明精神，然而三教之中，唯獨聖學特別強調虛明精神中所朗現的道德意識。這種道德意識不全然是意識層面的問題，而涉及身體的社會性質，亦即行爲規範化的問題，所以在之後的註解中，船山很自然地引介程朱理學的「主敬」觀念。

至於如何界定「存神」與「主敬」和「守義」的關係，船山在「存虛明，久至德」下的註解有十分簡要的說明：

澄心攝氣，莊敬以養之，則意欲不生，「虛而自啓其明」。以涵泳義理而熟之，不使間斷，「心得恆存而久矣」。此二者，所以存神也。（神化篇）[172]

---

[171] 見《船山全書第十二冊・張子正蒙注》（長沙：嶽麓書社，1988年），頁90。
[172] 見《船山全書第十二冊・張子正蒙注》（長沙：嶽麓書社，1988年），頁91。

引文依照橫渠的說法，將「存神」工夫分成兩種形態。一者為「澄心攝氣，莊敬涵養」，其中「澄心攝氣」應與前文所論之「凝神專氣」相當，表示主體須先藉由冥想靜坐收斂精神意識，其中無論「攝氣」或「專氣」，當指凝聚源自太虛神氣之精神，而非呼吸行氣之法（雖然靜坐往往牽涉呼吸的訓練），其後再以莊敬嚴謹的態度存養此虛明精神，而不使其聚而復散，如此一來，則內心的私意私欲自然隨之止息。總之，精神意識只要涵養得法，自然會產生道德自覺。另一者則為「澄心攝氣，涵泳義理」，應即前文所論之「存神守義」，指收斂精神之後精察道義。換言之，船山以為學者須先透過冥想靜坐凝聚清明精神，再以此精神反覆沉思正義法則（義理），若能做到不間斷，即可長期保持心靈之明覺作用，所謂「久至德」也。這種以虛明精神涵養義理的說法，其實是想貫通動靜，亦即打通靜坐收斂（靜）與道德實踐（動）的隔閡，強調虛明精神可以在社會法則及行為規範中發揮作用，最後出現合宜的身體行為。換言之，無論「莊敬涵養」或「涵泳義理」，都明顯染上程朱理學的色彩，兩者固然具有意識層面的意涵，但亦不可忽略其中涉及的身體規範化與行為規範化，畢竟心態可以轉成姿態，持敬的態度會產生身體的威儀。此外，本則引文也是《張子正蒙注》中，少數幾條以相當明確的方式闡述如何實踐「存神」的章句之一。[173]

在船山的生命技術中，「主敬」其實不只是「存神」之後的存養辦法，它也可以是實踐「存神」的工夫，例如在「敦厚而不化，有體而無用也」下曰：

　　「敦厚」，敬持以凝其神也；「化」，因物治之而不累也。君

---

173 陳來認為「存神」雖貴為《張子正蒙注》中的核心觀念之一，但船山對它的闡釋卻非十分清楚。見氏著：《詮釋與重建——王船山的哲學精神》（北京：北京大學出版社，2004年），頁353。筆者以為陳氏之言只說對一半，船山對如何「存神」確實用語簡略，但這種身心實踐經驗，本來就難以言詮，只能自知自喻。再者，船山下語雖簡，實則意旨甚明，論述前後連貫，陳氏似不知船山之「存神」與其內丹修鍊經驗有關，而視作認識能力或理性推理能力，純從意識哲學的角度看待問題，自然導出「並非十分清楚」的結論。

子之於物，雖不徇之，而當其應之也，必順其理，則事已靖，物已安，可以忘之而不爲累。若「有體而無用」，則欲卻物而物不我釋，神亦終爲之不寧，用非所用，而體亦失其體矣。（神化篇）[174]

引文中船山歸納三種面對客觀事物的態度——「徇物」、「應物」（化物）與「卻物」，以爲橫渠的批評乃針對「卻物」而發。其一，所謂「敦厚」，指以「敬持」的態度收斂精神，船山在此雖未解釋何謂「敬持」，但其淵源應出自程朱理學無疑，指整齊嚴肅的身心態度，這種整齊嚴肅頗有儀式性的意味，也是收斂身心使不戲慢的行爲模式。[175]而「化」指主體能順理應物，事畢則忘而不留滯內心，對外物生起貪愛之情。合言之，君子抱持「敦厚而能化」的態度，順從規範以應對事物（應物），不讓事物牽制內心，而始終維持其主體性，此即「有體有用」。其二，相對儒家君子而言，法家（參酌王敔按語）跟一般人一樣抱持「徇物」的態度，在應對外物的過程中受其牽制而喪失主體性，只想在事物上求取實際效益而不論是否合理，可謂「有用無體」。其三，所謂「卻物」是指通過靜坐工夫而達到內心虛靜者，彼等視外物爲主體精神的干擾而設法逃避，但逃避卻不能永遠維持精神的寧靜，最後從「有體無用」淪入「無體無用」。這邊必須解答的問題是何人「卻物」？若就《張子正蒙注》觀之，當指佛、道異端。王敔在船山註文之末有按語云：「莊子所謂『其神凝而物不疵厲』者，蓋有體而無用也。」明白指出莊子爲「卻物」之輩（推衍其義，當亦包括佛徒之流），只知主體精神向內凝聚，卻缺乏向外應對事物的實踐動力，不過是「有體無用」。[176]由此可見，船山強調「敬持」亦可產

第參章　氣化生命論的修養觀

237

---

174 見《船山全書第十二冊‧張子正蒙注》（長沙：嶽麓書社，1988年），頁96。

175 筆者此處對「敬持」的見解參酌楊儒賓之說。見氏著：〈主敬與主靜〉，《東亞的靜坐傳統》（臺北：臺大出版中心，2013年），頁144-145。

176 若對照後文船山對橫渠「溺於空，淪於靜」的詮解，表示佛教「真空」與道家「守靜」，都是不能正視天地間有陰陽二氣存在的學說，造成「以卻物而遁於物理之外」、「皆以神化爲無有而思超越之」，遂在內修工夫上產生偏差。見《船山全書第十二冊‧張子正蒙注》（長沙：嶽麓書社，1988年），頁97。

生類似靜坐凝神的效果，批判佛、道兩家只知凝聚精神的靜坐理論。

船山以程朱理學中充滿禮法精神之「主敬」批判佛、道之「主靜」，亦見於橫渠「六有說」（言有教，動有法，晝有為，宵有得，息有養，瞬有存）的結尾——「瞬有存」的註解：

> 心易出而外馳，持理勿忘以因時順應，此張子自得之實修，特著之以自考而示學者。其言嚴切，先儒或議其太迫。然苟息心以靜，而不加操持嚴密之功，則且放逸輕安，流入於釋、老之虛寂。逮其下流，則有如近世王畿之徒，汩沒誕縱，成乎無忌憚之小人。故有志聖功者，必當以此為法。（有德篇）[177]

橫渠「六有說」充滿禮法儀式的精神，本與程朱工夫論的立場接近，晦庵雖有微詞，但亦不得不說「此語極好」。[178] 船山的註解則先釋「瞬有存」之義，次論橫渠守靜與佛、老守靜之異，末斥陽明後學王畿（1498-1583）之非。以下分點析論：其一，所謂「瞬有存」關注的是人類心靈意識容易外馳逐物的問題，可見存養的對象是內在精神，故人在應物時必須有「持理勿忘」的工夫。所謂「持理勿忘」，應即前文之「莊敬涵養」，代表一種整齊嚴肅的身心態度，具有禮法儀式的意味，跟身體的威儀有關。船山認為「瞬有存」是橫渠實修所得之結晶，故形諸文字以自惕或教人。然而，船山也承認橫渠這種瞬息操持而不戲慢的工夫，確實頗為「嚴切」，即使先儒亦不無異議（此指晦庵「說得太緊」之評），但仍為儒家聖學所不得不有之工夫。其二，船山以橫渠的「持理主敬」批判佛、老的「息心以靜」，表示佛、老只重靜坐凝神之術，欠缺「操持嚴密」的工夫，人若沒有整齊嚴肅的守禮精神，最終必由放逸隨便而流入虛無死寂，淪為前文批判的「有體無用」。其三，船山對晚明學術發展有一種

---

[177] 見《船山全書第十二冊・張子正蒙注》（長沙：嶽麓書社，1988年），頁252。
[178] 相關討論可見楊儒賓：〈主敬與主靜〉，《東亞的靜坐傳統》（臺北：臺大出版中心，2013年），頁148-149。

特殊見解，認爲陽明後學，尤其是王龍溪之輩，就是因爲雜染佛、道獨重主體精神的弊病，視人倫物理如無物，最後只能墮落爲放誕無忌的小人。[179]

總上所述，船山雖然重視靜坐存神的工夫，但亦兼採程朱理學的「主敬」思想，強調「存神」與「敬持」互相配合，瞬息存養之主體精神必須順理應事，身心態度亦須莊敬嚴肅，視聽言動皆符合禮法規範，呈現由內而外的身體威儀。最終，船山即以「持敬」劃清聖學工夫與佛、老工夫的界線。

第七，存神與尊德問學：根據前文所論，船山的生命技術汲取了內丹學的諸般功法，引入靜坐凝神的技術，此固與其重氣思想密不可分。然儒學宗旨畢竟以成德爲依歸，所以凝神專氣的生命技術雖非不可談，但必須融入尊德問學的既有框架。換言之，船山必須面對身心修鍊、道德實踐和聞見知識的三角關係。

船山在註解「然則聖人盡道其間，兼體而不累者，存神其至矣」一段時，對這個問題有綱領式的論述：

> 氣無可容吾作爲，聖人所存者神爾。「兼體」，謂存順沒寧也。「神」清通而不可象，而健順五常之理以順，天地之經以貫，萬事之治以達，萬物之志皆其所涵。「存」者，不爲物欲所遷。而學以聚之，問以辨之，寬以居之，仁以守之，使與太和絪縕之本體相合無間。（太和篇）[180]

---

[179] 船山一向對陽明及其後學十分反感，認爲彼等的思想流於佛、老，早已與儒家聖學無關，其中尤其厭惡王畿。大體而言，船山在論著中每提及前儒，莫不有所禮敬，周、張、程、朱俱尊稱子，次一級者如象山、陽明多稱號，唯王畿之輩直呼姓名。換言之，船山在稱謂中亦寓託褒貶之義。除學術立場不合外，船山對王畿之流的批判或許還有晚明社會的歷史因素，據《明史‧儒林傳》記載，王畿的言行一度形成某種社會現象，使「士之浮誕不逞者」，皆自稱龍溪弟子，與引文之責難相符，船山或嘗親見彼等之放誕而有此論。

[180] 見《船山全書第十二冊‧張子正蒙注》（長沙：嶽麓書社，1988年），頁20。

本段為橫渠《正蒙》首見「存神」之處，然其言簡略，沒有明確闡述其義，留下後人詮釋的空間；句中的「兼體不累」，也有類似的問題。船山註解則先釋「盡道」之義，認為太虛神氣之聚散皆為造化之自然發展，並不因人為而改變（人不能操縱造化），故聖人唯一的「盡道」之法即存神養氣。而所謂「兼體」，則涉及氣之恆存不滅，存養神氣不只能在生時成就道德，還可在死後贊助宇宙整體。[181]神氣清通而無具體形象，為人類得以實踐人倫、認識天道、處理萬事與感通萬物的基礎，可謂人類生命中最精華的成分。但欲完全發揮精神之性能，必須透過操持存養的實踐工夫。船山以為除冥想靜坐可使精神不受外物動搖之外，還須搭配乾卦文言所說的四項下學工夫：博學以通古今之理，審問以擇善辨義，寬厚故能容物而不傲物，行仁則能以合宜的同理心愛人。[182]筆者以為四項工夫中前兩者屬「道問學」，後兩者屬「尊德性」，亦即成聖的知識進路與道德進路。總之，藉由靜坐存神（身心修鍊）、博學審問（知識學習）及居寬行仁（道德實踐）三種方式，學者均可凝聚心中之「神」（精神），並據此神與太和絪縕之「神」（神氣）同化，達到天人合德的終極目標，進入宗教信仰的領域。

由前文論述可知，船山透過「存神」統合身心修鍊、知識學習與道德實踐三者，建構一個三軌並存的理論體系，無論任一者皆可變化人類的身心氣質，凝聚心靈中的虛明精神，而三者又可以互相支撐。其中冥想靜坐

---

181 「兼體」如何詮釋，實為理解張子學的關鍵之一，若就前後文脈絡來看，「兼體」似指氣之聚散出入二態，故船山徵引〈乾稱篇〉之「存順沒寧」詮釋「兼體不累」，可謂有其根據。然船山所謂之「存順沒寧」另有特殊的生命論述含藏其間，涉及氣化生命論的終極關懷，而有存養精神全歸造化之說，內容相當複雜，此處不能詳論。此外，牟宗三也非常重視「兼體」之義，認為其義頗為隱晦，故另引〈乾稱篇〉「體不偏至」詮釋其義，謂「兼」即不偏至，「體」則無實義，合言之則為兼合各相而不偏滯於一隅。接著，牟氏提出體用二分的架構，謂神體虛體為本，氣化聚散為相迹，故「兼體不累」即神體不偏滯於相迹。見氏著：《心體與性體·第一冊》（臺北：正中書局，1999年），頁448-450。即此而論，船山與牟氏之異，實即「去形上學思維」與「形上學思維」的分野，見何乏筆：〈何謂「兼體無累」的工夫——論牟宗三與創造性的問題化〉，《儒學的氣論與工夫論》（臺北：臺大出版中心，2012年），頁96-97。

182 此處對「博學」、「審問」、「居寬」、「行仁」的解釋，均依船山易學之說。見《船山全書第一冊·周易內傳》（長沙：嶽麓書社，1988年），頁71。

與道德實踐互相支撐的關係，已見前述之「存神守義」與「存神主敬」，以下則以「聞而不疑則傳言之，見而不殆則學行之」一段的結語，闡釋靜坐存神與知識學習的關係：

此章言恃聞見以求合，雖博識而僅為中人之德；若急於行、怠於行者，尤無德之可稱。則聞見之不足恃明矣。然廢聞見而以私意測理，則為妄、為鑿，陷於大惡，乃聖人之所深懼。蓋存神以燭理，則聞見廣而知日新，故學不廢博，而必以存神盡心為至善，其立志之規模不同，而後養聖之功以正。《大學》之道，以格物為先務，而必欲明明德於天下，知止至善以為本始，則見聞不叛而德日充。（中正篇）[183]

橫渠在本章中反覆討論「聞見學行」的問題，亦即讀書博學或見聞事理對成德問題而言，到底有何貢獻，其本身局限何在。船山的結語則認為讀書與見聞對個人道德修養確實有所裨益，但只能當作輔助原則。若徒恃聞見以求合道，無論多麼博學廣識，頂多是寡過的「中人」（一般品德的人）罷了。等而下之，「聞斯行」的急行者（聽到就做而不知闕疑）或「見善不行」的怠行者（聞道而不行），則皆屬無德之輩，可見成德並非全是知識層面的問題。不過，船山也在此警告，橫渠雖然批評上述三種人，並不表示見聞知識並不重要，聖人深懼的其實是完全荒廢學習者，謂彼等只憑私意己見行事，故自陷妄鑿之大惡。因此，真正的學習應該以凝聚主體精神為築基工程，再以此清明精神讀書博學與增廣見聞，故學不廢博，「存神盡心」（即存神盡性）既是根柢，也是目標，這才是先立志向的儒家正學。[184] 船山以為橫渠之論正如《大學》曉諭的為學之道，《大學》教人

---

183 見《船山全書第十二冊・張子正蒙注》（長沙：嶽麓書社，1988年），頁180。

184 類似論述亦見「博文約禮」至「皆其義也」一段的註解，船山曰：「存神以立本，博文以盡其蕃變，道相輔而不可偏廢。」同樣以「存神」為成德基礎，「博文」為成德輔助。見《船山全書第十二冊・張子正蒙注》（長沙：嶽麓書社，1988年），頁178。

「格物」（察識事物之理）與「明德」（本具之靈明德性）並重，「明德至善」既是爲學根本，又是爲學目的，故藉格物窮理獲得之見聞知識，實可做爲存神成德的輔助條件。此說與前文所論以博學審問爲存神之法恰好相反，可見靜坐與學習其實是互相支撐的。[185] 必須辨明的是，這邊所說的見聞知識，並非與人倫道德或社會規範完全無關的物質知識，即使有物質知識，也不是論述主軸，畢竟成德成聖之爲可能，必須放在整體的脈絡之中，不能脫離對人的關懷。

最後，在船山的論述中，「盡性」與「存神」多有重疊之處，故謂「存神以盡性」固可，謂「盡性以存神」亦無不可。實際上，在《張子正蒙注》中，船山比較注重「存神」工夫，故相關討論甚多，相形之下，單獨闡釋「盡性」之處較少，[186] 這或許是因爲實踐「存神」即已概括「盡性」，故不欲贅述。爲求論述內容之清簡，本文不另外討論「盡性」問題。

四、小結

本節從何謂「神」、「性」開始，依序闡述「存神」與「盡性」之義，最後探討如何「存神」與如何「盡性」，詳細說明其中涉及之諸般功法，並試圖指出這些功法與船山內丹學之間的關聯。

略言之，在船山張子學中「存神盡性」是生命修養觀之樞紐，它以「存神」爲核心。在《正蒙》中，橫渠雖屢就「神」字發揮其義，但卻罕言「存神」，亦不見靜坐凝神之義。換言之，船山以冥想靜坐詮釋「存神」，實爲船山之創造性詮釋，應該與其內丹修鍊經驗有關（言功則一）。不過，船山張子學似僅言「存神」，並未出現其論內丹、老子、莊

---

[185] 若脫離人文學的範圍，改由神經學（neurology）的角度觀察知識學習與靜坐凝神的關係，或許也可找到若干線索，現代神經學者的研究已經發現，無論學習或靜坐均屬腦部鍛鍊，都會改變人腦的功能和結構。見朱迺欣：《靜坐：當東方靜坐遇上西方腦科學》（新北：立緒文化事業有限公司，2014年），頁86-87。

[186] 陳來亦曾討論此一差別現象，謂：「船山雖然以存神盡性運用並舉，但其論述，講存神者多，論盡性者少。」見氏著：《詮釋與重建——王船山的哲學精神》（北京：北京大學出版社，2004年），頁352。

子時所強調的呼吸行氣。

單就「神」來說，根據筆者整理，可分為如下四義：

1. 自然造化意義之「神」（神化）。
2. 內在精神意義之「神」（存神）。
3. 與「鬼」（屈）相對之「神」（伸），用以說明氣化生命之循環。
4. 以「神」為陰陽二氣中的清通之理。然而，上述四義不是各自獨立，而是精神、屈伸、理則三義，俱由第一義「太虛神氣」衍生而來，以造化之「神」貫串諸義。

單就「性」來說，問題比「神」單純許多，船山主要是從氣的角度闡釋人類何以有「性」，謂太虛神氣造化萬物，只有人類獨得二氣五行之靈秀，所以人性是人類這種生命構造獨具的生命性能，此即道德實踐能力。換言之，人類之所以能夠認識道德法則（良知），並實踐道德法則（良能），都是因為有人性存在。

在行文上，船山每言一義必糾合諸義，務求融貫全書，故一段註解中牽涉的觀念往往甚多，造成理解與分析上的困難，頗費梳理之力。根據筆者的整理，跟「存神」有關的議題可分七點：存神清通、存神內守、存神合湛、盡誠存神、存神守義、存神主敬、存神與尊德問學。簡言之，可化約為靜坐存神、道德實踐與博學知識三大主軸，最後船山建構了一個三軌並存、互相支撐的理論系統。

這七點中最值得注意者，是「存神主敬」的問題。在討論「主敬」時，船山其實參酌了程朱理學的義理內涵。假如從更宏觀的角度來看，船山其實是將儒家的成德之學融入人類的生命論述，在身心修鍊的歷程中，重新審視倫理道德的意義，這也是船山繼承橫渠氣學思想所必有之深化發展——論心不論氣固不備，論氣而不論治氣，則易淪為虛語。因此，在船山張子學中的關鍵功法雖然只有「存神」，卻因涉及身體、道德和知識的互動關係，理論內容反而比他的內丹學或莊學更為複雜。

總之，在船山的生命修養觀中，《張子正蒙注》的「存神盡性」具有非常關鍵的地位，呈現船山統整道德實踐與身心修鍊的獨特思路。

第肆章

氣化生命論的倫理觀

　　在前兩章中，本文依序討論了人類的生命構造，以及如何去修養這種生命構造，使之產生質性的飛躍。本章焦點則放在人類身心活動的意義，究竟這些或善或惡的行為，對個體生命之氣有何實質影響？而生命之氣在散歸太虛之後，又如何影響宇宙整體？這些問題均為船山生命論述的理論樞紐。若僅就身心活動對生命之氣的影響而言，無論道德實踐或身心修鍊，都會轉化成某種生命訊息，最後記錄於氣中，改變生命之氣的品質。此外，這種生命訊息並不因身死氣散而消滅無餘，而是以氣的形態回歸太虛整體。筆者以為船山這種強調實踐經驗可以轉化為「生命訊息」的倫理學，其實是儒家氣學與佛教唯識學跨界域激盪的產物，它的重點在於強調氣的記錄功能。事實上，氣的記錄功能不僅涵蓋身心實踐活動的結果，甚至還包括個體的人格特質，而這些內容龐雜的生命訊息，最終都將回歸具有持藏功能的巨量資料庫──阿賴耶太虛。

第一節　易學的清濁化氣論

　　在船山的氣化生命論中，非常重視生命之氣的循環不息，大張神氣在天地間可反覆再生之義。因此，船山相當推崇〈繫辭下傳第五章〉之「往來屈伸」，其說與橫渠神化之義相近。[1] 換言之，凡重氣者多半深諳易學，無論橫渠、船山皆然。在《張子正蒙注》中，船山甚至認為橫渠正學源自《周易》。[2]

1　橫渠在〈神化篇〉中嘗云：「鬼神，往來屈伸之義。」船山註曰：「始終循環一氣也。往來者，屈伸而已。」。見《船山全書第十二冊・張子正蒙注》（長沙：嶽麓書社，1988年），頁78。

2　船山曰：「『《周易》』者，天道之顯也，性之藏也，聖功之牖也，陰陽、動靜、幽明、屈伸，誠有之而神行焉，禮樂之精微存焉，鬼神之化裁出焉，仁義之大用興焉，治亂、吉凶、生死之數準焉，故夫子曰：『彌綸天下之道以崇德而廣業』者也。張子之學，無非《易》也。」見《船山全書第十二冊・張子正蒙注》（長沙：嶽麓書社，1988年），頁12。

在船山早期的《周易外傳》中，已有意運用氣化往來之義，建構儒家的生命論述，尤其是〈繫辭下傳第五章〉，船山透過易學與唯識學的對比，提出一套完整的生命理論述。簡言之，船山生命論述的特色，在於以氣連結道德實踐與生死屈伸，人類的善惡言行，均記錄於生命之氣，進而決定生命之氣的清濁醇疵。死亡之後，善惡清濁則隨氣散回歸太虛整體，代表生命訊息永存不滅。

船山在〈繫辭下傳第五章〉的衍義篇幅甚長，牽涉的議題既多且廣，對異端的生命論述亦頗多批判，尤其致力於駁斥佛教，清楚呈現生命倫理觀的基本理論立場，其重要性無庸贅言。下文討論則先將原文分成數段，歸納為兩大主題，以便闡發其義。

一、生命之氣的諸般特質

生命的終點與起始，都是氣化循環的結果，故萬物之死生，實即太虛一氣之往來，生命既非無端冒現，也不會滅盡無餘，此為聖學異端之分界。船山曰：

> 天地之間，流行不息，皆其生焉者也。故曰：「天地之大德曰生。」自虛而實，來也；自實而虛，往也。來可見，往不可見，來、實為今，往、虛為古。來者生也，然而數來而不節者，將一往而難來。一噓一吸，自然之勢也，故往來相乘而迭用。相乘迭用，彼異端固曰：「死此生彼。」而輪迴之說興焉。死此生彼者，一往一來之謂也。夫一往一來，而有同往同來者焉，有異往異來者焉，故一往一來而往來不一。化機之妙，大造之不可為心，豈彼異端之所得知哉！[3]

引文中的重點有二。

1. 論生命之往來循環：天地之間的氣化流行，即萬物繁衍的過程，這是

---

3 見《船山全書第一冊・周易外傳》（長沙：嶽麓書社，1988年），頁1042-1043。

宇宙本身的機能（天地之大德曰生）。從氣凝聚為物屬「來」，從物散歸為氣屬「往」，生死就是往來。只是人類感官能力有限，見來不見往，遂執此作為劃分時間的標準，以往者虛者為古，以來者實者為今。然而，造化生命的機制從來都不是單向的，若只有來而無往（只有生而無死），造化之氣就有衰竭的時候。因此，天地的氣化過程就像人類的呼吸，有噓有吸，故有往有來，它是一個自然的循環過程。

2. 辨儒家往來與佛教輪迴之異同：佛教對氣化循環的機制亦有所見，故曰「死此生彼」，提出生命輪迴之說。儒家的氣化循環與佛教的生死輪迴，乍看之下如出一轍，但其中仍有區別。船山以為佛教輪迴最大的謬誤，在於執取一個「獨立體」，完全隸屬個體所有（此應指阿賴耶識），[4] 所以在生死輪迴的過程中，雖然生命形態不斷轉換，卻始終有一個貫串生死而相對獨立的真主，它可以持藏個體的生命訊息，跨越前後生命形態。之所以稱相對而非絕對，在於這個真主的持藏內容會隨生命經驗不斷更新，而非絲毫不變（不一不異）。相較之下，儒家的氣化循環則無此繫屬個體的真主，當生命散發回歸太虛整體，物我彼此即失去分別的界線，只要太虛神氣再造新物，它就是不同生命訊息的「融合體」，彼中有此，物中有我，故謂「有同來同往者焉，有異往異來者焉」（有同有異）。簡言之，佛教輪迴是個體對個體負責，氣化循環是個體對整體負責，儒、佛兩家雖皆言往來，但往來的

---

4 筆者如此判定的理由有二：第一，阿賴耶識的出現，本為了解決原始佛教「諸法無我」與「生死輪迴」如何相容的矛盾，設若諸法無我，則輪迴的主體為何，善惡果報當由誰受，故印度瑜珈行派，即透過深刻的禪定經驗所發現阿賴耶識，以之作為問題的答案。第二，船山探求相宗，或許本有參酌其生死論述之意，重立儒家生命思維之大經，所以王恩洋認為：「中國學說往往以儒學為主流……，其（筆者按：宋明儒者）說言天命則跳不出陰陽氣化天人生息之機，言心性則跳不出仁義禮智人倫實踐之事，而對心之所以為心，性之所以為性，生命之所以相續流轉和人生實踐的最終歸宿，終不免於影響模糊，依稀彷彿。船山先生關學巨匠，博學淵思，高行卓識，以實事求是的精神、文理密察的方法，獨向相宗探求真理……，諸種要義裒集以為本書（筆者按：《相宗絡索》），使治儒學的人對於心理現象、生命現象、認識實踐皆擴大其眼界、豐富其內容，這不能不說是在舊學中的一大進展。」轉引吳立民等著：《船山佛道思想研究》（長沙：湖南出版社，1992年），頁190。王氏之說雖然稍微誇大了法相唯識對船山學術的影響，亦未見船山「入壘襲輜」的精神，以跨界域的方式重鑄儒家氣學，同時改造相宗。但王氏的基本方向正確，直指船山關注的核心是「生命現象」。

意義迥然不同。最後，船山以爲宇宙中的氣機造化之妙，實皆出諸偶然，同異成毀各自不齊，豈有不同個體完全相同之理，然此造化之妙，固非佛徒所能知者。

在分析完往來循環與儒佛異同之後，船山進一步闡述氣化的機制，遂謂：

> 嘗論之：天地之大德則既在生矣。陽以生而爲氣，陰以生而爲形。有氣无形，則游魂盪而无即；有形无氣，則骴骼具而无靈。乃形氣具而尚未足以生邪？形盛於氣則壅而萎，氣勝於形則浮而枵。爲夭、爲尪、爲不慧，其去不生也无幾。唯夫和以均之，主以持之，一陰一陽之道，善其生而成其性，而生乃伸。則其於生也，亦不數數矣。[5]

氣化萬物的過程，首先是渾淪一氣分裂爲陰陽二氣，陽氣賦予萬物精神性的內在生氣，陰氣摶成萬物物質性的外在形體。對生命的構成而言，陰陽二氣可謂缺一不可，若有氣而無形，則徒爲一股流盪的清明之氣（游魂），若有形而無氣，則僅爲生氣已失的腐肉殘骨。有時即使形氣皆具，仍非完整生命，代表兩者之間必須有一適當比例，否則氣不足以充形，則肢體萎痺不仁，若氣盛於形，則精神躁動難安。當生命的形氣失衡，容易發生少壯夭亡（夭）、骨骼病變（尪）、麻木癡呆（不慧）等身心病症，雖生猶死。換言之，生命必賴陰陽形氣的互相配合與主持分劑，才能自我維持並成長發展。但船山也認爲生命的內外比例固然重要，但比例本身卻不能精準量化。

前文敘述生命消亡回歸太虛，但這個回歸過程仍有細緻的區別，船山以爲必須分從身心兩面來說：

5　見《船山全書第一冊‧周易外傳》（長沙：嶽麓書社，1988年），頁1043。

王船山氣化生命論

「男女搆精」而生，所以生者誠有自來；形氣離叛而死，所以死者誠有自往。聖人之與異揣，胥言此矣。乃欲知其所自來，請驗之於其所自往。氣往而合於杳冥，猶炊熱之上爲溼也；形往而合於土壤，猶薪炭之委爲塵也。所以生者何往乎？形陰氣陽，陰與陽合，則道得以均和而主持之；分而各就所都，則无所施和，而莫適爲主。杳冥有則，土壤有實，則往固可以復來。然則歸其往者，所以給其來也。[6]

大部分的生命皆由天地神氣與兩性精氣交融而生，故非無本冒現之事物；[7]而生命死亡則因形氣離叛，而各自還歸天地。船山以爲無論聖人或異端，皆言生命循環之義，故欲知生命之根源，當可驗諸生命之歸宿。但是儒家的氣化生命論，強調生命的身心形氣根源不同，故各有其歸宿，心氣源自清微之陽氣，故如蒸氣般自然發揚戾天，而身形源自凝滯之陰氣，故如塵土般自然下降委地。在此，船山重新詮釋儒家禮學「魂升魄降」（氣升形降）的古義，與《禮記章句》中的說法一致。[8]換言之，生命之來即陰與陽合的結果，代表二氣和合隱含天道，生命之往即陰陽析離的結果，代表二氣失衡而喪其條理。然而，陰、陽二氣有析離而無生滅，雖暫時分歸天地，終究復返造化而合成新物。

陰陽分合之理既明，以下兩段引文則討論往來循環中的「共通原則」及「相異原則」。先論實質日新的「相異原則」，船山曰：

顧既往之於且來，有同焉者，有異焉者。其異者，非但人物之生死然也。今日之日月，非用昨日之明也；今歲之寒暑，非用昔歲之氣也。明用昨日，則如鐙如鏡，而有熄有昏；氣用昨歲，則如湯

6　見《船山全書第一冊‧周易外傳》（長沙：嶽麓書社，1988年），頁1043。
7　此處的對「男女搆精」的解說參酌《周易內傳》。《周易內傳》釋「男女」爲「兼牝牡雌雄而言」，又合釋「化醇」、「化生」爲「天地陰陽之實與男女之精，互相爲體而不離」。見《船山全書第一冊‧周易內傳》（長沙：嶽麓書社，1988年），頁597。
8　見《船山全書第四冊‧禮記章句》（長沙：嶽麓書社，1988年），頁662。

中之熱，溝澮之水，而漸衰漸泯。而非然也，是以知其富有者，唯其日新，斯日月貞明而寒暑恆盛也。陽實而翕，故晝明者必聚而爲日；陰虛而辟，故夜明者必凝而爲月。寒暑之發斂而无窮，亦猶是也。不用其故，方盡而生，莫之分劑而自不亂，非有同也。[9]

基本上，本段引文的論述內容與《思問錄・外篇》闡釋橫渠「日月之形，萬古不變」一段相當，故可引該段之「質日代而形如一」爲本段主旨，以爲生命與自然在運作的過程中，外形看似不變，其實質則因氣化循環的機制而不斷更新。[10]所以船山認爲太陽與月球所散發的光明雖然看似相同，但光明之氣每日更新，而非封閉不變的獨立體；地球本身的四季循環與此同理，雖然每歲皆有四季，但寒暑之氣每歲更新，而非沿用去歲之氣。換言之，在循環週期中，無論生命或自然的自我維持，都是一個開放的交換系統，而不是一個封閉的自足系統。此外，船山論述天文與物理的興趣頗濃，故又舉鐙鏡之熄昏與湯水之冷熱，比較交換系統與自足系統的差異。[11]總之，交換系統的特徵，就是可以透過氣化循環的機制，不斷地更新本身內容，此爲日月不熄與寒暑無窮的原因，否則必定日漸消亡。引文最後，船山提出一個特殊的論點，以爲開放的交換系統不僅時刻更新，它還能在變化過程中自然產生條理並自我節制，而無須外力的介入。用傳統方式來說，此即「理在氣中」；若用現代學術話語來說，則能量具有「內在法則性」，或謂「內在超越性」。[12]

9　見《船山全書第一冊・周易外傳》（長沙：嶽麓書社，1988年），頁1043-1044。

10　見《船山全書第十二冊・思問錄外篇》（長沙：嶽麓書社，1988年），頁453-454。

11　此處舉鐙、鏡兩例，似僅鏡子符合封閉系統，因為在《思問錄外篇》的論述中，船山認為燈燭之光跟日月一樣，也是不斷更新的開放系統，這可能是船山對燈光性質的看法，前後期已有所轉變。《周易外傳》成於船山三十七歲，《思問錄》雖不知其著作年月，但王敔的〈薑齋公行述〉言是書與《張子正蒙注》互相發明，由此可以推知《思問錄》應為晚年之作。見《船山全書第十二冊・思問錄》（長沙：嶽麓書社，1988年），頁470。

12　筆者之見參酌何乏筆之說，他認為相較歐洲哲學在尋求能量內在性的過程中，一再落入形上學或基督教對超越性的論述模式，儒家氣論的當代性則在於橫渠與船山嘗試在「能量內在性之中思考超越性」，而這也正是當代歐洲張載學研究的焦點，歐陽師（Wolfgang Ommerborn）與于連（François Jullien）皆有類似看法。見氏著：〈能量本體論的美學解讀：從德語的張載研究談起〉，《中國文哲

次論氣機造化的「共通原則」，船山曰：

其同者，來以天地之生，往以天地之化，生化各乘其機而從其
類，天地非能有心而分別之。故人物之生化也，誰與判然使一人之
識亙古而爲一人？誰與判然使一物之命互古而爲一物？且唯有質而
有形者，可因其區宇，畫以界限，使彼此亙古而不相雜。所以生
者，虛明而善動，於彼於此，雖有類之可從，而無畛之可畫，而何
從執其識命以相報乎？夫氣升如炊溼，一山之雲，不必其還雨一
山；形降如炭塵，一薪之糞，不必其還滋一木。有形質者且然，奚
況其虛明而善動者哉？則任運自然，而互聽其化，非有異也。[13]

就氣化循環的「共通原則」而言，生命無論往來皆屬天地之生化，但宇宙
造化隨機偶然，只有物種的分別，而無個體生命直接複製的轉生機制。因
此，船山質疑萬物在生死流轉的過程中，如何可以保持一種轉生機制，穿
越時空限制，使某一個體的「識命」完整地傳輸到另一個體，導致只有生
命形態有所轉換，而生命真主卻完全相同。在此，船山批判的對象當與前
述之佛教輪迴合觀。析言之，船山根據本身的氣化生命論，反駁生命內容
中有所謂阿賴耶識（識命），可在生死輪迴中直接轉嫁至新的生命形態。
若由巨觀角度言之，這當中牽涉船山易學與佛教唯識學對看待生命的方式
有其歧異：以氣化循環詮釋生命，個體必須置入整體的脈絡之中，透過聚
散分合而融通爲一；以阿賴耶識流轉詮釋生命，個體的真主貫徹不同的
生命形態，所以絕不與其他個體互相混淆。因此，船山認爲只有已經具備
形質的萬物才有固定的區宇，造化萬物的神氣則清虛靈明而善於變化，只
能就其摶造之生物分辨其物種，造化之氣本身卻不能劃定畛域。換言之，
就生命的原質（神氣）而言，它沒有範圍的限制；唯有摶造的成品（萬
物），才有可供分辨的形質或類別。因此，船山根據太虛神氣之變化不

13　見《船山全書第一冊·周易外傳》（長沙：嶽麓書社，1988年），頁1044。

測，批判佛教唯識之說，以為萬物之中並無永遠繫屬個體的獨立真主（阿賴耶識）。最後，船山再舉前述之蒸氣與炭塵為例，闡釋生命終結之後，心氣升戾蒼穹而身形降歸大地，皆隨自然造化而另外凝聚新生，不再隸屬原本的生命所有，正如一山之蒸氣聚合成雲，降雨之處不限於該山，一樹之柴薪燃燒成灰，灰燼中的養分也不必然徒滋該樹。換言之，一人之善惡言行只要回歸氣化循環，勢必無法回報自身，因為獨立個體已然永遠銷融。如此一來，佛教的業報思想也就不攻自破。

至於船山為何煞費心力，拆解生死循環與獨立個體之間的紐帶，乃至批判繫屬主體的阿賴耶識，而謂生死輪迴中有一真主亙古不變，實屬虛妄，而另外提出一套築基於宇宙整體的氣化生命論，使個體生死無不銷融於太虛之中。筆者以為這一切的論述其實有相當深刻的理論目的，由此可轉入下節的清濁化氣論。

二、生命實踐的清濁化氣

在上節中，已然闡明船山如何運用本身的氣化生命論，詮釋個體生命的往來循環，並極力批判唯識學的阿賴耶識流轉之說，否認氣化循環之中有任何形式的獨立體，可以原封不動地轉生新物。

表面看來，船山的氣化生命論與佛教唯識學南轅北轍，但若細心觀察，船山的氣化生命論其實是一種類似「跨文化」或「跨界域」的產物，[14] 兩者之間隱然存在論述模式上的對應關係。其中關鍵在於船山所論之氣，具有類似阿賴耶識持藏善惡種子的功能，主體一切身心活動皆以生命訊息的形式記錄氣中，甚至因此影響生命之氣的清濁品質，故無論種子內容或氣的品質，都會因為主體的實踐經驗而不斷更新。下文則據《周易

---

14 筆者此處的構想，源自於何乏筆所提之「跨文化哲學」。何氏之「跨文化哲學」（transcultural philosophy），乃至所謂「漢語哲學」。見氏著：〈真理與工夫專輯前言：何謂「當代漢語哲學」？〉，《中國文哲研究通訊》第15卷第3期（2005年9月），頁1-4。不過，船山學中的「跨文化」現象並非來自不同語言，而是來自不同的思想界域，或許用「跨界域」一詞會更為適切。在船山的理論系統中，宋明儒學本身的術語、佛教唯識學的術語及道教內丹學的術語，都存在交雜應用的現象。有時甚至不只是混用術語，而是原本已經成熟的論述模式，也在雙方思想的激盪過程中打開新局，產生獨特的創造性，或許這正是船山思想得以「別開生面」的原因之一。

外傳‧繫辭下傳第五章》的行文脈絡，針對其中涉及之樞紐問題，依序析論其旨。

　　首先，船山以天地神氣造化萬物的聚散循環，闡釋人類生命從「氣化清濁」到「清濁化氣」的歷程，故曰：

　　是故天地之以德生人物也，必使之有養以益生，必使之有性以紀類。養資形氣，而運之者非形氣；性資善，而所成者麗於形氣。運形者從陰而濁，運氣者從陽而清，清濁互凝，以成既生以後之養性。濁爲食色，清爲仁義，其生也相運相資，其死也相離相返。離返於此，運資於彼，則既生以後，還以起夫方生，往來交動於太虛之中。太虛者，本動者也，動以入動，不息不滯。其來也，因而合之；其往也，因往而聽合。其往也，養與性仍弛乎人，以待命於理數；其來也，理數紹命，而使之不窮。其往也，渾淪而時合；其來也，因器而分施。其往也，无形无色，而流以不遷；共來也，有受有充，而因之皆備。搏造无心，勢不能各保其固然，亦无待其固然而後可以生也。[15]

引文的重點有四。

1. 論生性、形氣、清濁三者的關係：天地造化萬物，不論何種生命形態，在生理層面必須攝取營養補充能量，而在心理層面則各具該物種之性能（由此可知這裡的萬物主要是指動物）。就人類的身心結構而言，營養提供身心運作的能量，但生命本身並非全憑形氣（吻合前文之「形氣具而尚未足以生」）；實現人性固可成就道德，但道德實踐必須依賴形氣。在釐清生性形氣的關係後，船山進一步闡述形氣與清濁的問題，表示陰氣提供身體運作的能量，故身體本身即具食色之欲，此爲生命之濁氣；陽氣提供心靈運作的能量，故心靈本具仁義之

15　見《船山全書第一冊‧周易外傳》（長沙：嶽麓書社，1988年），頁1044-1045。

理，此屬生命之清氣。換言之，人類生命兼具欲望與人性，欲望即身體之濁氣，人性即心靈之清氣。船山以爲在人類的生命過程中，身心清濁必須互相協調才能維持生命現象；死後，生命的清濁之氣則析離爲二，各自回歸太虛。

2. 論往來與太虛的關係：人類生命因源自陰陽二氣而有身心清濁之分，終結之後再將此清濁之氣歸還天地。換言之，所謂生死循環必須以太虛爲中介。因此，生命離散回歸太虛並非消滅無餘，而是日後另有時機重出太虛，生命的循環就是太虛神氣之聚散。此外，不論聚散都是太虛神氣的發展動態，這意味太虛神氣恆處變化運行之中（太虛本動），所以天地造化萬物永不止息。

3. 論清濁離人與待命造化：人類生命的存亡，聽憑太虛神氣之分合，當生命回歸太虛，身體的食色濁氣與心靈的仁義清氣各自離人而去（此中的「理欲問題」涉及道德實踐對清濁比例的影響，船山在後文另有發揮），並且依照氣化循環的機制，不斷地再生新物或重返太虛。就生命回歸而言，陰陽清濁在太虛之中渾合爲一氣；就生命產生而言，則因物種差異而各有一定比例之陰陽清濁。

4. 論太虛造化不保固然：船山以爲太虛神氣的造化功能是一種隨機偶然的聚散機制，「搏造无心」，在神氣聚合爲新物的過程中，其組合結果永不重複。換言之，在無涯的時空中，每個生命都是完全新造的生命，亡者的獨立性不能「保其固然」，而直接轉嫁至新物。因此，在生命聚散的循環過程中，沒有不變的主體存在。實際上，這個結論是針對阿賴耶識（主公識）。

在船山的氣化生命論中，人類是天地間最特殊的物種，由二氣五行的靈秀聚合而成，故具備獨一無二的生命構造，這種生命構造具備道德性能，可以透過實踐活動改變生命原本的清濁比例。以下一段，船山提出極爲特殊的生命論述，遂有「代堯國桀」之說：

清多者明，清少者愚；清君濁者聖，濁君清者頑。既以弛人而

待命矣，聽理數之分劑，而理數復以无心。則或一人之養性，散而爲數人；或數人之養性，聚而爲一人。已散已聚，而多少倍蓰，因之以不齊。故堯之既崩，不再生而爲堯；桀之既亡，不再生而爲桀。藉其再生，則代一堯而國一桀矣。[16]

引文雖然不長，但其中牽涉的問題頗多，下文分數點闡釋。

1. 論先天稟賦與後天實踐：從先天稟賦而言，人類身心之清濁雖按一定比例構成，但此比例僅有範圍而無定量，故清氣比例多者靈明，清氣少者（反言之即濁氣多者）愚頑。就後天實踐來說，人類通過主體活動可以改變生命內容的清濁比例，決定身心之氣的性質。故實踐仁義者可轉濁爲清，清極成聖；貪圖嗜欲者則轉清爲濁，濁極而頑。換言之，主體所有的善惡言行都會記錄在生命之氣中，進而決定它的清濁品質。相較於人類身心由清濁二氣構成，實踐經驗亦可轉化爲清濁二氣，此即從先天的「氣化清濁」到後天的「清濁化氣」。雖然順從先天氣稟發展較易，主動創造後天發展較難，但只要主體自願改變，氣稟清濁無不可轉化。

2. 論造化無心：船山以爲這些記錄善惡的生命之氣會在人類死亡之後回歸天地神氣，進而儲存在太虛之中，故不論爲善爲惡，皆具永恆意義。在氣化循環的過程中，這些回歸太虛的生命之氣則因造化之隨機性，反復再生新物，所以一人之清濁，或許分散爲數人之養性，也可能是數人之清濁，聚合爲一人之養性。換言之，一人之生命是過去無數人生命的累積，也是日後無數人生命之根源，個體的生命訊息在無數的生命形態之間不斷流轉。

3. 論人類的複雜性：人類生命的內容，會因來源之氣的清濁比例，與實踐經驗的善惡多寡，造成千差萬別的結果，此即生命內容之複雜性（多少倍蓰，因之不齊）。換言之，這也意味著生命之氣即使反覆聚

16 見《船山全書第一冊‧周易外傳》（長沙：嶽麓書社，1988年），頁1045。

散，也永遠不會產生完全相同的組合，復聚為同一人。

4. 論「代堯國桀」：由於這種觀念頗為新奇抽象，船山遂舉古代堯桀做善惡實例，以便闡釋其旨，謂不論堯桀，在其死後所有生命訊息均回歸太虛，即使日後兩人之生氣無限更生，亦永不復為堯桀。然而，彼等遺留的生命訊息，卻可憑氣化循環的機制，而在時間與空間中不斷地延展分化，形成一股猶如波紋擴散般的傳導動力，影響整個時代與地域，故謂「代一堯而國一桀」，誠船山大膽之奇論也！至於生命訊息可因延展分化而擴散時空，實已隱含政治局勢乃至生態環境等面向，涉及筆者所謂之生命政治觀。由於非關本段宏旨，故不能詳論。

由生命之氣的清濁多寡，船山進而推演出萬物與人類的生命階層論：

清聚者，積中人而賢，積賢而聖；清散者，分聖而數賢，分賢而數中人。濁散者，分頑而數中人，分中人而數賢；濁聚者，積賢而中人，積中人而頑。清本於陽，二十五而不足，故人極於聖，而不能无養。濁本於陰，三十而有餘，故人極於頑，而不知有性。又極而下之，則狗馬鹿豕，蚖蠋梟獍之類充矣。[17]

引文重點有三，先述人類五等，後釋萬物三類，下文依序析論。

1. 論人類五等：船山依照人類生命內容的清濁比例，分為聖人、賢人、中人、頑人、極頑五等，其中除了極賢聖人與極頑惡人完全由主體實踐決定外，其餘三者應皆含先天與後天兩義，不過本段引文似未闡釋先天因素，僅從後天實踐立論。析言之，一人既生，若盡力為善去惡，則其生命中的清氣比例將日漸增多（轉濁成清），故中人積善可以成賢，賢人積善可以成聖。其餘以此類推。反之，一人既死，若其生命訊息中清氣較多，代表已經修德有成，則可透過氣化循環的延展分化遺澤人間，故聖人的清氣可散給許多賢人，賢人的清氣則可散給

王船山氣化生命論

---

17 見《船山全書第一冊・周易外傳》（長沙：嶽麓書社，1988年），頁1045。

許多中人。其餘以此類推。若將此生命理論翻轉過來，一人之生命若總是爲惡去善，則其身心結構中的濁氣比例將日漸增多（轉清成濁），故賢人積惡則墮爲中人，中人積惡則墮爲頑人。其餘以此類推。即此而論，一人生前若致力於爲惡，則其生命訊息中的濁氣太多，同樣會經由氣化循環而遺害人間，故頑人的濁氣由許多中人承擔，中人的濁氣則由許多賢人承擔。其餘以此類推。合言之，一位聖人的清氣可在死後贊助無數人的稟賦，一位頑人的濁氣則在死後禍害無數人的氣質。

2. 論人必兼具清濁：船山認爲人類身心由陰、陽二氣構成，故無孤陰獨陽之理，其中陰濁之氣予人食色之欲，而陽清之氣予人仁義之性。換言之，人類即使因爲道德實踐而清極成聖，亦不能斷滅食色之欲；反之，即使因濁惡而墮於極頑，也不可說他滅絕仁義之性，只是清氣在生命內容中的比例過少，完全被濁氣遮蓋而不自知有性。船山以爲這個道理就像〈繫辭上傳第九章〉的「天地之數」，天數極於二十五，而地數極於三十，[18] 地數有餘而天數不足，故聖人不斷食色（陽氣不足），極頑不知有性（陰氣有餘）。

3. 論萬物三類：人類雖分五等，清濁多寡各有不同，然無論如何墮落，終究爲二氣五行之靈秀，仍不失萬種頂端之尊。相較之下，若生命內容中的清氣比例再少則不復爲人，只能聚合爲各種動物。對船山而言，凡具有行動能力的物種皆可謂之動物，故以獸類、昆蟲類和鳥類爲例。引文雖未提及植物，但實可參酌《張子正蒙注》之說（故且不論兩書的時間跨度），植物幾乎純由陰氣構成，故氣稟最昏，欠缺心智能力，生命構造最劣。[19] 此即船山區分萬物爲人類、動物和植物的

---

18 船山按晦庵《周易本義》錯簡之說，調整〈繫辭上傳第九章〉的文句，而得：「天一，地二，天三，地四，天五，地六，天七，地八，天九，地十。天數五，地數五，五位相得，而各有合。天數二十有五，地數三十，凡天地之數五十有五。」船山以爲「天地之數」即《河圖》垂象之數也。見《船山全書第一冊‧周易內傳》（長沙：嶽麓書社，1988年），頁544。

19 相較之下，船山在《周易外傳》中的萬物論述可謂點到爲止，因爲在晚年的《張子正蒙注》中，他對〈動物篇〉裡部分論及人禽動植之異的章句，有更爲細緻的解釋，或許這也代表船山的物種理

萬物三類說。

　　透過上文析論，可知船山相當注重道德實踐轉化爲生命訊息之義，故無論先天稟賦之賢愚，皆可憑藉後天的善惡言行不斷更新身心之氣的內容，進而「轉濁爲清」。雖然在行文中，船山對唯識學有頗多批評，但這種論述模式，實與阿賴耶識透過各種身心活動與業力熏習，不斷更新其所持藏之善惡種子，最終「轉識成智」之說相近，兩者的論述模式有難以忽略的相似性。當然，船山的生命論述不乏自己的特色，並非簡單套用唯識之說而已，但對身心何以爲身心，生命如何生死相續，乃至生命實踐的終極歸宿，皆呈現其「跨界域」的論學旨趣（用船山自己的話是「入壘襲輜」）。

　　最後，本節以船山生命倫理觀中的「德歸天地」之說收束其義：

　　　是故必盡性而利天下之生。自我盡之，生而存者，德存於我；自我盡之，化而往者，德歸於天地。德歸於天地，而清者既於我而擴充，則有所埤益，而无所吝留。他日之生，他人之生，或聚或散，常以扶清而抑濁，則公諸來世與群生，聖人因以贊天地之德，而不曰「死此而生彼」——春播而秋穫之，銖銖期報於往來之間也。[20]

引文中的主旨可分兩點，以下依序析論。

1. 論「盡性擴清」：船山首先指出道德實踐（盡性）可以產生清明的生命訊息，在有限生命終結之後，這些回歸太虛整體的生命訊息即可「利生」，留待造化之氣再生他人。換言之，船山生命論述的基礎仍在道德實踐，只是道德實踐的結果具有永恆的價值與功能，不因生死聚散而消滅無餘，實與一般宋明儒者徒重道德的現世意義大異。即

論，其實是有所演進的。見《船山全書第十二冊・張子正蒙注》（長沙：嶽麓書社，1988年），頁101-104。

[20] 見《船山全書第一冊・周易外傳》（長沙：嶽麓書社，1988年），頁1046。

此而論，人類因「盡性」所成之清明德性，生前固然繫屬主體（德存於我），死後則將此正向的生命訊息轉存太虛（德歸天地），留待造化萬物之用。故生命最重大的責任在於擴充一已之清氣，埤益天地造化之循環，而非吝留辛勤修養之清氣，圖謀善報於來世。簡言之，從「德存於我」到「德歸天地」，實即船山生命倫理觀之思想底蘊。

2. 論「公諸群生」：道德實踐所成就的正向生命訊息，會透過氣化循環的機制，在時空之中延展分化，擴散整個時代或地域，故其影響如同波紋般涉及未來與他人。不論生命清氣或聚或散，總是能夠發揮「扶清抑濁」的功能，亦即擴充太虛之清氣，減少其濁氣，這種生命論述其實導向一種公共觀念，直指道德實踐的結果只能帶來群體的利益，而非專屬個體的善報。因此，聖人盡性成德乃是爲了「公諸來世與群生」，贊助太虛整體的氣化循環，與佛教所謂之「死此生彼」截然不同。從唯識學的角度說，十二因緣闡釋個體的生死流轉，各期生死固然各有分別，但流轉的主公則同爲阿賴耶識。[21] 例如《八識規矩頌》所云「受熏持種根身器，去後來先做主公」，亦在說明人類內在之阿賴耶識可以貫徹各期生死。船山反對這種善報自留的觀念，以爲這種觀念背後其實是農夫思維，強調播種者必須有所收穫，導致行善者對日後的「善報」錙銖必較，只論爲善去惡對自己能有什麼實際效益。換言之，儒家與佛教的行善目的一公一私，此乃聖學異端之分界。

三、小結

總的來說，船山的生命倫理觀與佛教唯識學之間有頗多的平行對應，然而論述模式雖然相近，關注焦點與理論內涵卻截然不同。

---

21 船山對「十二因緣」與阿賴耶識之間的關係深有所見，故曰：「自『名色』以下皆現在支，而『愛』、『取』、『有』三支，爲『無明行識』之因，結成未來八識種子，循環死生之中，無有休息，皆此十二有支相緣不捨，唯一阿賴耶識貫徹始終也。」見《船山全書第十三冊．相宗絡索》（長沙：嶽麓書社，1988年），頁533。雖然船山對「三有」的解釋不合相宗本義，王恩洋、吳立民等皆已在補註中有所指正，但仍足以代表船山對唯識學中生死相續論的看法，另外也呈現船山如何從唯識學的角度詮釋原始佛教的「十二因緣」。儘管《周易外傳》與《相宗絡索》的時間跨度頗大，成書時間相差了二十餘年，但不影響這裡的討論。

在船山的易學論述中，幾乎都在突顯兩者之間的差距，從往來循環到生死輪迴，從造化無心到亙古一人，從難分畛域到區宇分明，乃至從公諸群生到期報自身，船山不斷地對照佛教唯識學的架構，從而展開生命倫理觀的理論內容。用現代學術話語來說，這其實是一種「跨界域」的論述模式，筆者以為船山之學得以「別開生面」，尤其在討論生命問題時往往觸及前儒未見之處，乃是因為船山深入佛、道之藏，並在相關議題中汲取養分，開拓儒家可有而未有的思想領域，此即船山所謂「入壘襲輜」也。

在生命倫理中，佛教唯識學的影響尤其明顯，例如阿賴耶識可以透過各種身心活動與業力熏習，不斷地更新其所持藏的善惡種子，對船山生命論述的理論構成方式，具有不能低估的影響力。換言之，或許正是這種「跨界域激盪」，促使船山轉而省思道德實踐對全幅生命（各期生死）的意義，遂創身心之氣記錄善惡言行之說，以為主體的實踐經驗可以決定身心之氣的品質，最後這些記錄個體生命訊息的清濁之氣，將隨死亡回歸天地，全部儲存在太虛整體之中。不過這些生命訊息回歸太虛之後，即與個體存在脫鉤，反而變成一種公共資產，不論是正資產（清氣）還是負資產（濁氣），影響的對象均擴及整個時代與地域，這跟唯識學設立一專屬個體的阿賴耶識完全不同。換言之，船山截斷付出與回報之間的因果鍵結，在氣化循環的過程中，盡性成德不是一種播種收穫的投報行為，而是贊助整體卻無回報的公益活動，如果佛教唯識學是主體對主體負責，那麼生命倫理觀就是主體對整體負責。

總之，船山易學中的生命倫理觀，既是一種極嚴肅的道德理論，也是一種極虔誠的宗教信仰。

第二節　張子學的善惡化氣論

船山除了在易學中提出清濁化氣論，在張子學中也有善惡化氣論，兩者為同一母題的不同變體，此為船山思想常見之現象。在張子學中的善惡化氣論，主要集中在《張子正蒙注》的〈太和篇〉，篇幅最多，論述最

詳，其餘諸篇雖不無此義，但皆零星散見，其質其量不能與〈太和篇〉相坪。故下文將以〈太和篇〉的說法爲核心，他篇可供參照或有特殊見解者以爲補充。

船山張子學中的善惡化氣論，強調人類所有的善惡言行，不因事過境遷而自動消失，而是全部轉化爲特殊的生命訊息，記錄在個體的身心之氣中。隨著人死氣散，這些善惡經驗遂轉存於人類生命訊息的資料庫中，此即阿賴耶太虛——具有「阿賴耶」（ālaya；儲存持藏）功能的太虛。船山認爲橫渠之說是儒家生命論述的精華（實則橫渠之太虛無此持藏善惡之功能），與佛教唯識學的阿賴耶識流轉，或道教內丹學的長生不死迥不相侔，此乃正學與異端之分野。

下文分成兩部分來討論問題：一是船山如何論衡三教生命思維之異，二是船山如何發揮其善惡化氣論。

一、對比三教生命論述

在〈太和篇〉中，從「天地之氣」到「以言乎失道則均焉」整段，橫渠運用其氣化循環論，批判佛教的往而不返（涅槃）與道教的徇生不化（長生）。船山註解則按照這個論述脈絡而別有發揮，先闡釋儒家生命思維的特質，最後統整三教生命論述的得失，下文依序析論其旨。

首先，船山在註解橫渠「天地之氣，雖聚散、攻取百塗，然其爲理也順而不妄」一段時，揭櫫善、惡、治、亂四氣恆存天地之義：

「聚」則見有，「散」則疑無，既聚而成形象，則才質性情各依其類。同者「取」之，異者「攻」之，故庶物繁興，各成品彙，乃其品彙之成各有條理。故露雷霜雪各以其時，動植飛潛各以其族，必無長夏霜雪、嚴冬露雷、人禽草木互相淆雜之理。故善氣恆於善，惡氣恆於惡，治氣恆於治，亂氣恆於亂，屈伸往來「順其故

而不妄」。（太和篇）[22]

引文詳解橫渠所謂「聚散」、「攻取」、「順理不妄」三事，並於文末提出個人的特殊詮釋，其中重點有三。

1. 論聚散：天地之氣的「聚散」，容易被感官知覺能力有限的人類誤認為「有無」，一旦神氣聚合為具體的事物，則因物類之異而各有特殊的才質性情（物類特性）。

2. 論攻取：天地萬物的「攻取」行為其實隱含分類原則，船山以為萬象萬物既成，則物類相同者互相依附（取），相異者互相拒斥（攻），故萬象萬物因其性質之異同而自成一「品彙」（物類），每個物類背後皆有其不容混雜之「條理」（類別性）。

3. 論品彙條理：所以就「聚集成類」的角度說，露雷霜雪等自然現象各自有密集出現的時節，夏季露雷，冬季霜雪，各依其類而不相錯亂。同樣地，動植飛潛乃至人禽草木等生物，也各自有其類別性，同類之間亦相依附。若從「氣散順理」的角度說，人類為天地萬物之靈秀，不僅氣聚而生時，有迥異於禽獸草木的特殊性能，當其氣散而亡，主體生命經驗所造就的善惡，或群體政治經歷所產生的治亂，都會以生命訊息的形式保留下來。主體之訊息可存，群體之訊息亦然，故無論「人亡」或「政息」，實踐經驗中的善氣、惡氣、治氣、亂氣都不會自動消失，而是儲存太虛之中，恆留宇宙之間。換言之，四氣其實可分兩組，善惡隸屬主體，對應生命倫理觀中的善惡化氣論；治亂隸屬群體，對應生命政治觀中的治亂化氣論。本段重點聚焦在船山的善惡化氣論，至於治亂化氣論的問題，船山另有特殊論述，涉及議題頗多，唯其無關本段主旨，故不能詳論。總之，船山以善惡治亂詮解「順而不妄」，遂謂四氣雖散而猶存天地，不因人亡政息而消失殆盡。然通觀《正蒙》原文，橫渠實無此說，而是船山的創造性詮釋。

---

22 見《船山全書第十二冊·張子正蒙注》（長沙：嶽麓書社，1988年），頁19。

這種一切生命實踐經驗均可記錄在氣中，最終儲存於太虛整體的觀念，筆者以爲這應該是船山融合唯識種子觀念後，所產生的特殊論述模式，已非橫渠正學舊有之規模。[23] 換言之，船山雖然自言宗法橫渠，其實亦有自身的理論發展與創造詮釋。

再者，船山在「氣之爲物，散入無形，適得吾體；聚爲有象，不失吾常」一段下亦曰：

> 「散」而歸於太虛，復其絪縕之本體，非消滅也。「聚」而爲庶物之生，自絪縕之常性，非幻成也。「聚而不失其常」，故有生之後，雖氣稟物欲相窒相梏，而克自修治，即可復健順之性。「散而仍得吾體」，故有生之善惡治亂，至形亡之後，清濁猶依其類。（太和篇）[24]

橫渠原文謂萬物之生死皆爲一氣之化，生時固然有其眞實之「吾常」，沒後亦非消滅無有，而是恢復「吾體」，表示氣可以恆存不朽。船山註解即就原文之「吾常」、「吾體」引申發揮，認爲人死雖然形氣消散，只是摶

---

23 歷來學者多知相宗之學與船山之學關係密切，亦知船山有意探求其說，而有《相宗絡索》和《八識規矩頌論贊》之作，但唯識思想到底是在什麼議題上影響船山或船山如何運用唯識，目前的研究成果還是比較籠統，缺乏更深入的說法。至於船山爲何擷取相宗融入本身的思想，則兼有外緣與內緣的因素。就外緣而言，釋聖嚴考察晚明佛教研究思潮，表示自十六世紀初的魯庵普泰開始，先後有十多家投入相宗研究，他們以《八識規矩頌》、《唯識三十論》和《百法名門論》等書爲主要論典，掀起一股研究法相唯識學的熱潮，船山即其中一家。見氏著：《明末佛教研究》（臺北：東初出版社，1987年），頁189-191。從內緣來說，王恩洋在1960年代曾提出他對這個問題的見解，認爲船山鑽研唯識的原因來自儒學內部的理論需求，因爲傳統儒學對心性之所以爲心性、生命如何相續流轉及人生實踐的最終歸宿等議題，不免有所欠缺，所以引導船山轉向相宗探求解答。見吳立民等著：《船山佛道思想研究》（長沙：湖南出版社，1992年），頁190。就筆者所見，晚近論及船山唯識學的單篇論文，恐怕要以嚴壽澂最爲可觀，他指出船山受到唯識種子熏習的影響，故謂習氣可藉熏存留於人的神氣，兩者差別只是「唯識家所指是個體轉生，習氣不滅；船山強調的則是個體所成習氣，渾融入於太虛」，又注意到船山嘗云人死後之雜氣會禍延後世，「可看作是種子現行相熏之說的『氣化』、『實化』與渾融（非個體）化」。見氏著：〈莊子、重玄與相天──王船山宗教信仰述論〉，《中國文哲研究集刊》第15期（1999年9月），頁417、419。嚴氏能如此精確地指出船山學與唯識學的關聯，實爲筆者所僅見。然其說只點到了正確的方向，其中仍有不少理論問題尚待釐清，必須進一步梳理，可惜嚴氏並未繼續追究。
24 見《船山全書第十二冊‧張子正蒙注》（長沙：嶽麓書社，1988年），頁19-20。

造人體之「氣」回復原本二氣渾淪的狀態（絪縕本體），而非消滅無餘。反之，人物之生則是翻轉前述之歷程，由絪縕之氣聚合成形，故氣中本具之「常性」（健順之性）亦內化於萬物，萬物並非虛幻無本之因緣聚合。至此，船山言氣化聚散皆就萬物而言，然擁有「常性」是一事，實現「常性」又是一事，故以下討論之實現問題，則僅就身心結構最佳的人類而言，與動物或植物無關。既然人類生命自始即稟受絪縕之氣的「常性」，則生命存在本身雖受先天氣稟（才具）與後天物欲的局限，仍然具備修養成德的可能性，只要主體願意自我修治，即能突破種種限制，實現源自健順二氣的道德性能，此即「不失吾常」。至於「適得吾體」，則指人類死後身心之氣仍舊保存其「體性」，所謂「體性」，由人類活在世上的一切言行所構成，無論是主體的道德實踐，還是群體的政治實踐，其中的善、惡、治、亂，都會在生命終結或世代交替後，依其正負性質，與太虛之中蘊涵的清氣或濁氣結合，而不是自動銷滅無餘。若參照船山後文所論之內容，可知此處「人死氣存」之論乃是針對佛教「涅槃」（Nirvāṇa；超脫輪迴，寂滅無餘）而發，這種生命訊息恆存天地而不滅的思路，既有取於唯識種子說，同時又否定佛教的終極目標，呈現船山有所去取的理論立場。此外，船山對「吾體」的特殊詮釋，其實不見於《正蒙》原文，雖不悖橫渠之言，但仍應視爲船山本人之創說。

橫渠在〈太和篇〉中以氣化循環之義批判佛教涅槃無餘與道教執有不化，船山則繼承橫渠的基本立場，而另有深化發展與嶄新詮釋，故在「以言乎失道則均焉」下，寫了一段篇幅甚長的總結，在《張子正蒙注》中頗爲罕見，可以代表船山對〈太和篇〉的總結。[25] 其云：

> 此章乃一篇之大指，貞生死以盡人道，乃張子之絕學，發前聖之蘊，以闢佛、老而正人心者也。朱子以其言既聚而散，散而復

25　陳來認為這段總結非常重要，足以代表船山的基本立場，故曰：「這一段全面闡述了船山所理解的《正蒙・太和篇》的宗旨，充分表達了船山自己思想的終極關懷。」見氏著：《詮釋與重建──王船山的哲學精神》（北京：北京大學出版社，2004年），頁317。

王船山氣化生命論

264

聚，譏其爲大輪迴。而愚以爲朱子之說反近於釋氏滅盡之言，而與聖人之言異。孔子曰：「未知生，焉知死。」則生之散而爲死，死之可復聚爲生，其理一轍，明矣。《易》曰：「精氣爲物，遊魂爲變。」游魂者，魂之散而游於虛也；爲變，則還以生變化，明矣。又曰：「屈伸相感而利生焉。」伸之感而屈，生而死也；屈之感而伸，非既屈者因感而可復伸乎！又曰：「形而上者謂之道，形而下者謂之器。」形而上，即所謂清通而不可象者也。器有成毀，而不可象者寓於器以起用，未嘗成，亦不可毀，器敝而道未嘗息也。以天運物象言之，春夏爲生、爲來、爲伸，秋冬爲殺、爲往、爲屈，而秋冬生氣潛藏於地中，枝葉槁而根本固榮，則非秋冬之一消滅而更無餘也。車薪之火，一烈已盡，而爲焰、爲煙、爲燼，木者仍歸木，水者仍歸水，土者仍歸土，特希微而人不見爾。一甑之炊，溼熱之氣，蓬蓬勃勃，必有所歸，若盦蓋嚴密，則鬱而不散。汞見火則飛，不知何往，而究歸於地。有形者且然，況其絪縕不可象者乎！未嘗有辛勤歲月之積，一旦悉化爲烏有，明矣。故曰往來，曰屈伸，曰聚散，曰幽明，而不曰生滅。生滅者，釋氏之陋說也。……且以人事言之，君子修身俟命，所以事天；全而生之，全而歸之，所以事親。使一死而消散無餘，則謼所謂伯夷、盜跖同歸一丘者，又何恤而不逞志縱欲，不亡以待盡乎！（太和篇）[26]

引文甚長，牽涉問題亦廣，所舉事例尤多。概略言之，船山雖云「闢佛、老而正人心」，然就引文內容而言，實僅批判佛教，並未涉及道教。[27]下文討論則以生命論述爲主軸，分從佛教與儒家兩方探究其義蘊，至於道教的部分，則留待後文詳論。

26　見《船山全書第十二冊・張子正蒙注》（長沙：嶽麓書社，1988年），頁21-22。

27　此處所謂「闢老」非指老莊道家，而是道教之泛稱，因爲船山在前文註解「徇生執有者，物而不化」時，批判的對象是丹道大家魏伯陽與張伯端，認爲內丹學所追求的長生不死，乃「尤拂經而爲必不可成之事」。見《船山全書第十二冊・張子正蒙注》（長沙：嶽麓書社，1988年），頁20-21。

1. 佛教的涅槃生命論：船山繼承橫渠立場，對佛教生命論中的涅槃之說批駁尤力。涅槃在佛教教理中的意涵其實頗為複雜，不同宗派說法亦不一致，也不是只有在死亡之時才能證得。若就唯識學的角度而言，《成唯識論卷十》記載四種涅槃：本來自性清淨涅槃、有餘依涅槃、無餘依涅槃和無住處涅槃。橫渠與船山對「涅槃」的詮釋為「往而不返」或「滅盡無餘」，似指無餘依涅槃，既斷滅煩惱，亦超脫輪迴的生命狀態。船山認為佛教生命論的弊病在於讓人誤會有一種死亡可以消滅所有生命訊息，完全超脫生命循環的大流之外，故「滅盡」、「散盡無餘」或「消散無餘」諸說，均屬虛妄。反之，若從氣的角度審視生死，則根本沒有滅盡無餘這回事，因為生命終結後形體固然消失，卻轉化為感官不可知的陰、陽二氣，回歸太虛整體。因此，佛教的「涅槃」其實是不完整的偏見，彼等只見「氣散」，卻不知「散而復聚」，故曰：「生滅者，釋氏之陋說也。」

2. 儒家的氣化生命論：其實在宋明儒學內部，也並非所有人都同意橫渠的生命論述，例如晦庵即批評這種聚散生死觀近於佛教輪迴，只是佛教所說的輪迴是繫屬生命個體，而橫渠則是所有生命個體回歸太虛整體，故橫渠所謂之神氣聚散，實為類似佛教「輪迴」的「大輪迴」。[28] 對此，船山則站在捍衛橫渠學說的立場，反批晦庵不承認氣化聚散，等於同意佛教涅槃滅盡之說，故真正接近佛教者反而是晦庵。接著，船山耗費相當篇幅，廣泛地從經典章句、地球科學、物質變化等領域，不斷舉例證明橫渠以氣論生死，乃真實無妄之至理。若進一步檢視這八個例證，雖皆用來證明神氣之循環不滅，但彼此性質並不盡同。其中《論語》和《周易》的四則引文因涉及船山的氣化生命論，下文須另外分析；而四季循環似本橫渠〈太和篇〉之「天道春秋分而氣易」，故以氣之往來屈伸，詮釋季節之成因及其生殺萬物的

---

28 晦庵云：「橫渠闢釋氏輪迴之說。然其說聚散屈伸處，其弊卻是大輪迴。蓋釋氏是箇箇各自輪迴，橫渠是一發和了，依舊一大輪迴。」見《朱子語類卷九十九・張子書二》（北京：中華書局，1999年），頁2537。

作用；燃薪之火與炊甑溼氣則爲船山喜用之比喻，亦見《周易外傳·繫辭下傳第五章》，唯此處藉物質變化論述物質不滅之理，與《周易外傳》論氣之聚散不保其固有，重點有所不同；至於論汞性飛浮不滅，則似與船山熟諳之丹道理論有關。總之，船山所謂的氣，兼具生命與物質兩義，故生命循環與物質不滅可以互相佐證。[29]

就《論語·先進》的「未知生，焉知死」而言，本爲孔子藉季路之問討論鬼神生死的名言，因《論語》文字簡略，故有詮釋上的彈性：可以說孔子規避鬼神生死的問題，而把關懷焦點放在現世；亦可說幽明始終道理相同，故知其一端即可涵蓋兩端。船山對《論語》本則的詮釋與晦庵相同，皆採取後者說法，在《四書訓義》中，船山以氣之隱現聚散詮釋晦庵《四書集註》的「幽明始終」，故謂氣散爲幽而未嘗無，人死歸天則重返大化。[30] 若與引文所言之生死循環相較，可知船山詮釋孔子生死觀的說法前後一貫。

就《周易·繫辭傳》的三則引文而言，依序是「精氣爲物，遊魂爲變」、「屈伸相感而利生焉」及「形而上者謂之道，形而下者謂之氣」，船山以爲三則名言雖異，然皆闡釋已逝的生命可以轉化爲新生，或間接指點氣之恆存不亡。就第一則來說，船山釋「遊魂」爲

---

29 船山之氣兼具生命與物質兩義的特性，在二十世紀後半葉開啓兩岸學界的激烈論爭，大陸學者如馮友蘭、張岱年等，皆將橫渠與船山一系的氣論定調爲「唯物論」；相對而言，往返於臺、港兩地講學的唐君毅與牟宗三，則較能從精神的角度理解船山。不過值得注意的是，牟氏雖然反對以唯物論詮解橫渠，但仍判定氣爲形而下之材質，以對應康德理論中的現象界，這似乎間接暗示唯物論的詮釋立場亦非全錯。細部討論，可見陳榮灼：〈氣與力：「唯氣論」新詮〉，《儒學的氣論與工夫論》（臺北：臺大出版中心，2012年），頁47-48。此外，即使持唯物論詮釋船山氣論的大陸學者，有時也無法忽視船山氣論的「非物質因素」，例如嵇文甫曾說：「現在流行的看法（筆者按：1960年代），是把中國傳統哲學中所用『氣』這個字作爲一個物質範疇來看，因而把那些主張唯氣論，將『氣』放到第一位的學者，都列入唯物主義陣營，這大體上是對的。但是我們必須認清，過去學者使用這個『氣』字，並不完全像我們現在使用『物質』這個概念一樣，它裡面往往夾雜些非物質的因素，帶有神祕氣味。」見氏著：《王船山學術論叢》（北縣：谷風出版社，1987年），頁53。這個關於氣的唯物之爭其實是方法論與政治意識形態的問題，只要套用西方哲學的框架來研究中國傳統思想，難免衍生類似的問題，而無法顧及船山氣論的全貌。但隨著研究方法的反省與政治環境的變遷，這種議題在1990年代以後逐漸消失。

30 見《船山全書第七冊·四書訓義（上）》（長沙：嶽麓書社，1988年），頁646-647。

「魂」散於「太虛」，代表他把「魂」亦視爲氣，跟《禮記章句》中的說法一致；[31]「爲變」即凝聚再生，意指既散之氣可再重組爲新生。就第二則而言，船山認爲「相感」指互相轉化，伸轉爲屈，亦即由生而之死，屈轉爲伸，則表示人物已散之氣可復造新生。就第三則而言，船山則謂「形而上」者乃清通不可象之氣，「形而下」爲生命所具之形體，故此處所謂「道」與「器」，實指構成生命之氣與形，形體有敝壞，但其中神氣卻不隨之消亡，故謂「器敝而道未嘗息」，與《周易外傳》就天理法則與具體存在闡釋「無其器則無其道」的說法相異[32]。最後，船山總結橫渠生命論述的意義，以爲生死議題可以代換爲「往來」、「屈伸」、「聚散」或「幽明」，其中除了「聚散」爲橫渠創說之外，其餘三者皆取自《周易》，可見橫渠正學確實與易學關係密切。但無論如何，絕不可把生死視爲「生滅」，否則即陷入佛教「涅槃」的陋說。

船山在闡述上述諸例後回歸人事，可知其目的除了證明氣化循環之不妄，還有君子必須透過道德實踐事親事天。但船山在闡釋這個部分的時候，有些觀念因爲前文已有，所以論述較爲簡略，但中間有一些環節仍須解釋，例如氣之恆存與道德實踐有何關聯？道德實踐固然可以事親，但爲何亦可事天？這些問題都必須與前文的善惡化氣論合觀，意味人類各種善惡言行均儲於身心之氣，並因此決定其清濁性質。故氣之恆存代表人之行善爲惡均不滅，當此或清或濁之生氣回歸太虛，將影響天地之氣的循環，遂開道德實踐亦可事天之說。即此而論，船山重視「辛勤歲月之積」，強調道德修養的永恆價值，關心人類是否遺留清氣以全歸造化，這些都是生命倫理觀的核心議題。

上述議題是船山從生命角度闡發橫渠思想之底蘊，然其儒者本懷，畢竟仍在證立倫理價值，若生死問題果眞如佛教「涅槃」所言，可以「散盡無餘」，那麼這種說法在道德層面將導致相當負面的結果，此

---

31 見《船山全書第四冊・禮記章句》（長沙：嶽麓書社，1988年），頁1120。
32 見《船山全書第一冊・周易外傳》（長沙：嶽麓書社，1988年），頁1028。

即俗話所說的「伯夷、盜蹠同歸一丘」，意思是人只要一死，生前的善惡言行沒有多大分別，同為黃土耳。船山以為佛教這種滅盡思想對世道人心有惡劣影響，鼓勵人無所畏懼而恣意妄為。當然，依船山對佛教義理的了解，他並非不知人在體證「涅槃」之前，必經過嚴格的身心鍛鍊，必嚴守宗教上的諸多戒律，並非不重視身心活動之善惡。再者，對一般人而言，佛教設立的「六道輪迴」已具有強大的勸善功能，而且這些觀念深入民間社會的程度非同一般，所以船山批判的情況其實並不存在。然而，此處真正應該追究的問題，並非船山對佛教的評論是否公允，而是如何藉由氣的記錄功能與恆存不滅，替儒學的生命論述填補生死相續的理論圖象，同時賦予道德實踐永恆的價值。或許，這裡還有一種可能，就是佛、道兩教的勸善論在民間社會的影響力太大，早已滲透一般人的觀念、信仰、行為、習俗、禁忌……等面向，而船山詳論生死循環，是否有可能是他認為：儒學不應在社會大眾的日常生活中缺席（畢竟每個人都必須面對生死問題）？[33]

3. 道教的長生生命論：在釐清儒家與佛教的生命論述之後，可附論船山對道教生命論述的立場。關於這個部分，涉及船山對道教內丹學的認知，例如他在註解橫渠「徇生執有者，物而不化」時曰：

　　「物」，滯於物也。魏伯陽、張平叔之流，鉗魂守魄，謂可長生。（太和篇）[34]

引文首先解釋橫渠原文，表示道教的生命論拘滯於成物不化（重生惡死），追求駐形長生，違逆自然歷程，不明白生命之氣本應散歸回太虛，可謂滯來（氣聚）而不使往（氣散）。在此，船山將橫渠寬泛的說法具體

---

33 陳來亦有類似見解，他說：「這是一種很奇特的思想（筆者按：此指人在形亡之後清濁依類恆存），這既不是純粹的自然主義，更不是純粹的人文主義，而是帶有某種宗教或神祕色彩的氣學世界觀，這很可能與明代後期、明末的善惡報應論和民間宗教的死後觀念的影響有一定的關係。」見氏著：《詮釋與重建──王船山的哲學精神》（北京：北京大學出版社，2004年），頁316。
34 見《船山全書第十二冊‧張子正蒙注》（長沙：嶽麓書社，1988年），頁20。

化，點名批判了東漢丹道大家魏伯陽（約二世紀中葉）與北宋南宗鼻祖張伯端（987-1082），認爲他們教人的丹道內鍊之術，主要是「鉗魂守魄」（「鉗」亦作「鈐」，鎖束之意），這種功法實已違背自然的生命歷程，不符神氣有屈有伸、有往有來之正道。船山在後文的註解中，甚至認爲道教內丹追求長生不死的意圖，比佛教追求滅盡的說法更爲荒誕悖理。回到引文，船山爲何將時間相去八百多年的魏、張兩人歸爲一派，其實另有原因可說。就時代而言，魏氏所撰《周易參同契》若真爲東漢之作，則其中丹法自當屬於外丹燒鍊一派。但在道教史的發展中，魏氏之作號稱「萬古丹經王」，歷代註解者分從外丹或內丹兩種截然不同的角度詮釋其旨，而皆可通釋無礙，代表魏氏之作其實無法作爲判斷宗派的標準，故船山雖然合論魏張，實際上是依張氏的南宗丹法界定魏氏之作（張氏自認其說源出魏氏）。[35]

簡言之，引文中的敘述雖然極爲簡略，但背後牽涉船山的道教內丹學，尤其是他對金丹南宗的認識。[36]根據學者研究，船山本身應該有相當程度的內丹實踐經驗，而且接觸內丹的年齡可能很早。[37]至於引文中的「鉗魂守魄」到底是什麼意思，則須參酌船山的其他著作，例如《思問

---

[35] 至於南宗立派過程與張氏的丹法淵源，可參酌卿希泰之說，此處不能詳述。見氏著：〈紫陽派的形成及其傳系和特點〉，《道韻第五輯・金丹派南宗研究（甲）》（臺北：中華大道出版部，1999年），頁2-38。

[36] 船山凡論及內丹修鍊處，多據南宗張伯端或白玉蟾之說，例如《老子衍・自序》云壬子稿後序曾參魏伯陽、張平叔之說。見《船山全書第十三冊》（長沙：嶽麓書社，1988年），頁16。在《禮記章句・月令》釋「節耆欲，定心氣」時謂過此以往則流於魏伯陽、張平叔之邪說。見《船山全書第四冊》（長沙：嶽麓書社，1988年），頁406。在《楚辭通釋・序例》言黃老修鍊之術當周末而盛，其後魏伯陽、葛長庚（即白玉蟾）、張平叔等皆仿彼立言。見《船山全書第十四冊》（長沙：嶽麓書社，1988年），頁208。在《莊子解・刻意篇》前的提要中，亦曰本篇指歸爲嗇養精神，屬魏伯陽、張平叔、葛長庚等人的鄙陋之教。見《船山全書第十三冊》（長沙：嶽麓書社，1988年），頁261。

[37] 船山開始修鍊內丹的時間有如下數種說法：一、吳立民以船山四十五歲作的〈遣興詩〉並自稱「一瓠道人」爲據，認爲船山這時開始接觸內丹；二、王沐則以船山中年所作的《愚鼓樂》爲據，以此爲接觸內丹之始；三、柳存仁則從船山詩集中出現的內丹術語爲據，推論船山修鍊丹道大概始於四十多歲。相關整理可見鄭富春：〈安死自靖，貞魂恆存——從《楚辭通釋》看王船山的生死觀〉，《鵝湖月刊》第33卷第8期（2008年2月），頁23。四、筆者以爲船山三十七歲寫《周易外傳》時，已然論及內丹修鍊習見之「刀圭入口」，甚至提到純陽之身的觀念，代表船山接觸內丹的時間可能更早，姑備此說以供參考。見《船山全書第一冊・周易外傳》（長沙：嶽麓書社，1988年），頁837。

錄》曰：

　　但為魂，則必變矣。魂日游而日有所變，乃欲拘其魂而使勿變，魏伯陽、張平叔之鄙也，其可得乎！魂之游變，非特死也，死者游之終爾。故鬼神之事，吾之與之也多矣。（內篇）[38]

引文據《周易》「游魂為變」批判魏、張等人的內丹修鍊之術。由前文所論可知船山以「魂」為內在精神之氣，故亦隨造化日生而不斷流逝（或說更新），此為生命的自然歷程。然魏、張之流卻教人拘守精神之法，欲其長存形魄而不使其消散，還說如此即可逆反生命發展而成仙，其實是不可能的事。此外，船山此處對「游魂為變」的解說與前文略有差異：前文是生命終結之後，魂氣可經氣化循環而再造；此處則謂魂氣在個體生命歷程中日生日變，故游變之終點代表個體之氣散，而非一死無餘。總之，船山認為先儒所謂「鬼神」，實指神氣之循環，人類的實踐經驗既然可以贍錄身心之氣，當然亦可藉此參贊天地造化，豈有鉗制魂氣而不使散歸之理。

　　歸根究柢，「鉗魂守魄」之術到底如何實作，船山在《楚辭通釋》「無滑而魂兮，彼將自然」下，另有詳細說明：

　　「滑」，音骨，亂也。「而」，汝也。「彼」，謂魂也。人之有魂，本乎天氣，輕圓飛揚而親乎上，與陰魄相守，則常存不去。若生神生意以外馳，則滑亂紛紜，而不守於身中。所謂「魂升於天，魄降於地」而死矣，故曰「太陽流珠，常欲去人」也。以意存神，以神歛魂，使之凝定融洽於魄中，則其飛揚之機息，而自然靜存矣。順之則生人生物，逆之則成僊，此之謂也。（遠遊）[39]

引文表示人類生命可分心魂與形魄兩個層面，心魂上承飛揚之天氣，故本

38　見《船山全書第十二冊‧思問錄》（長沙：嶽麓書社，1988年），頁424。
39　見《船山全書第十四冊‧楚辭通釋》（長沙：嶽麓書社，1988年），頁354-355。

易浮動外馳，若得與形魄相守，則可長存身中而不去。故「鉗魂守魄」的功法，實即存神守意之類的精神鍛鍊術。若在靜坐過程中若搭配呼吸訓練，更能強化鉗魂的效果，使心魂常守形魄之中，達到身心合一的狀態。總之，「鉗魂守魄」就是靜坐存神之術。值得一提的是，其中兩條引文，分別出自《禮記・郊特牲》與《周易參同契》，前者所謂「魂升於天，魄降於地」，代表先秦禮學的魂魄觀念，認為所謂死亡即身心精華的析離；後者所謂「太陽流珠，常欲去人」，則全採內丹學的立場詮釋其旨，謂人之精神猶如汞性（水銀的沸點甚低），極易飛浮散逸。引文最末，船山則引內丹習見之說，謂魂魄之氣任其聚散，乃自然之生命歷程，若能「鉗魂守魄」而不使析離，則為內丹派追求之逆反成仙。換言之，「鉗魂守魄」就是實踐存神守意的功法，達到長生久視的目的。

最後，可再徵引船山在橫渠「幼不率教，長無循述，老不安死，三者賊生之道也」下的註解，總結他對道教生命論的見解：

> 「率教」、「循述」，以全生理；「安死」，以順生氣。老不安死，欲寧神靜氣以幾幸不死。原壤蓋老氏之徒，修久視之術者。屈伸，自然之理，天地生化之道也。欲干天化以偷生，不屈則不伸，故曰「賊生」。（有德篇）[40]

這一段本為橫渠對《論語・憲問》「老而不死，是謂賊」下的按語，實則囊括其上的「幼而不孫弟，長而無述焉」在內。船山註解則認為「率教」、「循述」與「安死」三事，其實可分兩類，「率教」、「循述」用以保全生命之理，而「安死」則教人順從生命之氣的聚散。這邊須稍作解釋的是，何謂「率教」與「循述」。按《讀四書大全說》與《四書訓義》的說法，「率教」當指服膺遜順孝弟之禮，而「循述」則為實踐立教之言，此二者（順禮和有為）均用以對治老氏之徒的蔑禮和無為。[41] 至於

---

40 見《船山全書第十二冊・張子正蒙注》（長沙：嶽麓書社，1988年），頁259。
41 上文對「率教」與「循述」的解釋皆參酌船山對原壤章的說法。詳見《船山全書第六冊・讀四書大

「安死」則針對道教養生思想而言，船山以爲原壞蓋宗老氏，故欲透過「寧神靜氣」等身心鍛鍊功法，達到長生久視的目的。若細究其言，「寧神靜氣」其實也是冥想靜坐，與前述之「鉗魂守魄」相去不遠，皆屬內丹之鍊神功法。船山認爲道教生命論述眞正的問題，不在這些衛生技術，而是欲藉此術長生不死。生命之氣屈伸往來，循環不息，本屬自然法則，也是天地生化萬物之正道，人類如果以人爲方式干擾這個過程，冀求不屈不死，其實是偷盜造化之氣永歸一己。換言之，船山其實是站在內丹修鍊的角度，以饒富新意的方式重新詮釋橫渠的「賊生」，同時也提供了理解《論語》「老賊」的另類觀點。[42]

合言之，船山以生命論述爲核心，深入地審視儒、釋、道三教對生命循環的說法。他認爲佛教的「涅槃」敝於往而不知來，道教的「久視」則強求氣伸而不屈，故唯有儒家的氣化生命論，符合太虛神化之正道。事實上，船山對佛、道兩教並非只有批判而已，他同時也汲取了其中精華，開拓儒學的視野。對於佛教唯識學，船山參酌阿賴耶識持藏善惡種子，阿賴耶識流轉生死等觀念，激盪出氣能記錄善惡，氣恆存不滅諸義。對於道教內丹學，船山則對照存神守意、收視反聽等鍊神功法，激盪出修養精神輔助道德實踐之義（詳見第肆章）。筆者以爲這種做法決定了船山生命論述的理論走向，同時也構成生命倫理觀的骨幹。

二、生命實踐的行善化神

在《張子正蒙注》中，船山非常重視人體之中源自太虛的「神氣」，它是主體道德、群體治亂和整體循環的主角，故欲實現生命的意義，主體必須持守「神氣」以還歸造化，以人道輔助天化。換言之，在船山張子學

全說》（長沙：嶽麓書社，1988年），頁245；及《船山全書第七冊・四書訓義（上）》（長沙：嶽麓書社，1988年），頁822。

[42] 綜觀《論語》，其實找不到孔子對養生思想的評論。相較之下，晦庵《四書集註》對本章的訓釋則頗平實，他對「老而不死」的解釋乃承上文「幼不孫弟」、「長而無述」而來，故謂：「以其幼至老，無一善狀，而久生於世，徒足以敗常亂俗，則是賊而已矣。」見《船山全書第七冊・四書訓義（上）》（長沙：嶽麓書社，1988年），頁821-822。換言之，「賊生」即未能實現生命之道德性能。筆者以爲晦庵之說應較貼近《論語》原義，而船山之說則又「別開生面」矣。

中，生命經驗的善惡與氣化循環的治亂互相連結，亦即生命倫理觀與生命政治觀的合一。但本章的主題是船山的生命倫理，故下文討論僅關注道德實踐的作用，釐清尊德問學等實踐經驗如何影響氣的品質，修養生命中的清明「神氣」。至於部分引文中隱含的生命政治觀，暫時不能深究。

首先，在橫渠「聖人盡道其間，兼體而不累者，存神其至矣」一段下，船山對生命的全幅歷程提出綱領性的詮釋：

> 氣無可容吾作為，聖人所存者神爾。兼體，謂存順沒寧也。神清通而不可象，而健順五常之理以順，天地之經以貫，萬事之治以達，萬物之志皆其所涵。存者，不為物欲所遷，而學以聚之，問以辨之，寬以居之，仁以守之，使與太和絪縕之本體相合無間，則生以盡人道而無歉，死以返太虛而無累，全而生之，全而歸之，斯聖人之至德矣。（太和篇）[43]

本段為橫渠《正蒙》首見「存神」之處，然其言簡略，沒有明確闡述其義，留下詮釋的空間。此外，文中的「兼體不累」也有同樣問題。對船山而言，「存神」是轉變身心狀態的生命技術，「兼體不累」則指生命之氣的恆存不滅，故存養神氣不只在生時成就道德，還可在死後贊助太虛整體。換言之，「存神」是「兼體不累」的工夫，「兼體不累」是「存神」的目的。然而，這邊可以進一步追問的是，到底什麼是神氣？船山所謂的神氣是太虛整體中的清通之氣，也是陰陽二氣絪縕未分的至和狀態，在氣化循環的過程中，神氣不斷地聚合為萬物，萬物死後則復散為神氣，神氣貫徹所有生命形態，是生命的本質。萬物之中，人類獨得二氣五行之靈秀，擁有最好的身心結構，所以是最特殊的生命形態。其特殊之處在於，人類具備道德性能，可以藉由行善積德改變生命之氣的品質，保存甚至增加其所稟得之神氣。雖然萬物也是神氣之凝聚，但受身心結構的限制，只

---

[43] 見《船山全書第十二冊‧張子正蒙注》（長沙：嶽麓書社，1988年），頁20。

能依循本能生活，故其生命行為對其神氣無所謂增減（這邊先不討論植物的問題）。船山以為造化神氣固非人類所能操控，但聖人憑藉「存神」工夫卻可參贊造化，全歸之後增加太虛整體的清氣含量。由前文敘述可知，「存神」即存養神氣，不受物欲干擾。對人類而言，源自太虛神氣的靈明精神，實為生命本身之精華，亦為一切道德事業的基礎。就其存養功法而言，船山則規劃了一個冥想靜坐、博學審問與道德實踐並存的三軌系統，三者均可存養主體神氣而不因物欲淆亂（詳見第肆章）。換言之，船山以為「兼體不累」、「存順沒寧」和「全而生之，全而歸之」其實名異實同，皆指人類生前透過實踐道德保全清明神氣，死後再將此神氣歸還太虛造化（氣之清濁不因生死而改變）。[44] 此即所謂「聖人之至德」。

　　人類既然可以透過道德實踐等身心活動保存或增加神氣，反言之，當然也會因為惡言惡行而減損神氣，在橫渠「聚亦吾體，散亦吾體，知死之不亡者，可與言性矣」段下，船山註曰：

> 聚而成形，散而歸於太虛，氣猶是氣也；神者，氣之靈，不離乎氣而相與為體，則神猶是神也。聚而可見，散而不可見爾，其體豈有不順而妄者乎！故堯、舜之神，桀、紂之氣，存於絪縕之中，至今而不易。然桀、紂之所暴者，氣也，養之可使醇，持之可使正，澄之可使清也。其始得於天者，健順之良能未嘗損也，存乎其人而已矣。（太和篇）[45]

引文乃循前文所論而來，船山以為人雖有死，但善惡治亂之氣恆存天地，故人死並非消散無餘，在本段中，船山則就橫渠所述之「死之不亡」，再度闡釋「人死氣存」的問題。所謂「死之不亡」典出《老子‧三十三

44　陳來亦有類似見解，他說：「與張載不同，船山所說的『全歸』很有講究，體味他的話，人並不是在死後便可自然地『全歸』其所從生的本體，『全歸』實是『存神』修養的結果，這就是說，有存神的工夫才能全歸本體，沒有存神的工夫則不能全歸本體。」見氏著：《詮釋與重建——王船山的哲學精神》（北京：北京大學出版社，2004年），頁312。

45　見《船山全書第十二冊‧張子正蒙注》（長沙：嶽麓書社，1988年），頁23。

章》，原文爲「死而不亡者壽」，橫渠則摘取前四字成句，另外敷陳己意，以氣之聚散詮釋生死，謂人死而氣不亡。船山註解「死之不亡」亦別有發揮，將橫渠所言之氣分爲氣與神二者闡釋其義，認爲人雖死而其氣其神不亡。在此，船山非常細緻地分辨了氣與神的區別，謂神氣固亦屬氣，但爲虛靈之氣，是氣的精醇狀態，這股清明神氣不因生死聚散而改變其品質，故恆靈而不妄。正如前文所述，船山認爲人死而氣存，氣具有記錄生命訊息的功能，故一切生命經驗（無論正向或負向）亦隨之恆存而不亡，可貫串生死往來之間隔，在太虛整體中留下不滅的印記，善惡治亂永存於天地。在此，船山舉儒家史觀中最具原型意義的善惡人物爲例，表示堯、舜所遺之神氣與桀、紂所留之惡氣，都不會因爲個體死亡而消失殆盡，而是在氣散神發之後回歸太和絪縕，他們特殊的生命訊息最後儲存於太虛之中，亙古不易，萬年不變。接下來，船山則仔細解釋何謂「桀紂暴其氣」，這邊其實運用了《孟子·公孫丑》「持其志無暴其氣」的典故，若據《四書箋解》之說，船山認爲「暴」字當作「虐」解，有摧折之意，正如暴君虐民而使人畏縮。[46] 換言之，桀、紂爲惡不僅害人虐民，這些負向的生命訊息同時也摧折自我本具之神氣，使生命本質受到惡行污染而變質劣化。所以桀、紂遺留的濁惡之氣並非先天造成，而是受到後天活動的污染。由是觀之，即使是桀、紂之輩，還是有可能變化氣質，只要他們願意養氣使醇，持氣使正，澄氣使清，身心之氣仍可因實踐活動而改變品質。換言之，最終回歸太虛者不一定是濁氣。從善惡化氣的角度來看，只能說桀、紂因追逐物欲而役氣遺神，不可說天生氣惡，他們繼承神氣而有的健順良能，其實與常人無異。

這種善惡化氣恆留太虛的觀念，船山在〈太和篇〉中屢屢言及，例如在橫渠論「由太虛，有天之名」一段，船山在註解最後總結曰：

　　唯其理本一原，故人心即天；而盡心知性，則存順沒寧，死而

---

[46] 見《船山全書第六冊·四書箋解》（長沙：嶽麓書社，1988年），頁287。

全歸於太虛之本體，不以客感雜滯遺造化以疵類，聖學所以天人合一，而非異端之所可溷也。（太和篇）[47]

依先秦儒學天道心性相貫通的古義，人類可以通過道德實踐而知性知天。船山的特殊之處在於，唯有充分實現天賦的道德性能，人類才能「存順沒寧」，妥善地處理死亡回歸的問題。換言之，船山連結道德實踐與生死循環，關注生命流轉的全幅歷程，道德不只影響生前的意義，並且決定死後的作用。這種觀念雖非橫渠正學所不可有，但完整的理論顯然出自船山之創闢，其背後的問題意識與論述模式，應爲儒學與唯識學「跨界域激盪」之後的產物。更宏觀地說，本來先秦儒學的主要範圍是從生到死的過程，生死議題除《禮記》祭禮的部分以外，無論《論語》、《孟子》均對死後世界或終極關懷著墨不多，畢竟儒者的本懷是現世的人倫道德，死後的問題並非焦點所在。但是，船山認爲人所創造的道德價值可以恆存天地，而負面言行也會轉化成惡亂之氣留滯兩間，故藉橫渠之「存順沒寧」另闢蹊徑，開展全新的生命論述，探索從死到生的過程，使儒學不僅「善生」，同時重視「善死」。因此，船山期許人死之時，能將清通神氣歸還太虛，而非遺留濁惡疵氣禍害天地。即此而論，船山的「天人合一」，不只是以道德實踐發揚人類生命的價值（盡心知性），還有生命訊息轉存太虛的終極責任（存順沒寧），這種儒家式的生命論述絕非佛、老異端所能溷淆。

船山除了在〈太和篇〉中闡述這種存養神氣以歸還太虛的觀念外，在《張子正蒙注》的其他篇章，亦不乏類似見解，例如「盡性，然後知生無所得，則死無所喪」下云：

理明義正而道不缺，氣正神清而全歸於天，故君子之生，明道焉爾，行道焉爾，爲天效動，死則寧焉。「喪」者，喪其耳目口

47　見《船山全書第十二冊・張子正蒙注》（長沙：嶽麓書社，1988年），頁33。

體，而神無損也。（誠明篇）[48]

引文爲船山對「死無所喪」的詮釋，應與前述「死之不亡」合觀，兩段同表善惡化氣而恆存天地的思想。至於橫渠之「生無所得」，船山解爲「非己之私得」，表示生命之氣並非專屬個體，這一點吻合前文對道教生命論的評論，謂人不當執取生氣而不使之散歸大化，妄冀個體生命永遠存在，而悖逆氣化循環的機制。就「死無所喪」來說，人類透過道德實踐而「理明義正」，這些正向的身心活動都會記錄在生命之氣當中，使生命之氣越來越清明，人死之後，清明神氣亦不消滅，而是經由氣化循環轉存太虛，完整地歸還天地。不過，清明神氣並非全由後天經驗養成，反而是人類的先天稟賦，源自太虛神氣，所以「全而生之」無關實踐，只是表述事實，但能否「全而歸之」則有賴主體自覺，必須踐仁行義才能完成這個嚴肅的使命。[49]因此，儒家君子關懷生命的存在價值，博學知識以「明道」，實踐道德以「行道」，這些都是人類與生俱來而無可逃避的責任（爲天效動），唯有承擔責任，才有「全歸」、「善死」和「沒寧」（死則寧爲）。最後，船山額外討論形神問題，認爲所謂死亡只局限在生理層面，代表耳目口體等感官能力會因身體停止運作而消滅，可謂「死有所喪」，但人類經由道德實踐養成的清明神氣，則不因個體生死而有所損益，可謂「死無所喪」。

經由道德實踐養成的清明神氣雖然「死無所喪」，但只要回歸太虛，這股清明神氣即不再歸屬個體，例如「聖人成其德，不私其身，故乾乾自強，所以成之於天爾」下，船山註曰：

---

48 見《船山全書第十二冊・張子正蒙注》（長沙：嶽麓書社，1988年），頁118。
49 若再進一步深究，其實牽涉船山如何分類物種的預設條件。植物有質無性，根本缺乏神氣，可謂「無而生之，無而歸之」；動物（船山所謂動物泛指一切具備活動機能之生物）雖著神氣而生，但因身心結構較差，僅憑本能活動，故無所謂實踐問題，「全而生之，全而歸之」徒表一事實，神氣無可增損；人類則爲二氣五行之靈秀，身心結構最佳，具備主體自覺的實踐能力，故可增損先天所稟之神氣，換言之，對人類而言「全而生之」是事實，但能否「全而歸之」則有待實踐。相關論述可見《張子正蒙注》的〈參兩篇〉與〈動物篇〉。

「身」者，天之化也；「德」者，身之職也。「乾乾自強」，以成其德，以共天職，而歸健順之理氣於天地，則生事畢而無累於太虛，非以聖智之功名私有於其身，所遇之通塞何足以繫其念哉！（至當篇）[50]

船山在本段中亦據其生命倫理觀詮釋橫渠的「成德無私」，可與《周易外傳‧繫辭下傳第五章》一人之生氣不再凝聚爲此人合觀。引文首先釐清「成德」與「成身」之異：謂個體乃天地造化的產物，這是既成的事實；但成德則是個體與生俱來的責任，代表尚未完成。故個體之實踐能力必須用於「成德」，完成上天賦予人類的責任（以共天職），才算發揮了生命的意義。不過，藉由個體道德實踐養成的清明神氣（含理之氣），在生命終結之後即不屬個體所有，而是必須歸還太虛整體，渾融於太和之氣。換言之，個體的清明神氣並非私人財產，代表道德實踐產生的生命訊息，在個體死亡之後，即以氣的形式渾融於太虛。由此可見，貫串生死循環的主體並不存在，個體既無所謂再生，自無再生之善報，所以爲了成德而付出的辛勤努力，在氣化循環的過程中其實只有整體公益，而沒有任何個體私利可言，故謂「非以聖智之功名私有於其身」。總之，聖人持守清明神氣以歸還太虛，並不是爲了獲得個體利益，既然聖人有如此大公無私之心，則其生命歷程中所遇之得失通塞自然不繫於懷。

最後，可舉船山對「存，吾順事；沒，吾寧也」的註解，結束本段討論，他說：

有一日之生，則受父母之生於一日，即受天地之化於一日，順事以沒，事親之事畢，而無擾陰陽之和以善所歸，則適得吾常而化自正矣。（乾稱篇）[51]

50 見《船山全書第十二冊‧張子正蒙注》（長沙：嶽麓書社，1988年），頁207。
51 見《船山全書第十二冊‧張子正蒙注》（長沙：嶽麓書社，1988年），頁357。

人類的生命是一個氣化流行的過程，在這個過程中，生命的內容時時刻刻都在更新變化，無論生理或心理皆然。故有一日之生命，即應感謝父母精血所賜予之形體，亦應感謝天地之氣所賦予之內容。這是船山以其氣化日新的思維，重新詮釋橫渠〈西銘〉父母配乾坤之義。換言之，生命本身是一個開放的交換系統，其中的生命訊息無論生理與心理，都在不斷地新陳代謝。對人類而言，既有如此之生命構造，即有與之相符的生命責任，必須終身實踐孝悌之道以存養心中神氣，如此一來，才能在生命終結之後，將此清明的生命訊息歸還太虛整體，而非作奸犯科，遺留濁惡之生命訊息污染太和之氣（無擾陰陽之和而善所歸），故善用父母之所生，即是善歸天地之所予，個體聚合之時若能不失吾常，存養神氣，則其散發之後自然不失吾體，贊助神化。簡言之，以盡孝為道德實踐的基礎，即可實現船山張子學中的「存順沒寧」。

三、小結

統言之，在船山張子學中的生命倫理，關注儒、釋、道三教生命論述的根本差異，並且強調生命實踐中的行善化神與為惡化氣。

就前者而言，儒家生命論表示生死往來均為天地造化必有之過程，故不可偏執一端。相較之下，佛教在生死輪迴中追求往而不來的「涅槃」，道教則以鉗魂守魄的功法冀望來而不往的「久視」，從儒家正學的角度視之，都是企圖跳脫生命循環的謬論。但事實上，船山不只是批判佛、道兩教，他同時也汲取阿賴耶識持藏善惡種子，以及內丹學中存神守意的功法，可見生命倫理觀乃三教思想激盪之下的產物。

就後者而言，人類生命雖必有終結，但身心之氣循環不滅，故所謂死亡，只是形體的分解消散，其中生氣並未隨之消滅，此即船山詮釋下的「死之不亡」與「死無所喪」。此外，身心之氣亦具記錄生命訊息的功能，故人類一切善惡言行與身心活動都會寫入氣中，進而決定氣的清濁品質，最後儲存在太虛整體。

就生命形態而言，人類先天本具源自太虛的清明神氣，並且擁有行善

或爲惡的自由，故神氣是否可以存養不失，有賴後天的道德實踐，與其他
生物死後自然氣歸天地不同。因此，船山認爲行善存養神氣是人類獨有的
使命，也是贊助天地造化的特殊貢獻；反之，人類若因爲惡而遺留濁氣，
終將污染太和，造成擾亂太虛整體的特殊危害。

　　根據這套生命倫理觀，船山重新詮釋了橫渠的「存順沒寧」、「善生
善死」與「全生全歸」，連結道德實踐與生死循環，強調生命訊息恆存天
地，無論善惡清濁皆然。即此而論，船山也特別指出，遺留清明神氣並不
是爲了獲得任何形式的報償，畢竟個體生命一旦回歸大化，即渾融於太虛
整體，而不復聚爲此人，故辛勤行善並非圖謀來世之善報，去除道德實踐
中可能產生的效益思維。總之，船山張子學中的生命倫理觀，乃是與唯識
學和內丹學「跨界域激盪」之後，所建立的特殊生命論述。

第三節　莊學的純雜化氣論

　　在船山的群經註解中，生命倫理是共通的主題，唯依經典的思想傾向
調整其論述內容，故在禮學中有人格化氣論，在易學中有清濁化氣論，在
張子學中有善惡化氣論。至於在莊學中，船山則依莊子之用語，提出純雜
化氣論。這些相關論述大致可分兩類，其中除人格化氣論爲船山對儒家祭
禮中「感格現象」的特殊詮釋外，其餘三者皆強調人類身心活動可以決定
生命之氣的品質。這兩類雖然內涵有所區別，但都直指人類生命終結之
後，個體的生命訊息可寫入氣中，它們將隨氣之散發而回歸天地，最後儲
存在太虛整體。

　　再者，船山的清濁化氣論、善惡化氣論及純雜化氣論儘管論述模式相
近，固可視爲同一母題分化出來的子題，卻仍應就其實踐工夫再做細分：
易學的清濁化氣論和張子學的善惡化氣論，畢竟以儒家思想爲基礎，所以
兩者的理論架構比較接近，注重道德實踐對生命之氣的決定作用，其工夫
論也比較偏向群己關係中的爲善去惡。反觀莊學的純雜化氣論，倫理色彩
較爲淡薄，主要關懷的是身心修鍊對生命狀態的調理作用，故其工夫論比

較偏向身心關係中的守純去雜。當然這並不是說前者完全忽視身心修鍊，或後者完全屏除道德實踐，但其重心確實有所不同。至於船山何以有此分別，或許是儒、道兩家的精神底蘊本來不同，故隨文衍義的結果，自當有所差異。

在船山的《莊子解》中，討論生命倫理的篇章主要集中在〈養生主〉、〈大宗師〉和〈達生〉，這是因爲船山認爲這三篇的宗旨互相連貫，[52] 均關注生命之氣的循環不滅。至於隱藏在〈養生主〉和〈大宗師〉中的諸多未發之義，船山在〈達生〉註中都有更完整的解說。故下文將以這三篇爲討論核心，視需要補充其他篇章的內容。

一、生命和氣循環不滅

天地萬物皆一氣之化，乃莊子本有之義，船山亦承此說而大力發揮。就物我而言，彼此皆一氣之化，故無論人物皆可渾融於太虛整體；就生死而言，氣聚爲生，氣散爲死，故屈伸往來均源自造化循環。然而，人類之生死存亡之所以異於萬物，在於主體的自由抉擇，可以增減個體生命所得之神氣，進而影響太虛整體的循環內容。[53]

人類的身心活動之所以影響生命和氣，在於氣有記錄功能，它可以持藏個體的生命訊息，無論善惡皆然。換言之，在船山莊學的生命論述背後，其實隱含一套貫通物我生死的生命倫理觀。筆者以爲這種論述模式，應該是吸收了唯識學的種子熏習說，強調個體生命訊息均可寫入氣中，隨氣之聚散貫徹造化大流。[54] 再者，爲了達到生命之氣「移以相天」的政治目的，船山莊學重視主體的「形精不虧」，亦即藉由身心修鍊達到形全精

王船山氣化生命論

---

[52] 船山在〈達生〉的篇旨中說：「此篇於諸外篇中尤爲深至，其於內篇〈養生主〉、〈大宗師〉之說，獨得其要歸。」見《船山全書第十三冊・莊子解》（長沙：嶽麓書社，1988年），頁291。

[53] 林明照亦有類似見解，他說：「由於生時的人格品質及行爲特質，在生時及死後都會影響這個世界，因此生在倫理意義上便較死更具價值；基於此，在生時及死後及能對世界發生正面影響者，乃是值得肯定的人格品質及行爲特質。」見氏著：〈王船山莊學中「相天」說的倫理意義〉，《國立臺灣大學哲學論評》第49期（2015年3月），頁82。

[54] 船山對唯識學中「現行」與「種子」互爲因果，貫串各期生死的說法深有所感，故曰：「且流且轉（筆者按：指『流轉門』），轉而復流，種子、現行互相生而不已，因果相仍而不捨，永無出離。」見《船山全書第十三冊・相宗絡索》（長沙：嶽麓書社，1988年），頁570。

復的狀態，死後再將此精純的生命之氣歸還大造。至於這些修鍊形精的功法，筆者發現它們與船山的內丹論述有頗多重疊之處（詳見第肆章第一節與第四節），應該來自船山的內丹實證經驗。總之，船山莊學中的生命論述乃三教激盪之後的產物。下文即就相關說法進行分析。

首先，在內篇的「庖丁解牛」一段，船山即發揮「善生善死」之義：

> 忠不銳，力不競，術不多，情不篤，以隨其自然之理，則無不可行。不可行者，自知止也。天下之險阻，名者自名，刑者自刑，瓜分瓦裂，如土委地，而天下無全天下矣。天下無全，而吾之情乃全──生理不傷，生氣常新，善吾生以俟年之盡而藏之，善吾死矣。（養生主）[55]

船山認為本段借用庖丁解牛而刀刃不傷的寓言，闡發前段「緣督」之旨，謂人世間的大名與大刑往往互相糾結，大善大惡之中則隱藏了大險大阻，此即牛體中之「大軱」。然而，大險大阻之中必有間隙，故險阻不一定會對人造成損害。真正的損害，其實是人貪多務得的心理，想在這充滿險阻刑名的人世間累積情欲、才能與學識，卻忽略了客觀的局限。因此養生之道，在於隨順自然，遊刃縫隙，人世間的忠、力、術、情俱不可強求，可行則行，不可行則自知所止。總之，船山依莊子之意，說明人若能遊走善惡刑名之間隙，便可保全生理生氣，最後歸還大造，故善吾生即可善吾死。所謂「善生善死」，典出〈大宗師〉，為船山樂道之話頭，在《張子正蒙注》中亦屢見徵引，[56] 表示生命訊息可以穿越生死循環。析言之，莊子原文是隱士子來病篤將死，故言「善生善死」，表示自己願意聽任陰陽之造化而無所吝留，以對比其妻其子之環泣哀哭。由是觀之，「善生善死」應指生死皆善而可平等視之。但在船山莊學的詮釋中，「善生」轉化出存養生理生氣的工夫義，而「善死」則變成生命終結時將此經過修鍊之

---

55 見《船山全書第十三冊・莊子解》（長沙：嶽麓書社，1988年），頁122-123。
56 見《船山全書第十二冊・張子正蒙注》（長沙：嶽麓書社，1988年），頁102、212。

氣歸還天地。因此，船山的「善生善死」其實是「別開生面」的詮釋。

在內篇的「薪盡火傳」一段，船山對人類精神與天地之氣有特殊見解，有精神散爲天氣而恆存不滅之說：

> 夫薪可以屈指盡，而火不可窮。不可窮者，生之主也。寓於薪，而以薪爲火，不亦愚乎！蓋人之生也，形成而神因附之；形敝而不足以居神，則神舍之而去；舍之以去，而神者非神也。寓於形，而謂之神；不寓於形，天而已矣。寓於形，不寓於形，豈有別哉？養此至常不易、萬歲成純、相傳不熄之生主，則來去適然，任薪之多寡，數盡而止。其不可知者，或游於虛，或寓於他，鼠肝蟲臂，無所不可。（養生主）[57]

船山謂本段以柴薪與火焰闡釋形神之間的關係。柴薪必有燒盡之時，但火焰卻因延燒他薪而無有窮盡，正如人之形體雖必有敝壞，但其精神卻能轉化爲天氣，返歸大造之化。故「生之有」（形體心知）有盡，而「生之主」（氣）無窮，若將有盡之薪視爲無盡之火，這就是一種愚昧。就人類的形神而言，形體固爲精神之宅舍，但宅舍敝壞不代表寄寓其中的精神隨之滅亡，只是形體死亡後的精神不再繫屬個體，而是渾融於天地造化之氣。因此，神氣在形體當中爲個體之精神，精神離開形體則復爲整體之神氣，個體精神與太虛神氣無本質上的區別。正因精神如此重要，所以船山莊學中的工夫論非常強調修鍊精神，認爲它是「至常不易、萬歲成純、相傳不熄之生主」。而此「生主」一旦還歸大化，即充滿無限的變化可能，或游散太虛，或復聚他人，乃至自然界的「鼠肝蟲臂」，都是天地神氣的可能形態之一。

在其他篇章中，船山則繼續發揮神氣死而不亡之義，例如註「眞人眞知」一段即云：

---

[57] 見《船山全書第十三冊・莊子解》（長沙：嶽麓書社，1988年），頁124-125。

然當其生也，亦道與之貌，天與之形。天籟之鳴，天物之化，
固非我之所可知，則亦不可知者也。及其死也，薪窮於指而火傳，
則固有未嘗死者，亦未嘗不可知也。合生與死、天與人而一其知，
則生而未嘗生，死而未嘗死，是乃真人之真知。（大宗師）[58]

船山認為本段重點在於闡述從天人兩端審視「生命問題」，因角度不同，
獲得的答案也有所不同。天道造化萬物，未生使生，已生使死，故生死問
題乃是天道之機能，非人類心知所可臆測。而人類心知應該明白的則是不
可悅生惡死，更不可因此好惡之情而傷損精和之氣（見第肆章第三節）。
船山以為人類雖然無法掌握生死的時刻，但仍能正確地認識生死，故謂
「生而未嘗生，死而未嘗死」。所謂「死而未嘗死」，即前述薪盡火傳
之義，表示人類形體雖有敝壞，但其中神氣並不消亡；至於「生而未嘗
生」，船山在引文中並無明確的說解，或許是指生命乃神氣之短暫聚合，
而非永恆的存在。總之，人若能正確認識生死天人之間的聚散循環，形貌
雖死而神氣不亡，此即所謂「真人真知」也。

再者，船山在註「善生善死」一段，也有類似的說法：

於生無所呴濡而均於死，則於死無所喪失而均於生。故善養生
者，不養其生，而養其不可死者。……唯渾然於未始有極之中，生
亦吾藏，死亦吾藏，隨萬化以無極，為一化之所待，無不存也，而
奚遯也！（大宗師）[59]

在前述的「庖丁解牛」、「薪盡火傳」中，船山已經借用本篇之「善生善
死」闡釋其義，亦嘗據此詮解《正蒙》中的「鬼神屈伸」，應可視為生命
倫理觀的核心觀念之一。不過，船山所謂的「善生善死」已然結合本身的
生命思維，屬創造性詮釋，非莊子原意，此一分別前文論之已詳，此不贅

58　見《船山全書第十三冊・莊子解》（長沙：嶽麓書社，1988年），頁157。
59　見《船山全書第十三冊・莊子解》（長沙：嶽麓書社，1988年），頁164-165。

述。申言之，雖然引文中並未出現「氣」字，但觀其前後文脈，涉及生死可均、大化推移、日生日死諸義，其實都隱藏了氣化循環的思維，可見船山是從氣的角度論述生命。就天地之間的氣化循環而言，生與死其實沒有嚴格的分別：氣聚而生沒有多得什麼（人不能永遠把持生氣），故可均於死；氣散而亡亦未喪失什麼（人死而神氣恆存不滅），故可同於生。因此，船山認為善養生者不是養護此有限之形體，而是修鍊其不死之神氣。至於神氣應該如何修鍊，船山雖然沒有多作解釋，但在〈達生〉註中，另有非常詳盡的功法說明，當與此處所論合觀。總之，人類的神氣源自渾淪未分的太和之氣，生命終結後神氣則復歸大造，故生時神氣在我，死後神氣在天，無論聚散，神氣恆存不亡。而人之神氣一旦散歸大造，便融入氣化循環的大流，無物不可生，無處不可在（無極），任何生命形態不過是神氣萬化中的一化。其中所謂「遯」，船山的按語釋為「生死皆在大化之中，藏於此則無所逃」，代表天地萬物無論生死，皆在氣化循環之中。

在南伯子葵問道女偊一段，船山藉女偊所言「不生不死」，再次發揮其生命倫理觀，故曰：

> 以要言之，外生而已矣。生有易盡之期，有易盡之能，故攖之則不能卓立以成其獨體。知死生者，知形神之去留，唯大力之所負而趨，而不生不死者終古而不遯。形之存亡，不足用為憂喜，則天下之物雜然相攖，而能攖其遯者，不能攖其不遯者，不遯者固常寧也。（大宗師）[60]

引文主旨應與前述「善生善死」一段合觀。在《莊子》原文中，本段討論生死相續之理，然因論述過程言簡意賅，出現諸多難解之術語，歷來註解者每多費心詮釋。在《莊子解》中，船山也不例外，更特別的是，船山又運用《莊子》其他篇章的術語，與本段出現的術語互相詮釋，更造成理解

---

[60] 見《船山全書第十三冊·莊子解》（長沙：嶽麓書社，1988年），頁167。

上的困難，故下文爲求意義通貫，部分內容會逾越引文範圍，特此說明。

首先，船山謂知生知死者洞悉自身形神無論去留，皆由「大力」（大造）所爲，只有貫徹聚散的神氣可以「不生不死」（雖有形態變化，但無存滅之別），故人類應該「外生」（看破生死）而「見獨」（不受生死對耦的拘執），不必因爲形體一時之存亡而憂喜（悅生惡死），如此即由「外生」而臻「攖寧」——面對生死乃至萬物的雜然干擾，仍能保持精神之寧定。因此，船山以爲生死問題只能攖擾「遯者」（逃避氣化循環者），並不能攖擾「不遯者」（坦然接受氣化循環者）。人若能夠明白這個道理，則其智慧恍如日之方曙，光芒閃耀，故謂之「朝徹」（若朝日之光通明洞徹），實即前文所論之「見獨」。總之，所謂「外生」、「攖寧」、「朝徹」、「見獨」等術語，字面看似有別，但其義理相通，皆謂洞徹「不生不死」之理者能常保精神之寧定。

船山從生命倫理的角度，詮釋內篇中充滿了生命思維的〈養生主〉及〈大宗師〉，對其中涉及氣化循環或生死相續的段落，往往格外闡發其旨。但是總地來說，還是欠缺一套完整的生命論述，似仍有隱而未發之義。到了外篇〈達生〉，船山則進一步補充相關說法，提出更具體系性的生命論述。例如在〈達生〉篇旨中，船山根據原文「移而相天」，暢論生命訊息之恆存不滅，同時評比莊學生命論與佛、道兩教之異，認爲「移而相天」實已抉發內篇隱含之義，故曰：

蓋人之生也，所勤勤於有事者，立德也，立教也，立功也，立名也。治至於堯，教至於孔，而莊子猶以爲塵垢秕糠而無益於生。使然，則夷、跖同歸於銷隕，將縱欲賊物之凶人，與飽食佚居、醉生夢死之鄙夫，亦各自遂其逍遙，而又何事於知天見獨，達生之情，達命之情，持之以慎，守之於默，持不可持之靈臺，爲爾勞勞哉！唯此篇揭其綱宗於「能移而相天」，然後見道之不可不知，而守之不可不一，則內篇所云者，至此而後反要而語極也。世之爲禪、玄之教者，皆言生死。玄家專於言生，以妄覬久其生；而既死

以後，則委之朽木敗草、遊燐野土而不恤。釋氏專於言死，妄計其死之得果；而方生之日，疾趨死趣，早已枯槁不靈，而虛負其生。唯此言「能移」，而且言「能移以相天」，則庶乎合幽明於一理，通生死於一貫；而所謂道者，果生之情，命之理，不可失而勿守。故曰內篇之旨，於此反要而語極也。（達生）[61]

引文發揮人類生命訊息能移相天之旨，實與《張子正蒙注》中〈太和篇〉所云之「存神盡道，兼體不累」相當，兩者無論論述模式或論述內容，皆有彼此呼應之處，下文則分五點討論。

1. 論道德修養與政治事業的意義：船山認為外篇的〈達生〉是《莊子》中特別精深的一章，它吸收了內篇〈養生主〉與〈大宗師〉的精華，而另出己意統合，故謂其出自莊門後學中獨得莊子真義者。[62] 船山表示莊子之說旨歸遙深而文辭曼衍，往往令後世讀者惑於文辭而失其旨歸，例如內篇中每多輕賤堯、孔之言，似視人生所可追求之道德、教化、功業、令名等物，如同「塵垢秕糠」一般毫無價值，而且對人類的生命毫無助益。船山以為這種見解正是惑於文辭而失其旨歸。因為若以這種價值觀看待世界，則聖人伯夷與惡人盜跖死後亦無分別，善惡治亂既然可因人之身死而滅盡無餘，那麼縱欲賊物的凶人，或是貪圖逸樂的鄙夫，皆可逞其嗜欲而逍遙自適，何必耗費心力修養靈臺，追求達生達命呢！這個論點與《張子正蒙注》中的說法若合符節。[63]

2. 論生命訊息能移相天：船山非常讚賞本篇揭櫫的「能移相天」，根據他的詮釋，「能移相天」指人類的身心修養可在死後輔助自然造化，

---

61 見《船山全書第十三冊・莊子解》（長沙：嶽麓書社，1988年），頁291-292。

62 船山曰：「（筆者按：〈達生〉）雖雜引博喻，而語脈自相貫通；且其文辭沉邃，足達微言；雖或不出於莊子之手，要得莊子之真者所述也。」見《船山全書第十三冊・莊子解》（長沙：嶽麓書社，1988年），頁292。

63 船山在〈太和篇〉中註曰：「使一死而消散無餘，則諺所謂伯夷、盜跖同歸一丘者，又何恤而不逞志縱欲，不亡以待盡乎！」見《船山全書第十二冊・張子正蒙注》（長沙：嶽麓書社，1988年），頁22。不管是論點（死則消散無餘）、例子（伯夷、盜跖）或結果（縱欲自逐），都有相似之處。

所以身為人類的責任，在於生前見道、守道，死後才能將清明的生命訊息還歸造化。[64] 故內篇諸多生命思維，例如前述之「薪盡火傳」、「善生善死」等，必至「能移相天」才算是真的「反要語極」，深入莊子生命論述之核心。

3. 對道教生命論的批判：船山以「能移相天」作為判斷標準，以此審視玄家（道教）與禪家（佛教）的生死觀，以為道教妄求長生久視，故其學說重視求生而不恤死亡，甚至把人類的死亡視為朽木敗草或遊燐野土（形體敗壞），謂人一死即無任何價值與意義可言。若套用《張子正蒙注》的評論，即「滯來而不知往」，[65] 不知人之有死乃氣化循環必有之過程，故妄冀長生不死。

4. 對佛教生命論的批判：佛教妄圖死後得果，解脫生死輪迴，故其學說重視死後而不恤生前，遂將人之生命視為無邊苦海，追求身心枯槁不靈，麻木無感，因為此岸並無價值可取，可謂白活一場。若套用《張子正蒙注》的評論，即「滅往而不欲來」，不知氣之復聚乃氣化循環必有之過程，故妄冀涅槃解脫。[66] 當然，佛、道二教是否真如船山所言各執生死一邊，其實不無商榷餘地，但這個說法至少點出佛、道二教的基本關懷——追求長生不死或涅槃解脫。

5. 論能移與相天：最後，船山總結本段論述，以為本篇真正的價值在於不僅指出生命訊息「能移」，而且揭櫫「相天」之義，這才是全面關照人類生命歷程的生命論述（生命歷程不僅是從生到死，還包括由死至生），可謂貫通幽明死生而無所偏執，明確回答人類生命為何必須

---

64 〈達生〉中的「能移」與「相天」當作何解，固可有種種不同之說法，一般道家學者大致可以同意，郭象（約三世紀）註文與成玄英（約七世紀）疏解應該是比較接近莊子本義的。若根據郭、成二氏之說，「能移」指人之生命能隨物化，「相天」則為輔助其自然之性。就前者而言，此義符合莊子所謂「通天下一氣耳」；就後者而言，「天」即天性（主體），而非船山所謂之天道神化（整體）。通觀《莊子》，找不到船山這種氣能記錄生命訊息，死後贊助宇宙造化的觀念，歷代註解家亦無此說，可見「相天」思想當屬船山本身之創造。

65 船山曰：「魏伯陽、張平叔之流，鉗魂守魄，謂可長生。」見《船山全書第十二冊・張子正蒙注》（長沙：嶽麓書社，1988年），頁20。

66 船山曰：「故曰往來、曰屈伸、曰聚散、曰幽明，而不曰生滅。生滅者，釋氏之陋說也。」見《船山全書第十二冊・張子正蒙注》（長沙：嶽麓書社，1988年），頁22。

守道不失。換言之，船山認爲本篇之所以能夠籠罩內篇之旨，在於內篇無論談「薪盡火傳」、「善生善死」或「不生不死」，不脫生命訊息「能移」（循環）之義，唯有本篇另標「相天」之旨，表示個體生命訊息可以透過氣化循環贊助太虛整體，故內篇徒論循環並不足夠，必須加上贊助太虛，莊子思想的眞正價值方能全盤透顯出來。至於生命訊息如何贊助太虛整體，實已進入筆者所謂「生命政治觀」的領域，此處不能詳論。

船山以爲莊門後學的「相天」之說固然源出莊子，但莊子本身的「相天」思想又從何而來？對此疑問，船山答曰：

此其爲說（筆者按：形精不滅），較之先儒所云死則散而全無者，爲得生化之理，而以勸勉斯人使依於道者爲有實。讀莊子者，略其曼衍，尋其歸趣，以證合乎《大易》「精氣爲物，游魂爲變」與《論語》「知生」之旨，實有取焉。（達生）[67]

引文中的關鍵有二，下文依序析論。

1. 論氣恆存不滅：船山表示莊子能移相天之說，實較先儒所謂死則消散無有之說，更加符合天地造化的眞相，故聖賢勉人見道、行道，乃因深知善惡言行恆存兩間之理。此中值得細究的是，所謂「先儒」到底指誰？船山雖然沒有明說，但問題的答案應可參酌《張子正蒙注》，當指譏諷氣化循環爲「大輪迴」的晦庵。[68] 析言之，晦庵對橫渠的不滿與船山對晦庵的批評，代表即使是宋明儒學內部，對氣化循環的問題亦存歧見，大體可分兩派：一派爲伊川、晦庵，謂造化日新而不用其故，持生生義詮釋氣化過程；[69] 另一派爲橫渠、船山，謂聚散往

---

67 見《船山全書第十三冊・莊子解》（長沙：嶽麓書社，1988年），頁294。
68 船山曰：「朱子以其（筆者按：指橫渠）言既聚而散，散而復聚，譏其爲大輪迴。」見《船山全書第十二冊・張子正蒙注》（長沙：嶽麓書社，1988年），頁22。
69 伊川曰：「若謂既返之氣復將爲方伸之氣，必資於此，則殊與天地之化不相似。天地之化，自然生生不窮，更何復資於既斃之形、既返之氣以爲造化？」見《二程集・第一冊》（新北：漢京文化事

來乃一氣周流，故持循環義詮釋氣化過程。由是觀之，船山的生命倫理觀既然繼承橫渠「聚散循環」之說，所以在理論立場上支持莊子的「能移相天」，反而認為先儒（程朱）「生生不窮」之說，未見宇宙造化之實理。

2. 論莊學汲取儒家之義：船山對莊子所說的「能移相天」固然極為讚賞，但仍站在儒者立場，表示莊子之說並非原創，而是汲取儒家既有之論，例如《論語‧先進》的「未知生，焉知死」，以及《周易‧繫辭上傳第四章》的「精氣為物，游魂為變」，都是莊子「能移相天」的源頭。乍看之下，或許有些突兀不合理，但此說與《張子正蒙注》的見解如出一轍，實為船山一貫說法。[70] 換言之，船山認為生命倫理觀真正的根源出自儒家經典，莊子「能移相天」之說只是儒家生命論述的苗裔，並非道家既有之觀念。筆者以為，船山之說有其背後的儒者立場，甚至蘊含莊子源出儒門的特殊見解，故與其糾結「能移相天」出自儒家或莊子，不如說生命訊息恆存不滅的觀念，與唯識學的種子熏習說有互相對應的論述模式，或許正是因為「跨界域」的視野，使船山獲得重新詮釋古代經典的創造力，如果套用船山自己的話說，則由「入壘襲輜」而「別開生面」矣！

前文已可清楚看到船山莊學中神氣不滅的觀念，接下來的疑問是，船山如何看待人類身體的死亡？事實上，船山不僅認為人死之後其精神會以氣的形式回歸天地，即使是逐漸腐壞的身體，亦非滅盡無餘，其中精華亦可復返造化。例如船山在註解「形精不虧」一段云：

業有限公司，1983年），頁148。晦庵曰：「《正蒙》說道體處，如『太和』、『太虛』、『虛空』云者，止是說氣。說聚散處，其流乃是箇大輪迴。蓋其思慮攷索所至，非性分自然之知。」見《朱子語類卷九十九‧張子書二》（北京：中華書局，1999年），頁2533。由此可見，晦庵反對橫渠氣散復聚之說，而贊同伊川生生之義。至於相關討論，可見陳來：《宋明理學》（上海：華東師範大學出版社，2003年），頁74-75。

70 船山曰：「孔子曰：『未知生，焉知死。』則生之散而為死，死之可復聚為生，其理一轍，明矣。《易》曰：『精氣為物，游魂為變。』游魂者，魂之散而游於虛也，為變，則還以生變化，明矣。」見《船山全書第十二冊‧張子正蒙注》（長沙：嶽麓書社，1988年），頁21。

人之生也，天合之而成乎人之體，天未嘗去乎形之中也。其散也，形返於氣之實，精返於氣之虛，與未生而肇造夫生者合同一致，仍可以聽大造之合而更爲始，此所謂幽明始終無二理也。（達生）[71]

引文指出人類之生命來自天道造化，當太虛神氣摶合成形，即寄寓其中，在生命終結以後，身心之氣消散析離，各有所歸。其中形體之氣回歸兩間凝滯之氣（氣之實），精神之氣則回歸天地清明之氣（氣之虛），代表無論形精皆消融於宇宙造化之氣。當這些既散之氣進入氣化循環之中，便可再生新物，重造生命。故聖人所謂「幽明一貫」或「始終無二」，其實都是指生命之氣的聚散循環。若與前文之論相較，本段引文不僅認爲人類的精神之氣恆存不滅，就連形體之氣亦死而不亡，遂依莊子「形精不虧」之說，謂形精兩者各歸氣之虛實，可見人死回歸太虛者，不只是精神的生命訊息，同時也兼含形體的生命訊息。在船山禮學中，也有身心之氣俱有所歸之說，只是不用「形精」兩字，而代之以「魂魄」，故謂「魂升於天，魄降於地」，[72] 與此處的「形返於氣之實，精返於氣之虛」，應爲同一觀念的不同表述形式，直指身心兩端的生命訊息均不因死亡而消滅無餘。

船山以爲人類的生命來自氣化循環之偶然，而生命之氣恆存不滅，不滅之氣不斷循環，即成彼此輪替之勢。在「有生黬也，披然移是」一段，船山註曰：

生於天均之運，埏埴爲甕爲缶之委形者，於太虛純白之中而成乎形象，亦白練之點緇而已。其黬也，漸久而渝，則離披而解散。天弢解，天袠墮，非滅也。滅者必有所歸，移此而之彼，彼又據爲此矣。所移者未有定，而要以所移爲此。（庚桑楚）[73]

71 見《船山全書第十三冊・莊子解》（長沙：嶽麓書社，1988年），頁293。
72 見《船山全書第四冊・禮記章句》（長沙：嶽麓書社，1988年），頁1120。
73 見《船山全書第十三冊・莊子解》（長沙：嶽麓書社，1988年），頁363-364。

引文指出一切生命來自「天均」（氣化循環）運行過程中的隨機聚合，[74] 這個過程就像陶匠用水和泥製造陶甕或陶缶，雖其形象各異，但原料皆為陶土。換句話說，太虛之氣的短暫聚合，其實就像偶然滴在白絹上面的黑點（纇），黑點經久必淡，終歸於離散分解。至於「天弢解，天袠墮」，則引用〈知北遊〉的「解其天弢，墮其天袠」，船山在句下有按語，釋「弢」、「袠」俱為囊袋，猶佛教之言形體為皮囊。[75] 合言之，人死之後，形體雖然腐敗分解，但身心精氣並未隨之滅亡，而是回歸太虛整體。身心精氣因氣化循環的機制不斷重聚，故此氣或移為彼物，彼物亦復移為此氣，彼此交互輪替以至無窮，此即天均圓轉。換言之，造化的產物（物）可不斷改變，但造化的原質（氣）則始終如一。

總上所述，船山莊學非常強調「能移相天」與「形精不虧」，代表生命訊息不僅恆存不滅，並且進而影響太虛整體的運行內容，此即從生命倫理觀導向生命政治觀。此理既明，下文可再探究實踐經驗如何決定生命訊息的內容。

二、修鍊形精歸還造化

在船山的生命倫理觀中，無論禮學、易學或張子學，皆重道德實踐對

---

[74] 「天均」即「渾天」，為古代天文學的重要術語，相當現代天文學所謂天球（celestial sphere）。在船山莊學中，「天均」或「渾天」為其樞紐觀念之一，船山嘗謂：「嘗探得其（筆者按：莊子）所自悟，蓋得之於渾天。」見《船山全書第十三冊·莊子解》（長沙：嶽麓書社，1988年），頁473。所謂「渾天」，船山在〈則陽〉「除日無歲，無內無外」一段有細緻的詮解，謂渾天全體半出地上，半入地下，渾然一環，如輪運轉，故東西、晨昏、四季、高下等對耦性，皆因人為測量而立。從渾天的角度視之，任何對立的名言概念皆失其自性，故可由渾天理論導出齊物哲學。換言之，船山認為「天均」或「渾天」實即莊學之理論總綱。見《船山全書第十三冊·莊子解》（長沙：嶽麓書社，1988年），頁394-395。此外，「均」或「鈞」本有陶均之義，在製陶過程中，陶均必須不斷輪轉，其運作形態亦與「渾天」相同，咸蘊莊子「外化而內不化」之義，故船山以「埏埴」詮解「天均」運行，當就其輪轉而言。相關討論，見楊儒賓：〈卮——道的隱喻〉，《儒門內的莊子》（臺北：聯經出版社，2016年），頁275-293。此外，徐聖心則於「天均」之外，旁涉船山易學之「乾坤並建」，謂兩者之詮釋架構皆源自「渾天」，以為船山實有藉「渾天」理論會通易學與莊學之意，甚至提出「易莊同源」說。見氏著：〈渾天、天均與《易》《莊》會通〉，《青天無處不同霞：明末清初三教會通管窺》（臺北：臺大出版中心，2016年），頁128-134。

[75] 船山曰：「弓囊曰弢，衣囊曰袠。天弢之袠之使為人，釋氏所謂皮囊也，死則解而墮矣。」見《船山全書第十三冊·莊子解》（長沙：嶽麓書社，1988年），頁339。

生命清濁的實質影響，故時常論及個人品德。相較之下，莊學中的生命技術則偏向身心修鍊對生氣純雜的決定力量，故屢言冥想靜坐與呼吸調息的鍛練功法（詳見第肆章第三節）。若依筆者之見，這些論述往往深入肯綮，似有實際修鍊經驗，應該與船山自身的內丹實證經驗有關，畢竟在歷代的莊學論著中，道教修鍊傳統本即自成一派。[76]

在船山莊學中，最重要的就是持守源自太虛的生命和氣，在「生也有涯，而知也無涯」一段，船山云：

> 知之變遷，緣喜、怒、哀、樂、慮、歎、變、熱，而生左、右、倫、義、分、辨（筆者按：當作辯）、競、爭之八德。益氣以馳，氣日外泆，和日內蕩，而生之理不足以存。（養生主）[77]

引文討論生命與心知的關係，闡述役使生命追求心知所衍生的弊害，人類的心理情緒（或說意識）會不斷地改變內容，例如〈齊物論〉中所說的「八情」與「八德」，[78]泛指各種情緒變化與心知區分對生命和氣的傷害。若任其日馳日泆，則生命和氣終有消磨殆盡之時。所謂「和氣」，乃人類生命之精華，或說陰、陽二氣的混合狀態（即老子「沖氣」），[79]亦即人類之「神氣」（精神）。生命和氣源自太虛神氣，雖然與生俱來，但因人類的生命形態由感性構成，故一般人的精神總是受到情緒與認知的干擾，日漸損耗和氣，終究「生之理不足以存」，純氣逐漸變質劣化為雜氣。為了不讓雜氣在身死之後混入氣化循環污染天地，人類必須修鍊身心，翻轉常人的生命狀態，在凝精存神的過程中逐漸化雜成純。換言之，

---

76 楊儒賓：「從成玄英到陸西星，我相信這些道士對莊子工夫論的貢獻是遠比大多數名儒高僧的著作來得大的，他們常被當代學者有意無意地視為將莊子帶上了歧途，筆者不相信此種判斷。這些道士以己身為鼎爐，九轉丹成，我相當尊重他們的洞見」見氏著：《儒門內的莊子》（臺北：聯經出版社，2016年），頁4。

77 見《船山全書第十三冊·莊子解》（長沙：嶽麓書社，1988年），頁120-121。

78 船山在〈齊物論〉原文的「八情」與「八德」下俱有按語解說，此不贅述。見《船山全書第十三冊·莊子解》（長沙：嶽麓書社，1988年），頁97、110。

79 見《船山全書第十三冊·老子衍》（長沙：嶽麓書社，1988年），頁19、23、25、30、32與43。

持守和氣可謂船山莊學之樞紐。

　　持守和氣或化雜成純不能單靠心性修養，它不是主體清楚認識道理，或心態上做了若干調整即可達成的事情；而是必須透過特殊的生命修鍊，才能達到的身心狀態。在《莊子解》中，爲了進入這種理想的身心狀態，船山討論了許多生命技術，企圖重新調校人類身心的連結模式，下文略舉數例以示其旨。

　　首先，在「虛者心齋也」一段，船山註曰：

　　「心齋」之要無他，虛而已矣。氣者，生氣也，即皞天之和氣也。參之以心知而氣爲心使，心入氣以礙其和，於是乎不虛。然心本無知也，故嬰兒無知，而不可謂無心。心含氣以善吾生，而不與天下相搆，則長葆其天光；而至虛者，至一也。（人間世）[80]

引文指出「心齋」是一種虛靜工夫，用來處理「心知」與「生氣」的關係，其中「生氣」指搏造生命之氣，亦即皞天（宇宙）中的陰陽至和之氣，乃人類生命之本質。但是這股生命和氣容易受到「心知」的干擾，若常人未經功法鍛鍊，僅憑感性直覺生存，意識內容將不斷消耗生命能量（結合老子「心使氣」之說），擾亂生命自身的節律，遂使原本虛靈純粹的和氣產生雜亂。因此，所謂「心齋」實即精神內向凝聚的冥想訓練，船山在原文「一志」下有按語「至一則生虛」，當指靜坐冥想可以產生虛靈至和的精神狀態。在此，船山以嬰兒之喻解釋人類生命本可不受意識內容的攪擾，「心知」是生命發展歷程中衍生的問題，所以可以運用生命技術去除其影響，使生命節律回歸本然狀態。換言之，船山以爲常人的身心狀態是「心入氣」，指意識瞬息萬變，攪擾生命和氣，使之化純爲雜；至人的身心狀態則爲「心含氣」，謂意識內向凝聚，不去擾動生命和氣，最後自然化雜成純。由是觀之，氣雜則傷和，氣純則致和，若主體精神不受外

80　見《船山全書第十三冊‧莊子解》（長沙：嶽麓書社，1988年），頁132。

界刺激影響，自可「長葆其天光」（長保其生命和氣）。

除了「心齋」強調的靜坐冥想之外，船山在「眞人之息以踵」一段，也重視呼吸調息的作用，其云：

返其「眞知」者，天光內照，而見聞忘其已迹，則氣歛心虛而夢不起。生死禍福皆無益損于吾之眞，而早計以規未然之憂，其以無有爲有，亦猶夢也，皆浮明之外馳者也。浮明之生，依氣以動。氣之動也因乎息，而「天機」之出入乘焉。欲浮明而返其眞知，則氣亦沉靜以內嚮，徹乎踵矣。天機乘息以升降，息深則天機深矣。（大宗師）[81]

本段引文區分「眞知」與「浮明」，以爲「眞知」即生命和氣內向凝聚時的精神狀態（天光內照），在這種狀態下，主體可不受「浮明」（感官直覺）的攪擾。船山以爲要進入這種特殊狀態，主體必須實踐「氣歛心虛」：所謂「心虛」，實即前文所論之「心齋」，指的是冥想靜坐之術；至於「氣歛」，則指呼吸調息之法，亦即本段所云之「踵息」訓練。當眞人因「氣歛心虛」而「天光內照」時，其精神狀態自與常人不同。例如常人寢時多夢，寤時憂慮，精神狀態總是受到「浮明」（感性直覺）的侵擾；但眞人的生命和氣內向凝聚，能不受生死禍福等意識分別的影響，亦可擺脫夢境與憂慮等假象的糾纏（憂慮沒發生的事也是假象，近於唯識之非量），其生理與心理均有別於常人。總之，船山認爲精神狀態隨呼吸深淺而或靜或躁（心隨氣以升降），[82] 故呼吸的方式決定「眞知」抑或「浮明」：主體若能調整呼吸使其深沉輕微，氣息便可透過意識的想像作用直抵足踵，此即「踵息」生「眞知」；反之，若採常人淺入淺出的呼吸方式，則氣息至肺臟即止，這種「喉息」只能產生「浮明」。換言之，船山

81 見《船山全書第十三冊・莊子解》（長沙：嶽麓書社，1988年），頁158-159。
82 船山在「真人之息以踵」下有按語評曰：「心隨氣以升降，氣歸於踵，則心不浮動」。見《船山全書第十三冊・莊子解》（長沙：嶽麓書社，1988年），頁158。

認爲呼吸方式可影響精神狀態，調息行氣與靜坐凝神互相支援，身心兩端在呼吸訓練的過程中重新連結，故息深徹踵則精神內聚（天機深），息淺抵喉則精神外馳（天機淺）。總之，在船山莊學中的生命倫理觀，關注的是身心之間的連結模式，主體可以藉由鍊神養氣而化雜成純，轉「浮明」成「眞知」。不過，船山實踐「踵息」的目的並不是爲了養生長壽，而是身死之後能將此生命和氣歸還太虛。

在「用志不分，乃凝於神」一段，船山闡釋生命純氣爲何淪爲雜氣，指出精神外馳逐物對生命本身的損害：

> 此言守純氣之功也。立人之命者，氣本純也，奚待於人之澄之使純哉？然必守之嚴者，物入而蕩之，則失守而雜於物也。夫物豈能間吾之純氣乎？形不靜而淫於物，乃倚於物而止，目止於色，耳止於聲，四支止於動作，心止於好惡，而不至於其受命之初；所先處之宅，要非物之能淫之也。（達生）[83]

引文論述靜坐冥想與感官知覺的關係，謂靜坐凝神可以持守純氣，神馳逐物則化純爲雜，表示生氣之純雜，取決於主體的精神鍛鍊。析言之，船山首先指出修鍊技術主要是爲了持守純氣，而非轉化雜氣，這是因爲源自太虛的生命和氣本自精純，無待後天工夫使之澄清。但人類亦爲感性直覺的存在，精神意識容易黏滯外物，遂因各種感官刺激而變得紛雜，所以需要轉化身心的修鍊。不過，船山也表示主體精神不必然受到外物的牽引，否則鍛鍊功法全成虛語。人類之所以喪失純氣，起於身心狀態的搖擺不定，精神意識對感官刺激非常敏銳，極易外馳逐物而喪失自主地位。這些可以干擾精神的刺激包含甚廣，舉凡感官知覺（聲色）、身體動作（四肢）與意識分別（好惡），都足以動搖生命純氣。反之，人若能實踐靜坐調息的工夫，則可進入凝神內守、收視反聽的身心狀態，此時主體精神自然不爲

83　見《船山全書第十三冊‧莊子解》（長沙：嶽麓書社，1988年），頁296。

外物所動搖。統言之，本段註解相當精密，論述曲折且深入細節，清楚呈現精神純雜決定生氣品質的理路。相較於生命倫理觀在其他經典中的論述方向，船山莊學格外注重身心修鍊，而非禮學、易學、張子學所強調的道德實踐。故無論冥想靜坐還是呼吸調息，都在追求主體精神的內向凝聚，以求化雜成純，或是守純不失，但最終目的則與其他經典相同──將此修鍊所得之純氣歸還大造，而非任由淫物雜氣污染天地。由此可見，船山莊學的實踐技術雖然偏重身心修鍊，但修鍊成果同樣可以寫入氣中，其精純品質亦不隨死亡而消失，代表這些論述仍屬生命倫理的範圍，而不是爲了養生長壽。簡言之，這是一套生命純雜皆可轉化爲氣的生命倫理觀，但其中的倫理意味實較前述之禮學、易學或張子學爲淡，只能寬泛地說身心修鍊不無倫理價值。

在解說「棄世無累」一段時，船山扼要地總結執著外物對生命的損害：

唯於其生也，欲養其形而資外物以養之，勞形以求養形，形不可終養，而適以勞其形，則形既虧矣；遺棄其精於不恤而疲役之，以役於形而求養，則精之虧又久矣。（達生）[84]

船山在「棄世無累」原文下有按語，謂「棄世」即「不資於物以養」，評曰：「生氣不濁亂，則生而不已」，表示養生固然形精皆養，但養精實比養形更重要。畢竟養形涉及資取外物，例如攝取空氣飲食或維持一定的物質生活，但是其中隱含的弔詭是：以勞形爲手段，卻想達到養形的目的。形體的敝壞終不可免，故養形的效果少，勞形的付出多，此即生命歷程必不可逃的「形虧」。再者，勞形求取外物不僅損害身體，同時也必須役使精神外馳逐物，等於斲傷精神，故取物養形的結果只是「形精皆虧」罷了。由此可見，船山莊學非常重視主體精神的凝聚專一，故實踐技術全落

84 見《船山全書第十三冊‧莊子解》（長沙：嶽麓書社，1988年），頁293。

在身心修鍊，藉由呼吸訓練和靜坐冥想化雜成純，達到「形精不虧」的生命狀態。然而，個體修鍊形精的目的並非爲了養生長壽，而是等到生命終結之後，能將這些經過細緻鍛鍊的生命訊息歸還天均宇宙，供大造重複運用，再生萬物。

三、小結

總上所述，船山莊學認爲生命之氣恆存不滅，身心實踐經驗可以寫入生氣之中，並在生命終結之後轉存太虛整體，此皆生命倫理觀本有之義。然而，這並不代表船山莊學沒有特殊之處。

筆者以爲船山莊學的特殊之處在於工夫論，若與船山的禮學、易學或張子學相較，這三者比較重視道德實踐，而船山莊學則比較偏向身心修鍊。此一根本區別，或許來自儒、道兩家的關懷核心有所不同。

至於船山莊學中的修鍊理論，極可能源自他的內丹實踐經驗，故以靜坐冥想闡釋「心齋」，又以調息行氣闡釋「踵息」。總之，當船山在註解《莊子》中缺乏明確界說的修鍊術語時，似乎格外得心應手，常有細膩的功法指點。大體上，船山莊學的修鍊過程可分兩個層面：或化雜氣爲純氣，而從常人進乎眞人；或持守純氣而不失，常保眞人之身心狀態。簡言之，通過身心修鍊，主體可從感性直覺做主的實然生命狀態，轉化爲精神凝聚專一的理想生命狀態。最後，這股歷經主體實踐細緻鍛鍊的精純之氣，不會因爲生命終結而自動消滅，反而可以維持其精純至和的品質，在回歸大造後，儲存在太虛整體之中。反過來說，主體追逐外物或嗜欲而產生的雜亂之氣，同樣恆存不滅，而這些記錄了負面生命訊息的雜亂之氣，也終將回歸天均，污染神氣循環。

因此，船山莊學中的生命倫理觀追求形精不虧，強調生命技術可轉「浮明」爲「眞知」，並在生命終結之後，將這股清純之氣移交上天，贊助太虛造化，影響未來世界，代表身心修鍊之中其實也隱含了倫理意義（生前與死後兼有，尤其是死後參贊大造），而不是爲了養生長壽，遑論長生不死。

第伍章
氣化生命論的政治觀

　　人類生命無論透過道德實踐或身心修鍊，背後都在追求同樣的成果，即具有正向品質的生命之氣。身死氣散之後，道德主體固然永遠消失，但這股清明之氣卻非滅盡無餘，而是回歸宇宙整體，儲存在阿賴耶太虛之中。即此而論，這股清明之氣的作用爲何，對太虛有何影響，涉及人類生命的終極目的，這些都是船山「生命政治觀」所欲處理的問題。簡言之，主體畢生經營的生命之氣，無論善惡清濁，終將回歸天均宇宙，並因此改變太虛整體的持藏內容，進而影響天地本身的造化機能。透過造化之氣的分化延展，這些記錄了無數生命訊息的或醇或雜之氣，將匯集成一股冥冥中的巨力，引導自然生態與政治局勢的發展方向。若就政治局勢而言，人類生氣在太虛之中的聚散循環，可以持續影響未來世界的治亂隆污，代表這是一種由人類生死決定歷史趨勢的政治學，筆者謂之生命政治觀。若就生死相續而言，生命政治觀乃儒家氣學與佛教唯識學跨界域激盪的產物，然而兩者之間雖具類似的論述模式，實質內容卻南轅北轍，前者的氣之聚散，處處針對後者的八識輪迴，批判意味相當濃厚。假如「德福一致」是人類生命存在不可迴避的終極問題，那麼生命政治觀的關懷焦點並非主體的德福一致，而是整體的德福一致。換言之，因道德實踐或身心修鍊所產生的效益並非個體擁有，而是轉由太虛整體接收，贊助未來世界的次生世代。總之，氣化生命論中的修養觀與倫理觀，最終均將通向政治觀，船山生命論述必至乎此而盡抉其藏。它既是氣化生命論的樞紐，也是儒家氣學、道教內丹學以及佛教唯識學相激相盪的結果。簡言之，氣化生命論由內丹學的修鍊功法入手，吸收唯識學的持藏理論，最後回歸儒家追求的政治理想。

第一節　易學的餘清與餘濁

　　船山易學中的生命政治觀與生命倫理觀一樣，主要內容集中在《周易外傳》對〈繫辭下傳第五章〉「往者，屈也；來者；信也」的闡發，謂「屈伸往來」即生死之真相。換言之，「屈伸往來」就是氣化循環，一切生命形態皆因氣之聚合而生（來伸），也因氣之發散而死（往屈），氣是生命的本質。

　　再者，船山依「屈伸往來」之義而建構的氣化生命論，時常以佛教的生命輪迴為假想敵，故表面看來，氣化循環與生死輪迴似不無相通之處，但在實際的理論內容上，除了身心修鍊功法有部分重疊之外，舉凡心性發展、生死相續以及死後效益等問題，都跟佛教輪迴說有非常清楚的分別。其中或有借鑑之處，但船山的說法畢竟維繫了儒者的立場，另從氣學角度詮釋生命循環。因此，船山的生命政治觀可謂經過「跨界域」洗禮的嶄新儒學。

　　下文即就船山易學中涉及生命政治觀的部分，討論生命之氣的延展分化，政權局勢對太虛神氣的影響，生命訊息的公共性質，生命經驗與天地造化的互動關係，以及船山對佛教生命論述的批判等。

一、個體終結與群體交替

　　首先，船山指出個體生命終結之後，生命之氣可以不斷地延展與分化，最後影響整個時代與地域，故曰：

> 清多者明，清少者愚；清君濁者聖，濁君清者頑。既以弛人而待命矣，聽理數之分劑，而理數復以无心。則或一人之養性，散而為數人；或數人之養性，聚而為一人。已散已聚，而多少倍蓰，因之以不齊。故堯之既崩，不再生而為堯；桀之既亡，不再生而為桀。藉其再生，則代一堯而國一桀矣。[1]

---

[1] 見《船山全書第一冊‧周易外傳》（長沙：嶽麓書社，1988年），頁1045。

人類身心結構雖按一定的清濁比例構成，但此一比例僅有範圍而無定量，故同爲人類而先天條件差異頗大，分布在明者（清多濁少）和愚者（清少濁多）兩極之間。從後天實踐而言，不論先天氣稟清多清少，皆得以轉濁成清（爲善）或轉清成濁（爲惡），唯其難易度有所不同耳。然而不論主體爲善養清或造惡生濁，這些生命訊息都會寫入氣中，並隨氣散回歸天地造化。若由造化機能說，船山所謂「理數之分劑」，即指陰陽造化之分合，天道造化萬物出自「无心」，故其重組爲何物純屬隨機偶然。若從回歸造化說，這裡有一重要區別，即個體生命之氣的消融與延續。就渾融而言，個體生氣只要回歸氣化循環，個體就完全消融在太虛整體之中，雖然聚散無窮，但永遠不會重聚爲同一人。就延續來說，個體生氣記錄的生命訊息，則不因生氣的消融而喪失，而是隨氣之聚散不斷地延展與分化，當其搏造新物時，這些或善或惡的訊息即決定彼等之生命形態及先天稟賦，甚至形成未來世界的治亂趨勢。最後，船山將此奇見總結爲「代堯國桀」，舉出古代聖人唐堯與暴君夏桀，作爲極善與極惡的人類典型，表示無論個體生命內容是清是濁，皆可藉生氣的延展與分化，擴散整個時空，反覆再生新物，導致贊助造化或禍害造化的後果。換言之，堯之清氣提高太虛再生明者的機率，而桀之濁氣則提高再生愚者的機率，因爲他們提供了截然不同的生命訊息。

個體死亡對未來時空的影響力既明，可再討論群體交替的問題。對此，船山提出「餘清」及「餘濁」的觀念，闡釋由執政者或政權所推動的群體實踐，則將生命政治觀推向巨量訊息的層次。船山曰：

大寶在位，而聰明彊力之足任，則爲功於往來，以節宣陰陽者，存乎其人矣。充性以節養，延於他日，延於他人，而要有餘清；充養以替性，則延於他日，延於他人，而要有餘濁。故成周之刑措百年，衰晉之五胡雲擾，善惡之積，亦有往來，率數百年而一

復。然且聖人憂之者，化不可知而幾甚危也。[2]

　　船山以爲在這個由氣構成的整體網絡中，執政者的勢用大（大寶在位），故具備最大的影響力，可由個體實踐的道德善惡，推向群體實踐的政治治亂，故善政推動群體爲善則治，惡政導致群體爲惡則亂。換言之，群體的政治實踐也會創造清氣與濁氣，只是它的規模與範圍更大更廣，可以產生巨量的善惡訊息，船山則稱巨量的善氣爲「餘清」，巨量的惡氣爲「餘濁」。對此，船山也仿照了前文所說的堯、桀之例，舉出實際的政權，做爲「餘清」與「餘濁」的典範。就「餘清」而言，船山以周公建立的成周（西周）爲例，以爲成周的治平經驗，給華夏世界留下不斷聚散再生的清和之氣，間接造就此後數百年的政通人和，故屬群體實踐所產生的「餘清」；就「餘濁」而言，船山以晉武帝（236-290）建立的衰晉（西晉）爲例，以爲衰晉的內戰殺伐，也爲華夏世界留下反覆聚散的濁惡之氣，間接造成此後數百年的異族入侵，故屬群體實踐所產生的「餘濁」。其中必須特別分辨的是，這裡的「餘清」和「餘濁」並非某一執政者或政權遺留的政治體制，而是指彼等政策所推動的群體實踐，以及由群體實踐創造的巨量訊息。這些誕生在特定政治環境下的原生世代，可因世代交替而轉化爲巨量的清氣或濁氣，並透過氣化循環的機制，反覆再生或賢或頑的次生世代，決定未來世界的治亂趨勢（延於他日，延於他人）。換言之，此即船山生命政治觀融入現實歷史所成之奇論，故成周與衰晉的影響力，除了有形的政治體制外，還包括無形的巨量訊息。當然，世代之或賢或頑，並非該世代中每一人皆賢皆頑，而是由賢頑比例多寡所造就的歷史大趨勢。筆者以爲船山這種「數百年一復」的觀念，似乎遙承孟子五百年治亂循環的說法，但卻有更爲深刻與奇妙的理論根據。總之，船山易學中的生命政治觀認爲個體生死與群體交替，都會影響整體循環的內容，道德實踐與政治實踐所產生的生命訊息，都將再造或賢或頑的次生世代，決定未來世界

王船山氣化生命論

2　見《船山全書第一冊·周易外傳》（長沙：嶽麓書社，1988年），頁1046。

的政治環境與歷史趨勢。即此而論，這種論述模式涵蓋宗教學、政治學、社會學、倫理學、歷史學及生物學等不同領域，像是一個天羅地網般的奇妙綜合體。

在進行下文討論之前，這邊有一個衍生的理論問題須先辨明：既然巨量生命訊息可以不斷「延於他日，延於他人」，何以不是治者恆治或亂者恆亂？爲何歷史可以由治趨亂或撥亂反治？筆者以爲問題的答案在於，人類的後天實踐可以持續更新先天氣稟的訊息內容。「餘清」或「餘濁」之類的巨量訊息，固然可以創造歷史大勢，再造或賢或頑的次生世代，但人類的主體能動性，可以超越時俗風氣的制約，超脫當時的社會潮流，而將具有鮮明個人性的生命訊息還歸造化。雖然理論上人人皆可如此，但實際上多數人仍受趨勢牽引，隨群體爲善或爲惡。其中特別的是，在每個歷史大勢下總有少數人具有強烈的自覺意識，這種自覺意識可以爲善，亦可爲惡，總之乖違了群體方向，他們就是扭轉治亂的關鍵少數。換言之，即使亂世中亦有松柏後凋或雞鳴風雨，當然治世時也有害群之馬或社會的寄生蟲。因此，歷史大勢雖可綿延數百年，但最終必有扭轉之契機，特別崇高者或特別低劣者都會遺留與眾不同的生命訊息，呈現人類的可貴或可鄙，造成「數百年一復」的結果。若逾越人文學的範圍，與現代生物學比觀，基因（gene）僅遺傳先天的生命訊息（生物特性），與後天的經驗無關；而生氣則記錄另一種生命訊息，兼含後天（實踐經驗）與先天（才具稟賦）。[3] 筆者以爲兩者的理論內容固然南轅北轍，但都具有記錄生命訊息的功能。

3　道金斯（R. Dawkins）：「基因的確間接控制了人體的製造，而且影響僅來自單方面：由先天的遺傳來控制人體的特性，後天的特性則無法遺傳。不管任何人盡其一生得到多少知識與智慧，沒有一樣可以經由遺傳而傳給他的孩子。每一個新的世代都必須從頭開始，而人體正是基因保持不受改變的工具。」見趙淑妙譯：《自私的基因》（臺北：遠見天下文化，2017年），頁40。相較之下，船山的生命政治觀，或寬泛地說氣化生命論，似乎關照面向比現代生物學更廣，但兩者之間不乏類似的論述模式。若據生命政治觀改寫道金斯的引文，把「基因」代換為「氣」，則其論述模式如下：氣控制了人類生命的製造，先天的生命訊息與後天的生命訊息皆可遺傳後世，道德實踐的辛勤之積，全都透過氣化循環遺傳來未來世界的無數生物（不只人類），所以每個世代都是從一個巨量訊息（歷史大勢）開始，氣正是持藏人類生命訊息而不使滅亡的載具。

　　此外，船山從生命政治觀的角度評斷現實歷史，以西周與西晉作爲「餘清」與「餘濁」的代表，討論巨量訊息對未來世界的影響力，可謂生命理論與歷史現實的奇妙融合。如果生命政治觀不只是易學之下的子題，而是船山整體學術的通則，那麼《黃書・離合》或可視爲生命政治觀的延伸應用，籠罩華夏族群的全部歷史（從三皇五帝到明朝滅亡）。〈離合〉中指出由執政者領導的群體實踐，將產生一股「純氣」或「間氣」，這些巨量訊息在世代交替之後，則轉爲歷史大勢的「合氣」或「離氣」，這些既成之局勢又因關鍵少數的影響，導致治亂隆污不斷輪替的結果，此即「合極而亂，亂極而離，離極而又合，合而後聖人作爲」。由是觀之，群體的巨量訊息可與「自然之節」或「天地之數」合流，三者實皆「阿賴耶太虛」（儲存巨量訊息的資料庫）的持藏內容，共同決定未來世界的歷史大勢，故有「三百年而小變，千五百年而大變」之說，此與《周易外傳》的「率數百年而一復」相符，均以「餘清」或「餘濁」詮釋離合相循之因由。[4]

　　此外，在《思問錄・外篇》中，船山亦嘗提及「地氣轉移」的觀念，謂「非必日照月臨之下而皆然也，必有一方焉，如唐、虞、三代之中國也」，可見船山已有區域空間發展程度不均衡的觀念。又謂中國南方地區由「漢以前之夷」，轉爲明代的「文教之藪」，可見文化發展程度由低至高；相形之下，北方地區則由「唐、隋以前之中夏」，淪爲明代的「椎鈍駔戾」之區，其文化進程恰與南方相反。即此而論，船山逐導出了「地氣南徙」之奇論。筆者以爲「地氣」之衰旺或轉移，是否也該從「阿賴耶太虛」所持藏的巨量訊息來解釋？若此說成立，則生命政治觀不僅涵蓋時間

4　《黃書・離合》的論述範圍極廣，籠罩極大，其中之論述骨幹，用語相當精簡，且隱沒於歷史大勢之下，理論脈絡頗不容易梳理，諸如天地間之「純氣」或「間氣」從何而來，政治局勢何以離合相循，爲何離合相循乃「自然之數」，乃至「小變」、「大變」緣何而起，在《黃書》中皆不易得一確解。見《船山全書第十二冊・黃書》（長沙：嶽麓書社，1988年），頁534-537。在這個地方，筆者試圖提供一種解讀，即以船山之生命政治觀作爲詮釋〈離合〉的理論框架，藉以闡述其中的疑難，並可界定相關術語之義。

性質的歷史論述，還是兼具空間性質的地理論述。[5]

　　然限於本節主旨，此處不能深究，僅附帶提示三書之理論關係。

二、死歸群生與死此生波

　　誠如前文所述，船山的生命政治觀是在與佛教唯識學「跨界域」激盪之後的產物，船山一方面襲取了唯識學的論述模式，另方面則維繫儒學的精神。但在建構論述的過程中，唯識學多以假想敵的身分登場，受到船山嚴厲地批判。尤其是人類生命終結之後，生命訊息所產生的實際效益究竟誰屬，實為船山生命政治觀之焦點。此理既明，下文即就相關議題析論其旨。

　　首先，船山指出人類充分實現道德性能（盡性成德）與造福未來世界之間的關聯，而有「德歸天地，公諸群生」之說，反駁唯識「死此生彼，個體受報」的生命觀：

　　　是故必盡性而利天下之生。自我盡之，生而存者，德存於我；自我盡之，化而往者，德歸於天地。德歸於天地，而清者既於我而擴充，則有所埤益，而無所吝留。他日之生，他人之生，或聚或散，常以扶清而抑濁，則公諸來世與群生，聖人固以贊天地之德，而不曰「死此而生彼」── 春播而秋穫之，銖銖期報於往來之間也。[6]

船山以為盡性成德的實際效益在於造福未來世代（必盡性而利天下之

───────

5　船山這種「天地之氣，彼此衰旺相易」或「地氣轉移」的觀念，與現代地理學的「核心邊陲論」（core-periphery theory）相較，兩者的論述模式有些類似。換言之，船山「地氣」論述背後的洞見，或許並非某種哲學觀念，而是某種地理學式的空間思維。本段文字經國立臺灣師範大學地理研究所碩士蕭郁慧校閱，特此致謝。不過，「地氣」何以衰旺轉移，在《思問錄》的論述脈絡中其實不易獲得解答。見《船山全書第十二冊・思問錄》（長沙：嶽麓書社，1988年），頁467-468。筆者以為這個問題跟《黃書》「離合相循」的情況類似，代表船山的「地氣轉移」論或可置入生命政治觀的框架，從「阿賴耶太虛」詮釋其背後的運轉動力。

6　見《船山全書第一冊・周易外傳》（長沙：嶽麓書社，1988年），頁1046。

生），個體因道德實踐而產生的正向生命訊息，在個體在世時繫屬本人，但在死亡後，生命之氣持藏的正向訊息即歸還造化。正向訊息回歸阿賴耶太虛（堪稱古往今來所有人類生命訊息的資料庫），代表宇宙中的清氣儲量因此提高，增加未來世界生態平衡與政治清明的機率，但這些實際效益已與原本的個體無關。由前文之析論可知，生命之氣一旦回歸天地，即消融於整體之中，個體同一性亦不復存在，自然截斷了效益與個體之間的連結。即此而論，船山認為生命政治觀的關鍵在於正向訊息的效益完全交託未來世界的公眾（公諸來世與群生），與佛教唯識學的個體獨佔善果善報（阿賴耶識貫徹生死）迥然不同，兩者之間存在公益與私利的明確分界。因此，正向訊息即使延於他日，延於他人，反覆聚散，但「扶清抑濁」的實際效益，皆交付未來世代共享，這才是聖人品德贊助天地造化的真義。相較之下，聖人絕對不說「死此生彼」，[7]代表沒有一個貫徹生死循環的輪迴主體，故不可把道德實踐誤認為一種「春播秋穫」的投報行為。換言之，佛教所云之「死此生彼」，畢竟只是一種錙銖必較的農夫思維。[8]

船山以易學的「屈伸往來」批判佛教的「死此生彼」，亦見晚年之《周易內傳》，與成書時間接近的《張子正蒙注》有明顯的關聯，[9]並提出「貞一之體」的說法：

308

---

7 「死此生彼」在《張子正蒙注》中作「死此生彼，各有分段」，即唯識學「分段生死」之義。船山表示這是肯定某一獨立個體存在，且可貫徹各期生死的觀念，故云：「『分段生死』，如一人報盡，中有身摶聚不散，還為一人。乃至墮三惡道，報已還復受生。或修行淨行，生種性家，成四果。淨染因果雖異，皆隨六根而轉，是依我執，終不捨離為因；一類相緣，出沒生死為果。」見《船山全書第十三冊‧相宗絡索》（長沙：嶽麓書社，1988年），頁551。除此之外，船山在解說「等無間緣」時，也以相續不斷為特徵，描述生死流轉不息，故曰：「乃至三有身生死死分段變易，必滅此乃生彼。滅此則必生彼，皆等無間也。」見《船山全書第十三冊‧相宗絡索》（長沙：嶽麓書社，1988年），頁530-531。

8 從瑜伽行派的角度說，船山所言當指阿賴耶識的第三種功能「異熟所攝」，亦即阿賴耶識為接受業報之總體，代表有情眾生過去的善惡行為，均可留下未來的影響力。至於這些影響力如何貫串有情生命各期生死，可參考陳一標：〈瑜伽行派的生命觀〉，《玄奘佛學研究》第8期（2007年11月），頁124-128。

9 《周易內傳》成於1686年，而《張子正蒙注》成於1685年，皆為船山晚年之代表作。而橫渠《正蒙》中的「屈伸往來」之義，其實亦承易學而來，在船山的《張子正蒙注》中，這種生死循環的觀念有更進一步的闡釋與發揮。

「往」者非果往也，「屈」而已矣；「來」者非終來也，「信」而已矣。故「死此生彼」非有區畫之報，而歸於大化之絪縕。善吾生者所以善吾死，屈則鬼而信則神，聽其往來之自致，而貞一之體不喪，則清剛和順之德不息於兩間。形神聚散，交無所亂矣。[10]

引文先釋〈繫辭下傳第五章〉的原文「屈信往來」之義，謂生氣之「往來」並非截然斷裂之兩橛，而是像一指之「屈伸」，[11]屈而必伸，伸久必屈。再者，生死循環（死此生彼）並無界限分明的受報對象，而是所有生氣皆融入太虛神化，成為太和之氣的一部分，代表個體性將永遠消失。其中「大化絪縕」者，顯然承自橫渠正學。[12]從生命倫理觀的角度說，船山引用《莊子・大宗師》的「善吾生者乃所以善吾死」，謂「善生」即能「善死」，表示身心經驗創造的正向訊息，不因死亡而消滅，而是回歸兩間，儲存於太虛整體。至於所謂「鬼神」，船山亦引用《正蒙》之說，謂「鬼神」即陰陽二氣之往來聚散，[13]二氣或鬼或神有其本身的規律，人應聽任其變化，而非妄想控制聚散。在氣化循環的過程中，生命之氣無論屈信、聚散、往來或鬼神，寫入氣中的「貞一之體」並不因狀態變化而喪失分毫。從生命政治觀的角度說，「貞一之體」就是個體創造的正向生命訊息，具有清剛及和順兩種性質（健順二性），這種清和之氣一旦回歸

---

10 見《船山全書第一冊・周易內傳》（長沙：嶽麓書社，1988年），頁590。
11 船山曰：「『屈信』以指喻，同此一體，特用異耳。『屈信相感』者，達於屈信之理，而感其心以不凝滯於往來之跡，而於屈存信，於信存屈也。」見《船山全書第一冊・周易內傳》（長沙：嶽麓書社，1988年），頁590。
12 船山註解《正蒙》「太和所謂道，中涵浮沉、升降、動靜相感之性，是生絪縕相盪，勝負屈伸之始」一段時，嘗云：「勝則伸，負則屈；勝負屈伸，衰王死生之成象，其始則動之幾也。此言天地人物消長死生自然之數，皆太和必有之幾。」見《船山全書第十二冊・張子正蒙注》（長沙：嶽麓書社，1988年），頁16。
13 船山在《正蒙》「鬼神者，二氣之良能也」下注云：「陰陽相感，聚而生人物者為神；合於人物之身，用久則神隨形敝，敝而不足以存，復散而合於絪縕者為鬼。神自幽而之明，成乎人之能，而固與天相通；鬼自明而返乎幽，然歷乎人之能，抑可與人相感。」見《船山全書第十二冊・張子正蒙注》（長沙：嶽麓書社，1988年），頁33-34。

天地造化，便可透過氣化循環的機制，創造未來世界的祥和清明（復聚賢哲）。引文最後，船山再度引用《張子正蒙注》中的說法，謂神聚爲形，形散爲氣，這種形神之間的聚散相循，並不影響氣中持藏的生命訊息（新訊息覆蓋舊訊息的情況另計），故健順之德順其故而不亂。[14]

主體因道德實踐而創造的貞一神氣死而不亡，可在天地之間反覆聚散，形成生態環境的平衡與政治局勢的穩定，此爲船山生命政治觀固有之義。若就其實際效益而論，正向生命訊息可以贊助天地造化，代表天人之間存在某種良性的互動關係，所以提出了「天人相酌」之論：

> 是故《詩》、《書》、《禮》、《樂》以敦其教，綱常秩敘以峻其防，功不預擬於將來，事必先崇於今日，爲埤益之，勿吝留之。正婚姻以厚男女之別，謹饗食以制飲食之度，猶日無朒朓而月有盈虛也，猶寒暑相半而和勝於寒以助溫也，則聖人與天地之相斟酌深矣。[15]

儒家的道德實踐預取人際關係網絡的存在，關懷個體與群體的互動規範，具有明確的社會性質，人心之理與社會之事密不可分。從社會規範的角度來說，禮教大防是判斷個體身心活動是否道德的準繩，故欲實踐道德，必先確立禮法規範。因此，船山以爲學者如欲修養品德以留存神氣，必須以傳統儒家經典作爲道德教化的基礎，並以綱常秩序做爲立身處世的原則。換言之，未來世界的祥和清明，建立在生命當下的道德實踐。然而，這些實際效益與個體報償之間無因果關係，所以道德實踐創造的貞一神氣，並不屬於個體私有，而是裨益來世與群生。即此而論，人類的道德實踐可以產生贊助天地的正向能量，預備未來世界的祥和。船山以爲道德實踐固然

---

14 文中「形神聚散，交無所亂」亦呼應《張子正蒙注》對「天地之氣，雖聚散、攻取百塗，然其爲理也，順而不妄」的註解，船山曰：「故善氣恆於善，惡氣恆於惡，治氣恆於治，亂氣恆於亂，屈伸往來順其故而不妄。」見《船山全書第十二冊·張子正蒙注》（長沙：嶽麓書社，1988年），頁19。

15 見《船山全書第一冊·周易外傳》（長沙：嶽麓書社，1988年），頁1047。

繫屬主體，但社會規範則來自聖人制定的禮教，例如制定婚姻與宴饗等行為規範，使人類的飲食男女之欲均能有合理合法的滿足，代表這些禮教制度其實在引導群體創造正向的生命訊息，進而影響太虛整體的持藏內容。此外，聖人贊助天地不僅局限於社會領域，那些正向訊息亦可外溢自然環境，輔助自然運行之不足，例如日相雖無朒朓，[16] 但月相有盈虛，故正向訊息可彌補月氣之虛欠；又如四季循環本寒暑相半，但正向訊息可以在節氣過渡時扶溫抑寒。換言之，船山的生命政治觀其實連結了人文與自然，橫跨道德理性與宗教信仰兩個領域。最後，船山有鑑於聖人對社會群體與自然天體的影響力，提出「聖人與天地之相斟酌深矣」，強調人類的生命訊息可以贊助太虛造化。

　　根據前述「屈伸往來」與「天人相酌」諸義，船山以「珍來愼往」總結易學生命論之精神，並以此批判佛教之「報身」與「涅槃」：

　　且今日之來，聖人之所珍也；他日之往，聖人之所愼也。因其來而善其往，安其往所以善其來，物之來與己之來則何擇焉！是則屈於此而伸於彼，屈於一人而伸於萬世，長延清紀，以利用無窮。尺蠖之信而龍蛇之存，其機大矣。故生踐形色而沒存政教，則德遍民物而道崇天地。豈舍「安身」以求「入神」之效也乎？唯然，故不區畫於必來，而待效於報身也；抑不愁苦於必往，而苟遯於不來也。[17]

引文雖然不長，但其中涉及若干關鍵，必須略作伸說，下文分點析論。

1. 何謂「珍來愼往」：引文指出往來循環只是生命的過程，唯有「珍來愼往」（即善生善死）才能決定生命的品質，這正是聖人建立禮教的目的。所謂「珍來」，即指個體透過道德實踐充分發揮人性，創造正向生命訊息；至於「愼往」，則指人類生命終結之後，必須把貞一

16　「朒」即朔之月相，「朓」即晦之月相，兩者皆月相之虧蝕貌。
17　見《船山全書第一冊・周易外傳》（長沙：嶽麓書社，1988年），頁1047。

神氣歸還造化。故「珍來」即可「愼往」，「善生」即可「善死」，「存順」即可「沒寧」，這些說法看似相異，但意義相同，其實就是前述的生命倫理觀。

2. 獲益對象：不過，船山也表示生命的循環並無固定不變的主體，所以只要神氣回歸造化，個體同一性即不復存在，即使原本的神氣又再聚合新生，也因隨機組合的關係，自己不再是自己，而是不可知的他物。對此，船山直言「物之來與己之來何擇焉」，以爲不必用狹隘的個體立場來看待生死循環，畢竟自己與萬物都只是神氣的短暫聚合，神氣才是貫徹生死的主角。換言之，到底是何者更生不是重點，而是省察自己是否能在有限的生命過程當中，創造正向的生命訊息。因爲生命之氣一旦回歸兩間，即可藉由氣化循環，再生未來的無數新物（屈於一人而伸於萬世），所以何種品質的內容歸還太虛，才是至關緊要的問題。如果遺留的是正向訊息，即可延長未來世界的祥和清明，並因其反覆聚散，創造無窮的正向效益（利用無窮）。由是觀之，〈繫辭下傳第五章〉爲了說明屈信循環之理而舉出的「尺蠖」與「龍蛇」，其實皆具重要的生命意義，表示生命之氣只有屈伸而無生滅。

3. 道德實踐的永恆價值：追根究柢，道德實踐其實是「珍來愼往」與「利用無窮」的基礎，若套用筆者的說法，生命的修養議題實爲倫理議題和政治議題的根本。在此，船山引用《孟子·盡心》的「形色，天性也。唯聖人然後可以踐形」，闡釋聖人以道德實踐和禮樂制度贊助天地造化，推動群體實踐，創造正向的巨量訊息（餘清），對未來世界的生民與萬物，產生無遠弗屆的影響，以及難以估算的正面效益，故聖人的重要性可與天地並列（德遍民物而道崇天地）。船山以爲《周易》原文所云之「安身」與「入神」，其實就是以「安身」代表道德實踐，以死後「入神」代表贊助造化。[18]

18 船山在晚年的《周易內傳》中，對「入神」與「安身」皆有細膩的詮釋，認爲橫渠《正蒙》的「事豫吾內，求利吾外」及「素利吾外，致養吾內」，即承此而來。簡言之，即「內外交養之功」（安

4. 批判唯識報身與涅槃：易學的生命論述既明，船山即據之批判佛教唯識學的生命論述，駁斥「報身」和「不來」之說。就「報身」而言，由於論述簡略，不清楚船山是取一般意義的「受報之身」，即阿賴耶識蘊結之「後有身」；[19] 還是取《成唯識論》所說的「自受用身」，即歷經近於無窮時間而修得之圓滿清淨色身。[20] 然不論取自何義，並不影響此處的理解，因為兩者皆涉及獨受果報的輪迴主體。換言之，這種生命觀依舊犯了「死此生彼」的老毛病。船山以為生氣只要歸返太虛，個體同一性即消融於整體之中，根本無所謂「區畫」（個體與他物的界線）可言，故「報身」之說實屬戲論。就「不來」而言，船山其實是批判佛教的「涅槃」思想，因為佛教認為生命可以進入一種滅盡無餘，脫離輪迴的特殊狀態，甚至以此作為畢生（或各期生死）追求的理想。對此，船山則從氣化循環的角度，否定生命脫離輪迴的可能性，以為「涅槃」只是佛教苦惱生命之必然更生，而想出來的逃避辦法（苟遯於不來），殊不知人類身死氣散之後，內在神氣必隨天地造化而反覆更生，根本不可能恆留太虛。

在分辨儒、佛兩家對生死循環的見解之後，船山據〈繫辭下傳第五章〉「憧憧往來，朋從爾思」，總結佛教因為一念之差，誤認果報自受，從而衍生「始善終惡」之弊：

若夫迷於「往來」之恆理，惑其「憧憧」，而固守己私，以覬他生之善，謂死此生彼之不昧者，始末嘗不勸進於無惡。而怙私崇利，離乎光大以即卑暗，導天下以迷，而不難叛其君親。聖人有憂

身養內，入神利外），與引文以「安身」為「入神」的基礎，兩者重點略有不同。見《船山全書第一冊・周易內傳》（長沙：嶽麓書社，1988年），頁591-592。

19 船山云：「『後有身』，中有身遇父母交合，見一線之光，投入母腹。……以後生髮毛指爪，具諸浮塵根，至於出胎，其受想行識即隨色住。」見《船山全書第十三冊・相宗絡索》（長沙：嶽麓書社，1988年），頁551。

20 筆者此處的解說依據《成唯識論》對《唯識三十論》最後一頌「大牟尼名法」的詮釋。見于凌波《唯識三論今詮》（臺北：東大圖書公司，2016年），頁267。

之，故於此三致戒焉。[21]

「憧憧往來，朋從爾思」本咸卦九四爻辭，〈繫辭〉則闡發其義蘊，論述屈信遞嬗之理，船山以爲這兩句話道破生命之氣循環不息的眞相（有往有來）。相較之下，佛教雖知生死輪迴之義，但卻追求往而不來的「涅槃」，冀望個體永遠脫離氣化循環，這表示彼等沒有眞正明白聚散無恆之理。所謂「憧憧往來」，往來不定之義也，豈可恆往而不來（寂滅）。佛教另外一個大問題是誤認果報自受，故修行的目的其實是爲了利己，今生播下善因，遂可覬覦來世的善果，故謂阿賴耶識可以貫徹生死（死此生彼），善果純由自受。船山表示若把積德行善當成投報行爲，或許可以在初修佛法的時候勸人不造惡業，但其胸襟格局受限一己，仍將衍生其他弊病。因爲這種只知個體效益（怙私崇利）的生命論述，徒見私利（卑暗）而不見公益（光大），變相鼓勵修行者脫離一切人際關係，獨善其身，導致叛離君王（政治關係）和背棄雙親（倫理關係）的後果。然而，倫理關係與政治關係均爲儒家思想的核心價值，是人類生命的存在意義，一旦抽離這些關係，人則不再爲人矣。因此，船山認爲三代之世雖尚無佛教之禍，但聖人已預先將此種憂慮寄託在易學之中，正是爲了告誡未來世界的無數生民。

從客觀角度說，船山如此的詮釋方式是否有託古論今的問題，不無商榷的餘地，然不論易學是否眞有排佛之義，皆不妨礙船山的理論訴求，即力持生命政治觀的「公諸群生」與「往來不息」，批判佛教唯識學的「果報自受」與「涅槃無餘」。申言之，如果「德福一致」是人類生命存在必須面對的終極問題，那麼船山的生命政治觀與阿賴耶識輪迴，其實是從不同角度處理同一件事——生命政治觀是整體的德福一致，而阿賴耶識輪迴是主體的德福一致，歧異的背後則觸及了儒家與佛教最根本的關懷對象有所不同。若儒家關懷的是人與人的關係，生命政治觀就是從公益的角度，

21 見《船山全書第一冊·周易外傳》（長沙：嶽麓書社，1988年），頁1048。

314

王船山氣化生命論

闡述德福一致如何貫徹生死聚散。

三、小結

　　船山易學高舉〈繫辭下傳第五章〉的「屈信往來」，當作儒家生命論述的樞紐，並以此批判佛教唯識學的輪迴觀念。雖然表面上儒、佛兩家的理論立場勢同水火，但船山的問題意識（果報對象、生命歸宿、生死循環）與論述模式（生命之氣記錄生命訊息、生命訊息恆藏太虛整體），實皆襲取了佛教唯識學的「理論輜重」，並因此激盪出別開生面的創造力。

　　析言之，生命政治觀與佛教唯識學的平行對應關係頗為明顯，例如針對阿賴耶識貫徹生死和持種受報，船山提出「氣化無心」與「代堯國桀」，前者擊破貫串生死循環的個體同一性，後者則擴展生命訊息的影響對象。又針對唯識學忽略的政治議題，提出由執政者或政權主導的群體實踐，可以創造巨量訊息，形成阿賴耶太虛中的「餘清」或「餘濁」，決定未來世界的治亂隆污。簡言之，船山從唯識學關注的個人世界，邁入儒家重視的歷史世界。若生命政治觀是船山史論的理論基盤，則其中若干難以解釋的奇論，或許皆可獲得解答。

　　針對生命訊息衍生的實際效益，船山則批判唯識學「死此生彼，果報自受」的說法，認為生命效益的所有權不歸個體擁有，而是由未來世界的群體繼承，故提出「德歸天地，公諸群生」之說。這是因為個體生命一旦氣散回歸，個體即渾融於太虛整體，個體既無，又何來自受。由是觀之，船山取消貫徹生死的個體同一性（例如阿賴耶識），在於洞察佛教果報說隱含的投報思維，直指佛教修行只是為了獲得來生私利，尋求個體解脫，故批評佛徒「春播秋穫，錙銖必較」。更嚴重的後果是，人若只關心個體利益，則一切人際關係盡屬羈絆，故君王可以背叛，雙親可以拋棄，此即船山所謂「始善終惡」也。

　　船山易學中的生命政治觀，從群體公益的角度詮釋道德實踐的效益，其中重點有二：一是個體生命之氣雖然消融於整體，但個體生命訊息恆存不亡，個體即便形神俱散，氣中的「貞一之體」卻可反覆再生，且不改其

健順之性；二是正向生命訊息不僅恆存不亡，還可贊助太虛整體的造化機能，代表天人之間存在某種的互動關係，所謂「天人相酬」，即指人類（尤其是聖人）可以透過道德實踐改善未來世界的生態環境與政治局勢。

　　總之，船山建立生命政治觀，大體是針對佛教唯識學的「報身」與「涅槃」而發，試圖從儒家的立場重新省察效益誰受與生死循環的問題，故以公益與私利批判「報身」思想（個體受報），又以易學的「憧憧往來」（往來無恆）駁斥「涅槃」的滅盡無餘。由是觀之，生命政治觀其實是儒家氣學與佛教唯識學混血之後的產物，這種理論創造力源自「跨界域激盪」。

第二節　張子學的恆治與恆亂

　　相較於船山易學與船山莊學中的「長篇專論」，船山張子學的生命政治觀相對簡略。就前者而言，兩書中皆有關於生命政治觀的完整論述；就後者而言，多半由橫渠之言順帶論及，基本上點到為止，且幾乎集中在〈太和篇〉中。

　　雖然如此，船山張子學仍有若干理論問題值得深究，其中最關鍵者，在於船山明確提出「治氣」與「亂氣」的觀念，將由執政者領導的群體實踐經驗，在群體世代交替之後，轉成阿賴耶太虛中的巨量訊息。接下來，船山即據「治氣」與「亂氣」之說，順勢提出「萬年不滅」的觀念，討論恆治與恆亂之義，筆者以為這些議題其實已逾橫渠正學既有之規模。此外，「存神盡性」與「氣歸太虛」的終極目標，實即修養論述以及倫理論述的意義所在，終必導向「為功於神」的生命政治觀，方可獲得全盤解答。換言之，生命政治觀乃貫串船山張子學的關鍵理論。

　　下文即就船山張子學中有關生命政治觀的各項議題進行析論。

一、善惡治亂反覆重聚

　　首先，船山在註解「物之初生，氣日至而滋息；物生既盈，氣日反而游散」時，提出生命之氣記錄身心活動經驗，這些生命訊息不因死亡消失

之說，並謂生命訊息終將回歸氣化循環，決定未來世界的自然環境與政治局勢：

> 有形則有量，盈其量，則氣至而不能受，以漸而散矣。方來之神，無頓受於初生之理；非畏、厭、溺，非疫癘，非獵殺、斬艾，則亦無頓滅之理。日生者神，而性亦日生；反歸者鬼，而未死之前為鬼者亦多矣。所行之清濁善惡，與氣俱而游散於兩間，為祥、為善，為眚、為孽，皆人物之氣所結，不待死而為鬼以滅盡無餘也。（動物篇）[22]

文中認為當生物有其身體之後，生命的限度也因此確定，而當生物的生理發展成熟之後，則其所接收之氣日減，直至死亡披散，回歸氣的形式。換言之，生物的生命發展皆為漸進過程，沒有突然改變的定點，代表人體是一個可以交換能量的開放系統，故非僅在初生之時「頓受」太虛神氣，同時若非不當外力介入（其中畏、厭、溺出自《禮記・檀弓》，皆意外橫死之類），也不會「頓滅」為鬼氣（神即氣之來聚成物，鬼即氣之往散太虛）。[23] 簡言之，生理發展是神氣日至與鬼氣日亡的漸進過程。不過，船山的氣化生命論不只可以詮釋生理發展，亦可據之詮釋心理發展，因為人類心性也是源自神氣，故心性亦如身體一般，屬於可以交換內容的開放系統，新的訊息可以不斷覆蓋舊的訊息。其中最特別的是，這些生命訊息可以貫徹生死，恆存兩間，故人類畢生所存之清濁及所為之善惡，均不因事過或死亡而消滅，而是永遠記錄在生命之氣當中（所行之清濁善惡與氣俱），決定氣的品質。在人死氣散之後，這些生命訊息則隨同氣化循環周流天地，反覆聚散而性質不改（在沒有新訊息覆蓋的情況下）。太虛中儲

22　見《船山全書第十二冊・張子正蒙注》（長沙：嶽麓書社，1988年），頁102。

23　船山在「鬼神者，二氣之良能也」下云：「陰陽相感，聚而生人物者為神；合於人物之身，用久則神隨形敝，敝而不足以存，復散而合於絪縕者為鬼。」《船山全書第十二冊・張子正蒙注》（長沙：嶽麓書社，1988年），頁33-34。

存的清氣善氣可重聚爲環境中的祥和良善，而濁氣惡氣則重聚爲環境中的災難禍害，[24] 代表個人品格具有永恆的價值與效益，不因死亡而「滅盡無餘」。必須特別辨明的是，船山的結論顯然是針對佛教「涅槃」之說，但其論述模式卻又受到唯識學的影響，表示船山否定佛教的生命目的，卻有所擇汰地吸收佛教的論述模式，故其所謂「人性日生日毀」，或「善惡化氣」諸論，與阿賴耶識可以不斷更新持藏內容，現行熏習善惡種子，其實都是「跨界域」之後的產物。[25]

透過上文論述可知，船山的生命政治觀認爲人類的善惡言行，會經由生死循環的機制影響自然環境與政治局勢。在註解「天地之氣，雖聚散、攻取百塗，然其爲理也，順而不妄」一段，船山則將政治治亂逕視爲氣之聚合：

> 「聚」則見有，「散」則疑無，既聚而成形象，則才質性情各依其類。同者「取」之，異者「攻」之，故庶物繁興，各成品彙，乃其品彙之成各有條理。……故善氣恆於善，惡氣恆於惡，治氣恆於治，亂氣恆於亂，屈伸往來「順其故而不妄」。（太和篇）[26]

引文雖然簡短，但討論內容籠罩甚廣，下文分數點析論。

1. 論聚散：天地之氣的「聚散」，容易被感官能力有限的人類誤認爲「有無」，但事實上，氣恆存於兩間。此外，只要氣聚合爲具體的事

---

[24] 船山以氣的記錄功能建立善惡言行的永恆意義，並據善惡訊息詮釋世間的祥順與災眚，此皆就人類獨得之道德性能而言。但在本段中，卻言一切善孽「皆人物之氣所結」，此中「物」若指動物而言，則動物行爲既不得分辨善惡，如何能有祥眚可結？筆者以爲這件事牽涉訊息覆蓋的問題，動物全憑本能活動，沒有道德實踐能力，故無法寫入新的生命訊息，這代表其生命之氣清濁不改，但不能說摶造動物之氣本無情濁性質。另一旁證是後文詮釋「反之爲鬼」處，唯言「歸者人之能」，而不說「歸者人物之能」，可見船山所謂的善惡僅就人類而言，而不及動物。見《船山全書第十二冊·張子正蒙注》（長沙：嶽麓書社，1988年），頁102。

[25] 吳立民：「船山深入佛道之藏，採擷其精華，爲己所用。……他從佛家法相唯識學中，以『八識』說『性』，解決了『性』的問題。……他從唯識種子熏習說中，提出『性日生日成』的命題。」見氏等著：《船山佛道思想研究》（長沙：湖南出版社，1992年），頁10。

[26] 見《船山全書第十二冊·張子正蒙注》（長沙：嶽麓書社，1988年），頁19。

王船山氣化生命論

物，必因其物類構造之差異，而各有特殊之性能（才質性情）。

2. 論攻取：天地之氣的「攻取」，其實是由構造性質衍生的分類原則，船山以為萬象萬物既成，則無論自然現象或生命形態，物類相同者彼此依附（取），相異者彼此拒斥（攻），故萬物因其構造異同而各成一物類（品彙），每個物類背後皆有其獨特之性能（條理）。

3. 論順故不妄：就「聚合成類」的角度說，萬象萬物有其不變的性質與類別。從「散發有別」的角度說，人類為天地萬物之靈秀，不僅氣聚而生時有迥異於禽獸草木的性能，當氣散而亡時身心活動所造就的善惡，乃至群體實踐所導致的治亂，只要有善惡治亂產生，則不論「人亡」或「政息」，都不會隨之消失，而是轉換成生命訊息記錄氣中，以氣的形式恆存於阿賴耶太虛，故謂「屈伸往來順其故而不妄」。申言之，在船山張子學中的生命政治觀，道德與政治共用相同的論述模式，兩者只有數量上的差異，而沒有本質上的區別，善惡與治亂皆可創造生命訊息，只是前者為個體生命所獨造，而後者則是群體世代之共創。簡言之，道德善惡產生單筆訊息，政治治亂則形成巨量訊息。

　　不過，在下文的討論之前，此處必須先解決一個理論問題：船山既言生命訊息可以覆蓋更新，又說生命訊息是恆存不滅，這個看似矛盾的說法，應當如何解釋？筆者以為這個問題當與易學中的「代堯國桀」合觀，[27] 亦即記錄生命訊息之氣可以無窮地延展與分化，所以舊的生命訊息雖在更生新人後，因新的生命訊息不斷覆蓋而逐漸縮減，但這只是逝者生命訊息的一部分，姑且不論這個部分是大是小，總之並非逝者所有的生命訊息。因此，船山運用氣的可分散性，解決了生命訊息既能更新（新生者）卻又恆存（舊生者）的矛盾，故更生新人之氣可不斷更新，仍在太虛之氣則恆存不滅。此理既明，便可繼續下文討論。

　　這種善惡治亂恆存太虛的觀念，亦見「氣之為物：散入無形，適得吾體；聚為有象，不失吾常」下的註解，船山曰：

27　見《船山全書第一冊・周易外傳》（長沙：嶽麓書社，1988年），頁1045。

「聚而不失其常」，故有生之後，雖氣稟物欲相室相桔，而克自修治，即可復健順之性。「散而仍得吾體」，故有生之善惡治亂，至形亡之後，清濁猶依其類。（太和篇）[28]

引文主要闡發橫渠原文「吾常」、「吾體」之義，「吾常」就生前聚合立論，謂人類的生命之氣本具理則；「吾體」則就死後析離而言，謂身心活動決定生命之氣的品質。換言之，所謂「不失吾常」實即道德實踐如何可能的問題，而「仍得吾體」則爲道德實踐的結果問題。就道德實踐如何可能而言，人類的生命構造本具健順之性（吾常），故雖有先天才具（氣稟）與後天嗜欲（物欲）的束縛，仍能展現自身的主體自由。就道德實踐的結果來說，船山則進一步發展橫渠的「氣散不滅，回歸太虛」之說，另外賦予生命之氣記錄身心經驗的功能，故生氣散發之後，這些生命訊息亦將轉存於阿賴耶太虛，此即生命倫理觀。但生命倫理觀並非船山生命論述之全貌，因爲這些持藏生命訊息的清濁之氣，可藉由氣化循環的機制，反覆地更生重聚，永續影響未來世界的人類與環境，代表生命倫理觀必然歸向生命政治觀，才能抉發船山生命論述之深旨。

此外，船山的生命政治觀似乎也隨其年齡而有所發展，因爲在最早期的《周易外傳》中，雖亦論及由君主領導的群體實踐，但僅籠統稱爲某一世代所造就的「餘清」、「餘濁」。到了晚年《張子正蒙注》，上述引文已將早年所謂之「餘清」、「餘濁」界定爲「治氣」與「亂氣」，可見此處的「二類四氣」（清濁兩類，善惡治亂四氣），應該是船山對早年說法的補充與發展。[29]

通過上文析論，已經闡明生命政治觀中善惡治亂恆存太虛，持續影響未來世界的說法，下文可再申論生命神氣可以贊助造化之義。

---

[28] 見《船山全書第十二冊·張子正蒙注》（長沙：嶽麓書社，1988年），頁19-20。
[29] 見《船山全書第一冊·周易外傳》（長沙：嶽麓書社，1988年），頁1046。

二、全歸無累為功神化

在註解「然則聖人盡道其間，兼體而不累者，存神其至矣」時，船山則明確表達個體生命當以「存神盡性」為人類責任，如此才能在生死循環過程中「無累太虛」，不致貽害未來世界：

> 氣無可容吾作為，聖人所存者神爾。「兼體」，謂存順沒寧也。「神」清通而不可象，而健順五常之理以順，天地之經以貫，萬事之治以達，萬物之志皆其所涵。「存」者，不為物欲所遷，而學以聚之，問以辨之，寬以居之，仁以守之，使與太和絪縕之本體相合無間，則生以盡人道而無歉，死以返太虛而無累，全而生之，全而歸之，斯聖人之至德矣。（太和篇）[30]

引文之重點有四，下文依序討論。

1. 論氣之聚散與氣之品質：首先「氣無可容吾作為」，當承自前文「君子安生安死，於氣之屈伸無所施其常為，俟命而已矣」，[31] 表示既不可箝制生氣使之不散，亦不可妄求既散之氣滅盡不生，前者批判道教養生，後者駁斥佛教涅槃，謂兩者均違逆氣化循環之常則。相較之下，君子安生安死，靜俟天命之聚散，而無一毫私意。氣之聚散雖無可作為，但氣之品質則由主體活動決定，故聖人不憂生死，只關心如何「存神」。

2. 論「兼體」之義：船山以為「兼體」當指生死兩面，故「不累」即生死俱無虧欠，合言之則為橫渠〈西銘〉之「存順沒寧」。然橫渠之意似僅就全身盡孝而言，船山的「存順沒寧」卻更為深邃，乃生命倫理觀與生命政治觀的結合，強調存養神氣可以贊助造化，形成未來世界的生態平衡及政通人和。

30　見《船山全書第十二冊·張子正蒙注》（長沙：嶽麓書社，1988年），頁20。
31　見《船山全書第十二冊·張子正蒙注》（長沙：嶽麓書社，1988年），頁20。

3. 論如何實踐存神：人類心中的精神爲人類生命之精華，也是一切人倫道德與政治事業的基礎。換言之，如欲發揮人類生命的價值，必先做到存神不失。船山規劃的存神工夫大體是一個三軌並存的理論系統，包括靜坐存神、博學窮理及道德實踐，三者之間亦可互相支撐。對船山而言，所謂「天人合一」當就主體神氣與太虛神氣的相契而言。如此一來，天人之間只有分量上的差距，而無本質上的區別。換言之，實踐存神即是上達天道。

4. 論盡道之旨：船山以爲「盡道」即生時完整實踐做人應盡之道義，死時自然不在太虛之中遺留惡亂之氣，污染宇宙中的太和絪縕，故「聖人至德」並不是指聖人在有限人生中所立下的道德楷模（此爲儒家既有之義），而是說聖人能保全神氣歸還太虛整體，並透過氣化循環的機制，再生未來世界的祥和清明，形成政治領域的太平盛世（此爲船山獨到之新義）。

至於人類身心活動所遺留的生命訊息，到底可以造成多久的影響？船山則謂趨近於無窮。例如在「二者（佛、道）雖有間矣，以言乎失道則均焉」下，船山註曰：

唯存神以盡性，則與太虛通爲一體，生不失其常，死可適得其體，而妖孽、災眚、姦回、濁亂之氣不留滯於兩間，斯堯、舜、周、孔之所以萬年，而《詩》云「文王在上，於昭于天」，爲聖人與天合德之極致。聖賢大公至正之道，異於異端之邪說者，以此。（太和篇）[32]

本段引文爲船山比較三教生命論述的總結。船山依橫渠的分判，表示佛教重視死後涅槃，解脫六道輪迴；而道教強調長生不死，不入氣化循環。換言之，前者希冀死而不生，後者企圖生而不死，兩者皆偏執一端。相較之

王船山氣化生命論

---

32 見《船山全書第十二冊・張子正蒙注》（長沙：嶽麓書社，1988年），頁22。

下，儒家的生命論述兼重生死，以爲聚散循環爲生命必有之歷程，既不可執死而不來，亦不可執生而不往，故生命存在的意義不在於個體生死，而是生命應如何運用有限時間，以及死後能否遺留清氣贊助氣化循環。由是觀之，船山的氣化生命論蘊含了儒家對人類生命的關懷與洞見（當然也包括佛、道二教的精華）：如何運用生命，有生命修養觀；留下什麼生命內容，有生命倫理觀；而生命訊息如何影響世界，則有生命政治觀。又從氣的角度說，神氣不能永聚不散，故人類沒有永恆之生命，不能永散不聚，代表人類沒有嚴格意義的死亡。合言之，即氣之「生死二象性」。此一綱領既明，下文即可進一步討論引文中涉及的若干問題。

1. 論生命實踐的問題：船山認爲所謂成德之學，必須通過靜坐存養精神的「存神」工夫，達到充分實現人性的「盡性」境界，所以學者如果做到「存神盡性」，即可上通太虛（上合天道），這代表天人兩端乃同質性的存在（皆爲清明神氣）。

2. 論生命內容的問題：人類生前種種身心活動，無一不以生命訊息的形式紀錄氣中，所以實踐「存神盡性」的聖人，死後則遺留善氣與治氣，轉存阿賴耶太虛，此即前文所謂生不失「吾常」，則死能得「吾體」。

3. 論生命影響力的久暫問題：聖人藉由「存神盡性」實現人類生命的價值與使命，故可將記錄正向生命訊息的清明神氣歸還造化，而非遺留任何形態的負向濁氣，例如文中的妖孽（災害）、災眚（災禍）、姦回（奸邪）、濁亂（雜亂）等，危害未來世界的自然環境或政治局勢。換言之，船山所謂上古聖人（堯、舜、周、孔）死後的恆存之物，不是一般儒者所說的人格典範，而是彼等遺留兩間的善氣與治氣，這些清氣可以透過氣化循環的機制反覆聚散，不斷地聚合爲未來世界的生態環境，以及政治局勢。因此，在船山眼裡，《詩經·大雅文王》所謂「文王在上，於昭于天」並不是一種文學比興，而是指記

錄文王生命訊息的清明神氣萬年不滅，至今仍存兩間。[33] 總之，船山認爲「存神盡性」的影響力趨近永恆，與太虛整體同在不朽，這才是「與天合德」的極致表現。

　　申言之，船山所謂「聖人萬年」（影響不滅）應就下列兩點而言：第一，聖人位在大寶，其善政足以推動某一世代的群體實踐，創造正向的巨量訊息，這種「治氣」的影響力當然經久不衰；第二，個體生命的既散之氣可以無窮延展與分化，故其影響力雖因時間流逝而遞減，但永無消滅殆盡之日。

　　既然個體生命的既散之氣可以永存太虛整體，決定未來世界的吉凶治亂，代表人類不只是承天受化的產物而已，亦可藉由主體的實踐經驗，逆向影響天地造化的機制。在「氣與志，天與人，有交勝之理」下，船山提出天人「相爲有功」之說：

　　「氣」者，天化之撰；「志」者，人心之主；「勝」者，相爲有功之謂。唯天生人，天爲功於人，而人從天治也。人能存神盡性以保合太和，而使二氣之得其理，人爲功於天，而氣因志治也。不然，天生萬殊，質偏而性隱，而因任糟粕之嗜惡攻取以交相競，則濁惡之氣日充塞於兩間，聚散相仍，災眚凶頑之所由彌長也。（太和篇）[34]

船山釋「氣」爲天道造化之實蘊；釋「志」爲人心理欲之主宰；釋「勝」爲參贊輔助，而不取對立壓倒。故「天勝人」即上天贊助人類之生成，指

33　船山曰：「『文王在上，於昭于天』，孰見之乎？『文王陟降，在帝左右』，孰聞之乎？直言之而不愳，達言之而不疑，我是以知爲此詩者之果有以見之，果有以聞之也。我是以知：見之也不以目，聞之也不以耳也。」此謂文王雖然已無聲色可供後人聞見，但船山仍肯定作詩者是誠有所感。又謂：「是故由形之必有理，知理之既有形也；由氣之必有神，知神之固有氣也。形氣存於神理，則亦可以數數之，類應之也。故曰：『文王在上，於昭于天』，覿其形，感其氣之謂也，是以辭誠而無妄也。」船山直言後人之所感格者，乃文王萬世不滅之清明神氣也。見《船山全書第三冊・詩廣傳》（長沙：嶽麓書社，1988年），頁437、438。

34　見《船山全書第十二冊・張子正蒙注》（長沙：嶽麓書社，1988年），頁44。

上天透過氣之凝聚造人，故謂「人從天治」（氣壹動志）；「人勝天」即人類贊助天之清通，指人透過「存神盡性」的工夫，保守生命能量的太和狀態，則死後便可將此清通之氣歸還太虛，故謂「氣因志治」（志壹動氣）。[35] 所謂太和之氣，實即身心之中陰、陽二氣和諧順理的狀態，並非陰陽之外另有一種太和之氣。總之，船山以「存神盡性，回歸太虛」作爲人類生命當行之正道。否則的話，人性其實很容易受到先天氣稟的遮蔽，喪失主體自由而聽任嗜欲攻取外物，最終淪爲無惡不作之徒。從生命政治觀的角度說，那些負向的生命訊息不因死亡而消滅，而是同樣回歸阿賴耶太虛，隨氣化循環而永滯天地，反覆聚散更生，造成未來世界的自然災害與戰亂兵燹（災眚凶頑），此即出現末世之因由。換言之，人類生命固然短暫，但其所產生的影響力卻無遠弗屆，爲善可以助天，爲惡亦可害天。由是觀之，船山的生命政治觀一方面承認天道造化賦予人類生命，另一方面，則強調人類實踐可以反饋造化內容，天人之間透過人類生死進行互動（相爲有功），此與船山易學之「天人相酌」如出一轍。

這種人類生命可以「助天有功」的說法，亦見「至之謂神，以其伸也；反之爲鬼，以其歸也」一段，船山曰：

> 用則伸，不用則不伸，鬼而歸之，仍乎神矣。死生同條，而善吾生者即善吾死。伸者天之化，歸者人之能，君子盡人以合天，所以爲功於神也。（動物篇）[36]

---

35 本段引文頗能代表《張子正蒙注》中複雜的語義層次。橫渠在〈太和篇〉末所說的「氣壹之動志」與「志壹之動氣」，皆語本《孟子・公孫丑》，原文爲孟子回答弟子提出的告子之說，而延伸討論「心」與「氣」的主從問題。這一段文字歷來說法紛紜，莫衷一是，一般看法多採晦庵之見。晦庵以爲「志」如氣之將帥，「氣」如志之卒徒，故「氣壹動志」指「氣之所在專一，則志亦反爲之動」，「志壹動氣」爲「志之所向專一，則氣固從之」。見《船山全書第八冊・四書訓義下》（長沙：嶽麓書社，1988年），頁173。而橫渠之說則從萬物相感詮釋天人交勝，強調神氣可以互相感通，與孟子原意頗有距離，或可視爲個人的創造性詮釋。船山的註解則延伸至生命政治觀的領域，認爲生命之氣所記錄的善惡訊息，可以透過氣化循環的機制，不斷影響未來世界的治亂禍福。換言之，孟子之義乃第一層，橫渠之義屬第二層，船山之義則爲第三層矣。

36 見《船山全書第十二冊・張子正蒙注》（長沙：嶽麓書社，1988年），頁102。

本段聚焦人類死後氣歸太虛的問題。其中「用」與「不用」乃就生命本身的能量交換而言，個體生命接受大於歸還為「用」（伸），反之則為「不用」（不伸），當接受趨近於零，則代表生命即將終結，已散鬼氣均還原為太虛神氣。為了闡釋生命之氣的屈伸相循，船山又引用莊子的生命論述，例如「死生同條」取自〈德充符〉「以死生為一條」，而「善生善死」取自〈大宗師〉「故善吾生者，乃所以善吾死也」。但船山在此僅借用莊子之語，未用莊子之義，畢竟莊子所謂的「死生同條」或「善生善死」皆就齊一生死而言，目的在破除常人的好生惡死，實無生命之氣可以記錄善惡言行之說。甚至可以說，船山這種生命訊息影響政治治亂的理路，似乎也不是橫渠正學舊有之規模，而應當視為船山本人的創造性詮釋。回到引文，船山以「天伸人歸」重申前文「天人交勝」之理，謂「伸」即天道造化萬物，而「歸」是君子的「盡人合天」。所謂「盡人」，等同前文所說的「存神盡性」，指個體實踐經驗可以創造正向的生命訊息；所謂「合天」，則指人死氣散之後，辛勤修養之清明神氣回歸太虛，可以贊助天地神化，故曰「為功於神」。換言之，船山所謂的「歸」其實比《正蒙》原文的「歸」更為講究，畢竟橫渠把死亡一律稱為鬼氣之歸，但船山則從死亡之中揀別可以贊助造化者，方可稱為「全歸」。[37] 王敔按語也說：「全而歸之者，必全而後可謂之歸也」，代表並非所有的死亡皆可稱為「歸」，其中只有可以贊助未來世界的生態平衡與政局安定者，才有資格稱「歸」。即此而論，船山的宗教精神似比橫渠更為強烈，對天地萬物充滿了「整體責任感」。[38]

---

[37] 陳來也注意到船山的「全歸」與橫渠不同，他說：「與張載不同，船山所說的『全歸』很有講究，體味他的話，人並不是在死後便可自然地『全歸』其所從生的本體，『全歸』實是『存神』修養的結果，這就是說，有存神的工夫才能全歸本體，沒有存神的工夫則不能全歸本體。」見氏著：《詮釋與重建——王船山的哲學精神》（北京：北京大學出版社，2004年），頁312。

[38] 唐君毅嘗云：「橫渠與船山此種對天地之虔敬，正為一種宗教意識，而為彼等之重氣之哲學必然結果。蓋重氣則無論吾人之心之理，如何涵蓋天地萬物之理，而以吾人之氣與天地萬物之氣相較，吾終不能無藐然之感。夫所謂宗教意識者，其原始之一點，實即人在廣宇悠宙之大力前之一自覺藐然之感。」見氏著：《中國哲學原論・原教篇》（臺北：學生書局，2004年），頁631-632。橫渠與船山固然皆有「宗教意識」，但筆者以為船山參酌唯識學而建構的「全歸」理論，不只關注生命的循環，更重視生命循環的內容，乃至生命訊息對宇宙整體的影響力，故就宗教精神的發展程度而言，

王船山氣化生命論

生命清氣在死後贊助太虛神化的「全歸」理論，涉及道德實踐所產生的實際效益。既有效益，即可據晚明盛行的公私之辨進行分析，判斷這種效益究竟屬於公益，還是私利。船山在「聖人成其德，不私其身，故乾乾自強，所以成之於天爾」下，順勢提出清氣效益不得私有的公益觀：

> 身者，天之化也；德者，身之職也。乾乾自強，以成其德，以共天職，而歸健順之理氣於天地，則生事畢而無累於太虛，非以聖智之功名私有於其身，所遇之通塞何足以繫其念哉！（至當篇）[39]

引文指出人類身心結構源自天地造化，而道德性能即此身心結構所具之職責，如欲充分實現此一性能，必須通過自強不息的道德實踐，才能成就人性，承擔上天賦予人類的使命。換言之，所謂「乾乾自強」其實是前文「存神盡性」的另一說法，強調道德實踐可以存養個體之生命神氣，並在生命終結以後，將此一具有健順性質的生命神氣「全歸」（完整歸還，甚至擴充）天地，而非遺留濁惡之氣污染太虛。根據生命政治觀，這股清明神氣將透過氣化循環的機制，反覆聚合為未來世界的政通人和。論述至此，與前文所言遙相呼應，但本段的特殊之處則在於「非以聖智之功名私有於其身」，代表積年累月辛勤存養的生命神氣，固然可對未來世界產生無窮的實際效益，但這種效益純屬公眾，並非主體可以獨佔的私人利益，甚至可以說，這些未來效益跟主體毫無關係。因為只要人死氣散，回歸太虛，個體生命便完全渾融於太和絪縕，既然主體已不復存在，如何能有利益歸屬己身。若單就引文而言，不易看出船山借用橫渠之言（不私其身）分辨公私的目的何在，但若對照唯識學把阿賴耶識當作輪迴主體，既可貫徹三身，亦可受熏持種，承擔業力果報種種說法，[40] 則船山強調公私之辨

船山其實更勝橫渠。

39 見《船山全書第十二冊·張子正蒙注》（長沙：嶽麓書社，1988年），頁207。

40 船山曰：「『中有身』，八識離根，為七識薰染，不能解散，于虛空中摶結。」又云：「『後有身』，中有身遇父母交合，見一線之光，投入母腹。……以後生髮毛指爪，具諸浮塵根，至於出胎，其受想行識即隨色住。」或曰：「『分段生死』，如一人報盡，中有身摶聚不散，還為一人。

的旨意甚明，意在切割神氣效益與個體私利之間的連結，表示儒家的道德實踐並非投報行為，與佛教的行善目的截然不同。[41] 筆者以為此處談到的公私之辨，應與《周易外傳》中對唯識學「分段生死」的批判合觀。[42] 換言之，船山是從儒家氣學的角度，以生命之氣的聚散循環，重新詮釋德福一致的問題。

三、小結

合言之，船山認為人類生命無論身體或心性，皆為開放的交換系統，只有交換能量與交換訊息的區別，故新的訊息日生日成，舊的訊息日歸日毀，此釋《正蒙》「鬼神」之義（神為伸，鬼為歸）。

然而，針對生命訊息不斷更新與恆存不滅之間的矛盾，船山以氣之可分散性，解決了生命訊息既能更新（新生者）卻又恆存（舊生者）的矛盾，當與船山易學之「代堯國桀」（氣能無窮延展與分化）合觀。

不論生命能量或生命訊息，並不因為死亡而滅盡無餘，畢竟生命之氣可以持藏生命訊息，死亡後均隨氣化循環回歸太虛。藉由太虛神氣的重聚更生，生命訊息將決定未來世界的自然環境與政治局勢，其中的善氣、治氣可以重聚為平順和諧，而惡氣、亂氣則再生為災眚禍害。總之，生命之氣的清濁品質不因聚合成物或散發回歸而有所改變，此釋《正蒙》「順故

乃至墮三惡道，報已還復受生。或修行淨行，生種姓家，成四果。淨染因果雖異，皆隨六根而轉。識依我執，終不捨離為因；一類相緣，出沒生死為果。」見《船山全書第十三冊．相宗絡索》（長沙：嶽麓書社，1988年），頁550、551。幾段引文都在闡述阿賴耶識貫徹生死之義，雖然阿賴耶識與貫徹各期生死的靈魂不能完全畫上等號，但畢竟是接受果報業力的主體。

41 陳來亦觀察到《張子正蒙注》中的相關問題，他說：「我們說船山此種思想（筆者按：把善惡與生死關聯起來的神祕自然主義）可能受到明末民間宗教的影響，並不是說這種說法一定直接來自某一民間宗教或善書，在我看來更為可能的是，船山受到此種思想的刺激，及『生死事大』的影響，意識到善惡報應論的意義；但他又不想採取民間宗教的地獄報應說、子孫報應說等庸俗的形式，故而採取了一種把善惡報應和感應附加於氣論的形態，使之仍然保持為精英士人的哲學性話語。」見氏著：《詮釋與重建——王船山的哲學精神》（北京：北京大學出版社，2004年），頁325。陳氏能察覺船山善惡化氣論與當時宗教背景的關聯，並能點出船山的獨到之處，誠然有其卓識，但他判斷這種影響來自「民間宗教」，又稱這種觀念為「神祕自然主義」，並把宗教倫理貶低為「庸俗」，這些論點則非筆者所能認同。

42 見《船山全書第一冊．周易外傳》（長沙：嶽麓書社，1988年），頁1046。

不妄」之義。

　　道德善惡與政治治亂雖然共用氣化循環的論述模式，但彼此仍有區別，前者爲個體創造的單筆訊息，後者則爲世代創造的巨量訊息。在船山張子學中，這些生命訊息均被統整爲「二類四氣」——清濁分爲二類，善氣治氣屬清，惡氣亂氣屬濁，或可視爲早年「餘清」、「餘濁」說的進一步發展。

　　再者，船山深化詮釋橫渠的「兼體不累」，認爲此即〈西銘〉所云之「存順沒寧」，意指生命實踐的內容影響未來世界的治亂隆污。換言之，生命修養觀是根柢，生命政治觀爲結果，中間則以生命倫理觀爲媒介，代表氣化生命論的眞正意義必至生命政治觀方可全幅開展。簡言之，船山張子學是以「存神盡性」爲基礎，「回歸太虛」爲中介，「爲功於神」爲目標，強調生命主體的整體責任感，故須常保自身稟受之健順理氣，死後歸還天地，贊助太虛神化，而不可遺留濁惡之氣污染兩間，干擾陰陽之至和，此亦《詩經》「文王在上，於昭于天」之義。船山表示這一切的辛勤付出都是爲了公益，而無任何私利夾雜其間，畢竟個體生氣一旦回歸太虛，便渾融於宇宙神氣，不復可分彼我，故無來生果報可言（個體已無，何來受報），隱然批判唯識學以阿賴耶識爲輪迴主體的謬誤。換言之，宇宙中既無永恆存在的主體（長生不死），亦無嚴格意義的死亡（滅盡無餘），此即太虛神氣之生死二象性。

　　一言以蔽之，船山生命修養觀與生命倫理觀的終極意義，必至生命政治觀而盡抉其藏，代表政治議題乃整套氣化生命論中極爲關鍵的理論拼圖。

第三節　莊學的相天與賊天

　　在船山莊學中的生命政治觀，亦爲生命倫理觀之延伸，他認爲記錄個體生命訊息的神氣，會在個體死亡之後回歸太虛，透過氣化循環的機制再生新物。如此一來，原本或純或雜的生命訊息，將因氣的延展性質跨越時空，分化爲不同的生命形態。

其中復生為人類者，則由稟氣之純雜決定個體先天條件之優劣，這些承載特殊生命訊息的群體，再依其生命經驗共創政治局勢之治亂。由是觀之，船山莊學的生命政治觀，實亦隱含宗教意味的太平論或末世論，但此說並未見諸船山易學與船山張子學（或說雖有此義，但不明顯）。

不過，個體生命之氣除了既有的生命訊息外，還可透過後天的身心活動繼續寫入嶄新的生命訊息。析言之，人類生命之氣的性質，其實是由先天條件與後天因素共同決定，而後天的生命訊息可以不斷覆蓋先天的生命訊息，逐漸轉雜成純或轉純成雜，最後再度回歸阿賴耶太虛，進而影響政治局勢和自然生態。

船山莊學反覆強調主體的身心修鍊，可以決定形精之氣的純雜：精純之氣回歸天均整體，可以輔相天地造化；至於駁雜之氣回歸天均整體，則將賊害太虛神化。換言之，人類所有的生命訊息，其實是在一個類似陶均圓轉的宇宙架構中不斷流動，生命形態的區分只是短暫的現象。總之，凝神相天及天均之運共構生命政治觀之樞紐，兩者缺一不可。下文即就相關論述所涉之理論問題，逐一闡釋其內涵。

一、純氣相天與雜氣賊天

在船山莊學中，涉及生命政治觀的論述幾乎都集中在外篇〈達生〉以及雜篇〈庚桑楚〉，故下文討論將以這兩篇為主軸，並參考他篇可供補充者，闡釋船山莊學中的「相天」與「賊天」之義。

在「得吾道者，上為皇而下為王；失吾道者，上見光而下為土」一段，船山揭櫫人類既散之氣可以干擾自然造化之義：

蓋自攖其心，則仰而見陽之浮光，遂以為明；俯而見陰之委形，遂以為冥。魂逐光而魄沉於質，則方生之日，早入於死，以其自死者死天下。日月之光所以荒，雲雨之所以錯，草木之所以凋，皆民喜怒湮滯飛揚之氣干陰陽之和召之也。夫死固不能不死矣，必反於土矣，而至陽之明不亂於浮光，則至陰之冥不隨形以陰為野

土。則天地爲無窮，物皆在其所含之中，無有可說以相攖者，相就以化，緝緝常存而去其昏，群生遂矣，皇王之道盡矣。（在宥）[43]

本段以既返之氣的性質詮釋原文的「得道」與「失道」，謂生命之氣的純雜，足以影響太虛，隱約觸及相天與賊天之旨，例如「以其自死者死天下」（賊天）及「緝緝常存而去其昏」（相天）。船山以爲個體身心狀態決定氣散時之純雜，而所謂身心狀態，主要指精神能否凝聚專一而不受外物攖擾。這些攖擾可分從身心兩端來說，例如心魂（心靈意識）追逐外界光景，或形魄（身體知覺）沉溺外物滋養，主體精神（具身心二象性，並非純屬心理層面）過度耗散的結果，魂魄將析離爲二（亦即死亡）。船山在此引用《禮記・郊特牲》之說，據「魂氣歸於天，形魄歸於地」詮釋「上見光而下土」，按語謂「死則昭明升上，形魄降下」，其中「昭明」即指昭明之氣，乃「魂氣」的另一種說法。[44] 人若因爲身心「失道」而死，則不止斲傷自己的生氣（自死），這股駁雜之氣亦將侵入天地造化，隨氣化循環賊害整個自然環境（死天下），所以諸如日月黯淡、雲聚不雨、草木提前凋謝等氣候異常現象，都是人類死後的「湮滯飛揚之氣」造成的。換言之，記錄負面生命訊息的駁雜之氣，能透過氣化循環干擾宇宙中的陰陽至和之氣，可見在生命政治觀之中，其實也包含了生命生態觀，代表人類既散之氣不僅影響政治，並且及於自然。「失道」之義既明，船山則繼續解釋何謂「得道」。生命之氣的聚合必有終結，終結之後必有歸處，故人類生命的責任即在修鍊身心還歸太虛，透過鍛鍊所得之形精，實即記錄正向生命訊息的「魂氣」與「形魄」，兩者均可贊助天地造化。如此一來，眞人的精純之氣綿綿長存，消融了宇宙中原本充斥的惡戾之氣，再造未來世界之天地群生，此即船山所謂「皇王之道」也。

在註解「精而又精，反以相天」一段時，船山重申清純之氣贊助太虛

43　見《船山全書第十二冊・張子正蒙注》（長沙：嶽麓書社，1988年），頁211-212。
44　船山曰：「魂依氣，魄依形，氣散而魂在天爲昭明，形壞而魄在地爲焄蒿。」見《船山全書第四冊・禮記章句》（長沙：嶽麓書社，1988年），頁662。

造化的實際效益：

> 若兩者（筆者按：形與精）能無喪焉，則天地清醇之氣，緣我
> 而摶合。迨其散而成始也，清醇妙合于虛，而上以益三光之明，下
> 以滋百昌之榮，流風盪于兩間，生理集善氣以復合，形體雖移，清
> 醇不改，必且爲吉祥之所翕聚，而大益於天下之生。則其以贊天之
> 化，而垂於萬古，施於六寓，殽於萬象，益莫大焉。至人之所以亟
> 養其生之主者此也。（達生）[45]

首先，船山在原文「反以相天」下有按語，謂「助天之化理，恆有清氣
在兩間以成化」，可見此處之贊助造化，乃指既散之清氣而言。故引文
開頭即云人類若能不喪其形精，則生命終結之後，散發的生命之氣，將化
爲天地間的清醇之氣。至於如何持守形精，船山在前文中總結爲「不資外
物」，[46] 實即凝神內守，不使外馳逐物，當屬前述之生命修養觀。而記錄
了個體生命訊息的清醇之氣則回歸太虛（清醇妙合于虛），進入氣化循環
之中，在天地間往來流通，影響自然生態與政治局勢。就生態效益而言，
船山的說法與〈在宥〉相當，謂此清醇之氣可上益日、月、星三光，下滋
植物之生長。此語乍看玄妙，若以現代科學語言釋之，似指太陽能與植
物葉綠體之間的「光合作用」（photosynthesis），只是船山受限於當時
的知識水準，只能就其直觀籠統地說植物生長與自然光有關。換言之，船
山的生命生態觀很可能是宗教學與自然科學的奇妙結合，所以甚難置入現
代的知識體系。就政治效益而言，造化機能則運用這股清醇之氣再生新
人，氣中的個體同一性雖然完全消失，但清醇的品質不變，故可在人間建
立天賦優異的祥和世代（吉祥之所翕聚）。若從信仰的角度來說，這當中

[45] 見《船山全書第十三冊‧莊子解》（長沙：嶽麓書社，1988年），頁293。
[46] 船山曰：「唯於其生也，欲養其形而資外物以養之，勞形以求養形，形不可終養，而適以勞其形，
則形既虧矣；遺棄其精于不恤而疲役之，以役於形而求養，則精之虧又久矣。」見《船山全書第
十三冊‧莊子解》（長沙：嶽麓書社，1988年），頁293。

似乎也隱含某種宗教太平論。換言之，船山的生命政治觀或可視爲宗教學與政治學的奇妙結合。總之，在太虛之中流通的清醇之氣，可以透過反覆聚散的機制，而在時間（萬古）與空間（六寓）之中不斷延展與分化，再生天地萬物，產生難以估算的實際效益。[47]因此，船山認爲莊學中的「生主」，即形精之氣，亦即清醇之氣，或說太和之氣。

在註解「開天者德生，開人者賊生」時，船山則兼論了「相天」與「賊天」之旨：

　　物之所自造者，氣也，與彼更生者也，散而成始者也；物者，氣之凝滯者也。象貌聲色，氣之餘也。人之先合於天，爲命之情者，純而已矣；無所凝滯，更生而不窮，不形於色而常清。唯人之不達於此，淫於物而化於物，則物之委形，塊結于中矣相雜，憂患水火交相窒慄而純氣蕩；則且化天之純氣，爲頑鄙、窒塞、浮蕩以死之氣，而賊天甚矣。守其純氣，棄世以正平，得而不淫，失而不傷，藏身于天而身無非天，形且與情同其純妙，而爲德於生者大矣。夫人之雜氣一動，開人之「知巧果敢」以閉天之純，則其散而更生者，害延不已，于是攻戰殺戮之氣動於兩間，而天受其累。故守之者不得不嚴，而棄物者不得不若遺也。（達生）[48]

本段重點在闡釋修道者因持守純氣而達到至人之境，其中區分至人「合天」與常人「淫物」兩途，謂上順「合天」之道則有功於群生，下逐「淫物」之途則害延天地。因爲引文較長，下文分數點析論。

47 林明照在詮釋〈達生〉相關段落時亦有類似觀點，謂個人身心活動將會影響凝聚於自身之氣的清濁品質。林氏認爲船山所謂氣之品質可於此世影響他人，死後歸散之氣再度凝聚爲生命而繼續影響人間社會。見氏著：〈王船山莊學中「相天」說的倫理意義〉，《國立臺灣大學哲學論評》第49期（2015年3月），頁96。所謂氣的品質可以影響人世，此說固然不錯；然細察船山莊學中的相關論述，其主要的問題意識並不在此世如何影響他人。換言之，林氏之見雖非船山之說所不可涵，但船山強調的氣的影響力畢竟是就未來世代而言，罕及此生此世之治亂。

48 見《船山全書第十三冊・莊子解》（長沙：嶽麓書社，1988年），頁295。

1. 論氣與物之關係：船山謂莊子所言之氣，為造化萬物的原質，當萬物生命終結後，形體消散而還原為氣態，既散之氣則因天地造化而更生萬物，循環不窮。換言之，萬物（包含人類在內）皆為氣的暫時凝聚，故其所具備之「象貌聲色」，只是生命過程中的暫時因素（氣之餘），而非恆存不滅者。筆者以為氣是從巨觀的角度看生命，萬物是從微觀的角度看生命，故所謂萬物，其實是神氣暫時的、局部的、可拋棄的載具。

2. 論持守純氣與淫物化物：先就持守純氣來說，船山以為上天賦予人類生命的原初之氣為「純氣」（命之情），亦即清醇之氣。「純氣」流動不息，聚散無窮，內化於人類的生命，故無具體的「象貌聲色」可見，人若能持守與生俱來之「純氣」，則死後可將「純氣」歸還天地，贊助宇宙造化。次就「淫物化物」而言，所謂「淫物」，當指人類過度耗損精神追逐外物；至於「化物」，則指人之精神外馳而喪失其主體性。換言之，人對外物的過度追求會塊結心中，攪擾生命本來的「純氣」，使之變質劣化為頑鄙、窒塞、浮蕩之類的「死氣」，而這種「死氣」不只戕害個體身心，一旦人死氣散，更因氣化循環而賊害天地。所以在船山莊學中，凝神內守的鍛鍊功法，可以決定人類生氣的純雜。

3. 論「為德於生」與「攻戰殺戮」：所謂「為德於生」，指人之身心修鍊可因生死聚散而「相天」，身心修鍊的樞紐在於凝神內守，順應外物之來去而不起意識分別，故得物不淫（樂），失物不傷（悲），若生命純氣與太虛神氣合同一致，則死後便可無虧形精以歸造化，有功於群生。從既散之純氣具有實際效益來說，其中隱含一套生命政治觀或生命生態觀。由前文論述可知，生命純氣可以贊助自然環境或政治局勢，故自然生態之繁榮與政治局勢之隆盛，實皆正向生命訊息更生重聚的結果，而這一切訊息都儲存在阿賴耶太虛當中。反言之，政治局勢中的「攻戰殺戮」，最早也是從個體的身心活動開始，只不過攻戰殺戮並非人類生前行為所產生的直接結果，而是死後進入氣化循環

所造成的負面效益。此處值得分辨的是：人生於世，其惡行劣跡固然可能導致「攻戰殺戮」的結果，但這是常識意義下的「攻戰殺戮」，而不是船山生命政治觀中所謂的「攻戰殺戮」。生命政治觀中的「攻戰殺戮」是在人死氣散以後，因駁雜之氣反覆聚散而造成的負面效益。換言之，此處的「攻戰殺戮」必須以生死循環爲前提。再者，船山莊學的生命倫理觀與生命政治觀，皆以氣之純雜爲核心，而氣之純雜則取決於主體的身心修鍊，故「凝神內守」可謂生命倫理觀與生命政治觀的拱心石。總之，船山以爲只要人之雜氣既成，便以人爲的「知巧果敢」應對世事，而不復持守純氣。如此一來，其身心活動將不斷累積負向的生命訊息，這些負向的生命訊息不會自然消失，而是在生死循環中無窮擴展，造成人世間的「攻戰殺戮」之禍。針對這個嚴重的後果，船山語重心長地說：「守之者不得不嚴，而棄物不得不若遺。」[49]

在註解「蹈水呂梁」一段時，船山則繼續發揮生命政治觀之義，非常細緻地詮釋世間出現攻戰殺戮的起因：

養之從容，而守之靜正，則將不知其所以然而與物相順，不知所以然而順乎物者，此萬物之所終始而爲命之情也。守之而乃順乎物之所自造，則兩間虛憍歘於其所移以成始，而兵刑之害氣永息於天下，呂梁亦安流矣。蓋嘗驗之：天下治之已久，則人耽于物之可悅，而怪其所不常見，于是忿懥之氣浮動於人心。當其時，攻戰殺戮之禍，尚未動也；已而懷忿懥者，形謝而氣返于虛，以爲更生之始，則忿懥之氣與化成形，以胚胎于有生之初，而兩間乃繁有囂凌爭利、狂奔樂禍之氣質，以成乎乖忤之習。無端而求，無端而忮，得而驕，失而競，而後攻戰殺戮之禍，歘然以興而莫之能止，迨乎

第伍章　氣化生命論的政治觀

49　若從個人生命史的角度說，船山註《莊》的歷史時機正是清軍與吳三桂軍的「攻戰殺戮」，家鄉湖南淪為兩軍拉鋸的戰場。天地何以變色？人世何以大亂？「攻戰殺戮」何以起此不起彼？或許也是船山生命政治觀背後的問題意識之一。

消亡隕滅。而希微之禍本，猶延及於數百年之後，以相續而復起。然則有能達命之情，不虧其形精以相天而守氣之純者，其以養和平而貴天下之生，清純之福，吉祥所止，垂及萬歲而不知所以然而然，無功之功，神人之相天而成化，亦盛矣哉！浮屠自私以利其果報，固爲非道；而先儒謂死則散而之無，人無能與於性命之終始，則孳孳於善，亦浮漚之起滅耳，又何道之足貴，而情欲之不可恣乎！（達生）[50]

原文借呂梁游者的蹈水之道，引申安養性命，隨順自然之理。船山的詮釋則將本段的修養論與本篇的主軸「能移相天」結合起來，並以生命之氣的純雜，解答世間政治的治亂存亡，故謂人類的生命品質，其實可以對政治局勢造成正面或負面的影響，此即船山莊學中的生命政治觀。由於引文甚長，牽涉議題又多，下文略分數點，以析其義。

1. 論身心修鍊可轉化害氣：船山以爲用從容靜正的態度養氣凝神，則可聽任自然之道，順應外物來去而無損形精。更重要的是，主體修鍊身心所成之精純之氣，可在生命終結之後，一方面稀釋天地間的「虛憍之氣」，另一方面也消弭了人世間的「兵刑之氣」。所謂「虛憍之氣」，出自〈達生〉「紀渻子養鬥雞」一段，這裡當然不是指動物之氣，而是以鬥雞狀態比喻人類的內虛外驕之氣。此虛驕雜氣既已浮現兩間，代表它是前人遺留的生命雜氣，依氣化循環的機制不斷賊害人世。至於「兵刑之氣」，同樣也是前人遺留的暴戾雜氣，只是它已具現爲政治局勢中的實際災禍，危害國家安定與生命財產。不過，這些既存雜氣並非不能改變，船山表示只要主體養氣成純，激流呂梁亦可轉成安流呂梁。析言之，船山似乎認爲生命之氣可以不斷渾融，舊的內容可隨時加入新的成分，代表後來的生命訊息可以覆蓋原本的生命訊息，所以天地造化之氣的清濁純雜，可在人類的實踐經驗中持續轉

50　見《船山全書第十三冊‧莊子解》（長沙：嶽麓書社，1988年），頁302-303。

化其品質，既可轉純成雜，亦可轉雜成純，後天其實可以改造先天。換言之，船山相信主體的修鍊成果可以通過生死循環，締造祥和的政治局勢，所以人類因身心實踐活動而產生的影響力，遠遠超越生死、時空、天人、群己等種種局限，純氣與雜氣皆在天地之氣的循環機制中不斷融合與重組。嚴格說來，船山的生命政治觀已經脫離經驗理性的範圍，而跨入宗教信仰的領域，堪稱倫理學、生物學、政治學與宗教學的奇妙綜合體。

2. 提出賊天末世論：為什麼船山的問題意識會朝這個方向發展？船山到底想透過生命政治觀表述什麼？筆者姑且假設，船山企圖回應的問題可能是晚明的困局。文中「蓋嘗驗之」一語，表示這些近乎宗教信仰的論述並非來自理論思辨，而是扎根於自身的存在經驗和對歷史事件的省察。換言之，船山試圖從氣化循環的角度解答歷史治亂之因由。進一步說，船山在此提出一種類似「擬史學」（pseudohistory）的論述，以為天下平治既久，人的物欲會逐漸擴大，人的心靈也逐漸失去接受新物的彈性，[51] 而人心因物欲鬱結所生的「忿瀄之氣」，[52] 在當時雖然沒有產生立即的危害，但這種鬱結之氣會在眾人死亡後，隨氣化循環而轉移兩間。宇宙的造化內容既經污染，則其更生新物之時，原生世代累積的惡氣再度聚合為無數的生命胚胎，[53] 重返世間。自此以後，次生世代的群體當中遂充滿了「囂凌爭利」或「狂奔樂禍」的先天傾向，惡性循環的結果，則養成忮求驕競種種惡習，人心敗壞，導致「攻戰殺戮之禍」四起，造成個人乃至國家的悲劇性毀滅，而政治亂象甚至延續數百年而無法收拾。乍看之下，本段論述似乎是一般性

---

51 這幾句實承前段「桓公見鬼」而來，船山曰：「神不凝者，物動之。見可欣而悅之，猶易制者；見可厭而弗惡，難矣；見所未嘗見者，弗怪而弗懼，愈難矣。」見《船山全書第十三冊‧莊子解》（長沙：嶽麓書社，1988年），頁300。

52 此處對「忿瀄之氣」的解釋乃參酌船山在「桓公見鬼」一段下之按語。見《船山全書第十三冊‧莊子解》（長沙：嶽麓書社，1988年），頁299。

53 「胚胎說」為人類五大生命階段中的初始階段，船山曰：「凡生而有者，有為胚胎，有為流蕩，有為灌注，有為衰減，有為散滅，固因緣和合自然之妙合，萬物之所出入，仁義之所張弛也。」見《船山全書第一冊‧周易外傳》（長沙：嶽麓書社，1988年），頁888。

的泛論，可以套用在任何一個治久而亂的時代，但筆者推測，本段背景應該還是晚明歷史的寫照，所以文字感受如此真實，末世論的色彩又何等鮮明。[54]整體而言，船山思力精深，在論述過程中透出一股強求力索的銳氣，同時蘊含某種宗教精神，試圖闖入當時知識所不能解釋的理論盲區（明朝為何滅亡），從史學的層次更往前行，提出了一個難以歸類的賊天末世論。

3. 從末世論到太平論：不過，船山並不認為這種由「忿滀之氣」所造成的政治末世全無扭轉希望，因為即使身處「攻戰殺戮」的亂世之中，有所自覺的主體還是可以修鍊身心，存養形精，在生命終結以後，把操持畢生的清純之氣歸還阿賴耶太虛，發揮「神人」贊助天地造化的特殊功能。這代表順從先天氣稟與外在環境雖為一般趨勢，但主體自覺仍可扭轉內外困局。總之，生命純氣可經由氣化循環的機制長留天地，反覆再造新生，從而創造氣質祥和的未來世代，重建天下太平的政治環境。筆者以為這種從身心修鍊到政治清明的相天太平論，同樣蘊含濃厚的宗教精神，當與賊天末世論合觀，兩者皆可代表氣化生命論的基本關懷。此外，某一世代之或賢或頑，當然並非世代中的所有人均賢均頑，或先天氣稟堅不能改，而是由賢頑多寡和依違難易所造就的歷史大勢。歷史大勢亦非不可轉移，既可從太平到末世，也可由末世至太平，或治或亂或祥或眚，扭轉乾坤的力量皆繫於關鍵少數，例如在亂世中修鍊形精者，或在治世中遺留雜氣者。即此而論，船山的觀念似乎遙承孟子「一治一亂」之說，只是被納入了生命政治觀的

---

54 蕭萐父對此亦有類似見解：「他（筆者按：指船山）的這種對晚明世風的神祕主義解釋，讓人看不清他到底是在譴責明王朝的腐敗，還是譴責農民的抗爭，抑或是譴責滿清殘暴的征服者。」見氏著：《王夫之評傳》（南京：南京大學出版社，2002年），頁553。此外，「神祕」一詞似乎是大陸學者對船山的生命倫理觀或生命政治觀的一貫說法。從1960年代開始，嵇文甫即以「帶有神祕氣味」判定《張子正蒙注》中為善為惡皆能恆存太虛而不磨滅的觀念。見氏著：《王船山學術論叢》（北縣：谷風出版社，1987年），頁53。直到晚近的陳來，面對《張子正蒙注》中的類似論述，雖已能正視其理論價值，但對其內容與來源，仍只能籠統地說這具有「某種宗教或神祕色彩」，故無論謂其來自明末善惡報應論、民間宗教、漢代災異感應或佛教業力說，皆欠缺進一步的闡釋，亦未能掌握其說與唯識學和內丹學之間的關係。見氏著：《詮釋與重建——王船山的哲學精神》（北京：北京大學出版社，2004年），頁316-317。

詮釋模式。

4. 以「能移向天」審視儒、佛兩家的生命論述：最後，船山從莊學的角度總結儒、佛之說，以為許多佛徒行善積德，追求個人果報，希冀解脫生死，其實不過是自私利己的表現，固然不合乎正道。但是先儒的論述範圍只論生而不論死，甚至認為人死則氣散無餘，同樣也有其弊病。[55] 因為就道德價值的永恆性而言，若人死則散盡無餘，孳孳為善不過只有數十年的意義，做過即無，如同泡沫之旋起旋滅；反之，人若縱欲為惡，也是事過即滅，沒有永恆的罪咎，又為何不可以為惡。換言之，船山在此提出一種近乎宗教信仰的整體責任感，認為所有個體的言行舉止都必須對太虛整體負責，[56] 如果說佛教唯識學是個體對個體的未來世負責，生命政治觀則是個體對整體的次世代負責。即此而論，這也代表其中隱含了超越個體的德福一致。總之，船山深化詮釋莊學的「能移相天」之說，正如他深化詮釋張子學的「兼體不累」，另從生命政治觀的角度闡述其旨，賦予生命訊息永恆的意義，故一方面駁斥佛徒「自私果報」的效益觀，另方面也矯正先儒「浮漚起滅」的滅盡觀。

此外，在老子對南榮趎言「衛生之經」一段，船山亦有「不虧形精，無損於天」之說：

　　放道而行者，非但以衛生也，非以是為經也，而衛生之經亦不越乎是。生非生也，生不容衛者也。形精不虧，以反其宗，則不為

---

55 伊川謂既返之氣即歸消滅，天地之氣生生不窮，不用其舊。見《二程集·第一冊》（新北：漢京文化事業有限公司，1983年），頁148。晦庵亦謂氣之聚散生生不息，沒有循環輪迴可言，故贊同伊川而反駁橫渠。見《朱子語類卷九十九·張子書二》（北京：中華書局，1999年），頁2533。在《張子正蒙注》中，船山嘗力駁程朱（前儒）之說，謂彼近於釋氏。見《船山全書第十二冊》（長沙：嶽麓書社，1988年），頁21-22。

56 嚴壽澂亦有類似見解，他引用Tucker「在宇宙論脈絡內」（within the cosmological context）之說，故謂：「儒者宗教性的多寡，正是視其宇宙情懷的強弱而判；而宇宙情懷的強弱，則視其重『氣』程度的高下而定。」見氏著：〈莊子、重玄與相天——王船山宗教信仰述論〉，《中國文哲研究集刊》第15期（1999年9月），頁394。其中「宇宙情懷」之說甚有見地，但不夠明確，故筆者稱之為「整體責任感」。

天損者，不損夫天——治不期於堯舜，而亂不流於殺盜。（庚桑楚）[57]

本段原爲南榮趎自言不欲聽聞大道，唯求「衛生之經」足矣。但老子闡述的「衛生之經」卻能上遂大道，非徒停留「衛生」（養生）層次而已。船山註解即就此展開析論，謂人若能依道而行，自然囊括了「衛生」之旨，故雖非以「衛生」爲經，但「衛生」實已蘊含於大道之中，代表修鍊形精亦不乏養生作用。「生非生也」一句不易解釋，然細究其義，則句中兩「生」字當有不同解釋，或可解作一般所謂「養生」之生（生之有），自異於「死而不亡」之生（生之主），前者爲有限之生命構造，後者爲恆存不滅的生命之氣。因此，船山表示生命之氣必須歸還造化，不可如養生家般吝留神氣而不使析離，似在批評內丹家所謂「鉗魂守魄」也。[58]船山提出合於大道的「衛生之經」乃是「形精不虧」，亦即〈達生〉所述凝神內守，不使外馳的修鍊功法。[59]當歷經細緻修鍊的身心精華回返於阿賴耶太虛，則其氣「相天」而非「損天」，因爲記錄正向訊息的生氣可藉循環機制更生新物，再造未來的祥和世代，等於前述之氣化太平論。所以即便既散純氣尚不足以再造堯、舜一般的治世，但也在循環過程中消弭了戰爭或流寇之類的亂世（無論戰爭或流寇，皆船山實際的生命經驗）。總之，「治期堯舜，亂不殺盜」亦可作爲船山生命政治觀的註腳。

二、天均之運與形精相天

爲了闡述宇宙中的氣化循環之理，船山特別揀選《莊子》中本具圓轉意象的術語，諸如「天均」、「道樞」、「環中」等，作爲莊學詮釋的

---

[57] 見《船山全書第十三冊·莊子解》（長沙：嶽麓書社，1988年），頁356。

[58] 船山此處的說法當與《張子正蒙注》中論「徇生執有，物而不化」一段合觀。見《船山全書第十二冊》（長沙：嶽麓書社，1988年），頁20。

[59] 船山曰：「唯於其生也，欲養其形而資外物以養之，勞形以求養形，形不可終養，而適以勞其形，則形既虧矣；遺棄其精于不恤而疲役之，以役於形而求養，則精之虧又久矣。」見《船山全書第十三冊·莊子解》（長沙：嶽麓書社，1988年），頁293。

王船山氣化生命論

樞紐觀念。其中最值得注意者，莫過於船山借用古代天文學的「渾天典範」，[60]證明天地間的氣化循環眞實存在，以及從中引申的人文思考。近幾年來，也陸續有學者撰文指出船山莊學中「渾天」（天均）思想的重要性。[61]

然筆者以爲「天均」在船山莊學中固然重要，但亦不可忽略「相天」或「賊天」與「天均」的關聯，若據前述〈達生〉之「能移相天」爲判準，「天均」相當於「能移」，僅指出了氣化循環無耦可立，但不足以統攝「相天」之旨（生命訊息恆存不滅）。換言之，若能從生命政治觀的角度審視相關論述，應可比較全面地觀照船山的「天均」理論，並兼顧「天均」隱含之工夫向度與持藏功能。下文則就相關問題擇要析論。

首先，在「堯治不恬，桀治不愉」一段，船山以身心之氣勃發失衡，表述民氣可以害天之旨，謂「環中」爲無分喜怒之身心狀態，故云：

「喜」則其性必淫，欣欣然趨樂利者導之以靡也。「怒」則其德必遷，瘁瘁爲惡死亡者，爲善不能，爲惡不可，無所據以自安也。種種之民，喜怒人殊，而一淫一遷，則囂然並起，如巨浸之滔天，而莫之能遏。乃要其所自生，則唯一人之喜怒，有權有力，而易以鼓天下也。「陽」之德生：知生之爲利，而不知生之必有殺，則足以召天下之狂喜，而忘其大憂。「陰」之德殺：謂殺爲固然，而不知殺之害於生，則足以召天下之狂怒，而喪其不忍。夫陽有至和，陰有至靜。至靜以「在」，至和以「宥」。一念毗於陽，而天下奔於喜，「罰」莫能戢也；一念毗於陰，而天下奔於怒，「賞」

60　據《隋書‧天文志》所載，古代有「蓋天」、「宣夜」、「渾天」三種宇宙理論。船山的天文學知識雖以「渾天」爲主，但對「蓋天」、「宣夜」兩說非無所取。蕭漢明謂：「王船山的天體結構思想，大體以改造渾天說爲主，兼容宣夜說的部分內容。王船山在比較蓋天說與渾天說時，持渾蓋合一，渾優於蓋的觀點。」見氏著：〈王船山貧乏的天文知識及其追求實證的時代傾向〉，《王船山學術研討會論文集》（北縣：輔仁大學出版社，1993年），頁207。

61　如楊儒賓：〈卮──道的隱喻〉，《儒門內的莊子》（臺北：聯經出版社，2016年），頁275-293。或徐聖心：〈渾天、天均與《易》《莊》會通〉，《青天無處不同霞：明末清初三教會通管窺》（臺北：臺大出版中心，2016年），頁113-163。

莫能慰也。君天下者與天下均在二氣之中，隨感而興。天氣動人而喜怒溢，人氣動天而寒暑溢，非得環中以應無窮者，鮮不呲也。聖之呲，無以異於狂矣。（在宥）[62]

由於引文稍長，下文分數點解說。

1. 論喜怒之害：船山認爲本段之「喜怒」實即前文「在宥」之反面，故「喜」即「不在」（不存），謂人心外馳逐物而欣然趨利，終必擾亂其性；「怒」即「不宥」（不寬），謂人心懼物傷己而竭力避死，終必失據不安。反言之，所謂「在」（存）即主體存心內守，不受是非利害之干擾；所謂「宥」（寬）即個人胸襟寬然兼容，不以心知執著是非利害。[63] 由是觀之，無論「在」或「宥」，皆指個人的身心修養。

2. 論執政者鼓動民氣：船山表示每個人都有不同之喜怒，只要以政治力量引起少數人的喜怒之心，便可使其互相攪擾而彼此失據，最終形成一股暴亂失控的民氣，彷彿巨浪滔天般不可阻遏。若分析其因，則莫不始自執政者個人的喜怒，這種喜怒可以透過賞罰的權力，由上到下鼓動民氣。可再追問的是，此處所謂民氣之起，似亦隱含某種末世論的陰影，若放回船山的歷史經驗，不知是否與晚明的流民（流寇）問題有關？

3. 論心知意念呲傷陰陽：此順原文「陰陽並呲」而來，「呲」字下雖無按語，但觀諸船山之論述脈絡，似當作鄰近解，謂人偏於陰陽則生喜怒。船山以爲陽氣本具生化之性，若執政者偏執陽生而漠視陰殺，則易引導天下人心趨於狂喜失當，而喪其憂患意識；又陰氣本有刑殺之

---

62 見《船山全書第十三冊·莊子解》（長沙：嶽麓書社，1988年），頁205。
63 筆者此處對「在宥」的解說乃參酌船山之〈在宥〉提要。船山曰：「『在』之爲言存也，不言而存諸心也：是焉而在，非焉而在，利焉而在，害焉而在。不隨之以流，不激之以反，天下將自窮而不出於環中。『宥』之爲言寬也：是焉而不以爲是，非焉而不以爲非，利者勿使害，害者不爲之利，天下寬然足以自容，而復其性有餘地。」見《船山全書第十三冊·莊子解》（長沙：嶽麓書社，1988年），頁203。

性，若執政者徒執陰殺而不知其損害陽生，則易引導天下人心趨於狂怒失當，而喪其同理之心。然而，人身中的陰陽二氣本有至和至靜的狀態，主體自可不隨情緒盲動而傷損生命能量，此即實踐「在宥」的價值所在。故謂存心內守可養至靜之性，寬心自持則生至和之德。必須留意的是，船山此處所說的「在宥」工夫顯然是對執政者而言，因為執政者的內心只要一生喜怒，終將影響民氣走向。誠如第二點「鼓動民氣」所論，只要民氣凝聚成勢，後來即使運用賞罰手段，亦不能因罰抑喜，或以賞止怒。

4. 論「環中」之無傷天人：船山以為莊子的「環中」不只是詮釋天道的宇宙模型，它其實也是生命的技術，等同本段之「在宥」工夫。因此，實踐「環中」即可無分喜怒，無傷於陰陽，上遂應物無窮的精神境界。換言之，只要毗於陰陽，即使如堯一般的聖人在位，也與夏桀統治沒有分別了。筆者以為此處最值得關注的是「天氣動人而喜怒溢」和「人氣動天而寒暑溢」，這兩句話是透過氣化循環的機制闡釋天人互動之理，只是這邊講的偏負面影響。天地以陰陽二氣生殺萬物，若君王缺乏「在宥」工夫，則隨自然環境的變化而生其喜怒，導致民氣蠢動的後果，這是上天對人類的影響力。再者，蠢動之民氣（負面的巨量訊息）亦不因世代凋零而自然消失，而是隨氣轉移太虛，污染天均的內容，造成自然環境失調的結果（極端氣候），這是人類對上天的影響力，等於前述之生命政治觀或生命生態觀。簡言之，天人兩端可憑藉氣之聚散產生互動，無論正面影響或負面影響皆然，其中關鍵在於執政者的修養與政策。

「環中」之工夫義既明，可進一步討論它的天體意義。在「冉相氏得其環中以隨成」一段，船山即以古代天文學之「渾天說」詮釋其旨：

環中者，天也。六合，一環也；終古，一環也。一環圓合而兩環交運，容成氏之言渾天得之矣。「除日無歲」，日復一日而謂之歲，歲復一歲而為之終古 ── 終古一環，偕行而不替。「無內無

外」，通體一氣，本無有垠，東西非東西而謂之東西，南北非南北而謂之南北——六合一環，行備而不溢。運行於環中，無不為也而無為，無不作也而無作，人與之名曰天，而天無定體。……觀於此，而莊子之道所從出盡見矣，蓋於「渾天」而得悟者也。渾天之體：天半出地上，半入地下，地與萬物在於其中，隨天化之至而成。天無上無下，無晨中、昏中之定；東出非出，西沒非沒，人之測之有高下出沒之異耳。天之體，渾然一環而已。春非始，冬非終，相禪相承者，至密而無畛域。其渾然一氣流動充滿，則自黍米之小，放乎「七曜天」以上、「宗動天」之無窮，上不測之高，下不測之深，皆一而已——上者非清，下者非濁。物化其中，自日月、星辰、風霆、雨露，與土石、山陵、原隰、江河、草木、人獸，隨運而成——有者非實，無者非虛。莊生以此見道之大圜，流通以成化，而不可以形氣名義滯之於小成。（則陽）[64]

船山認為本段盡顯莊學之根源，所謂「環中」乃無耦可立之齊物哲學，實由天文學的「渾天」模型而來，也是從自然知識引申而出的人文思考，換言之，莊學亦屬「師天」之學，與濂溪「太極」或橫渠「太虛」相近。[65]引文篇幅雖長，但大致可分為前後兩段。

1. 論時間與空間的環狀結構：這部分主要闡釋「兩環交運」之義，謂時間為環狀結構（終古一環），空間也是環狀結構（六合一環），而上古容成氏所謂「除日無歲，無內無外」，亦指「環中」為「渾天」。就時間而言，宇宙天體的運行具有明確的週期性，日復一日，歲復一歲，以至於無窮，故言「終古一環，偕行而不替」；就空間而言，宇宙是一個整體而無明確的邊際，人類區分的東西南北，並非空間本有的界域，故謂「六合一環，行備而不溢」。換言之，宇宙在圜轉運行

---

64 見《船山全書第十三冊‧莊子解》（長沙：嶽麓書社，1988年），頁394-395。

65 船山於引文下續曰：「周子〈太極圖〉，張子『清虛一大』之說，亦未嘗非環中之旨。」見《船山全書第十三冊‧莊子解》（長沙：嶽麓書社，1988年），頁395。

的過程中，所有的對耦性皆不可確立，此即「天無定體」。

2. 論「渾天」模型的無耦特質：「渾天」即古代天文學的宇宙模型，相當於現代天文學所說的「天球」（celestial sphere），兩者的差別在於古人視「渾天」爲實體，現代「天球」只是幾何投影。根據文獻，可能從戰國晚期開始，古人已將「渾天」分爲九個層次，例如《楚辭·天問》有「圜則九重」，船山註云：「『圜則』，渾天之儀表。『九重』，七曜天、經星天、宗動天之層次。」[66] 若按《明史·天文志》的說法，古代的「渾天九重」到底是哪九重已不可考，晚明對天體結構的認識其實是來自十六世紀前的西方天文學。[67] 明神宗朝（1572-1620），西洋傳教士利瑪竇（Matteo Ricci, 1552-1610）等傳入當時西方的天文曆算之學，當然也包括天體的結構理論。利氏在1601年向明神宗上呈的〈坤輿萬國全圖〉，其右上角即繪有「九重天圖」。當時知識界以其說既不背「九重」之數，又便於實測計算天體運行，故廣爲接受。[68] 換言之，船山註文中的「七曜天、經星天、宗動天」之說，乃至《思問錄·外篇》的七曜排序，[69] 實皆承西方天文學而來。此理既明，可重回引文。船山以爲莊學根柢建構在天文理論之上，是一套由「渾天」模型展開的人文思考。「渾天」本質上是一種地心說，它的結構分上下半球，地體及其萬物皆位在「渾天」之內，都是氣化循環的產物。[70] 宇宙結構既然爲一大環（或說大球），且恆處圜

---

66 見《船山全書第十四冊·楚辭通釋》（長沙：嶽麓書社，1988年），頁275。
67 蕭漢明指出，晚明接受的西方天文學理論並未超出托勒密（Claudius Ptolemaeus，約90-168）的地心說及第谷（Tycho Brahe, 1546-1601）學說的範圍，他又說：「由利瑪竇、湯若望等人傳入的西方天文學，並沒有反映出以哥白尼日心說爲主要標誌的西方近代天文學的基本內容。」見氏著：〈王船山貧乏的天文知識及其追求實證的時代傾向〉，《王船山學術研討會論文集》（北縣：輔仁大學出版社，1993年），頁204。
68 見《新校本明史並附編六種·第二冊》（臺北：鼎文書局，1975年），頁339-340。
69 《明史·天文志》：「其言九重天也，曰最上爲宗動天，無星辰，每日帶各重天，自東而西左旋一周，次曰列宿天，次曰填星天，次曰歲星天，次曰熒惑天，次曰太陽天，次曰金星天，次曰水星天，最下曰太陰天。」《新校本明史並附編六種·第二冊》（臺北：鼎文書局，1975年），頁340。船山亦承利氏之說，故謂：「遠鏡質測之法，月最居下，金、水次之，日次之，火次之，木次之，土最居上。」見《船山全書第十二冊·思問錄》（長沙：嶽麓書社，1988年），頁439。
70 本段內容經國立中央大學天文所碩士邱淑慧校閱，特此致謝。

轉之中，自然無所謂上下、晨昏、東西種種區別，因為這些區別會在·
對轉的過程中自動交換。簡言之，它們只是從人為測量角度所施設的
名目。既然整個宇宙是一個輪轉不息的大環，則四季固無始終可言
（所謂始終必須是線性結構），季節變化只是不斷圓轉的過程，密移
無間且不分畛域。同樣從圓轉的角度說，天地萬物既皆由充塞宇宙的
渾淪之氣所造，則萬物大小只是暫時的形態，當其氣散回歸太虛，大
小之分隨之消失。就空間的上下或高深而言也是如此，當行星與恆星
位於「渾天」上半時固然為上為高，但當它們轉入了「渾天」下半，
則自然變成下與深，代表上下與高深的對耦性同樣不能成立，在上在
下也不是氣清氣濁造成的結果。由是觀之，宇宙中的一切事物均不能
永存，空間亦非虛空，只是氣聚和氣散的差別而已。因此，船山認為
莊學的根柢，其實就是「渾天」理論，而齊物哲學則是從「渾天」引
申的人文思考，可以解消所有名相的對耦性。

　　透過上文析論，已知船山以「渾天」理論統攝莊學的基本立場，但這
只釐清了船山莊學的「環中能移」，除此之外，尚有所謂「形精相天」，
這兩者共構生命政治觀的上下半球。簡言之，這一切其實涉及船山對人類
生命意義的體認，光講齊物哲學並不足以闡發船山莊學的全盤底蘊。

　　人類的形體有其自然的局限，但因身心活動而創造的生命訊息，卻可
恆存兩間。這些「死而不亡」的生命之氣，將隨「渾天圓轉」而在時空
中反覆聚散，對未來世界的自然環境與政治局勢，造成無窮的影響。如
果沒有「渾天」，一旦死亡就是永恆的結束；反之，沒有「相天」或「賊
天」，任何生命終結之後都是等值的存在。由此可見，船山之所以兼顧
「能移」與「相天」，其實是為了回答人類生命的意義。換言之，船山認
為只有生命循環並不足夠，生命過程還必須有價值上的區別，而且對宇宙
整體的循環內容亦負有責任。依筆者之見，前者為莊學「天地一氣」本有
之義，後者則襲取了唯識學的種子之說。此理既明，則可進一步討論船山
如何結合「天均圓轉」與「純氣相天」。

　　「天均」與「相天」的結合，主要見於雜篇的〈庚桑楚〉，船山認

爲本篇之旨「籠罩極大」，可補充〈齊物論〉的「天均」之說。[71]在註解「天門無有」一段，船山曰：

> 　　從「天均」而視之，參萬歲而合於一宙，周徧咸乎六寓而合於一宇，則今之有我於此者，斯須而已。斯須者，可循而不可持者也。循之，則屢移而自不失其恆；持之，則所不容者多，而陰陽皆賊矣。知其爲天均而道固通於一，一則無分，無分則無成毀，無成毀則不虞之生，萬惡之至，皆順之以天，無所庸其豫備也。……有形者，斯須之形；無形者，恆也。無形則人己兩無可立之名：己無可立，而不挾所以然之理以出；人無可立，則渾然一體，而不開竅以受其入。宇則無可分畛之處矣，宙則前無本而後非剩矣。六合，一我之必遊者也；萬歲，一我之必至者也。反乎無有，而生死出入不爽其恆，均運焉耳。以此爲藏，則以不際爲際，而斯須各得，天且樂得以運乎均，是謂「相天」。（庚桑楚）[72]

船山以爲本段是從「天均」的角度詮釋生命，諭人不可執著短暫的生命，下文分數點評析。

1. 論「天均生我」之義：由前文論述可知，「天均」即「渾天」迴旋交運之義，時間是環狀結構，故萬歲合於一宙（終古一環），空間也是環狀結構，故六寓合於一宇（六合一環）。在時間與空間的圓轉過程中，所有生命體均爲陰、陽二氣「斯須」（短暫偶然）之聚合，自我存在亦不例外。換言之，從「天均」的角度詮釋生命，則生死循環不息，彼我天人皆可對轉，故生命中一切對耦性均不可立。[73]

---

71 見《船山全書第十三冊・莊子解》（長沙：嶽麓書社，1988年），頁349。
72 見《船山全書第十三冊・莊子解》（長沙：嶽麓書社，1988年），頁361。
73 船山以爲用「天均」（渾天）運行詮釋生命轉化，本爲〈庚桑楚〉主旨，故題解云：「若夫天均者，運而相爲圓轉者也，則生死移而彼我移矣。於其未移，而此爲我，彼爲人；及其已移，而彼又爲此，此又爲彼。因其所移，而自我以外，所見無非人者，操彼此之券，而勞費不可勝言。苟能知移者之無彼是，則籠天下於大圜之中，任其所旋轉，而無彼是之辨，以同乎天和，則我即人也，我

2. 分辨「循斯須」與「持斯須」：上文指出人類乃「斯須」之聚合，此則闡述兩種面對「斯須」的方式。一種是「循斯須」，指主體能隨順「天均」之運而不生分別心，則生命之氣雖然反覆聚散（屢移），但其中記錄的訊息內容則長存天地（不失其恆）；另一種是「持斯須」，指主體執著自我，而不明「天均」循環之理，終將損害陰陽造化。若細觀本段註文「滅而有實，鬼之一也」下之按語，此處的「持斯須」應指「挾其成心，至死不釋」者，船山認為這種受到「成心」擾亂的生命之氣，終將劣化為「厲氣」或「孽氣」，[74] 污染充塞兩間的太和之氣。換言之，其中同樣蘊含身心內容影響生氣品質的觀念。

3. 論「通一無分」之理：人如果能認識「天均」一環的真相，即可超越二元對耦性，平等看待生命的成毀，這是一種從自然知識衍生的修養工夫（從天均到齊物），故船山判定莊學與儒學相近，亦為「師天」之學。人既然可以齊觀成毀，視一切為「斯須」之聚，則生命過程中無論遭遇何種意外或凶險，皆能順處天化，解其「成心」，消除預備防範的心理。反之，人若挾持「成心」以防備天化，則生命終結時必將遺留惡戾之氣污染「天均」，導致生態失衡或政治混亂的結果。總之，有形生命皆為「斯須」之聚，唯有無形之氣才是宇宙中永恆不變的存在。從「天均」交運審視人己，則其區別無有自性可言。若認清自己的存在缺乏不變自性，則心靈無所執滯，故可不挾成心對待外物（出無本）；他人的存在缺乏自性，代表人己終將「渾然一體」，故能坦然接受彼我生氣之融合，而不起分別計較之心（入無窮）。

4. 論「均運相天」之旨：船山以為「天均」之運循環不息，故可通貫時間與空間，而持藏生命訊息之氣一旦融入這個大流，代表有限生命亦可超越時間與空間的限制，隨天均神氣參萬歲而周六合（如前所述，個體雖亡，但神氣可在時空中無限延展）。由是觀之，氣中的生命訊息不因生死出入而消失殆盡（它只能被新的生命訊息覆蓋），故

即天也。」見《船山全書第十三冊・莊子解》（長沙：嶽麓書社，1988年），頁349。
74 見《船山全書第十三冊・莊子解》（長沙：嶽麓書社，1988年），頁360。

清醇之氣回歸「天均」，「天均」當然樂得此美質。不過，這並不是說「天均」具有人格神（哀樂）的意義，而是說這種純氣可以贊助造化，並在自然環境或政治局勢中產生正向效益。總之，在船山莊學中的「天均能移」與「形精相天」緊密結合，是一套完整的生命政治觀（天且樂得以運乎均，是謂相天）。

最後，在「有生，黬也，披然曰移是」一段，船山則總結生命政治觀，再次強調「休之天均」與「形精相天」的結合：

論至此而盡抉其藏，以警相求而不得者，使從大夢而得寤，盡化其賢能善利之心，而休之於天均，以不虧其形精而相天也。此巨才之化，天光之發，而莊子之學盡於此矣。生於天均之運，埏埴為甂為缶之委形者，於太虛純白之中而成乎形象，亦白練之點緇而已。其黬也，漸久而渝，則離披而解散。天弢解，天袠墮，非滅也。滅者必有所歸，移此而之彼，彼又據為此矣。所移者未有定，而要以所移為此。觀室者無不可觀，觀化者無不可化。寢可居，廟可祭，偓亦可御；則彈也，雞也，鼠肝蟲臂也，皆吾所必周徧咸觀，以移焉而隨均以黬者也，所可循者斯須耳。據一物以物萬物，守一時以定千古，標一知一行一辯以勝群義，徒欲留黬而不能保其披然之且移；移而之他，又據他以為此。一人之肝膽自相胡越，而亂乃興而不可止。一生以為本，不知他生之同此一本也；一知以為師，不知他知之同此一師也。他日之非吾者，即今日之是吾者，而心之鬭也無已，窮通知愚交爭而迷其故。移為魚鳥而惡毛嬙，移為鰌麋而好魚鹿，蜩與鸎鳩不知其為鯤鵬之移，而以斯須之同己者為同，且欲使人以之為節，天下之亂釀於此，而不知非天之使然，人自致之耳。夫唯知移者之又為彼，則知移者之初即此，止而脩然，已而伺然，形精不虧，則移焉而泰者恆泰，定者恆定，天光恆發，而大均以善其運行。至人之藏，衛其生而衛無窮之生，至矣。是則

莊子之瑩其靈臺，而為萬有不出之宗也。（庚桑楚）[75]

這一大段生命論述完整地呈現了船山莊學的綱要，綜攝內、外、雜三篇之旨，清楚闡釋身心修鍊功法、純氣還歸造化、天均獲得形精贊助三者的連貫關係，亦即從人類的生命修養觀到生命倫理觀，再由生命倫理觀到生命政治觀。所謂有形生命，只是造化之氣的短暫聚合，氣的往來循環，才是恆存不滅的生命本源。換言之，生死循環的主角並非個體，而是聚散無恆的生氣。由於天均圓轉不息，短暫的物我、彼是、天人、虛實乃至種種對耦分別，皆無獨立不改的自性可言，徒為斯須之化耳。人若能明白此理，去除成心的分別，則可捍衛此世的生命純氣，乃至無窮世的未來生命；反之，若執著有限的生命，聽任外物與心知交相攪擾主體精神，將因生氣之回返天均，導致天下大亂的後果。總之，此即氣化生命論在船山莊學中的全盤內容。由於引文甚長，下文分數點析論。

1. 論身心修鍊、天均能移與形精相天：船山以為本段是〈庚桑楚〉全篇的主旨所在，而〈庚桑楚〉又得莊子齊物哲學之旨歸（籠罩極大），故謂「論至此而盡抉其藏」。頭兩句借用〈庚桑楚〉「欲相求而不能相得」與〈齊物論〉「且有大覺而後知此其大夢也」，申論成心執物而不識天均的弊病，若欲師法天均之圓轉無耦，不能只依靠觀念的澄清（它不是純粹的心性修養），必須從持守難以持守的精神（靈臺）開始。這種鍛鍊功法強調凝神靜坐，不可刻意操持，而須徐待身心之氣自然沉澱。當主體進入這種「泰定如宇」的身心狀態時，主體精神自然產生一種虛靈明覺，此為「巨才」之人所散發的「天光」。[76] 換

75 見《船山全書第十三冊‧莊子解》（長沙：嶽麓書社，1988年），頁363-364。

76 關於靈臺天光的意義，船山曰：「所謂才者，與『有實而無乎處』之宇，『有長而無本標』之宙，相為周徧始終，而靈臺能以不持持之，然後真為巨才也。徹乎『不際之際』而抱之於一，以為衛生之經，道也；天光之發，才也。」「巨才」之「才」與宇宙同在，顯然是指經過功法鍛鍊的形精，故亦可煥發「天光」。至於何謂泰定如宇，船山釋云：「宇固無不泰也、無不定也。堯舜治之，而上下四旁猶是也；殺盜亂之，而上下四旁猶是也。故可移不泰者而恆於泰、移不定者而恆於定。修此者，擴其靈臺如宇，而泰定亦如之矣。」此指透過冥想靜坐轉化內在意識，而達到的一種身心靜定狀態，可如宇宙空間一般不受內在變化的影響，相當於佛教的由定發慧。見《船山全書第十三

言之，身心必先通過嚴格的鍛鍊，主體方可師法天均，弭平世間各種名言觀念的對耦性，即此而論，天均不只是客觀知識，它也是主體修養的境界。而這種記錄正面訊息的形精之氣，不因有限形體的死亡而消滅，而是回歸太虛，贊助天均造化，形成未來世代的生態平衡與政治清明。由是觀之，生命修養觀、生命倫理觀及生命政治觀三者，共構了船山莊學的全體義理，此即氣化生命論之底蘊也。

2. 論生命的短暫與永恆：就生命的短暫而言，一切生命來自天均（氣化循環）運行過程中的隨機聚合，這個過程就像陶匠製造陶甕或陶缶，雖其形象各異，但原料皆為陶土。換言之，太虛之氣的聚合，其實像偶然滴在白絹上面的黑點（黶），黑點經久必變，終歸披散分解。然而就生命的永恆來說，「天弢解，天袭墮」只是人的形體消散分解，[77] 但形精之氣並未隨之滅亡，而是回歸天均，不斷再生新物，故氣與物互相輪替，氣凝為物，物散為氣，倏然移是而之彼。換言之，在天均圓轉之中，氣的形態沒有一定，萬物之間是彼此轉化的。

3. 論執守有限生命之害：船山認為如果主體可以掌握天均運行之道，即可從宇宙整體的角度來省察生命，個體生命雖然有限，但生命之氣無不可至，無不可化，故原文中的寢室、廟堂、廁所雖有貴賤之別，但皆生氣所必至；〈大宗師〉的左臂為雞、右臂為彈，或為鼠肝，或為蟲臂，則指生命形態雖有差異，但皆生氣所必化。故無論所至所化，都是天均滴下的黑點，也是氣在無限旅程中的暫時居所，故人類無須執著物我之分，物可化我，我亦可化物。這種天均思維其實散見全書，例如〈田子方〉的「循斯須」，即闡發「應機而為，隨化無執」的道理。又如〈德充符〉的「肝膽胡（楚）越」之辨，則是從反面解說人類的成心執著，故「據一物」、「守一時」、「標一知一行一辯」，只是執著片段（黶）忽視整體，終歸披然他移。若為是物則

冊‧莊子解》（長沙：嶽麓書社，1988年），頁353、358。
77 船山在〈知北遊〉按語釋「天弢」、「天袭」為人之軀體，猶佛教之皮囊。見《船山全書第十三冊‧莊子解》（長沙：嶽麓書社，1988年），頁339。

執是，移爲他物又執他，此即所謂「執斯須」（執著氣的暫時形態）也。總之，船山以爲人類如果只聚焦生命個體，而忽略天均整體，不僅將戕傷個體生命之氣（成心執著或心知分別足以傷損形精），也不會有前文所論的整體責任感，故死亡之後，徒留雜氣於渾天，污染氣化循環的內容，終將導致天下大亂的惡果。換言之，生命修養觀、生命倫理觀、生命政治觀三者的論述脈絡互相貫通，氣化生命論的全盤意義，必至生命政治觀而「盡抉其藏」。

4. 論生命同此一本：生死循環即生命之氣的反覆聚散，天地萬物只是氣的不同聚合形態，本爲氣之所造，故謂「同此一本」，以釋原文「以生爲本」之義，其中所謂「生」者，當指生命之氣。在「以生爲本」下，船山與其子王敔皆有按語，都非常關鍵，下文須略作說明。船山評曰「此生死不離之本」，謂無論生死皆不離氣，氣聚爲生，氣散爲死。王敔按語云「此如釋書之所謂無明、八識心王，生生不滅」，謂生命之氣的地位如同佛教之「無明」或「阿賴耶識」，皆用以解釋生死何以循環不息。「無明」爲原始佛教的基本觀念，爲「十二因緣」的根本，王敔合說「無明」與「阿賴耶識」，顯然是從相宗角度詮釋生死輪迴，與船山謂「無明行識」結成未來八識種子，「阿賴耶識」貫徹各期死生之說如出一轍，[78] 可見船山的氣化論確實有借鑑唯識之處。故身心活動熏習種子，持藏於阿賴耶識，與身心活動轉成生命訊息，記錄於身心之氣，兩者之間類似的論述模式並非出諸偶然。此理既明，則可回頭檢視註文。船山謂萬物「同此一本」、「同此一師」，咸指生命之氣，故過去非吾之萬物，即今日之我者，代表生命的對耦性本無可立，故常人區分窮通知愚，日以心鬥，其實是未能體悟天均循環之理，而妄生成心與造作。〈齊物論〉的「魚鳥」、「毛嬙」、「鰌麋」之例，乃至〈逍遙遊〉的「鯤鵬」、「蜩鳩」之喻，在船山看來都是天均交運的齊物哲學，教人不可自限於斯須之生，白

---

78 見《船山全書第十三冊・相宗絡索》（長沙：嶽麓書社，1988年），頁533。

練點綴。人若反天均之道而行，妄分同異，強人從己，則自傷生命純氣，化純爲雜，這些負面的生命訊息終將回歸母庫——「阿賴耶天均」，污染氣化循環，釀成攻戰殺戮的人間末世，殊不知此一禍根起自過去世代的生命雜氣。論至於此，則人類的身心修鍊、回歸天均及更生影響均已交融爲一。

5. 論至人捍衛無窮之生：無論是生命訊息的清濁純雜，還是政治環境的治亂存亡，歸根究柢，在於主體的身心修鍊。〈庚桑楚〉假借老子之口曉諭南榮趎的「儵然」（無拘無束）與「侗然」（知無所知），其實都是冥想靜坐或凝神專氣之類的生命技術，目的當然是爲了持守生命形精，使主體精神內向凝聚，進入泰定如宇的身心狀態，而此時的精神意識則自然透出一種虛靈天光。這種經過細緻鍛鍊的生命純氣只要回歸天均，即可更新天均之氣的內容，故至人的身心修鍊不只保守個體生命精華，最終亦將改寫整體訊息的內容，捍衛未來世代的無窮生命。換言之，這一切都是從持守難以持守的靈臺開始，此即人類生命之大宗（生之主）。申言之，這些生命技術與船山在《楚辭通釋·遠遊》所揭示的「三花聚頂」或「五氣朝元」如出一轍，[79] 代表船山其實襲取了內丹南宗的「鍊氣化神」之術，並把它當作生命修養觀的基本功法。

三、小結

總上所述，船山莊學的生命政治觀主要分成兩個部分：一者爲天均之運，建立生命個體彼此能移的論述模式；另一者爲形精相天，建立生氣純雜與生態環境或政治局勢的因果關係。就篇章比重而言，前者主要見於雜篇〈庚桑楚〉，其中「有生黬也」一段堪稱船山莊學中最關鍵之註文；後者則見於外篇〈達生〉，其中「能移相天」一段，清楚呈現從生命倫理觀到生命政治觀的思路。

---

79 見《船山全書第十四冊·楚辭通釋》（長沙：嶽麓書社，1988年），頁353-354。或《船山全書第十二冊·思問錄》（長沙：嶽麓書社，1988年），頁451。

就學說底蘊而言，船山論天均圓轉，則結合古代天文學的渾天之說；論生命之氣及氣中訊息得以貫徹生死循環，則借鑑佛教相宗的種子熏習；論身心形氣的修鍊功法，則襲取內丹南宗的五氣朝元。其中必須留意的是，船山莊學與其易學或張子學最大的差異，在於生命技術的內容不同，莊學全取身心修鍊的立場，而易學與張子學則偏重道德實踐。雖然有此一分別，船山仍有將莊子移置儒家陣營之意，甚至認爲莊子學說中不乏更勝程朱之處。

　　就生命品質而言，有限的生命個體創造無限循環的生命訊息，純氣相天，雜氣賊天，影響無數未來世代的生態環境以及政治局勢，代表主體身心活動的影響力，死後更勝於生前，甚至可以成爲關鍵少數，化純爲雜，抑或轉雜成純，決定歷史大勢的治亂，下開末世或太平。簡言之，這種思維其實是雜揉倫理學、生物學、政治學與宗教學的奇妙綜合體，它既強調一種整體責任感，同時也隱然回答了晚明社會所面臨的歷史困局。

　　就天均能移而言，其說遠承古代天文學的餘緒，近取十六世紀以前西方天文學的新說，但渾天典範（地心說）不僅是一種解釋宇宙的客觀知識，它同時也是一種繫屬主體的修養工夫，或說理想的身心狀態，此即由「知天之理」轉爲「師天之學」。在天均圓轉之下，宇宙中一切二元對耦性皆不可立，此一存在眞相與主體的靜坐凝神互相結合，具體實踐功法落在隨順斯須之化而去其成心執著，以達天光泰定的身心境界，主體必須專氣凝神，方可眞實體證天均交運之理。由是觀之，天均之道是從自然知識延伸出來的人文思考，問題意識的核心是生命，但因涉及身心修鍊，故此生命並非純粹人文學意義的生命，而是兼具了生物學的旨趣，以及生理學的內容。總之，在船山莊學中，生命修養觀、生命倫理觀與生命政治觀已然交融爲一密不可分的整體。

第陸章
結 論

第一節 本文重點回顧

在第壹章中，筆者首先簡述船山之生平事蹟，介紹其生命氣性、政治活動與著述生活，其中特別留意居所名稱的生命意象，提出所有歷史都是生命史。

在第二節中，筆者回歸主題，試圖追溯近三百年來船山學研究之大勢，最終將三百年來的發展分為五期：第一咸同奠基期；第二光宣政論期；第三民國哲學期；第四通論式研究深化期；第五主題是研究分流期。

在第三節中，筆者試圖說明本文之研究方法及預設立場。在第一段中，筆者界定船山的氣化生命論是一種探索「生命本質」的論述模式，它是在晚明知識界儒、道、佛三教跨界交流的風氣底下，所形成的一種生命思維。這種生命思維以儒家氣學為核心，融入道教內丹學與佛教唯識學的部分內容，對人類生命面臨的各種問題提出了獨特的見解。接著，筆者將本文研究方法分為五點，以為船山的氣化生命論其實是生物學、倫理學、生理學、宗教學與政治學的奇妙綜合體。

在第二段中，筆者提出氣化生命論的「整體性原則」與「二象性原則」，前者針對現代宋明儒學研究中仍具一定勢力的「主體性原則」，後者則以量子力學的「二象性」取代船山研究中熟極欲爛的「辯證法」。

在第三段中，筆者指出船山的氣化生命論是一個奇異的知識綜合體，有許多材料很難置入當代宋明儒學研究的「哲學化語境」，反而與其他的學科領域有所重疊。這些學科包括生理學、生物學、天文學、宗教學、政治學、人類學，甚至是地理學與醫學。當然，這並不表示氣化生命論和生命哲學毫無關係，畢竟倫理學仍居其中的關鍵位置，但除此之外，仍有許多研究材料，是既往學者從人文學角度所不易看見的面向。

在第貳章中，船山詳盡地界定了人類生命的內涵。第一節，筆者指出船山將天地萬物分爲四類，依靈性程度由高至低排列爲人類、動物、植物和其他的無生物。船山無論是談人類生命的優異性、發展階段或行爲特質，總是將人類放在三大物種的巨觀對比之中，藉以說明人類生命的獨特性。

就發展特質而言，生物自有獨特之發展階段與節律，但船山似無意追究植物的生命歷程，而將目標鎖定在動物（其中包括人類）。舉凡動物，皆有五大發展階段，依序爲「胚胎」、「流蕩」、「灌注」、「衰減」及「散滅」。但若檢視動物生命的發展節律，則人類與其他動物的差異，顯然可分爲兩類，兩者的發展曲線截然不同。

就行爲特質而言，船山列舉人類面對死亡的態度與禮制文化爲例，再度區隔人類與其他動物的差異。所謂面對死亡的態度，指「任死」、「患死」與「哀死」三種，唯獨「哀死」這種高等情感，呈現理性的反省與自制，洞見氣化歷程的循環不息。至於禮制文化，亦爲人類獨有之行爲模式，乃人類優異智能在食衣住行各方面所創造之物質文明，可拉開人類與動物（甚至夷狄）的距離，故曰「禮」乃「五常」之中唯一專屬人類的生命性能。

第二節，筆者討論了船山的身體觀，以爲船山所謂的身體具有建構內在心性的特殊功能。這是因爲船山的身心論述以氣爲基礎，以氣的轉化作爲身心交流的媒介，故開創了「以身輔心」的特殊理路，在傳統儒家「以心控身」的框架之外另闢新局。析言之，人類身體作爲建構心性的基礎，必須保持其完整、檢束和威儀，筆者以爲這些觀念呈現在以下三方面，分別是肉刑、鬚髮和衣裳。

第三節，筆者闡述船山心性論的特徵，若與一般宋明儒者相較，船山凡是言心言性，每多就生理角度立論，強調精神能力有其身體基礎，與其重視形氣的立場相符。換言之，從氣化生命論的角度觀之，身體並非純粹物質，心性也不是先驗根據，故所謂心性，實乃築基於身體之生命現象。接著，筆者將相關議題歸納爲三點，分就「心靈明覺源自所有臟器」、

「心性的新陳代謝」以及「心性與身體共在」立論。其中笛子之喻相當精彩，清楚呈現船山從人體生理探討道德心性的獨特思路。

從第參章開始，筆者試圖探索船山之生命修養觀，釐清船山如何處理生命實踐的問題。首先，筆者鎖定船山的內丹思想，認為這部分是整套生命修養觀的基本底盤，尤其是內丹學中豐富的身心技術，或多或少滲透至其他的著作當中，堪稱船山工夫論的共法。因此，筆者選擇了船山的《楚辭通釋》、《莊子解》、《張子正蒙注》等著作，闡釋貫串其間的生命技術，同時留意同一觀念在不同著作中的特殊含義。

第一，船山在〈遠遊〉註中的內丹論述以「三五一」為核心，劃分為「調和龍虎」（魂魄相合）與「以鉛伏汞」（神氣交合）兩大部分，搭配踵息行氣與存神抱一的功法，最後盜取先天元氣，從純陽無陰（刀圭入口）到出入有無（大還既就），大致獨取內丹南宗「三花聚頂」中的「鍊氣化神」，以「身體的精神化」為人類生命的終極形態。換言之，船山重視的是內丹學的修鍊功法，而不是內丹學的終極目標，所以在註解中相當細膩地闡發〈遠遊〉背後隱含的實踐技術。

第二，在《莊子解》中，筆者的論述脈絡從「養護真主」與「師法大宗」開始，首先確立莊學工夫論的目標，然後統整如何達到這個目標的相關論述，依序析論「緣督」、「踵息」、「心齋」、「攖寧」、「凝神」、「坐忘」、「靈臺」、「天光」等觀念，並視需要旁及相關之說。其中細節雖然端緒紛雜，基本上仍可歸納為鍊氣與鍊神兩類，亦即呼吸技術與冥想訓練。至於船山在註解當中，時常有極其詳盡而親切的解說，細膩地闡釋生命技術的操作流程，筆者以為這些內容很可能與其內丹修鍊經驗有關。

略言之，所謂的鍊氣，是指船山在詮釋莊學中「緣督」、「踵息」時的技術指導，兩者均屬於調息行氣一類的呼吸訓練。不過船山的呼吸訓練不僅限於呼吸系統的「粗重身」，還包括人體經脈系統的「微細身」（尤其是奇經八脈），強調內息下沉至足踵，並沿背脊督脈上行至頭頂。這種涉及微細身的呼吸訓練，其實是藉由調整生理以轉化心理，也與內丹學利

用奇經的鍊氣功法互相吻合，很可能受到內丹論述的影響。而所謂鍊神，是指船山在詮釋莊學的「心齋」、「坐忘」（坐馳）、「凝神」、「安處」、「持守靈臺」、「泰定天光」等術語時，皆有頗為細膩的程序指導。總之，討論內容雖各有細微差異，功法重點亦有所不同，但不外乎冥想靜坐之類的精神鍛鍊。

第三，在《張子正蒙注》中，筆者依序闡釋何謂「神」與「性」，何謂「存神」與「盡性」，最後探討如何實踐「存神」與「盡性」，詳細說明其中涉及之諸般功法，並試圖釐清這些功法與船山內丹學之間的關聯。

略言之，在船山張子學中「存神盡性」是生命修養觀之樞紐，又以「存神」為理論核心。在《正蒙》中，橫渠雖屢就「神」字發揮其義，卻罕言「存神」二字，文中亦不見靜坐凝神之義。換言之，船山以靜坐詮釋「存神」，實為船山之創造性詮釋，應該與其內丹修鍊經驗有關（言功則一）。不過，船山張子學似僅言「存神」，並未出現其論內丹、老子、莊子時所強調的呼吸行氣。

根據筆者整理，在《張子正蒙注》中跟「存神」相關議題可分七點：存神清通、存神內守、存神合湛、盡誠存神、存神守義、存神主敬、存神與尊德問學。筆者以為上述諸點可化約為靜坐存神、道德實踐與博學知識三大主軸，最後船山建構了一個三軌並存、互相支撐的理論系統。

在第肆章中，筆者討論船山的生命倫理觀，試圖釐清身心活動與生命訊息之間的關聯。

第一節是易學的清濁化氣論。在船山早期的《周易外傳》中，已有意運用氣化往來之義，建構儒家的生命論述，尤其是〈繫辭下傳第五章〉，船山透過易學與唯識學的巨觀對比，提出了一套完整的生命論述。簡言之，船山生命論述的特色，在於以氣連結道德實踐與生死屈伸，人類畢生的善惡言行，都將寫入生命之氣，進而決定生命之氣的清濁醇疵。死亡之後，畢生之善惡清濁則隨生氣散歸太虛整體，代表生命訊息恆存不滅。

根據筆者的見解，〈繫辭下傳第五章〉的大段論述，可略分為「生命之氣的諸般特質」與「生命實踐的清濁化氣」兩點。就前者說，其一是船

山討論儒、佛生命論述之異，強調生命並非單向的由生至死，而是生命之氣的往來循環，所以佛教輪迴雖然也論生死流轉之事，但與儒家氣學的生死往來畢竟有所不同。其二是氣化循環本身的機制，由渾淪一氣分裂爲陰、陽二氣，分別構成身、心兩面，人類既有心性之仁義，亦有身體之食色，心、氣兩端必須互相協調，才能維繫生命的基本存在。其三是結合儒家禮學「魂升魄降」的古義，表示人死氣散之後，陽氣回歸上天，陰氣回歸土壤。其四是氣化循環之中，既有「共通原則」，也有「相異原則」。所謂「相異原則」是指外形不變，但其實質卻不斷代換；至於「共通原則」則指生命之氣一旦融入太虛神氣，則無法再分畛域，並據此駁斥唯識學設立的生命眞主——阿賴耶識，反對個體「識命」可以原封不動地傳輸至另一個體。合言之，船山之所以煞費心力，拆解生死循環與獨立個體之間的紐帶，乃至批判繫屬主體的阿賴耶識，其實是爲了分辨公私，涉及儒家生命實踐的終極目的。

就後者而言，船山在行文中雖然極力斥責唯識學之非，但卻吸收了阿賴耶識持藏善惡種子的觀念，表示人類畢生之善惡言行，全數記錄於生命之氣，進而決定生命之氣的清濁品質。因此，船山以氣能持藏善惡爲論述主軸，依序討論相關議題，其重點有八，詳見前文。

第二節是張子學的善惡化氣論。在這個部分中，船山關注的是儒、釋、道三教生命論述的差異，並強調生命實踐中的行善化神與爲惡化氣。根據這套生命倫理觀，船山重新詮釋了橫渠的「存順沒寧」、「善生善死」與「全生全歸」，連結道德實踐與生死循環，強調生命訊息恆存天地之間，無論善惡清濁皆然。即此而論，船山也特別指出，遺留清明神氣並不是爲了獲得任何形式的報償，故辛勤行善並非圖謀來世之善報，去除道德實踐中可能產生的效益思維。

析言之，人類生命雖必有終結，但身心之氣循環不滅，故所謂死亡，只是形體的分解消散，其中生氣並未隨之消滅，此即船山對橫渠「死之不亡」與「死無所喪」的詮釋。值得注意的是，船山氣化論和橫渠氣化論有一截然不同之處，就是船山的氣化論融入了佛教唯識學的觀念，提出身心

之氣可以記錄個體生命訊息之說，故人類一切善惡言行（身心活動）咸將寫入氣中，進而決定生氣的清濁品質，最後儲存在太虛整體，留待日後宇宙造化之用。

第三節是莊子學的純雜化氣論。在船山的《莊子解》中，討論生命倫理觀的篇章主要集中在〈養生主〉、〈大宗師〉和〈達生〉，這是因為船山認為這三篇的宗旨互相連貫，均關注生命之氣的循環不滅。至於〈養生主〉和〈大宗師〉中的隱而未發之義，船山在〈達生〉註中都有更完整的解說。因此，筆者的研究便以這三篇的生命論述為基礎，探尋其中隱含的生命倫理觀。根據筆者整理，船山莊學中的相關論述主要可以分成兩個部分，第一部分是生命和氣循環不滅，第二部分是修鍊形精歸還造化。

在第一部分中，筆者依序討論了船山的「解牛不傷」、「薪盡火傳」、「真人真知」、「善生善死」、「不生不死」、「移以相天」、「天均能移」等觀念，旨在呈現船山莊學中的生命思維。在第二部分中，筆者首先比對了生命倫理觀在不同著作中的差異，其中顯然可分兩類：一類是船山的易學與張子學，兩者均偏重道德實踐對生命清濁的實質影響力，故時常論及個人品德，強調聖人死後能將清氣歸還太虛；另一類是船山莊學中的生命論述，它比較偏向身心修鍊對生氣純雜的決定力量，故屢言冥想靜坐與呼吸調息，強調真人死後能將純氣歸還大造。

在第伍章中，筆者討論船山的生命政治觀，闡釋人類死亡之後，回歸太虛的生命訊息如何透過氣化循環，影響未來世界的生態環境與政治局勢。針對這個主題，筆者挑選船山的易學、張子學及莊學作為代表，以釐清其理論輪廓。

第一節討論船山易學，筆者以為船山易學中的生命政治觀，其實是標舉〈繫辭下傳第五章〉的「屈信往來」，當作儒家生死議題的樞紐，並以此批判佛教唯識學的輪迴觀念。雖然表面上儒、佛兩家的理論立場勢同水火，但船山的問題意識（果報對象、生命歸宿、生死循環）與論述模式（生命之氣記錄生命訊息、生命訊息恆藏太虛整體），實皆襲取佛教唯識學的理論輻重，並因此激盪出「別開生面」的理論創造力。

然而在行文上，船山則處處針對唯識學，批判火力全開。例如針對阿賴耶識貫徹生死和持種受報，船山提出「氣化無心」與「代堯國桀」，前者擊破貫徹各期生死的個體同一性，後者則擴展個體生命訊息的影響對象。又針對唯識學忽略的政治議題，提出由執政者或某一政權主導的群體實踐，可以創造巨量訊息，形成阿賴耶太虛中的「餘清」或「餘濁」，主導未來世界的治亂隆污。

船山易學中的生命政治觀，從群體公益的角度詮釋道德實踐的效益，其中重點有二：一是個體生命之氣雖然消融於整體，但個體生命訊息（貞一之體）恆存不亡；二是正向生命訊息不僅恆存不亡，還可贊助太虛整體的造化機能，此即船山所謂之「天人相酬」（天造人生，人助天化）。

第二節討論船山張子學，筆者將本節重點聚焦在兩大主題：「善惡治亂反覆重聚」和「全歸無累為功神化」。若與船山易學的長篇大論相較，船山張子學中的相關討論比較簡略，但仍有若干重點值得深究。

簡言之，船山認為人類生命無論身體或心性，皆為開放的交換系統，只有交換能量與交換訊息的區別，故新的訊息日生日成，舊的訊息日喪日毀，此釋《正蒙》「鬼神」之義（神為伸，鬼為歸）。然而，針對生命訊息不斷更新與恆存不滅之間的矛盾，船山以氣之可分散性，解決了生命訊息既能更新（新生者）卻又恆存（舊生者）的矛盾，當與船山易學之「代堯國桀」合觀。

不論生命能量或生命訊息，並不因為死亡而滅盡無餘，畢竟生命之氣可以持藏生命訊息，死亡後均隨氣化循環回歸太虛。藉由太虛神氣的重聚更生，生命訊息將決定未來世界的自然環境與政治局勢，其中的善氣、治氣可以重聚為祥和調順，而惡氣、亂氣則再生為災眚禍害。總之，生命之氣的清濁品質不因聚合成物或散歸天地而有所改變，此即《正蒙》「順故不妄」之義。

道德善惡與政治治亂雖然共用氣化循環的論述模式，但彼此仍有區別，前者為個體創造的單筆訊息，後者則為世代創造的巨量訊息。在船山張子學中，這些生命訊息均被統整為「二類四氣」——清濁分兩類，善

氣、治氣屬清，惡氣、亂氣屬濁，或可視爲早年易學「餘清」、「餘濁」
說的進一步發展。再者，船山深化詮釋橫渠的「兼體不累」，認爲此即
〈西銘〉所云之「存順沒寧」，意指生命實踐的內容影響未來世界的治亂
隆污。

第三節討論船山莊學。筆者以爲船山莊學的生命政治觀主要分兩部
分：一者爲「天均之運」，建立生命個體彼此互易的論述模式；另一者
爲「形精相天」，建立生氣純雜與生態環境或政治局勢的因果關係。就篇
章比重而言，前者主要見於雜篇的〈庚桑楚〉，後者則見於外篇的〈達
生〉。

就思想底蘊而言，船山論天均圓轉，則結合古代天文學的渾天之說；
論生命之氣及氣中訊息得以貫徹生死循環，則借鑑佛教相宗的阿賴耶識；
論身心形氣的修鍊功法，則襲取內丹南宗的五氣朝元。

就生命品質而言，有限的生命個體創造無限循環的生命訊息，純氣相
天，雜氣賊天，影響無數未來世代的生態環境以及政治局勢，代表主體身
心活動的影響力，死後更勝於生前，甚至可以成爲關鍵少數，轉雜成純，
抑或化純爲雜，決定歷史時勢的治亂，下開末世或太平。

就天均能移而言，其說遠承古代天文學的餘緒，近取十六世紀以前西
方天文學的新說，但渾天典範（地心說）不僅是一種解釋宇宙的客觀知
識，它同時也是一種繫屬主體的修養工夫，或說理想的身心狀態，此即
由「知天之理」轉爲「師天之學」。由是觀之，天均之道是從自然知識延
伸出來的人文思考，問題意識的核心是生命，但因涉及身心修鍊，故此生
命並非純粹人文學意義的生命，而是兼具了生物學的旨趣以及生理學的內
容。

總之，在船山莊學中，生命修養觀、生命倫理觀與生命政治觀已經交
融爲一密不可分的整體。

第二節　本文局限與展望

　　本文以船山的生命思維爲主題，透過追索散見群書的相關論述，試圖從晚明三教交流的思想史背景中，勾勒那個複雜而又深奧的知識圖像，冀望能從前輩學者相對忽略的角度，重新省思船山學說的意義。

　　然而，在此一探尋新路的過程中，筆者也不斷地反省自己的做法，但囿於每個章節各有主題，一直沒有機會說明。因此，在本文最後，筆者將相關問題簡略歸結爲五項缺失和四個展望，下文分別敘述。

　　就缺失而言，第一項是筆者絕大部分的篇幅都是順釋船山之意，對其說是否隱含理論缺失卻評論不多，未能做到優缺並陳。

　　第二項是對「跨界域激盪」所產生的雙向質變，大多局限在討論儒家氣學的部分，然而跨界域的結果，其實對雙方的理論與術語都產生了影響。對此，筆者只討論船山如何運用內丹學、唯識學豐富儒學原本的內容，但他如何藉由儒學改造上述二者，雖略有所及，仍留下大段的理論空白。

　　第三項是本文徵引的段落固然不在少數，但相對於船山「卷帙浩繁」的著作量而言，所佔比例畢竟還是太低，還有許多其他的著作也蘊含相關材料，但受限於筆者的時間與精力，最終只好割捨不論。

　　第四項是筆者參考的研究成果，大抵局限在華人文化圈，對於歐洲、北美或日本的研究成果，所知十分有限，也是筆者未來必須努力的方向。

　　第五項是船山的行文風格擅長綜合，天羅地網式的論述往往籠罩極大，站在不同的分析角度，同一段引文可以產生截然不同的詮釋結果，導致部分關鍵引文的出現機率稍嫌頻繁，此亦筆者無可諱言之病也。

　　就展望而言，第一個是筆者的研究主題「生命思維」，有一部分涉及生物學或生理學等偏向生命科學（取科學史意義）的領域，與過去宋明儒學研究中偏重生命哲學，尤其是道德實踐過程中對內在心靈意識的分析，頗有一段距離。對船山而言，忽略道德實踐中人體生理的因素，其實是難以想像之事。筆者深信船山應該不是宋明儒者中唯一的例外，若此說不

錯，那麼十世紀以降的歷代大儒，乃至學術聲光較為晦暗的同期小家，只要關懷「氣」的問題，恐怕或多或少都有生命論述存在，等待現代學者的刮垢磨光。如果在宋明儒學的長河中注入生命科學的思維，則其學術圖像是否能有所改觀？筆者希望藉由本文的拋磚引玉，未來能有更多的學術動能投入這個領域。

第二個是船山的異端之學，除了本文討論的內丹與唯識之外，在筆者的原典閱讀經驗中，發現船山時常引用禪門公案的話頭作為批判對象，其中有不少理論問題值得深究，然而圍於本文主題與筆者現階段的學力，只好割捨不論。由此可見，船山禪學也是一個尚待開發的研究主題。

第三個是本文主軸放在闡釋船山「生命思維」的架構及意義，由於理論問題極多，相關著作的篇幅又長，而且資料散見群書，甚至部分理論環節也沒有解釋清楚，導致筆者在進行研究的過程中，必須先把整體的理論圖像勾勒出來。光是完成這件事，幾乎耗費了本文所有篇幅，實無餘力再去評價這些論述的好壞。換言之，筆者並未深究船山的「跨界域」論述是好是壞？他對佛、道兩教的評論是否適當？不同界域的術語對應是否合理？凡此諸端均屬第二層次的評價問題，但這些問題只能留待來日，再做更進一步的研究工作。

第四個是筆者希望能多充實外語能力，引介甚至譯介域外的研究成果，其中尤其是歐洲、北美與日本的船山研究動向，均可擴大筆者甚至有可能是臺灣學界的研究視野。總之，筆者期許自己能為此浩大工程盡一分心力。

參考文獻

一、船山原典部分（按時代先後排序）

西漢・司馬遷：《史記》（臺北：七略出版社，1991年）。

東晉・葛洪：《抱朴子內篇》（北京：中華書局，2010年）。

北宋・呂大臨等編：《河南程氏遺書》（北縣：漢京文化事業有限公司，1983年）。

南宋・吳悮《指歸集》，收明・邵以正校：《正統道藏》第32冊（臺北：新文豐出版社，1995年）。

南宋・朱熹：《周易本義》（臺北：大安出版社，2004年）。

南宋・黎靖德編：《朱子語類》（北京：中華書局，1999年）。

南宋・翁葆光註，戴起宗疏：《紫陽真人悟真篇註疏》，收明・邵以正校：《正統道藏》第4冊（臺北：新文豐出版社，1995年）。

南宋・彭耜編：《海瓊白真人語錄》，收明・邵以正校：《正統道藏》第55冊（臺北：新文豐出版社，1995年）。

南宋・釋普濟編：《五燈會元》（北京：中華書局，1992年）。

明・李時珍：《奇經八脈考》，收《景印文淵閣四庫全書》第774冊（臺北：臺灣商務印書館，1983年）。

清・王夫之：《周易外傳》，收楊堅等編：《船山全書》第1冊（長沙：嶽麓書社，1988年）。

清・王夫之：《周易內傳》，收楊堅等編：《船山全書》第1冊（長沙：嶽麓書社，1988年）。

清・王夫之：《尚書引義》，收楊堅等編：《船山全書》第2冊（長沙：嶽麓書社，1988年）。

清・王夫之：《詩經稗疏》，收楊堅等編：《船山全書》第3冊（長沙：嶽麓書社，1988年）。

清・王夫之：《詩廣傳》，收楊堅等編：《船山全書》第3冊（長沙：嶽麓書社，1988年）。

清・王夫之：《禮記章句》，收楊堅等編：《船山全書》第4冊（長沙：嶽麓書社，1988年）。

清・王夫之：《讀四書大全說》，收楊堅等編：《船山全書》第6冊（長沙：嶽麓書社，1988年）。

清・王夫之：《四書訓義（上）》，收楊堅等編：《船山全書》第7冊（長沙：嶽麓書社，1988年）。

清・王夫之：《四書訓義（下）》，收楊堅等編：《船山全書》第8冊（長沙：嶽麓書社，1988年）。

清・王夫之：《讀通鑑論》，收楊堅等編：《船山全書》第10冊（長沙：嶽麓書社，1988年）。

清・王夫之：《張子正蒙注》，收楊堅等編：《船山全書》第12冊（長沙：嶽麓書社，1988年）。

清・王夫之：《黃書》，收楊堅等編：《船山全書》第12冊（長沙：嶽麓書社，1988年）。

清・王夫之：《思問錄》，收楊堅等編：《船山全書》第12冊（長沙：嶽麓書社，1988年）。

清・王夫之：《老子衍》，收楊堅等編：《船山全書》第13冊（長沙：嶽麓書社，1988年）。

清・王夫之：《莊子解》，收楊堅等編：《船山全書》第13冊（長沙：嶽麓書社，1988年）。

清・王夫之：《莊子通》，收楊堅等編：《船山全書》第13冊（長沙：嶽麓書社，1988年）。

清・王夫之：《相宗絡索》，收楊堅等編：《船山全書》第13冊（長沙：嶽麓書社，1988年）。

清・王夫之：《船山經義》，收楊堅等編：《船山全書》第13冊（長沙：嶽麓書社，1988年）。

清・王夫之：〈愚鼓詞〉，收楊堅等編：《船山全書》第13冊（長沙：嶽麓書社，1988年）。

清・王夫之：《楚辭通釋》，收楊堅等編：《船山全書》第14冊（長沙：嶽麓書社，1988年）。

清・張廷玉等撰：《明史》（臺北：鼎文書局，1975年）。

清・仇兆鰲集補：《參悟集註》（香港：心一堂有限公司，2011年）。

二、近人研究船山之專著（依作者姓氏筆劃多寡排列，同作者按
年代先後，同姓則按名字筆劃多寡。下皆仿此）

王之春，《王夫之年譜》。北京：中華書局，1989。

王孝魚，《船山學譜》。臺北：廣文書局，1975。

吳立民，《船山佛道思想研究》等。長沙：湖南出版社，1992。

林安梧，《王船山人性史哲學之研究》。臺北：東大圖書公司，1987。

侯外廬，《船山學案》。長沙：嶽麓書社，1982。

陸復初，《王船山學案》。湖北：湖北人民出版社，1987。

許冠三，《王船山的致知論》。香港：中文大學，1981。

張西堂，《明王船山先生夫之年表》。臺北：臺灣商務印書館，1978。

陳來，《詮釋與重建：王船山的哲學精神》。北京：北京大學，2004。

陳遠寧，《中國古代易學發展第三個圓圈的終結：船山易學思想研究》。
長沙：湖南大學，2002。

嵇文甫，《王船山學術論叢》。臺北：谷風出版社，1986。

曾昭旭，《王船山哲學》。臺北：遠景出版社，1983。

曾春海，《王船山易學闡微》。臺北：嘉新水泥公司文化基金會，1978。

劉滄龍：《氣的跨文化思考：王船山氣學與尼采哲學的對話》。臺北：五
南圖書公司，2016年。

蕭萐父，《船山哲學引論》。南昌：江西人民出版社，1993。

蕭漢民，《船山易學研究》。北京：華夏出版社，1987。

鄧輝，《王船山歷史哲學研究》。長沙：嶽麓書社，2004。

三、近人研究船山之學位論文

杜保瑞，《論王船山易學與氣論進路並重的形上學進路》。臺大哲研所博
論，1993。

李美惠，《王船山人性論之研究》。中央中文所碩論，1998。

吳芹蒂，《王船山氣論下的人性觀與身心思維》。臺師大國文所碩論，
2007。

何淑雅，《王船山詩教思想及其實踐》。臺師大國文所博論，2015。

林文彬，《王船山莊子解研究》。臺師大國研所碩論，1986。

林文彬，《船山易學研究》。臺師大國研所博論，1994。

林碧玲，《王船山之禮學》。政大中文所碩論，1986。

林柏宏，《船山易道思想研究》。臺師大國文所博論，2016。

柯義龍，《王船山民族思想之研究》。臺大政研所碩論，1984。

黃懿梅，《王船山的倫理學》。臺大哲研所碩論，1974。

陳章錫，《王船山詩廣傳義理疏解》。臺師大國研所碩論，1985。

許長謨，《王船山經世思想析論》。臺師大三民主義研究所碩論，1989。

康自強，《王船山周易系譜學研究》。臺師大國文所碩論，2006。

張至廷，《王船山現量說與現量詩學》。中興中文所碩論，2009。

曾春海，《王船山周易闡微》。輔大哲研所博論，1977。

曾昭旭，《王船山及其學術》。臺師大國文所博論，1978。

張靜婷，《王船山《尚書引義》政治實踐問題之研究》。中央中文所碩論，2000。

劉榮賢，《王船山張子正蒙注研究》。東海中文所碩論，1986。

鄭富春，《王船山生死觀與其義理體系研究》。高師大國文所博論，2007。

賴志銘，《「予物逍遙」——船山《莊子解》所展現的外王之道》。中央大學哲研所博論，2015。

蕭杏如，《論王船山的生死觀對當代生死教育之啟發》。華梵哲研所碩論，2012。

四、近人研究船山之單篇論文

王興國：〈清末民初船山學論述評〉，《船山學刊》1994年第1期。

王沐：〈析王船山，《楚辭通釋・遠遊》〉，《船山學報》1984年第1期。

王立新等：〈船山的發現與誤讀——兼論民族主義之作為動力〉，《湘潭大學學報》23卷6期（1999年）。

王立新：〈船山人性論及其思想史意義〉，《船山學刊》2000年第4期。

王興國：〈船山研究四十年之回顧〉，《船山學刊》2002年第4期。

王興國：〈侯外廬先生對船山學的貢獻〉，《衡陽師範學院學報》第25卷第4期（2004年）。

朱喆：〈船山宗教哲學思想述評〉，《宗教哲學》第8卷第1期（2002年）。

朱迪光：〈三百年船山學術研究史的分期及其特徵〉，《衡陽師範學院學報》第23卷第5期。（2002年）

朱迪光：〈船山學術研究初期及其特徵〉，《船山學刊》2003年第2期。

吳明：〈《愚鼓詞》注釋（一）〉，《船山學報》1986年第5期。

吳明：〈《愚鼓詞》注釋（二）〉，《船山學報》1986年第6期。

吳乃恭：〈略論王夫之的範疇和思維方式〉，《孔子研究》1990年3月。

杜維運：〈王船山之史學方法論〉，《幼獅學誌》第9卷第3期（1970年）。

林安梧：〈從「以心控身」到「身心一如」——以王夫之哲學為核心兼及於程朱、陸王的討論〉，《國文學報》第30期（2001年）。

林安梧：〈對於船山哲學幾個問題之深層反思——從勞思光對船山哲學的誤解說起〉，《船山學刊》2003年第4期。

林文彬：〈王船山《老子衍》義理淺析〉，《興大中文學報》第18期（2006年）。

林明照：〈王船山莊學中「相天」說的倫理意義〉，《國立臺灣大學哲學論評》第49期（2015年）。

周輝湘：〈船山思想與近代民族意識的形成〉，《雲夢學刊》23卷5期（2002年）。

徐蓀銘：〈王船山《愚鼓詞》中的哲學思想〉，《船山學報》1986年第5期。

彭澤華等：〈二十世紀最後十年船山學研究〉，《船山學刊》2004第1期。

許冠三：〈原王船山之理〉，《香港中文大學學報》第5卷第1期（1979年）。

許定國：〈船山學研究走向芻議〉，《船山學刊》2002年第4期。

陳郁夫：〈王船山對禪佛的闢評〉，《師大學報》第32期（1987年）。

陳來：〈道學視野下的船山心性學——以《讀四書大全說》的大學部分為中心〉，《中國哲學史》2002年第3期。

陳贇：〈回歸真實的存在——船山哲學基本問題及其精神〉，《安徽師範大學學報》第31卷第1期（2003年）。

陳贇：〈幽明之故與天人之際——從船山易學的視域看〉，《周易研究》2004年第5期。

戢鬥勇：〈船山橫渠辨異〉，《船山學刊》1993年第2期。

鄭小江：〈論王船山的生死哲學〉，《孔孟月刊》第42卷第3期（2003年）。

鄭富春：〈安死自靖，貞魂恆存——從《楚辭通釋》看王船山的生死觀〉，《鵝湖》月刊第33卷第8期（2008年）。

蕭平漢：〈十年來王夫之研究概述〉，《船山學刊》1992年第2期。

譚明冉：〈莊子、王夫之逍遙觀之異同〉，《哲學與文化》第32卷第10期（2005年）。

嚴壽澂：〈莊子、重玄與相天——王船山宗教信仰述論〉，《中國文哲研究集刊》1999年第15期。

五、其他專著

于凌波，《唯識三論今詮》。臺北：東大圖書公司，2016。

王造時譯，G. W. F. Hegel著，《歷史哲學》。臺北：里仁書局，1984。

王德威譯，M. Foucault著，《知識考掘學》。臺北：麥田出版社，1993。

王道還譯，T. Kuhn著，《科學革命的結構》。臺北：遠流出版社，2004。

孔又專，《陳摶道教思想研究》。成都：巴蜀書社，2009年。

牟宗三，《中國哲學的特質》。臺北：臺灣學生書局，1994。

牟宗三，《心體與性體·第一冊》。臺北：正中書局，1999。

牟宗三，《才性與玄理》。臺北：臺灣學生書局，2002。

牟宗三，《生命的學問》。臺北：三民書局，2015。

朱曉海編，《新古典新義》。臺北：臺灣學生書局，2001。

朱迺欣，《靜坐：當東方靜坐遇上西方腦科學》。新北：立緒文化事業有限公司，2014。

杜正勝，《從眉壽到長生——醫療文化與中國古代生命觀》。臺北：三民書局，2006。

林安梧，《人文學方法論：詮釋的存有學探源》。北縣：讀冊文化事業有限公司，2003。

吳根友編，《多元範式下的明清思想研究》。北京：三聯書店，2011。

何乏筆等譯，F. Gros著，《傅柯考》。臺北：麥田出版社，2006。

余英時，《朱熹的歷史世界》。北京：三聯出版社，2004。

余英時，《宋明理學與政治文化》。臺北：允晨文化事業公司，2004。

沈清松，《現代哲學論衡》。臺北：黎明文化事業公司，1985。

沈從文，《中國古代服飾研究》。北京：商務印書館，2018。

李偉俠，《知識與權力》。臺北：揚智文化事業有限公司，2005。

席澤宗，《科學史十論》。上海：復旦大學出版社，2003。

吳立民等著，《船山佛道思想研究》。長沙：湖南出版社，1992。

吳士勇等譯，J. Handlin著，《行善的藝術：晚明中國的慈善事業》。南
　　京：江蘇人民出版社，2015。

徐光臺，《近代科學革命：從哥白尼到牛頓》。臺北：中央研究院，
　　2003。

徐復觀，《中國思想史論集續編》。臺北：時報文化出版社，1985。

徐聖心，《青天無處不同霞：明末清初三教會通管窺》。臺北：臺灣大學
　　出版中心，2016。

唐君毅，《中國哲學原論·原教篇》。臺北：臺灣學生書局，2004。

卿希泰主編，《中國道教史·第二卷》。成都：四川人民出版社，
　　1996。

黃公偉，《宋明清理學體系論史》。臺北：幼獅文化事業公司，1971。

梁啓超，《中國近三百年學術史》。臺北：中華書局，1987。

黃仁宇，《中國大歷史》。臺北：聯經出版社，2003。

黃仁宇，《萬曆十五年》。臺北：食貨出版社，2004。

陳國符，《道藏源流考》。臺北：祥生出版社，1975。

陳遵媯，《中國古代天文學簡史》。臺北：木鐸出版社，1982。

陳來：《宋明理學》。上海：華東師範大學出版社，2003年。

陳來，《中國近世思想史研究》。北京：商務印書館，2003。

張光直，《中國青銅時代》。臺北：聯經出版社，1983。

張光直，《考古學專題六講》。北縣：稻鄉出版社，1999。

許順富，《湖南紳士與晚清政治變遷》。長沙：湖南人民出版社，
　　2004。

傅偉勳，《西洋哲學史》。臺北：三民書局，1965。

傅偉勳，《學問的生命與生命的學問》。臺北：正中書局，1994。

嵇文甫，《晚明思想史論》。北京：東方出版社，1996。

勞思光，《新編‧中國哲學史》。臺北：三民書局，2001。

詹石窗主編：《道韻第五輯——金丹派南宗研究（甲）》（臺北：中華大道出版部，1999年）。

詹石窗主編：《道韻第六輯——金丹派南宗研究（乙）》（臺北：中華大道出版部，2000年）。

詹石窗主編：《道韻第七輯——金丹派南宗研究（丙）》（臺北：中華大道出版部，2000年）。

葛兆光，《七世紀至十九世紀中國知識、思想與信仰》。上海：復旦大學，2000。

葛兆光，《中國思想史》。上海：復旦大學出版社，2001。

趙淑妙譯，R. Dawkins著，《自私的基因》。臺北：遠見天下文化，2017。

楊儒賓等編，《中國古代思想中的氣論及身體觀》。臺北：巨流圖書公司，1993。

楊儒賓譯，W. T. Stace著，《冥契主義與哲學》。臺北：正中書局，1998。

楊儒賓譯，C. G. Jung著，《黃金之花的祕密》。臺北：商鼎數位出版有限公司，2002。

楊儒賓等編，《儒學的氣論與工夫論》。臺北：臺灣大學出版中心，2012。

楊儒賓等編，《東亞的靜坐傳統》。臺北：臺灣大學出版中心，2013。

楊儒賓，《儒門內的莊子》。臺北：聯經出版社，2016。

楊自平，《方以智東西均的生死哲學》。桃園：中央大學儒學研究中心，2015。

熊十力，《十力語要》。臺北：洪氏出版社，1975。

熊十力，《原儒》。臺北：明倫出版社，1975。

熊十力，《讀經示要》。臺北：洪氏出版社，1976。

熊十力，《新唯識論》。臺北：明文書局，1991。

鄭文光，《中國天文學源流》。臺北：萬卷樓出版社，2000。

蔡仁厚，《宋明理學‧北宋篇》。臺北：臺灣學生書局，1979。

蔡尚思等編，《譚嗣同全集（增訂本）》。北京：中華書局，1981。

鄧曉芒譯，I. Kant著，《純粹理性批判》。北京：人民出版社，2004。

王船山氣化生命論

鄧曉芒譯，I. Kant著，《實踐理性批判》。北京：人民出版社，2004。

鄧克銘，《明末清初莊子註解研究：以憨山德清、方以智、王船山為例》。臺北：文津出版社，2016。

錢穆，《國史大綱》。北京：北京商務印書館，2004。

錢穆，《中國近三百年學術史》。臺北：臺灣商務印書館，2009。

賴錫三，《丹道與易道》。臺北：新文豐出版社，2010年。

薄樹人，《中國天文學史》。臺北：文津出版社，1996。

釋聖嚴，《明末佛教研究》。臺北：東初出版社，1987。

簡惠美譯，M. Weber著，《中國的宗教：儒教與道教》。臺北：遠流出版社，1991。

羅達仁譯，W. Windelband著，《西洋哲學史》。臺北：臺灣商務印書館，1998。

嚴壽澂，《近世中國學術通變論叢》。臺北：國立編譯館，2003。

六、其他單篇論文

何乏筆：〈前言：何謂「當代漢語哲學」？〉，《中國文哲研究通訊》第15卷第3期（2005年）。

何乏筆：〈修養與批判：傅柯《主體詮釋學》初探〉，《中國文哲研究通訊》第15卷第3期（2005年）。

何乏筆：〈能量本體論的美學解讀：從德語的張載研究〉，《中國文哲研究通訊》第17卷第2期（2007年）。

胡賽茵Farzeen Baldrian-Hussein著，康自強譯：〈體內鍊丹術：注釋術語內丹的起源與使用〉，《書目季刊》第48卷第3期（2014年）。

陳一標：〈瑜伽行派現代研究方法簡述（上）〉，《海潮音》第83卷第4期（2002年）。

陳一標：〈瑜伽行派現代研究方法簡述（下）〉，《海潮音》第83卷第5期（2002年）。

陳一標：〈瑜珈行派的生命觀〉，《玄奘佛學研究》2007年第8期。

康自強：〈全真道王重陽的「身心觀」研究〉，《中國學術年刊》2015年第37期。

賀碧來Isabelle Robinet著，王秀惠譯：〈內丹〉，《中國文哲研究通訊》第6卷第1期（1996年）。

楊儒賓：〈宋儒的靜坐說〉，《臺灣哲學研究》2004年第4期。

鄭燦山：〈道教內丹的思想類型及其意義——以唐代鍾呂《靈寶畢法》為論述核心〉，《臺灣宗教研究》第9卷第1期（2010年）。

蔡伯郎：〈真諦的阿摩羅識義與《九識章》的一些問題〉，《正觀》2017年第81期。

蔡伯郎：〈唯識無境在倫理學上的意涵〉，《正觀》2017年第82期。

謝世維：〈當代西方對宋元以後內丹研究之回顧〉，《清華中文學報》2013年第10期。

七、外文資料（按照作者字母順序，相同則按年代先後）

Black, A. H.(1979). Nature, Artifice, Expression in The Philosophical Thought of Wang Fu-chih(1619-1692). Michigan: University of Michigan.

Foucault, M. (1977). The Archaeology of Knowledge(S. Smith, Trans.). London: Tavistock.

Jullien, F. (1989). Procès ou Création. Une introduction à la pensée des lettrés chinois. Paris: Éditions du Seuil.

Foucault, M. (2005). The Hermeneutics of Subject(G. Burchell Trans.). New York: Palgrave-Macmillan.

Huang, R. (1974). Taxation and Governmental Finance in Sixteen-Century Ming China. London: Cambridge University Press.

Russell, B. (1993). History of Western Philosophy. London: Routledge.

Scruton, R. (1995). A Short History of Modern Philosophy-from Descartes to Wittgenstein. New York: Routledge.

Ommerborn, W. (1996). Die Einheit der Welt. Die Qi-Theorie des Neo-Konfuzianers Zhang Zai (1020-1077). Amsterdam/ Philadelphia: B.R. Grüner.

Tu Wei-ming (1974) Neo-Confucian Thought in Action: Wang Yang-Ming's Youth. Berkeley: University of California Press.

Taylor, R. L. (1983) The Sudden/Gradual Paradigm and Neo-Confucian Mind-Cultivation. *Philosophy East and West*, 33(1), 17-34.

Windelband, W. (1958). A History of Philosophy(J. H. Tufts, Trans.). New York: Harper Torchbook.

Note

Note

國家圖書館出版品預行編目資料

王船山氣化生命論／康自強著. -- 初版. --
臺北市：五南, 2020.01
　　面；　公分
ISBN 978-957-763-720-8 (平裝)

1.(清)王夫之　2.學術思想　3.易學
4.形上學

127.15　　　　　　　　　　108017186

1XHD 五南當代學術專刊

王船山氣化生命論

作　　　者 ─ 康自強

發 行 人 ─ 楊榮川

總 經 理 ─ 楊士清

總 編 輯 ─ 楊秀麗

副總編輯 ─ 黃惠娟

責任編輯 ─ 高雅婷

校　　　對 ─ 李鳳珠

封面設計 ─ 王麗娟

出 版 者 ─ 五南圖書出版股份有限公司

地　　　址：106台北市大安區和平東路二段339號4樓

電　　　話：(02)2705-5066　　傳　真：(02)2706-6100

網　　　址：http://www.wunan.com.tw

電子郵件：wunan@wunan.com.tw

劃撥帳號：01068953

戶　　　名：五南圖書出版股份有限公司

法律顧問　林勝安律師事務所　林勝安律師

出版日期　2020年1月初版一刷

定　　　價　新臺幣580元

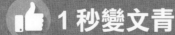

經典永恆·名著常在

五十週年的獻禮 —— 經典名著文庫

五南，五十年了，半個世紀，人生旅程的一大半，走過來了。

思索著，邁向百年的未來歷程，能為知識界、文化學術界作些什麼？

在速食文化的生態下，有什麼值得讓人雋永品味的？

歷代經典·當今名著，經過時間的洗禮，千錘百鍊，流傳至今，光芒耀人；

不僅使我們能領悟前人的智慧，同時也增深加廣我們思考的深度與視野。

我們決心投入巨資，有計畫的系統梳選，成立「經典名著文庫」，

希望收入古今中外思想性的、充滿睿智與獨見的經典、名著。

這是一項理想性的、永續性的巨大出版工程。

不在意讀者的眾寡，只考慮它的學術價值，力求完整展現先哲思想的軌跡；

為知識界開啟一片智慧之窗，營造一座百花綻放的世界文明公園，

任君遨遊、取菁吸蜜、嘉惠學子！